U0738716

"十二五"职业教育国家规划教材
经全国职业教育教材审定委员会审定

电子商务解决方案

（第2版）

主　编　张之峰

副主编　杨晓钦

　　　　孟烈钢

商贸类　物流管理专业

北京师范大学出版集团
北京师范大学出版社
BEIJING NORMAL UNIVERSITY PUBLISHING GROUP

图书在版编目(CIP)数据

电子商务解决方案 / 张之峰主编. —2 版. —北京：北京师范大学出版社，2015.11

("十二五"职业教育国家规划教材)

ISBN 978-7-303-19498-8

Ⅰ.①电… Ⅱ.①张… Ⅲ.①电子商务－高等职业教育－教材 Ⅳ.①F713.36

中国版本图书馆 CIP 数据核字(2015)第 224349 号

营 销 中 心 电 话　010-58802755　58801876
北师大出版社职业教育分社网　http：//zjfs.bnup.com
电 子 信 箱　zhijiao@bnupg.com

出版发行：北京师范大学出版社　www.bnup.com
　　　　　北京市海淀区新街口外大街 19 号
　　　　　邮政编码：100875
印　　刷：大厂回族自治县正兴印务有限公司
经　　销：全国新华书店
开　　本：787 mm×1092 mm　1/16
印　　张：21.5
字　　数：488 千字
版　　次：2015 年 11 月第 2 版
印　　次：2015 年 11 月第 3 次印刷
定　　价：29.80 元

策划编辑：宋淑玉　　　　　　　　责任编辑：宋淑玉
美术编辑：高　霞　　　　　　　　装帧设计：高　霞
责任校对：陈　民　　　　　　　　责任印制：陈　涛

版权所有　侵权必究

反盗版、侵权举报电话：010－58800697
北京读者服务部电话：010－58808104
外埠邮购电话：010－58808083
本书如有印装质量问题，请与印制管理部联系调换。
印制管理部电话：010－58808284

前　言

　　21世纪是一个电子商务的时代，互联网技术不断革新与发展，给全球经济带来新的革命；21世纪是一个解决方案的时代，信息技术与企业生产经营实践活动的结合越来越紧密，变得越来越个性化。这就使得越来越多要求提升自身实力的行业部门对电子商务解决方案抱有越来越大的需求，同时各类IT企业也将电子商务解决方案作为自己产品开发的重要延伸部分与服务的主体项目。对于各类电子商务人才来讲，加深对电子商务解决方案的认识，实际上就是加深对电子商务知识体系和技能体系的认识。要想灵活自如地运用信息技术开展电子商务活动，就必须对电子商务解决方案有充分的了解。

　　教育部2006年第16号文件中明确指出：要积极推行与生产劳动和社会实践相结合的学习模式，用"工学结合"思想引导教学内容和教学方法的改革，积极推行"任务驱动，项目导向"等有利于增强学生能力的教学模式。2010年，教育部再次提出职业教育要实现"五个对接"，即专业与产业、职业岗位对接，专业课程内容与职业标准对接，教学过程与生产过程对接，学历证书与职业资格证书对接，职业教育与终身学习对接。这是深化职业教育人才培养模式改革的基本要求。为了适应新形势，本书编写按照国家教育部对于高职高专人才培养规格的具体要求，结合我国中小企业信息化应用发展的实际情况，配合电子商务职业岗位能力和人才市场的基本需求，兼顾高职高专学生的素质能力现实，打破以知识传授为主要特征的内容编排模式，以技能培养为中心，实现"工学结合"思想与课程特性的融合。本书创新性地将"工作任务导向"教学理念转化为实践性更强的"学习任务型"教材编写模式，将理论知识和工作岗位技能贯穿于具体任务的实施过程中，由浅入深、层级推进；按照实际工作思路和过程重组知识单元，精选核心内容，广泛借鉴先进成果，以突出教材的先进性和实用性；通过连贯性强的项目设置和任务安排，分层次地培养学生对电子商务活动各类应用问题的分析处理能力，并最终实现在低层次电子商务解决方案中的综合灵活运用。

　　本书的编写力争突出三个"三"：三突出——突出能力本位、突出典型引路、突出举一反三；三结合——实现知识与能力、文化与专业、教学与自学的高度结合；三提高——提高逻辑分析能力，提高共性操作能力，提高想象创新能力。

　　本书的编写特点体现在以下几个方面：

　　1. 教材主体结构实现项目化。摆脱以往同类教科书中孤立介绍理论知识而缺乏实践环境的做法，给教学内容以具体的项目环境，将电子商务解决方案的一线应用环节从本科及研究生层次重建模、重开发、重抽象的高层次中剥离出来，根据高职学生实际参与工作的岗位特性和技能层次要求重新设定项目，组织理论与实践内容。

　　2. 以"任务驱动"思想重组教学单元结构。变原有"章——节"结构为"项目——任务"结构。每一项目分为三部分：第一部分提出【项目目标】，让使用该教材的师生明确自己教与学的目的，为接下来具体任务的开展做好思想准备。第二部分给出具体的学习任务，每个项目通过【项目描述】，阐明该项目的背景情况，提出要解决的问题；通过【项目分解】，分解出该项目在实际工作中需要完成的任务；通过【任务分析】提出每项任务需要完成的内容，以及该任务的实际意义；通过【任务实施】，按照实际工作思路，安排指导任务进程；通过【知识要点】，针对性地给出任务完成过程中需要掌握的理论知识。第三部分是在所有任务完成之后。通过【项目评价】对整体项目完成情况进行总结评估，并通过【项目巩固】强化相关知识与技能，培养学生"举一反三"和创新能力。

3. 有目的地编排教学任务。将知识教育、技能教育、创新教育等紧密地结合在一起。将原有以"教"为主的"教、学、做"模式，转变为更加符合课程性质和实际工作要求的以"做"为主的"做、学、教"模式。让学生在"做"的实践中发现问题；主动寻求自我"学"习解决问题；教师角色转变为企业中的师傅，进行辅导性"教学"。

本教材主编为张之峰老师。本教材的编写任务分别由以下各位老师担任：项目一、二、六、七由黄河水利职业技术学院张之峰老师编写；项目三由黄河水利职业技术学院潘姗姗老师、河南贝邦进出口贸易公司崔文超经理合作编写；项目四由黄河水利职业技术学院张之峰老师、中国联通河南分公司兰涛高级工程师合作编写；项目五由黄河水利职业技术学院张艳霞老师与华北水利水电大学刘康老师合作编写；项目八由黄河水利职业技术学院杨晓钦老师与长治职业技术学院孟烈钢老师合作编写；项目九由黄河水利职业技术学院蒋咏絮老师编写。另外，本书在编写过程中还获得了杨凌职业技术学院杨宏祥、郑伟、苏秋芬、郭伟老师的鼎力协助，以及河南江山信息产业集团、河南贝邦进出口贸易公司、郑州迪菲斯铝业有限公司、河南汉鼎科技有限公司、西安印象网络科技公司，西安盈科网络科技公司等企业的大力支持。

为方便教师教学过程，强化学生实训技能，北京师范大学出版社强强联合，协同北京市职业院校技能大赛经济管理专业技术支持商北京方宇博业科技有限公司合作开发经济管理专业实践教学平台，包括辅教助学课件、实训软件等教学资源，供使用教材的教师和学生免费使用，具体使用办法参见书后"教学支持说明"。

本书在编写过程中，我们参考和借鉴了众多专家和老师的研究成果，同时也参考和借鉴了大量的国内外企业的经验资料，所引材料尽可能注明，但仍有不少遗漏。在此。谨向各位前辈、同人表示衷心的感谢。另外，由于本书编者能力有限，书中难免存在不足之处，还请各位专家老师以及广大读者批评指正。

编 者

2015 年 6 月

内容简介

  本书按照国家教育部对于高职高专人才培养规格的具体要求，结合我国大多数中小企业信息化应用发展的实际情况，配合电子商务职业岗位能力和人才市场的基本需求，兼顾高职高专学生的素质能力现实，打破以知识传授为主要特征的内容编排模式，以技能培养为中心，实现"工学结合"思想与课程特性的融合。本书创新性地将"工作任务导向"教学理念转化为实践性更强的"学习任务型"教材编写模式，按照实际工作思路和过程重组知识单元，由浅入深，分层次地培养学生对中小企业电子商务活动各类应用问题的分析处理能力，并最终实现在低层次电子商务解决方案中的综合灵活运用。

  本书根据中小企业电子商务活动面临的实际问题将内容划分为九个项目：项目一，认识电子商务解决方案；项目二，解决方案需求分析；项目三，电子商务应用模式解决方案；项目四，电子商务网络解决方案；项目五，电子商务系统解决方案；项目六，电子商务推广解决方案；项目七，电子商务安全解决方案；项目八，电子商务项目管理解决方案；项目九，移动电子商务解决方案。

目　录

项目一
认识电子商务解决方案

●●●●● **项目目标**

知识目标

1. 电子商务解决方案的概念及基本运作程序。

2. 电子商务解决方案提供商类型及其角色定位。

能力目标

1. 能初步掌握各类典型电子商务解决方案的内容。

2. 能根据实际情况合理定位自身在解决方案中的角色，明确自身工作任务。

●●●●● **项目描述**

小伟是一位刚刚步入社会的大学毕业生，由于自己学习的专业是计算机网络技术，于是应聘到一家电子商务科技公司做技术人员。作为一名刚刚入职的新人，小伟对于做哪些工作以及如何开展工作还不是很清楚。为此，经理并没有急于给小伟明确岗位，也没有给他指派具体业务工作，而是给他布置了一项很简单的任务，就是尽快熟悉公司业务和市场环境。最近，公司正在为某企业提供一套电子商务解决方案。所以，经理希望小伟以此为契机，了解此项业务，熟悉公司在市场中的角色定位，弄清楚自己未来的工作内容。

小伟虽然平时经常听说"电子商务解决方案"，也知道"解决方案"这一名词目前在很多行业中很流行，但是"电子商务解决方案"具体指的是什么，跟自己所在的企业以及自己所做的工作有什么关系，他却并不清楚。所以，他觉得自己应该尽快地弄清楚什么是"电子商务解决方案"；自己所在的公司在整个方案中扮演的是一个怎样的角色；自己所做的工作到底在其中发挥什么样的作用。

●●●●● **项目分解**

通过分析，该项目可以分解为以下几个任务完成：

任务一　了解电子商务解决方案的内容

任务二　明确解决方案提供者的角色与工作

任务一　了解电子商务解决方案的内容

任务分析

1. 什么是电子商务解决方案？

简单地讲，电子商务解决方案是解决某种电子商务问题的对策。这个概念是从国外IT界翻译过来的"舶来品"，更多地体现在诸如微软、IBM等IT龙头们面向其客户提供的整体产品与技术服务。但在当前中国电子商务基础薄弱、整体发展相对滞后、企业对电子商务认知理解尚浅的现实情况下，又被赋予了更为丰富的内涵。作为一名电子商务工作者，对于行业术语的了解和熟悉应该是需要掌握的一项基本技能，因此需要重新认识这个概念。

2. 为什么要了解电子商务解决方案？

与"项目运作"一样，"解决方案"一词是时下各行业最流行的用语，几乎所有企业遇到问题时，言必称"解决方案"。而在电子商务时代，许多事物的描述都被数据化和概念化；许多问题的解决都要模式化和系统化。因此，"电子商务解决方案"就成为统领上述活动的名词，这是所有接触电子商务活动的人都应该了解的一个概念。除了丰富商务交际用语的意义之外，大家更应该看到它的实际意义。电子商务活动的参与者虽然可能每天都在利用信息化手段处理各类商务事务，但与此同时，他们也会不停地遇到新工具新手段所带来的各种问题，他们需要能够解决实际问题的对策，这是他们继续信任和进行电子商务活动的必要前提；而对于电子商务相关服务的提供者，他们必须在不断总结实践经验的基础之上，拿出能够解决实际问题且合理可行的对策建议和解决途径，这是他们赖以生存和争取竞争优势的必然选择。因此，作为一名电子商务工作者，有必要深入了解和学习电子商务解决方案。

3．电子商务解决方案包括哪些内容？

电子商务解决方案的内容大致上可以由如下几部分构成：电子商务现行问题分析与需求识别方案、电子商务规划与选择方案、电子商务建设与实施方案等。作为一名电子商务工作者，尤其是刚刚踏入电子商务领域的新人，这是明确自己未来工作职责和发展方向的基础。因此，应尽早掌握电子商务解决方案的内容。

任务实施

阶段一 重新认识电子商务解决方案的内涵

步骤 1 熟悉"解决方案"的概念

熟悉了解"解决方案"的含义是认识"电子商务解决方案"的基础；同时也是电子商务工作者开展相关活动的认知前提。不清楚概念、不理解含义，恐怕开展电子商务活动的人只能在错误的道路上越走越远。对于"解决方案"含义的认知应从以下几个方面进行：

（1）获取"解决方案"的基本概念。

（2）解读"解决方案"概念的内涵。

（3）查找"解决方案"对应的物化载体或应用实例。

（4）用自己的语言重新表述"解决方案"。

步骤 2 重新理解"电子商务解决方案"的内涵

在国外，IT 企业界和电子商务领域相关企业对于"电子商务解决方案"含义的理解是建立在其所处的宏观环境之上的。同样，我国电子商务发展的整体进度，所处的宏观经济、技术乃至社会文化环境与发达国家有着很大的区别，我国所面临的电子商务问题与国外也有不同之处，所以对于"电子商务解决方案"含义的理解也应建立在我国的宏观环境基础之上。具体应该从以下几个方面进行：

（1）获取国外相关业界对于"电子商务解决方案"概念的定义。

（2）解读国外"电子商务解决方案"概念的内涵。

（3）查找国外"电子商务解决方案"对应的物化载体或应用实例。

（4）获取国内相关业界对于"电子商务解决方案"概念的定义。

（5）对比国内外对于"电子商务解决方案"内涵解释以及物化应用的异同。

（6）用自己的语言重新解释"电子商务解决方案"。

阶段二 了解电子商务解决方案的基本内容

步骤 1 了解电子商务解决方案的内容构成

通过对"电子商务解决方案"含义的理解不难发现，电子商务解决方案并不是单纯地编写一份书面文件那么简单，它是为解决某一特定电子商务问题而进行的一系列活动，是一项完整的系统工程。电子商务解决方案的基本内容实际上是由若干项彼此相关、前后有序的活动构成的。因此，对于电子商务解决方案基本内容的了解具体应从以下几个方面进行：

(1)整理电子商务活动中的基本问题类型。

(2)了解电子商务解决方案涉及活动的基本内容。

(3)了解电子商务解决方案涉及活动的基本顺序。

步骤2 熟悉电子商务解决方案的类型

电子商务解决方案是电子商务活动发展到规模化和个性化的产物,是伴随着电子商务技术和功能的不断发展而形成发展的。因此,面向不同层次不同形式的问题,电子商务解决方案也可以分为不同的类型。而站在不同的角度,电子商务解决方案的类型划分又是不一样的。熟悉电子商务解决方案的类型,具体可以从以下几个角度进行:

(1)从解决方案面向的应用环境和技术层次了解其分类。

(2)从解决方案处理的问题内容和事务层次了解其分类。

知识要点

1. 解决方案的含义

1.1 基本概念

"解决方案"是英文单词"solution"意译过来的词。查阅相关英语辞典,我们可以发现关于"solution"的解释十分简单,即"an answer to a problem",翻译过来就是关于某个问题的答案或对策。换句话说,解决方案实际上就是为达成某一目标而建立的一套解决疑难和扫清障碍的方法、任务及活动。

1.2 概念内涵

对于"解决方案"最直接的解读可以分为以下三个方面:

(1)特定目标——这是解决方案产生的根本动因。所有的解决方案都是为了实现特定的目标而出现的。解决方案的内容始终要围绕着某一目标构建实施,这是解决方案的内核所在。

(2)解决疑难和扫清障碍——这是解决方案产生的直接诱因。目标实现的过程并非一帆风顺,会受到各种因素的制约,会遇到种种困难和障碍,而解决方案正是为了排除目标实现过程中的困难和障碍出现的。可以说无问题就无解决方案。因此,所有的解决方案必须能够使面临的问题得到改善和解决。

(3)一套方法、任务及活动——这是解决方案的内容实质。解决方案既不是高度概括出来的抽象理论,也不是仅仅停留在纸面上的文字记录或图表说明。它是由若干项能够具体操作执行的任务活动,而这些任务活动的执行亦非盲目无序的,其中要包含缜密精妙的策略思想。这才能称得上是真正的解决方案。

另外还有一点需要深层解读,即所有问题的解决都有多种方式。只要能解决问题,无论这种方法是否是最先进的,这项任务是简单还是复杂,这项活动是大还是小;关键在于方案是否适合问题的解决,在"suitable(适合)"的基础上再去考虑"the best(最优) and the most advanced(最先进)"。所以,解决问题的各种方法、任务及活动都可以称之为解决方案。

●●●●● **阅读链接**

IBM"6＋1"云计算解决方案

IBM 是云计算领域名副其实的巨头，把云计算视为一项重要的战略。2007 年高调启动"蓝云"计划，推出一系列云计算产品。2008 年，IBM 在云计算领域的累计投入超过 10 亿美元，将其云计算产品和服务扩展到亚洲、欧洲、非洲、美洲市场。为了进一步抢占全球云计算市场，从 2009 年开始 IBM 加大了在云计算领域的投入。目前，IBM 已在全球范围内建立了 13 个云计算中心，拥有很多成功案例。IBM 正在着力把自己打造成行业的领导者。

IBM"6＋1"云计算解决方案是 IBM 云计算中心经过多年的探索和实践开发出来的先进的基础架构管理平台。该方案结合了业界最新技术，充分体现云计算理念，已在 IBM 内部成功运行多年，并在全球范围内有众多客户案例。

该解决方案可以对企业现有的基础架构进行整合，通过虚拟化技术和自动化技术，构建企业自己拥有的云计算中心，实现企业硬件资源和软件资源的统一管理、统一分配、统一部署、统一监控和统一备份，打破应用对资源的独占，从而帮助企业实现云计算理念。

该方案由以下部分构成：

需要纳入云计算中心的软硬件资源。硬件可以包括 x86 或 Power 的机器、存储服务器、交换机和路由器等网络设备。软件可以包括各种操作系统、中间件、数据库及应用，如 AIX、Linux、DB2、WebSphere、Lotus、Rational 等。

云计算管理软件及 IBM Tivoli 管理软件。云计算管理软件由 IBM 云计算中心开发，专门用于提供云计算服务。

云计算咨询服务、部署服务及客户化服务。云计算解决方案可以按照客户的特定需求和应用场景进行二次开发，使云计算管理平台与客户已有软件、硬件进行整合。

该解决方案可以自动管理和动态分配、部署、配置、重新配置以及回收资源，也可以

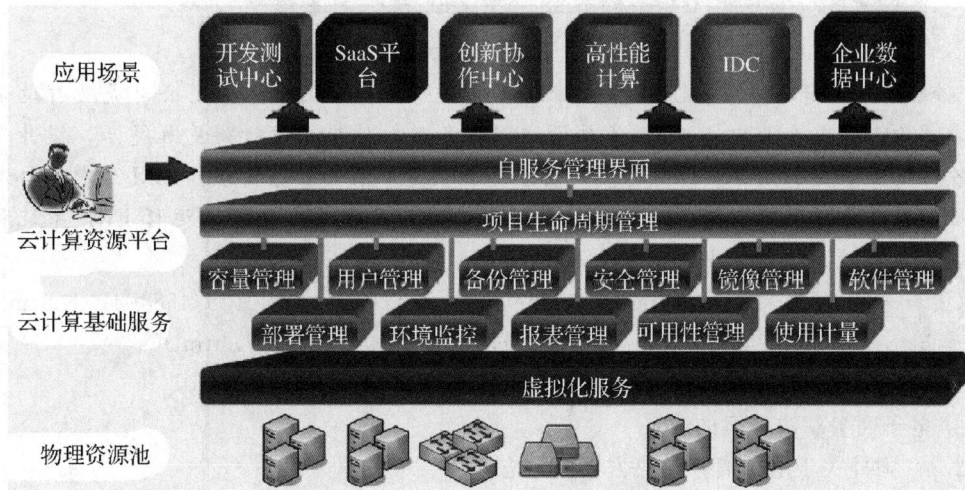

图 1-1　IBM"6＋1"云计算系统架构图

自动安装软件和应用。云计算可以向用户提供虚拟基础架构。用户可以自己定义虚拟基础架构的构成，如服务器配置、数量，存储类型和大小，网络配置等。用户通过自服务界面提交请求，每个请求的生命周期由平台维护。下图是 IBM 云计算系统架构图。

IBM"6＋1"云计算解决方案能够带给企业如下价值：

统一管理 IT 基础设施(服务器、网络、存储、软件等)，实现对 IT 资源的有效掌控

将标准流程和模板融入 IT 管理，降低运维风险

共享资源，提升资源利用率

降低电力消耗

降低系统维护成本

快速响应企业对 IT 资源的需求

根据目前市场的需求，IBM 以"6＋1"方式为客户提供云计算解决方案。即提供软件开发测试云、SaaS 云、创新协作云、高性能计算云、云计算 IDC 和企业云 6 个完整的应用场景及 1 个可快速部署的云计算平台——CloudBurst。

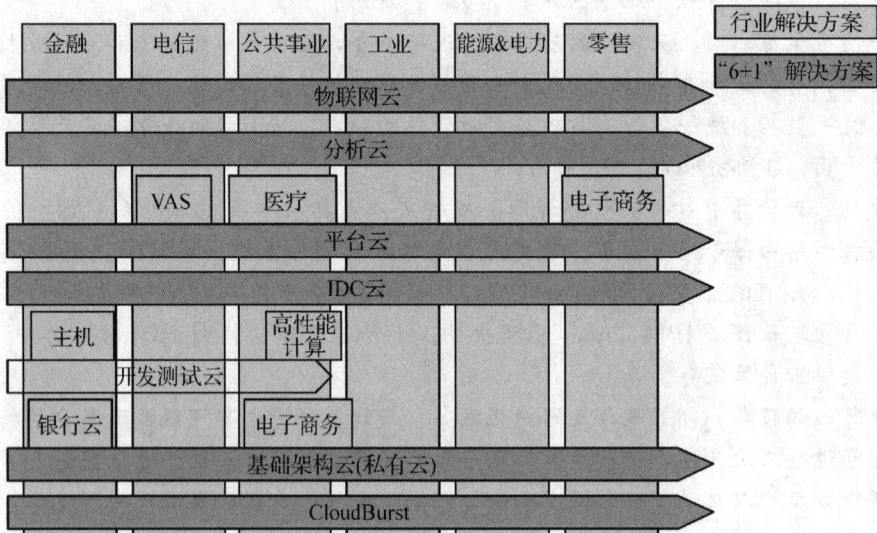

图 1-2　IBM"6＋1"云计算解决方案应用场景示例图

借助"6＋1"解决方案，IBM 为全球财富 500 强企业中国中化集团公司成功打造企业云计算平台，使其企业内部的 IT 基础设施以及各类软件应用运行得更加灵活，提升了中化在全球的业务运营效率，以充分满足其全球化快速发展的业务需求。IBM 为中化打造的企业云计算平台，能够支持中化员工访问整合的资源共享池，并按需运行 ERP 系统和其他数据密集型应用。这是中国首个企业云。

(资料来源：赛迪网 http://news.ccidnet.com/art/1360/20130125/4684047_1.html；百度文库 http://wenku.baidu.com/view/fc9fc37302768e9951e73897.html)

2.电子商务解决方案的含义

2.1　国外关于电子商务解决方案的概念

目前，业界对于电子商务解决方案的概念尚无统一提法，不同的角色企业对电子商务解决方案的理解存在差异。国外知名的电子商务解决方案提供商，也都有各自的说法。

康柏公司认为，电子商务解决方案绝不是单一的产品，而是帮助客户解决自身问题的业务系统，能够帮助用户减少生产成本，更好地制订和执行市场计划，加快新产品上市进度，提高业务效率。

IBM公司认为，应针对不同行业的发展需求提供端到端的电子商务解决方案，可以支持处于任何一个阶段的任何规模企业的电子商务的发展。在强调基础设施建设在解决方案中的重要作用的同时，还注重了在Internet环境下，CRM（客户关系管理）、ERP（企业资源规划）和SCM（供应链管理）三个环节的紧密结合，三大系统的均衡发展。

微软公司认为，电子商务并非无商可务。有些时候往往是有商不能务，或者是没法务。众多企业在迎接电子商务所提供的巨大商机的同时，面临的困难是资金紧缺、IT能力不足，尽管有些企业已经建立了自己的网站或者在互联网上有一个简单的页面，但由于得不到及时更新，这些企业一时还看不到电子商务所能带来的切实的好处。而微软构建的电子商务解决方案，旨在帮助各种规模的公司与电子集市和其他电子销售渠道建立联系，并借助它们实现在线销售。不论公司规模大小，不管业务多么复杂，不论客户身在何方，电子商务解决方案都能帮助公司高效及时地与任何客户建立紧密的联系。

微软公司还认为，电子商务解决方案应该是一个综合性的解决方案。它既适于.com建设的良好平台，同时也是企业传统业务电子商务化的最佳方案。不论是B to C的应用，还是B to B的应用；不论是PC用户，还是无线用户；不论后台的数据源来自于传统的业务系统，还是来自于新建设的数据库，解决方案均能满足用户的需求。

而对于供应链不同环节的企业而言，它们对电子商务解决方案的理解差异性则更为明显，完全是根据它们对于电子商务活动的具体目标而定的。

图1-1 微软电子商务解决方案系列产品

2.2 国内关于电子商务解决方案的概念

在国内，对于电子商务解决方案的概念解释，学术界和企业界也都有着各自不同的看法。我国学术界对于电子商务解决方案的概念更加倾向于同国外学术界和企业界保持一致，但我国企业界对于电子商务解决方案的概念解释则带有明显的行业特色和专业技术领域特征。很多以网站建设与推广为主营业务的网络科技公司将电子商务解决方案的概念直接描述为面向企业用户提供网站建设与推广服务；而商务软件设计公司则将其描述为面向用户提供企业商务管理软件及相关技术支持；第三方电子交易平台或提供商业检索服务的公司则将其描述为面向用户提供电子商务市场推广服务。

由此可见，目前我国多数企业、用户，乃至提供解决方案的提供商都普遍缺乏对于电子商务解决方案的系统认知。而学术界也很少有机会与企业界就此问题形成有效沟通，最终造成了我国国内的电子商务解决方案始终处于低层次且不规范的状态下，这也直接制约了我国电子商务活动水平的整体提升。

2.3   概念解读

由上可知，造成理解差异的原因就是在于电子商务解决方案所涉及的范围广，角度也是多样化的。目前，业界普遍对电子商务解决方案概念的理解是从广义与狭义两个方面入手。广义而言，凡是可以有助于实现电子商务目标，旨在解决商务活动电子化问题的举措，均可以划入电子商务解决方案的范畴；狭义而言，电子商务解决方案是以解决电子商务各环节的需求为基本目标，针对企业内部信息化管理与外部电子化交易活动提供的一系列软硬件及相关服务支持。

具体来说，又可以通过以下四个角度理解：

对于用户而言，电子商务解决方案就是为了实现企业特定的商务活动目标，满足自身经营管理特定的需求，借助信息化手段解决目标实现过程中出现的各种问题而形成的各种方法、任务及活动安排。

对于提供商而言，电子商务解决方案就是通过系统建设和应用服务的提供来满足用户商务电子化、网络化的需求和倾向，为其在增加收入、降低成本、建立和加强与合作伙伴之间的关系等方面提供了巨大的潜力。

从过程上来看，电子商务解决方案应该是一项环节完整的系统工程。

从结果上来看，电子商务解决方案应该是一套包括软硬件有形产品及相关无形服务在内的集成品。

●●●●● 阅读链接

电子商务解决方案与电子商务项目运作、系统规划设计的区别

在讨论电子商务解决方案的时候，不可避免地会涉及另外两个名词，"电子商务项目运作"和"电子商务系统规划与设计"。实际上，这三者之间的关系十分紧密，但同时，电子商务解决方案与项目运作、系统规划设计又有区别。

"项目"本是工程管理方面的专业术语，是指以一套独特而相互联系的任务为前提，有效地利用资源，为实现一个特定的目标所做的努力。由于企业的信息化建设也被看作是一项工程，所以电子商务项目指的就是利用电子化手段来装备一切商务活动过程的种种努力。这与电子商务解决方案在目的和过程方面都有重叠的地方，因此，电子商务解决方案往往是依托某一具体的项目来实现的，并且经常会作为项目运作中的一部分。但是电子商务项目运作侧重的是工程建设过程中资源如何有效配置与利用的问题，即管理问题；电子商务解决方案则侧重在达成目标的方法与途径问题上。

所谓电子商务系统，广义上是指支持电子商务活动的电子技术手段的集合；狭义上是指在网络环境基础上，以满足企业经营管理需要，实现企业电子商务活动为目标，为企业

提供商业智能的计算机系统。应该说多数电子商务解决方案的内容主体就是系统规划设计,或者说系统设计方案是电子商务解决方案的主体方案。但是,电子商务系统的规划与设计主要侧重在技术的实现,而电子商务解决方案比其涉及的内容更丰富,范围也更广泛,另外,在目标实现上,解决方案比系统规划也更复杂和长远。搞清楚了三者的关系,对于我们今后工作的开展会有更大的帮助。

(资料来源:张之峰.电子商务解决方案[M].上海:上海财经大学出版社,2007)

3. 电子商务解决方案的内容

3.1 电子商务解决方案需要处理的基本问题

电子商务归根结底是要通过电子手段协助商务流程的现代化,提升传统商务的效率。它是现代企业谋求发展的一种必要手段和工具,其中商务活动的本质是丝毫不变的。因此,电子商务解决方案需要处理的基本问题可以归结为两大类,一类是电子商务环境问题;另一类是电子商务应用形式问题。具体表现为以下几个方面:

(1)商业观念问题

目前在我国,无论是普通消费者还是一些企业决策者,对电子商务仍抱有顾虑。尤其是适合电子商务需求特性的中小企业,对电子商务活动的建设和实施大多停留在比较浅的层次。正如微软公司提到的那样,许多企业还无法感受到电子商务切实的好处,即便是在最近几年国家在信息化基础设施建设以及电子商务政策制定上都有明显改进的情况下。因此,很多企业宁愿更加相信和采取传统的商务活动方式,也不愿做出新的改变。观念更新速度慢,直接导致了电子商务发展缺乏有效的市场环境支持和参与规模基础,无法形成应有的网络效应。所以,电子商务解决方案必须能够通过创新商务应用模式改变企业传统商业观念,促进电子商务市场环境的逐步成熟。

(2)技术保障问题

信息技术为电子商务发展提供了最基本的技术环境支持。但需要注意的是,信息技术也有阶段性,也只能解决某一阶段的特定问题。任何技术都有漏洞和缺陷,都需要通过不断地升级改进来弥补不足、适应新需求。除此之外,不同的问题也需要通过不同类型的技术来解决,世界上没有一种能够解决所有电子商务问题的完美技术。因此,电子商务环境需要一个动态的技术体系来支撑,电子商务解决方案涉及技术也必须能够保障电子商务环境的构建、维持与发展,能够满足电子商务应用的业务活动需求。

(3)行为约束问题

目前,中国社会信用体系尚不健全,网上信用问题则更加突出。近几年,在我国频频出现的网络欺诈行为使得我国电子商务遭到了空前的信用危机,可以说,网络信用问题已经成为制约电子商务发展的最大瓶颈。而造成电子商务信任危机的深层次原因,还是在于现有模式下对电子商务参与者的行为权限缺乏有效约束。电子商务解决方案必须从技术和应用模式上能够保证所有参与电子商务活动的人行为安全合法。

图 1-2　互联网应用对电子商务解决方案的基本需求

3.2　电子商务解决方案的基本内容

由概念可知，电子商务解决方案是一系列策略性活动。因此电子商务解决方案的基本内容由以下几个方面构成：

（1）电子商务需求识别方案

企业在选择电子商务解决方案之前，往往要先对解决方案进行必要的需求分析，弄清楚方案应着手解决哪些方面的问题。同时，还要进行可行性分析，以确定是否有必要利用电子商务来解决问题。需求分析内容一般包括：用户总体需求分析、技术需求分析、功能需求分析、成本—效益需求分析，以及安全需求分析等。可行性分析的基本内容包括：拟解决方案的经济可行性分析、技术可行性分析、组织管理可行性分析和社会效益可行性分析。最终得出结论性意见，若可行则提交申请书，立项；若不可行，则应对其提出不可行的主要问题及处理意见，或者对应修改的主要问题进行说明，提出修改意见。

（2）电子商务应用规划方案

这是电子商务解决方案得以成功的基础，需要非常明确和具体。电子商务应用规划方案主要对电子商务活动最终目标的达成提出总体规划意见，进而有针对性地制定解决策略和规划步骤，避免在解决原有问题的同时又制造出新的问题。例如，开展电子商务的目标是为了解决直接网上销售问题，还是方便资金的流通，或是作为企业信息化管理系统等等。电子商务的目标与定位不同，需要的规划策略也不同。另外，电子商务应用规划方案还要通过创建合理的技术应用框架和业务活动模式，最大限度地消除电子商务活动中的各种不确定性；要依托当前即将实现的系统解决可操作性、市场敏感性和盈利能力等问题，保证解决方案的投入能够换回更大的利益回报。

（3）电子商务技术解决方案

电子商务技术解决方案，主要是按照应用规划方案提出的技术架构和应用模型，选择确定合理的技术体系实现业务目标。该方案是电子商务解决方案的主体方案，其实质就是根据规划方案明确的目标定位、约束条件与参考指标，设计出最适合问题解决和目标达成的系统。具体内容包括：系统开发方法的选择、系统分析与逻辑模型的建立、系统总体结构与流程的设计、编码设计、数据存储设计、输入/输出设计、子模块设计、运行设计、接口设计、系统错误处理设计等。而在技术选择方面则主要包括：平台开发技术、数据库开发技术、交互语言开发技术、组件技术、安全技术、中间件支持技术以及各种技术设备的选型等。技术解决方案的制定为系统最终的成型提供了具体的解决手段，为电子商务解决方案提供了必要的操作与实施工具和办法。

（4）电子商务运行管理方案

技术解决方案只是为电子商务活动最终目标的实现提供了可能，其效果还应通过实际运行进一步检验。首先，电子商务系统正式投入使用之前要对系统进行测试。系统测试方案规定了测试的目标、方法、步骤与基本配置要求。通过测试之后，就要制定运行管理方案。电子商务运行管理方案不仅是对系统正常运行实施有效监控，同时还包括了系统维护与更新、改进系统建议、数据备份与恢复等内容，以期最大限度地维护企业在电子商务活动的合法利益，保持企业在电子商务活动中的竞争性。

（5）电子商务应用推广方案

电子商务能否发挥应有的市场优势，不仅取决于先进合理的系统技术，还取决于企业能否充分利用电子商务这种手段。电子商务应用推广方案正是为了解决此方面问题产生的。例如制订在线广告计划，利用网络资源最大限度地发挥广告效应，在短时期内开拓市场、扩大营销、提升地位；提供全面地与电子商务活动紧密相关的新闻组、邮件列表、BBS 信息，最大限度地发挥网络营销的效率，赢得网络订单；帮助设计营销邮件，充分利用 E-mail 开展网络营销，并科学有效地提高邮件的回收率；帮助制定网络销售价格，合理利用免费策略吸引客户，体现网络销售的直接优势；提供完善的在线传送和下载渠道，及时地将产品和服务送达客户手中；等等。

（6）电子商务安全解决方案

电子商务技术缺陷和固有的信用缺失问题势必会给相关活动带来更大的风险。而电子商务安全解决方案正是为了解决这些问题产生的。由于深层次的行为约束问题不能只靠技术解决，所以电子商务安全解决方案并不是简单的安全技术方案，还需要更加完善的制度方案加以补充。这既要依靠企业自身的建设，更重要的是需要国家法律、法规的健全。总结起来，电子商务安全解决方案正是由安全技术方案和安全制度方案这两部分组成的。

（7）电子商务人才培训方案

人才培训方案就是为企业持续地开展电子商务活动提供人才保障，逐步增强企业独立研发能力和电子商务活动的主业运作能力。人才培训方案主要包括系统开发设计人员的培训，系统管理维护人员的培训，系统应用操作人员的培训，市场推广与策划人员的培训等。

3.3 电子商务解决方案的运作进程

电子商务解决方案应该按照项目生命周期，做到统筹规划，逐步推进。

第一步，企业从自身战略发展目标、经营模式、运行现状、风险规避等方面入手，进行需求分析识别，必要时进行针对性咨询，找到企业信息化建设的瓶颈与障碍，进而明确电子商务解决方案的需求，找到切入点。

第二步，在可行性分析通过的前提下，选择符合企业战略目标和总体规划的电子商务解决方案。这个过程既可以由企业提出条件以招投标方式进行，也可以按照表决解决方案提供商提出申请议案的方式进行。

第三步，按照电子商务解决方案的规划进行产品配置与技术开发。

第四步，实施电子商务解决方案。实施的过程不仅要保证解决方案最终产品正常地投入运行，还要规避由于信息技术给业务操作带来的风险，以及通过推广让解决方案发挥最大的商业作用。

第五步，评估电子商务解决方案的实施效果，并加以改进。在解决方案运行实施一定时期后，应该制定具体指标分阶段对其实施效果进行评估，查找不足并加以改进。

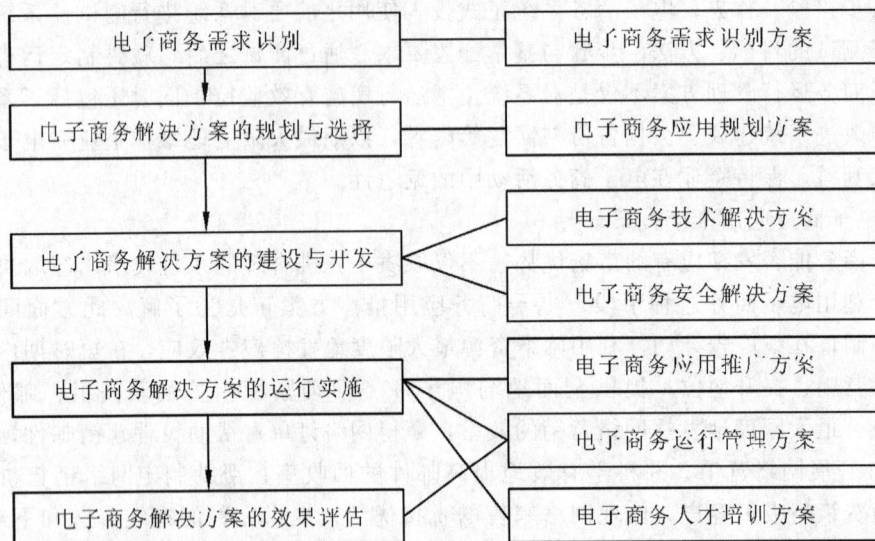

图 1-3　电子商务解决方案的运作进程

4. 电子商务解决方案的类型

4.1　按照应用环境和技术层次划分的类型

(1)单机解决方案

最基础的电子商务解决方案是单机解决方案。此类方案是面向单一用户操作开发的，仅能实现一些简单的单机业务处理功能，以单一用户节点方式直接接入互联网，利用开放网络环境实现信息交互。并不能实现多用户局域网内的信息共享及复杂协同业务处理。因此，单机解决方案的应用环境单一，技术层次简单，作用十分有限。

(2)局域网解决方案

该层次的解决方案是通过创建部门级的局域网系统，实现小范围内的信息资源共享以及少量计算机间的协同业务处理。此类方案的主体应用环境是小型局域网，内部网络结构简单，基本上不具备大规模用户应用集成的特性。通常情况下，此类方案可以帮助实现小型封闭网络环境下的内部事务，也可以子网接入的方式帮助工作组或小部门实现更高级别网络环境下的交互和业务处理。

(3)企业范围内的综合性解决方案

对于该层次的解决方案，企业内各部门级局域网间实现了物理上的连接及信息沟通。通过开发综合应用系统，实现异构分布环境下，用户透明、一致的信息访问和交互手段，并对其应用内容进行管理及提供服务，并支持各特定领域应用系统的集成。此类方案的主体应用环境较之局域网解决方案更为复杂，内部网络结构实现了多级子网的树状分化，对硬件和软件的性能要求更高，要求能够支持复合网络环境下更大规模用户、更复杂事务的交互处理。

（4）企业间信息集成和资源优化的电子商务解决方案

这是最高层次的电子商务解决方案。该层次解决方案的目的已经不再是单纯为了解决企业内部的独立事务，而是将更重要的应用扩展为企业间的信息资源共享和协同事务处理，以求在最大程度上减少成本，提高供应链效率。此类解决方案的主体应用环境已经不再是单一的 Intranet，而是强调企业间网络对接，通过构建 Extranet 或 Internet 实现彼此交互，从而支持企业事务与市场活动的全面信息化。

4.2　按照处理问题内容和事务层次划分的类型

（1）信息发布方案

此类解决方案处理的问题内容主要是以下两个方面：一方面，企业采用 B/S 结构建立企业内部信息系统，发布内部事务信息，解决部门间信息交流问题；另一方面，企业利用 Web 服务器建立门户网站，作为企业形象宣传和对外信息发布的工具。但是通常情况下，企业内外部信息发布相对独立，彼此之间没有直接联系。该方案被称为基础性电子商务解决方案。

（2）事务处理方案

事务处理方案主要是解决企业基本业务流程问题，目的是为了提高企业事务处理的效率和水平。从企业整体业务流程和企业经营目标上看，事务处理系统一般局限于解决某个或者某些领域的问题；事务处理系统的另外一个局限性是它一般面向企业内部，仅限于解决企业内部的具体操作问题，而不是面向市场和客户处理外部业务。

（3）系统集成方案

系统集成方案要处理的问题不仅仅是单纯某一领域的问题，而是根据客户的具体业务需求，将外部交互和内部事务流程衔接起来，将硬件平台、网络设备、操作系统、工具软件以及为客户需求定制开发的应用软件，集成为具有优良性能价格比的计算机系统工程。它包括软件开发、应用软件平台转换、新增功能开发、集成和调试等。

（4）价值链解决方案

价值链解决方案要解决的问题最为全面也最为复杂，因为它已经不再是面向单个企业的信息交互和事务处理，而是涉及整个市场各个方面的参与者。这种方案要求企业电子商务过程和相关系统可以动态地适应和支持不断变化的商业战略和价值链活动。企业和客户、合作伙伴一起动态地扩展和协作经营过程，实现更先进、灵活的集成，并通过网上电子市场（E-Marketplace）以更标准和开放的形式（如 Web Services）响应市场需求、寻找合作伙伴、形成动态联盟，以及进行经营过程。

任务扩展

假如你就是小伟，在完成上述任务之后，请你针对此项任务内容撰写一篇关于电子商务解决方案认识的小报告。内容主要包括对于电子商务解决方案概念的理解，电子商务解决方案的基本内容，字数要求在 1 200 字左右。

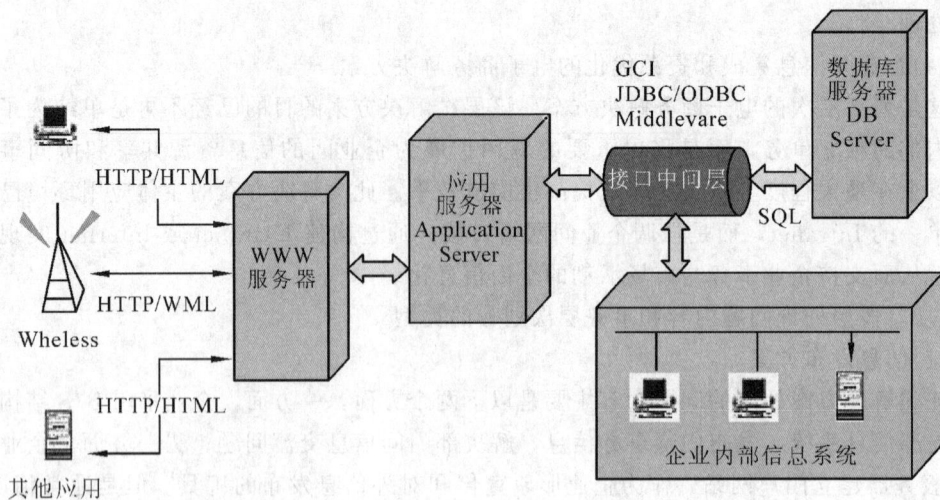

图 1-4　Web 应用服务器与企业内部信息系统集成

任务二　明确解决方案提供者的角色与工作

任务分析

1. 解决方案提供商在整个电子商务活动中扮演什么角色？谁可以成为提供商？

电子商务活动的实质是市场内部各方之间的信息交互活动，需要三方参与其中，包括直接参与活动的信息交互双方，以及间接参与的解决方案提供商。后者在为交互双方提供电商环境、咨询规划、应用支持、系统集成、对策处理等方面扮演着重要的角色。由于交互双方介入的活动内容、层次、遇到的问题不同，因而也需要不同类型的解决方案提供商为其提供专业性服务。电子商务解决方案提供商大致可以分为以下几类：电子商务基础环境提供商，电子商务应用技术提供商，电子商务应用服务提供商。作为一名相关工作者，必须清楚电子商务活动的参与者构成，并熟悉自己的角色定位，才能够有针对性地开展工作。

2. 解决方案提供商包括哪些成员组成？各个成员应该承担何种工作？

不同类型电子商务解决方案提供商的成员构成并不完全相同，各自承担的工作和对职业能力的要求也不一样。除了方案整体规划人员均为各类提供商的核心成员之外，电子商务基础环境提供商与应用技术提供商多以技术研发与支持人员为主要构成，而电子商务应用服务提供商则以电子商务活动内容建设、应用服务与推广人员为主要构成。因此，明确自己工作位置及相关职业能力要求，是所有相关工作人员必须提前掌握的。

任务实施

阶段一　明确电子商务解决方案提供商的角色定位

步骤 1　了解电子商务活动参与者的基本构成

电子商务活动的完成需要多方参与。有的参与者需要通过电子商务活动达成自身目标，有的参与者则需要协助前者完成目标。有的参与者直接介入电子商务活动，有的参与者不直接介入。提供商区分各个参与者在电子商务活动中的角色，既有助于明确自身定位，又有助于锁定目标客户。具体可以从以下几个方面实施：

(1)获取并阅读有关电子商务参与者基本构成的资料。

(2)陈列各方参与电子商务活动的内容。

(3)区分各个参与者在电子商务活动中的角色。

步骤 2　明确解决方案提供商在电子商务活动中的定位

通常情况下，很多人更多地将注意力放在了直接参与活动的参与者上，而忽视了为双方创建交互支持环境，帮助双方处理各种技术或应用问题的另一方——电子商务解决方案提供商。而事实上，解决方案提供商虽然没有直接参与电子商务活动，但其对于电子商务活动的作用同样不可忽视。可以从如下几个方面明确提供商在电子商务活动中的角色定位。

(1)获取并阅读有关提供商参与电子商务活动形式的资料。

(2)对电子商务活动的各个参与者明确提供商的位置。

(3)明确不同类型提供商在电子商务活动中的作用。

阶段二　明确电子商务解决方案提供商的成员结构及职业要求

步骤 1　了解各类解决方案提供商的基本成员构成

由于需要面对的用户类型不同，解决问题不同，所以各类提供商成员的构成并不完全相同。具体可从以下几个方面分别了解：

(1)获取有关电子商务解决方案提供商成员构成的资料。

(2)了解各类提供商的成员构成，确认核心成员与主体成员。

(3)对比各提供商的成员结构，找出其中的异同。

步骤 2　明确解决方案提供商各成员的职业能力要求

电子商务解决方案是一项复杂的系统工程，因而不是某一个人能够单独完成的，也并不是只有受过研究生以上层次学历教育的人或某一专业技术领域的人才能够完成。它需要由各个教育层次、各个专业领域组成的整体团队共同协作完成，团队内的成员各自承担着不同的职责。所以，各成员对职业能力的要求也不一样。具体可以从以下几个方面加以明确：

(1)明确各成员对应的岗位/工种。

(2)明确各成员对应的基础能力。

(3)明确各成员对应的专业能力。

知识要点

1. 电子商务活动参与者的基本构成

1.1　企业

企业是直接介入电子商务活动的交互主体，实际上是对各类组织的代称。通过电子商务完成采购、生产、销售、支付等一系列信息传输工作。通过开展电子商务活动，用最直接的流通方式、最少的流通环节、最节省的库存、最快速的流通速度获取最大的经济效益。

1.2　用户

用户是直接介入电子商务活动的另一交互主体。在电子商务模式下，用户通过电子化终端实现与企业的端到端交互。用户可分为个人用户和企业用户。个人用户通过使用浏览器、电视机顶盒、个人数字助理、电话等接入 Internet，获取信息，购买商品。企业用户通过建立企业 Intranet、Extranet 和企业管理信息系统，对人、财、物、供、销、存进行科学管理；利用 Internet 网页站点发布产品信息，发送和接收订单，进行在线采购。

1.3　解决方案提供者

电子商务解决方案的提供者大致可以分为两种情况。

一种是权威管理机构，此类机构所提供的解决方案具备非营利性、基础性和普遍性的特征，其中最典型的代表就是认证中心。由于电子商务活动过程中交互双方的身份确认与通信安全非常重要，因而对应的解决方案就是由中立、权威、公正的 CA 认证中心提供相应的数字证书，用来解决上述需求。认证中心所承担的角色类似于网络上的"公安局"和"工商局"。除此之外，为电子商务活动提供法律保障的立法机构、如 CNNIC 之类的互联网基础管理机构等也属于此类提供者。

另一种是解决方案提供商，主要包括电子商务基础环境提供商、电子商务应用技术提供商和电子商务应用服务提供商。此类提供商具备营利性和面向性等特征。现实情况下，各类供应商是电子商务解决方案的主要提供者和实现者。

（1）电子商务基础环境提供商

电子商务基础环境提供商主要是解决电子商务活动运行所需最基本的硬件及软件环境问题的。包括网络连接设备、终端硬件设施，以及基本操作系统、数据库和开发工具组件等软件的提供等。包括 IBM 和微软、思科等在内的全球电子商务概念潮流的引领者，实际上都是在为电子商务创建基础活动平台，提供最基本的运行环境支持的。

（2）电子商务应用技术提供商

电子商务应用技术提供商主要是解决电子商务活动所需要的应用技术支持问题的。包括门户网站的建设，电子商务系统的设计开发等。独立软件供应商（ISV）是典型的应用技术提供商，它们面向客户提供个性化的 ERP、CRM 或者 SCM 软件，例如国际知名的 PeopleSoft，国内影响力较高的用友、金蝶等公司。国内有很多电子商务应用服务商（BSP）也提供这方面的解决方案，但严格意义上来讲，它们并不是应用技术提供商。

（3）电子商务应用服务提供商

电子商务应用服务提供商主要是解决电子商务活动内容和形式问题的。此类问题涉及的解决方案十分宽泛，因此应用服务提供商又可以分为很多具体的类型。

①Internet 服务提供商（ISP）。其是为个人或组织通过拨号方式或专用线路接入访问 Internet，提供需求设备以及信息增值服务的服务提供商。

ISP 分为两大类：基础 ISP 和商业 ISP。我国三大基础 ISP 分别是中国电信、中国联通和中国移动。其中中国电信提供拨号上网、ADSL、CDMA EVDO rev. A 等方式的接入服务，中国联通提供 GPRS、W-CDMA 及 CDMA-wireless、拨号上网、ADSL、FTTx 等方式的接入服务，中国移动提供 GPRS 及 EDGE 无线上网、FTTx（小部分）等方式的接入服务。目前，国内比较知名的商业 ISP 包括：长城宽带，提供宽频接入服务；创威宽带，提供光纤到楼、专线接入服务。

②Internet 内容提供商（ICP）。是面向用户综合提供互联网信息内容建设、传播渠道以及相关增值业务的服务商。目前按照主营的业务划分。

我国 ICP 主要有以下几类：第一，搜索引擎 ICP。以提供互联网搜索服务为主的，比如百度。第二，即时通信 ICP，主要提供基于互联网和基于移动互联网的即时通信业务，比如腾讯。第三，移动互联网业务 ICP，主要提供移动互联网服务，包括移动上网服务、移动即时通信服务、信息移动下载服务、移动 OTT 应用服务等。第四，门户 ICP，以向公众提供各种信息为主业，新浪、搜狐、网易是目前国内三大门户 ICP。而对于具体的电子交易活动而言，还有一些专门提供商业内容服务的 ICP 提供商，如淘宝旗下的一淘网提供全网比价服务、菜鸟网络的物流数据雷达服务等。

③商业服务提供商（BSP，Business Service Provider）。在互联网应用服务产业链中，BSP 发挥着至关重要的作用，他们涉足广泛、术业专攻，有效衔接了从设备供应商到网络运营商，再到内容提供商，直至用户的各个环节，对各项主体服务提供了必不可少的补充。其中知名度较高的包括中国万网、SHOPEX（商派）等，中国万网主要向用户提供域名注册服务、主机托管、网站建设、云邮箱、云存储等服务；SHOPEX 则专注于向用户提供网络店铺建设、推广及运营管理服务。但是，目前我国国内 BSP 的企业数量众多，规模不均，水平也参差不齐。

④电子商务平台服务提供商。电子商务平台服务提供商主要是以第三方的身份，面向信息交互双方提供电子商务市场中介服务。具体包括电子交易平台提供商、电子支付平台提供商和物流平台提供商。目前，国内最有名的电子交易平台提供商当属阿里巴巴。而我国的商业银行普遍开通了电子银行业务，面向企业和用户提供支付网关，还有诸如支付宝之类提供专业支付网关服务的第三方支付平台。相对而言，我国适合于电子商务的物流解决方案提供商还比较少。不过，2013 年 5 月，菜鸟网络科技公司成立，以此为标志，未来此类提供商将会逐渐发展壮大。

⑤电子商务安全服务提供商。电子商务安全服务提供商主要是面向企业和用户提供防范电子商务风险的安全解决方案的提供商。目前，国际知名的安全提供商包括思科、Symantec、卡巴斯基等，国内知名的安全提供商包括瑞星、360 等。

●●●● 阅读链接

ShopEx 商派 OCS：电商的社会化协同

每一天，约有 1 万家企业和个人进军电子商务；约有 9 000 家企业和个人加入淘宝；约有 2 000 家企业申请支付宝；约有 1 200 家企业申请加入天猫；约有 1 000 家企业和个人下载和安装商派（ShopEx）的在线零售系统和其他软件。

迪卡侬公司（DECATHLON）是一家在全球设计、生产和销售运动产品的法国企业。2010 迪卡侬启动中国电商，面临的首要问题是，电商作为新兴业务，不能影响原有的业务系统，更不能脱离原有体系而独立存在，所以必须将电商业务跟原有的线下业务打通。当时的电商之于迪卡侬，更多的不是从无到有，而是一种革命性的对接和整合。换言之，拥有许多合作多年的渠道合作伙伴、IT 供应商和仓储物流等各种服务供应商的迪卡侬公司，需要一个能打通各种社会化协同资源的电子商务整体解决方案。

这样的问题，从最近几年到未来相当长一段时间以内，都会迫在眉睫地摆在许多传统企业和品牌企业头上，尤其对一些知名传统企业和一线品牌企业来说，会显得更加的突出。因为，它们往往已经拥有许多纷繁复杂、甚至已经完全渗透到自己血液当中的成熟的IT系统。

推倒重来肯定不可行。为今之计，只有和迪卡侬的最终一样，基于已有的IT系统，选择一家技术势力和资源整合能力都必须非常突出的IT供应商，进行打通并整合。也就是说，这个供应商必须对技术外包商、销售平台、资讯公司、营销公司、代运营商、第三方仓储、第三方物流、硬件服务商和软件提供商进行打通和整合，彻底打通销售平台和企业内部系统之间的信息链路。参见下图。

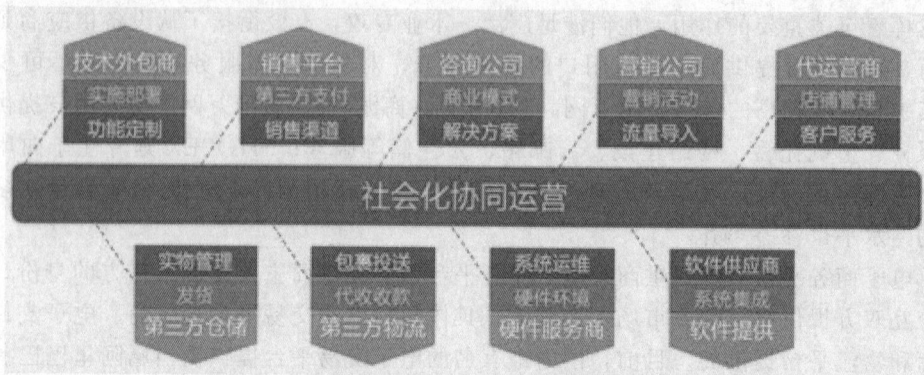

图 1-3　社会化协同运营流程图

迪卡侬最终选择的电子商务整体解决方案是国内领先的电子商务软件及服务提供商—上海商派（ShopEx）提供的OCS。OCS帮助迪卡侬，选择非优势和非核心业务，进行外包，这些包括：仓储，物流外包；硬件、技术外包；客户服务，店铺管理外包；营销，引流，推广外包。选择优势和核心业务，进行自建或者掌握在自己手里：订单数据；商品数据；客户数据。然后，管理、控制服务商进行运营，这包括：服务商任务分配；服务商能力评估；服务商费用结算。

OCS在设计之初就定位在"电商中间系统"，对业务边界有严格的定义，在传统业务运营系统很难集成的电商销售平台上，积极打通所有信息链路，实现全业务集成。同时为了能够使传统业务系统良好地融合，不涉及财务管理、仓储管理、采购业务，全部以接口方式，将业务暴露出来，方便做集成。迪卡侬电商项目上，OCS和其传统供应链系统进行集成，完成日常的商品主数据获取，补货通知发起，并接受库存调拨请求，同时在订单处理完成后，产生原始销售账单，提供给财务部门。以一个外围电商运营系统的方式出现在迪卡侬IT架构中。同时，利用已经合作，并完成系统集成的第三方仓储服务商完成订单履行。

如今的OCS，已经可以实现5天急速启动：Day 1，根据企业目标和业务和服务商特点，推荐服务商，并推荐合作模式；Day 2，考察代运营商；Day 3，考察仓储服务商；Day 4，确定服务商，并签订意向协议；Day 5，数据准备，上线试运营。5天时间，是急速，更是极速，这在电子商务环境和业务日趋复杂的今天，尤为可贵。

图 1-4 商派 OCS 体系图

（资料来源：http://www.sootoo.com/content/426063.shtml？order＝－grade）

2. 提供商的成员构成与职业能力要求

2.1 电子商务基础环境提供商的成员构成与职业能力要求

（1）成员构成

电子商务基础环境提供商主要由以下一些成员组成：基础环境模型研究规划人员、硬件工程人员、软件开发人员、产品推广与服务人员、运营管理人员等。其中基础环境模型研究规划人员是核心成员，主要负责提出电子商务模式的基础概念模型，为创建电子商务环境和开展电子商务活动提出最基本的理论支持，是应用类提供商的解决方案提供商；而硬件工程和软件开发人员是其主体成员，负责将研究规划人员提出的理论概念转化为具体产品，是解决方案的具体设计者，电子商务模式和环境创建的技术实现者（见图1-5）。

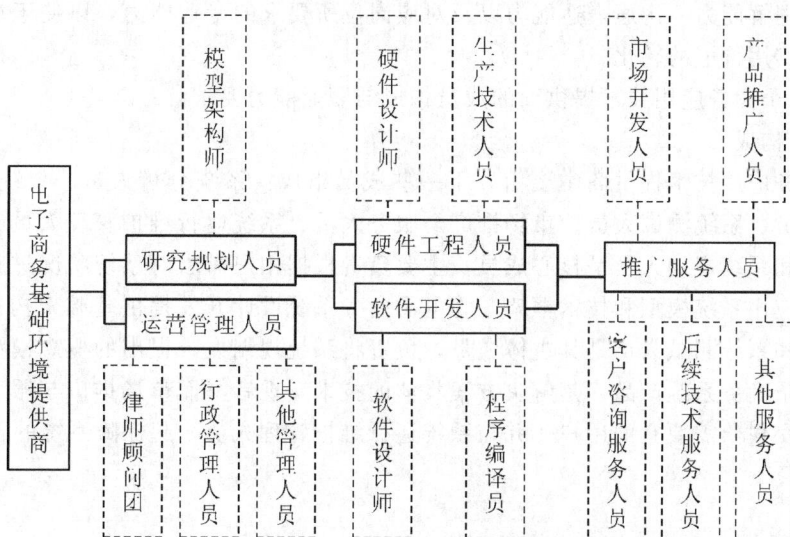

图 1-5 电子商务基础环境提供商成员的基本结构

　　（2）职业能力要求

　　①研究规划人员。研究规划人员是此类提供商的核心成员。研究规划人员应具有超强的理解力、逻辑思维能力、资源整合能力和全局驾驭能力，以及创新思维和长远的发展眼光。此类人员并不专属于某一专业领域，而是集技术、业务、管理于一身的高级复合型人才。因此，这些人往往要接受研究生以上层次的学历教育，并且具备丰富的实践经验，是谙熟电子商务理论与实践应用，能宏观把握电子商务整体发展方向，做出战略性规划的人。

　　②硬件工程人员。硬件工程人员较之规划人员，出现了能力要求的层次分化。对于硬件工程师而言，除了应具有较强的理解力、缜密的逻辑思维能力等基础能力之外，还应具备出色的工业产品设计能力和产业技术创新能力等专业能力，属于高级技术研发类人才。这些成员往往也要经过研究生以上层次的学历教育，并具备丰富的实践经验。而对于生产技术人员而言，他们应具备的则是较强的理解力和执行操作能力，以及应用于生产一线的各种专业技术能力。这类人员不需要经过太高的学历教育培养，基本是由大学本、专科层次相关专业的人才构成。但是，此类人员必须具备丰富的生产实践经验，能自如应对模型设计向生产制造转化过程中的实际问题。

　　③软件开发人员。同样地，软件开发人员的能力要求也有层次分化。对于软件工程师而言，除了应具有较强的理解力、缜密的逻辑思维能力等基础能力之外，还应具备出色的软件产品设计能力等专业能力，也属于高级技术研发类人才。他们也要经过研究生以上层次的学历教育，并具备丰富的实践经验。而对于程序编译员而言，他们应具备的则是较强的理解力和执行操作能力，以及应用于软件开发的程序编译能力。这类人员同样不需要经过太高的学历教育培养，基本是由大学本专科层次相关专业的人才构成。但是，此类人员必须能够掌握多种程序编译语言，并不断主动地进行知识体系更新，能及时处理程序开发过程中的实际问题。

　　④其他成员。对于除核心成员和主体成员之外的其余成员，普遍应具备较深的对电子商务理论的理解能力、沟通表达能力以及对应岗位所要求的专业能力，以便于最终实现解决方案产品实用价值的转化。

　　2.2　电子商务应用技术提供商的成员构成与职业能力要求

　　（1）成员构成

　　电子商务应用技术提供商主要由以下一些成员组成：系统分析人员、系统规划人员、系统设计人员、系统测试人员、市场推广与服务人员、系统运行维护管理人员等。其中系统分析人员和系统规划人员是核心成员，主要负责根据用户需求对系统状况进行分析，提出电子商务应用系统模型和技术框架，为电子商务系统设计开发提供基础架构支持；而系统设计人员和系统测试人员是其主体成员，负责将系统规划人员提出的概念模型转化为具体可行的电子商务系统产品，是解决方案具体的技术实现者。而市场推广与服务人员负责将解决方案交付给需要它的用户，并与系统运行维护管理人员一起保障系统的正常运行。

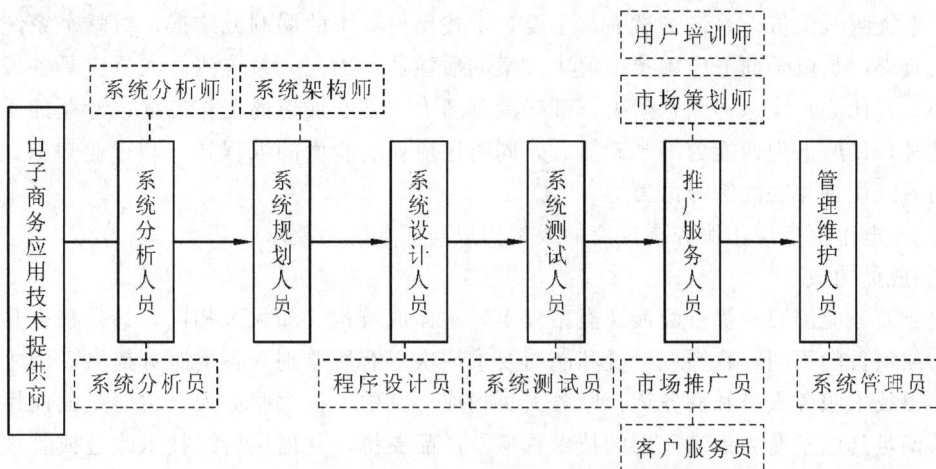

图1-6 电子商务应用技术提供商成员的基本结构

（2）职业能力要求

①系统分析人员。系统分析人员的能力要求有层次上的分化。对于系统分析师而言，应具备良好的大局观和全局驾驭能力、准确的预判能力和优秀的组织管理能力、良好的理解力和逻辑分析能力以及足够的沟通表达能力等基础能力。同时还应具有计算机或数理学或工科专业背景、研究生以上学历，能充分理解商务逻辑和客户需求，具备项目开发以及管理信息系统设计与评估等专业能力，具有丰富的实践经验。而对系统分析员而言，应具备良好的理解力和逻辑分析能力以及足够的沟通能力等基础能力。同时还应熟悉计算机或数理学或工科专业理论知识，大学本、专科学历，能充分理解商务逻辑和客户需求，具备专业文档的写作能力。

②系统规划人员。系统规划人员主要负责领导与协调整个解决方案的技术活动（分析、设计、实施与评估等）；推动技术决策，确定系统需求、设计、实施和部署；确定设计元素的分组以及这些主要分组之间的接口；为技术决策提供规则，平衡各类涉众的不同关注点，化解技术风险。因此，系统规划人员应具备良好的团队意识和协作精神，较强的内外沟通和统筹决策能力，出众的大局观、战略前瞻性思维和整体驾驭能力，敏锐的洞察力和风险意识等基础能力。在专业技能方面，应对解决方案涉及的所有问题领域都有经验，储备丰富的成功案例；精通构架设计的理论、实践和工具，并掌握多种参考构架、主要的可重用构架机制和模式（如J2EE架构等）；具备系统设计员的所有技能，但涉及面更广、抽象级别更高。因此，这些人员不仅需要研究生以上很高的学历层次支撑，更重要的是必须拥有足够丰富的经验。

③系统设计人员。系统设计人员是所有电子商务系统的技术实现者，是电子商务应用技术解决方案的主体成员。此类人员应具备良好的理解力，规范的编程习惯；良好的沟通表达能力和学习能力；诚实勤奋、敬职爱业、进取心强，能承受高强度的工作压力，具有优秀的团队协作精神等基础能力。同时还应具备与电子商务系统开发相关的专业技术能力，如熟悉主流服务器环境，熟练掌握各种技术框架以及Java多种程序编译语言、界面设计与视觉设计技术，精通各类大型数据库开发技术，能进行跨浏览器和跨平台建设等。系统设计人员在学历上并没有很明确的要求，但十分强调专业领域内的工作实战能力。

④系统测试人员。系统测试人员主要负责找出设计中的漏洞或错误,对整个系统设计的质量负责,是电子商务应用技术解决方案的质检员。因此,系统测试人员应具备较强的自信心、责任心、注意力和忍耐力,准确的判断力,细心谨慎的工作态度、专业的质疑和探索精神,良好的沟通能力等基础能力,同时还应拥有全面的编程知识和行业知识,能够掌握与系统设计相关的编译语言等。

2.3   电子商务应用服务提供商的成员构成与职业能力要求

(1)成员构成

电子商务应用服务提供商涉及类型较多,主体成员构成却大致相同,只是根据具体服务方向或项目的不同,在岗位设置和能力要求层次上有所差别。各类服务提供商的主体成员主要由技术服务人员和商务运行服务人员构成。其中,技术服务人员主要是面向用户提供能够满足其电子商务活动需求的技术选型及产品支持,并提供后续技术改进或管理维护服务。商务运行服务人员主要是面向用户推荐合适的电子商务服务项目,协助用户挖掘电子商务活动的市场潜力,完善电子商务活动内容。

(2)职业能力要求

对于商业运行服务人员而言,至少应具备如下基础能力:良好的理解力和沟通表达能力,敏锐的洞察力,较强的服务意识和进取心,坚强的意志品质和认真负责的工作态度。在专业能力方面,应熟悉解决方案的最终用途及功能特性;熟悉电子商务运行环境,能进行问题诊断和客户需求分析;精通市场营销和客户管理方面的知识技能。对于技术服务人员而言,除了具有较好的沟通协调能力、学习能力、分析能力等基础能力,以及认真细致、吃苦耐劳的工作态度之外,在专业能力方面还应熟悉解决方案所涉及的网络环境与技术,常用电子商务应用工具技术;熟悉数据库的配置及相关操作,电子商务安全技术等。

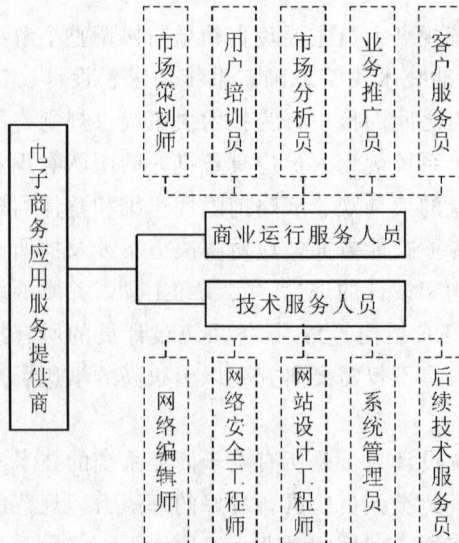

图 1-7   电子商务应用服务提供商成员的基本结构

任务扩展

假如你就是小伟,在完成上述任务之后,请你邀请一位有过网上开店经历的人或者从事电子商务工作的人(非解决方案提供商)就以下话题聊聊天。

(1)平时从事电子商务工作的时候有没有遇到过问题?都遇到过哪些问题?遇到问题的时候是怎么解决的?

(2)让他谈谈对电子商务解决方案提供商的认识,并交流一下你的看法。

(3)向他了解一下选择电子商务解决方案提供商的时候应该注意哪些问题。

聊天结束后,思考一下自己所在的企业属于哪一类解决方案提供商?自己属于哪一类成员?可以从事哪些工作?另外,作为一名工作人员面对客户时,应该做好哪些准备工作?

●●●●● 项目评价

表一　任务完成情况表

任务一		是否完成	是(　　) 否(　　)	
你认为通过本任务掌握的最有价值的内容是:				
你认为本任务中需要进一步了解或掌握的内容是:				
你在任务完成过程中遇到的问题是:				
你是如何解决问题的:				

表一(续一)

任务二		是否完成	是( ) 否( )
你认为通过本任务掌握的最有价值的内容是:			
你认为本任务中需要进一步了解或掌握的内容是:			
你在任务完成过程中遇到的问题是:			
你是如何解决问题的:			

表二 能力自评表

核心能力	评价指标	评价等级 (A 通过;B 基本通过;C 未通过)	备注
自我学习能力	1. 学会获取利用外部信息资源	A( ) B( ) C( )	
	2. 灵活运用所学知识	A( ) B( ) C( )	
	3. 能发现自己的问题和不足	A( ) B( ) C( )	
沟通表达能力	1. 能够认真聆听并尊重他人的思想和观点	A( ) B( ) C( )	
	2. 能清楚表达自己的思想和观点(口头/书面)	A( ) B( ) C( )	
	3. 能对他人观点做出及时反馈	A( ) B( ) C( )	
专业认知能力	1. 能合理解释电子商务解决方案的概念和基本内容	A( ) B( ) C( )	
	2. 能准确表述解决方案提供商各成员的角色定位和职业能力要求	A( ) B( ) C( )	

●●●●● 项目巩固

术语学习

E-Solution	电子商务解决方案
CRM(Customer Relationship Management)	客户关系管理
ERP(Enterprise Resource Planning)	企业资源计划
SCM(Supply Chain Management)	供应链管理
ISP(Internet Service Provider)	互联网服务提供商
ICP(Internet Content Provider)	互联网内容提供商
ISV(Independent Software Vender)	独立软件供应商
BSP(Business Service Provider)	商业服务提供商
E-Project Management	电子商务项目管理
E-Business System	电子商务系统
FTTx(Fiber-to-the-x)	光纤接入

案例分析

IBM 电子商务解决方案

在电子商务领域，IBM 公司是发起者，也是最有力的推动者之一，无论在理念和应用技术开发方面都处在时代的最前沿。为迎接挑战，实现切实的商业发展利益，IBM 针对不同行业的发展需求提供端到端的电子商务解决方案，可以支持处于任何一个阶段的任何规模企业的电子商务的发展。不仅帮助企业优化现阶段的业务发展，更能让企业顺畅迈入下一个发展阶段。IBM 认为，企业选择实施电子商务解决方案时，应首先建立电子商务基础设施，即企业用于实现向电子商务转型的完整 IT 基础架构。它为用户提供一个整合的环境，包括硬件、软件以及服务等组成部分，通过全面的系统管理，支持用户的多种应用。在企业的电子商务环境中，电子商务基础设施无处不在。它支撑着企业的全部业务系统，贯穿于企业运营的每一个环节。企业的每一项核心业务如 SCM、ERP、CRM、商业智能、电子交易等，都可借助于电子商务基础设施的支持获得最佳效果。IT 系统是电子商务不可分割的一部分，但是规划和建设电子商务基础设施绝对不能被认为只是一个技术问题，企业应当同时考虑到业务管理和技术实现两个方面，并选择最合理的方式来实现。

IBM 公司在软件和硬件方面都有很多的先进技术，为电子商务解决方案的构建提供了多种选择。

1. IBM 硬件平台解决方案和产品

IBM 具有满足不同功能的多种服务器系列，可用于构建不同类型的电子商务系统硬件平台，如 RS/6000 系列、S/390 系列、AS/400e 系列和 Netfinity 系列服务器。下面以 AS/400e 系列服务器为例进行简要介绍。

AS/400e 商用服务器，作为 IBM 的中小型商用计算机系统，以其卓越性能在全世界赢得广泛客户。自问世以来，AS/400e 在全球的安装量已经超过 60 万套，行销 150 个国家，广泛应用于流通、金融证券、制造、运输行业。《财富》杂志排名中，前100家大企业中有93家使用AS/400e，前1 000名企业中有850家选择AS/400e。其最新型的系列AS/400e具有以下特点：

①集成性

作为一个集成的计算机系统，AS/400e将数据库、通信、安全性等功能全部集成在操作系统当中，最大限度实现各功能间的兼容性。并且，AS/400e还集成有世界上最流行、应用最广泛的数据库系统DB2/400。

②开放性

从互操作性看，AS/400e能以任何形式与任何机器相连。AS/400e支持绝大多数的互操作标准，支持几乎所有的通信协议。其集成数据库DB2也支持绝大多数开放数据库的标准。

③可移植性

全世界范围内，有8 000家应用软件开发商在AS/400e平台上从事开发工作，有28 000多种应用软件，其中包括3 000多种Client/Server软件。

④兼容性

由于IBM的专利技术——TIMI，独立于技术的机器界面设计，使得在AS/400e性能几十倍提升的同时，用户的应用程序可不用作任何修改，甚至不用重新编译即可在任一系列的AS/400e上运行。

⑤可连接性

在使用AS/400e的功能时，可以通过任何工作平台访问到AS/400e，不一定必须使用AS/400e的字符终端。AS/400e的用户不必关心自己所使用的操作系统，任何平台都可以作为AS/400e的客户机。

⑥可扩充性

AS/400e拥有从小到大的全线产品，还可提供光纤连接技术，将多达32台AS/400e连接起来，集群运作。

2.IBM软件解决方案和产品

作为全球第二大软件公司，IBM软件近年来保持着较高的增长率。作为电子商务的灵魂，IBM软件在电子交易软件方面成绩显著，可为用户提供完整的BtoB和BtoC解决方案。同时，IBM还通过与SAP等国际知名软件商的合作，与中国的ISV及ISP建立商业伙伴关系，协助用户建立完整的ERP、SCM以及CRM系统。IBM提出了以下的软件解决方案和产品，以帮助企业顺利地构建自己的电子商务体系。

第一，信息运用(Leverage Information，LI)：IBM数据管理软件，帮助企业更好地利用信息。

第二，企业重组(Business Transformation & Integration，BTI)：是一整套帮助企业再生的解决方案，是为帮助企业实现相同业务系统或不同业务系统之间的合并供应链管理、客户关系管理、企业资源管理、企业资源计划，现行业务处理过程，以及网上电子贸易不可缺少的解决方案。

第三，资源管理(Manage Technology，MT)：提供跨平台的、端对端的企业及系统管理解决方案。

第四，组织效率(Organization Effectiveness，OE)：企业效率的缔造者，知识管理的基石。

（1）Leverage Information(LI，信息运用)

IBM提供了数据管理解决方案，它不但能够对结构化的数据进行全面地访问、管理、分析和共享，同时对非结构化的数据也能够实现同样的管理功能。

①结构化的数据

对于结构化的数据，可以通过IBM DB2通用数据库及"商业智能解决方案"来实现。IBM DB2通用数据库是电子商务的基石，DB2通用数据库能够在各种系统中运行自如，具有强大的多媒体支持能力、完整的Web支持能力和通用的访问能力。它可以广泛地支持OLTP(联机事务处理)应用、电子商务应用以及商业智能应用。具体包括：

● 数据挖掘工具(Intelligent Miner，IM)

Intelligent Miner是目前数据挖掘领域最先进的产品之一。Intelligent Miner通过其世界领先的独有技术，例如，典型数据集自动生成、关联发现、序列规律发现、概念性分类和可视化呈现，可以自动实现数据选择、数据转换、数据挖掘和结果呈现这一整套数据挖掘操作。若有必要，对结果数据集还可以重复这一过程，直至得到满意结果为止。系统支持的服务器平台包括AIX之上的Windows NT、OS/390之上的Sun Solaris。行销、财务、产品管理和客户关系管理领域的数据分析人员和业务技术人员可以充分利用这种工具。此外，文本采集技术也适用于多种需要查看或研究文档的用户，如专利代理人、企业图书管理员、公共关系人员、研究人员和学生。

● 可视数据仓库(Visual Warehouse，VW)

IBM Visual Warehouse是IBM数据仓库解决方案的重要组成部分。它主要由以下几部分功能组成：数据访问，数据转换，数据分布，数据存储，靠描述性数据查找和理解数据，显示、分析和挖掘数据，数据转换过程的自动化及其管理。Visual Warehouse可获取的数据源可以是DB2家族中的任一数据库，也可以是Oracle、Sybase、Informix、SQL Server数据库；存放数据仓库的数据库是DB2家族中的某种数据库；管理平台为Windows NT和OS/2。它提供了完整的Web支持功能，允许从任何Web浏览器访问任何数据。它的信息目录完全支持Web，用户可以访问可用数据的详细信息，包括格式、通用性、拥有者和位置。适合于业务专家和执行经理使用，他们需要根据数据仓库中包含和集中的信息进行重要业务决策。

● DB2多维服务器(DB2 OLAP Server，OLAP)

在线分析处理(OLAP)在IBM的商务智能中扮演着重要角色，IBM为此提供一个分析工具——DB2 OLAP Server，深入最终用户的业务，对桌面上的数据进行实时操作。DB2 OLAP Server是一套独特的商务工具，能够快速地分布传统监视和报告范围之外的应用程序数据。Visual Warehouse OLAP版对于分析业务需求来说是一套很好的商务智能解决方案，它利用自动维护仓库工具提供了强大的针对分析型数据的分析能力。

②非结构化的数据

对于非结构化的数据，IBM的"内容管理解决方案"提供专业化的管理手段，实现对各种非结构化数据的全面访问、管理、分析和共享，帮助用户更好地利用信息，更快地向电子商务转变。IBM内容管理所包括的产品有：Content Manager、Content Manager On

Demand、Content Manager Video Charger、Content Manager Common Store 等。我们重点介绍一下 Content Management"内容管理解决方案"。

(2)Business Transformation & Integration(BTI，企业重组)

随着企业规模的不断扩大、竞争环境的不断变化，以及业务模式的转变，企业需要将来自方方面面的信息、多种多样的应用集成在一起，需要企业与企业之间以及业务和业务之间的整合。IBM 的商务整合解决方案所设计的产品包括 Web Sphere 系列、MQ Series 系列、E-Commerce 系列和 Visual Age 系列，可以帮助用户顺利地完成整合过程，有效地利用 IT 资源推动企业在日益激烈的竞争中发展。IBM 无缝集成的能力包括企业应用整合(EAI)，如在 CRM、SCM、ERP 等应用程序直接建立紧密的联系，共享信息；也包括传统应用与电子商务解决方案的整合，以及主机系统与新的三层结构模式的整合等。

(3)Manage Technology(MT，资源管理)

Tivoli 是 IBM 全面资源管理工具。Tivoli 中的重中之重是网络管理，其他部分有服务水平管理、安全管理、存储管理等。

Tivoli Net View 是一个真正分布式的网络管理平台，它兼容多种设备，拥有全球性的支持基础和来自数百个第三方厂商的支持。它不仅管理网络，而且为将来网络的扩充提供了完整的系统管理解决方案。它能自动地发现网络资源，并将资源间的关系通过可视拓扑图呈现给用户，以便于检测和管理事件和 SNMP(Simple Network Management Protocol，简单网络管理协议)陷阱，监视系统运行情况、收集系统性能数据，并根据这些数据决定应该做出的反应，以利于管理人员制定管理策略。由于采用开放的体系结构，Tivoli Net View 还可以从其他部件管理器中集成拓扑数据，实现了关键任务环境管理的可伸缩性和灵活性。

Tivoli 所开发的用于服务水平管理的企业软件解决方案包括 Tivoli Services Desk 和 Tivoli Decision Support。Tivoli Services Desk 是一个综合套件，集成了领先的应用程序：Tivoli Problem Management(故障管理)、Tivoli Change Management(变更管理)以及 Tivoli Assess Management(资产管理)。它是业界一流的安全管理解决方案，用于基于角色的、分布式的客户机/服务器安全管理，可以有效地防止非法入侵。通过从管理员处获取主机安全模式和分布式安全模式之间的不同点，它可以确保跨地域、跨平台的安全策略实施的一致性。

(4)Organization Effectiveness(OE，组织效率)

Lotus Domino/Notes R5 是面向新世纪和新一代的通信基础设施的产品。它提供给客户一条实现从简单的电子邮件到高级的通信和协作解决方案的捷径，它使电子商务时代的员工、供应商和客户的协作提高到了一个新的层次，从而增强企业的竞争力，提高工作效率和快速响应能力。

①协作基础设施

Domino R5 是一个集成的通信平台、群件、Web 应用服务器。它集成了从电子邮件、日历和日程、Web 应用开发到高度安全性和系统管理等多种功能，使客户能实现电子商务中的协作和工作流应用。R5 是适应各种规模企业和机构的电子邮件服务器，是开放安全的 Internet/Intranet 应用服务器，具有高可靠、可用和可伸缩性，以及简单灵活、直观的图形界面管理，可以构建以知识为中心的知识管理平台。

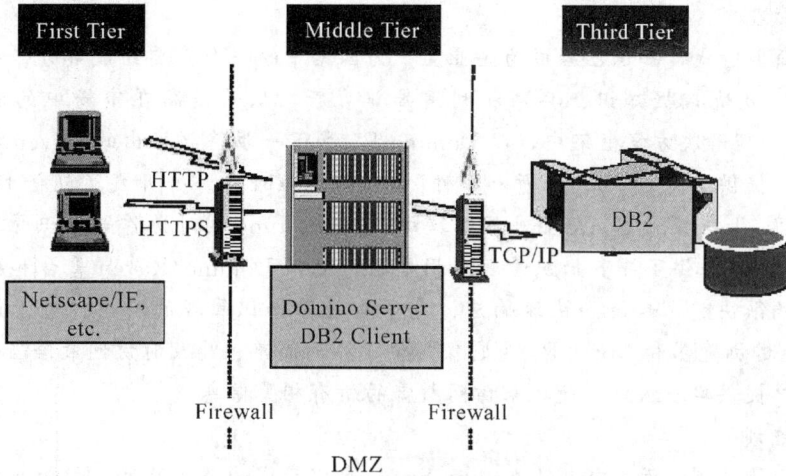

图 1-8　Domino 方案静态图

②交互式 Web 应用

Domino R5 提供开放的交互 Web 应用开发环境,使开发人员建立企业内部应用的同时,提供延伸到 Web 应用的、面向任务的强大开发环境。这个开发环境适合从项目的设计、构建到实施的全过程。R5 提供一系列新的设计元素与开发工具(大纲设计、帧结构的设计、页面设计、Domino 用户界面小程序、增强的编程面板、支持工业标准)加快开发速度,提高应用开发的质量。

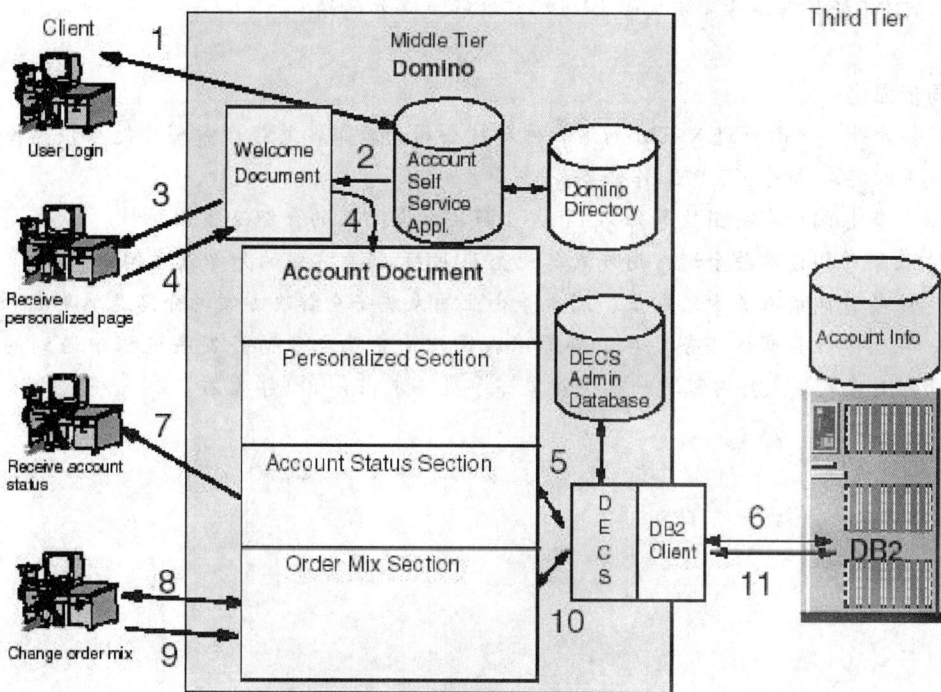

图 1-9　Domino 方案动态图

③知识管理

在电子商务时代，知识已经成为企业生产力因素中的一个重要组成部分。知识管理可以帮助企业有效地挖掘知识、共享和利用知识资产，从而提高在市场中的竞争力。在Lotus的知识管理解决方案框架中，以 Domino R5 和下一步将要推出的 Raven 构成了知识管理的平台，提供了满足"人、场所和事件"的知识管理理念。并开发了包括 Domino. Doc 企业文档管理、Learning Space 企业网络培训和 Same time 实时协作等知识管理产品。除此之外，Lotus 还提供了许多知识管理应用模板，利用 Domino/Raven 平台和知识管理产品，使企业能很快建立起诸如快速响应、竞争智能等知识管理的应用。对于最终用户来说，Lotus 通过浏览器和 Notes R5 为它们提供了界面简单、能及时访问最恰当信息的知识门户，为用户提供单一入口，使之来访问所需的所有相关信息。

④企业培训

在企业网络培训方面，采用 Learning Space 可以获得一个完整可靠的分布式教学解决方案。有助于将远程教学活动延伸到整个企业的各个地方，同时又降低了教育和远程教学的费用，Learning Space 是一个应用服务器，为企业提供了一个远程教学平台，提供了课程管理、学员注册、制作交互多媒体课件、网上协作讨论、测验和考试、跟踪统计等功能，帮助企业建立"网上大学"。

（资料来源：石道元. 电子商务基础与实训［M］. 上海：上海财经大学出版社，2007）

阅读完上述案例之后，请思考并回答下列问题：

(1)IBM 硬件解决方案有哪些特征？是解决哪个层面问题的？

(2)IBM 软件解决方案有哪些特征？可以解决哪些问题？

同步强化

假如你是一名刚刚进入 EM 网络软件科技公司的员工，总经理希望你能尽快熟悉行业状况。所以要求你完成下列工作任务：

1. 收集并阅读有关微软等知名 IT 企业解决方案产品的介绍及案例材料。

2. 收集并阅读有关金蝶、用友或其他企业 ERP 解决方案的介绍及案例材料。

3. 收集并阅读有关卡巴斯基、瑞星等企业的系统安全解决方案的介绍及案例材料。

4. 在完成收集阅读任务之后，请你以我国中小企业电子商务发展过程中遇到的问题及相应解决对策为主要内容写一篇小论文，字数要求在 2 000 字左右。

项目二

解决方案需求分析

●●●● **项目目标**

知识目标

1. 电子商务解决方案需求分析的基本内容、步骤以及报告的格式要求。

2. 电子商务解决方案可行性分析的基本概念、主要内容、步骤以及报告的格式要求。

能力目标

1. 能运用合理的方法分析业务现状，并发现需要解决的问题。

2. 能编写规范的需求分析报告。

3. 能编写规范的可行性分析报告。

●●●● 项目描述

　　小伟终于熟悉了电子商务解决方案以及他未来的工作方向。经理也很满意他前一阶段的表现，因此，将他分到了一个项目组。最近，有一家企业希望该公司提供一套适合本企业需要的电子商务解决方案，公司决定派该组跟进这个项目。项目经理决定让小伟独立承担部分工作。这次小伟承担的主要工作是与客户沟通，分析客户当前业务中的问题，了解客户对电子商务系统的需求，并组织编制需求报告和可行性报告，一方面供本企业设计电子商务系统使用；另一方面供客户参考，强化客户关系管理。

　　该企业向公司发了一份企业的基本资料，主要内容如下：

　　A企业是一个以踏板车为主要产品的某摩托车组装企业，成立于1996年。企业拥有800多名员工，利用得天独厚的配套环境和便利的交通条件，以及与国外企业多年合作吸取的先进经验和技术，凭借自身努力，不断创新，发展壮大，取得了良好的经济效益和社会效益。2001年4月，公司通过了ISO 9002国际质量体系认证，并多次获得国内外专利技术奖项。公司产品销量以每年30%的速度增长，利润总额及上缴国家税收不断创下新高，是一个增长性很快的企业。

　　A企业以商务经营活动信息化、生产管理活动自动化为目标，在2003年先后完成了企业内部网络平台以及办公自动化系统的建设。随着市场形势不断发生新的变化，面对以3C(顾客、竞争力、变化)为特征的新经济时代的市场竞争环境，A企业从企业生存发展的需要出发，本着"效益驱动，总体规划，分步实施，重点突破"的原则，希望把逐步实现企业全面信息化纳入企业发展战略规划当中，以全面实现企业内外部资源共享；向企业决策层及时提供产品研制、生产、销售、财务和质量等重要信息，为快速决策提供有力支持；使公司管理制度化和规范化，提高公司的管理效益和管理水平；加速现代企业制度改革步伐，提高企业的全球市场综合竞争力，提高产品设计生产、制造和销售对市场需求的响应速度。因此，全面改造原有系统，是A企业信息化发展的必然趋势，是A企业在激烈的市场竞争中求生存、求发展的重要战略手段，也是公司实现经营战略目标的迫切需求。

　　目前，A企业的业务处理模式整体上比较规范和完整，各部门管理人员和业务人员对系统建设热情也较高，不过在一些跨部门的业务流程中存在一定的冲突和问题。具体体现在以下方面。

　　1. 现有的作业模式是按销售计划和库存组织生产的，并非是按客户实际需求进行最终产品装配加工的生产作业方式，且没有关于订单和销售预测数据的积累和分析支持。

　　2. 企业目前的硬件设施是在2003年一次性购置的。选择的是某知名硬件厂商提供的整套解决方案，包括以千兆以太网技术规范选配网络设备构建的局域网，当时技术水平下的部门级服务器集群，并在Web服务器端通过安装路由器设置了包过滤防火墙。用于防范外部非法数据访问。同时，选用了微软公司Win 2000系列的系统解决方案，构建了基本的软件运行环境和网络管理平台，OA办公系统也选用了当时国内知名的软件开发商提供的专业版系统软件。

　　3. 各部门业务处理过程相对独立，部门之间的业务联系主要是在日常办公事务方面；目前，内部网络的作用主要是将各部门的行政办公业务进行信息集成和共享，对主生产业务和外部商务活动信息没有集成和共享。

4. 企业建立了互联网门户网站，主要职能是发布企业资讯信息，接收客户意见；不过，网络响应速度较慢，在数据流量突然增大时经常出现长时间传输等待或无法传输的情况。

5. 目前，尚无法通过系统实现企业内部各种管理费用的预算指标和项目预算指标的控制管理。

6. 目前的系统工具无法实现公司内部物流、资金流和信息流的优化，无法理顺外部商务交往中的各种业务关系。

项目经理要求小伟在阅读完这份资料之后，针对该企业的业务现状，对需要解决的问题进行必要的分析；并将其逐一明确后，完成该项目的需求分析报告和可行性分析报告。

●●●●● 项目分解

通过分析，该项目可以分解为以下几个要完成的任务：

任务一　业务现状考察与问题诊断

任务二　编写需求分析报告

任务三　编写可行性分析报告

任务一　业务现状考察与问题诊断

任务分析

1. 提供商为什么要先进行业务现状考察？

没有任何一个解决方案可以解决企业电子商务活动中的所有问题，具体问题应具体分析。提供商在面向企业客户提供解决方案之前，必须通过一系列的调查沟通活动，对企业业务现状进行必要的考察，才能从中发现需要解决的问题，进而提出针对性的解决方案。因此，业务现状考察是提出电子商务解决方案的基础性活动。没有该活动，提供商就无法发现实际问题，更无从提供适合的解决方案。作为提供商相关岗位的一名工作人员，必须清楚地意识到业务现状考察的重要性。

2. 业务现状考察的内容包括哪些方面？

提供商在对客户业务现状进行考察的时候，应从以下几个方面进行：企业目标、业务环境现状、企业目前的业务活动类型及组织形式、业务活动的资源配置及利用状况、企业信息化程度及目前运行状况等。因此，作为提供商相关岗位的一名工作人员，应该详细了解和具体掌握这些内容，以便于考察活动的开展。

3. 可以通过哪些方法或形式进行考察？

提供商考察企业业务现状的方法有很多。常见的方法有：走访调查、群体座谈、系统实验、书面资料查阅等。作为一名提供商工作人员要谨记，无论通过何种方式进行考察，目的只有一个，即查找现行业务问题，发掘电子商务需求。

4. 如何进行企业问题诊断？

在解决方案提供过程中，提供商首先要弄清楚，企业客户对电子商务活动到底存在哪些需求，希望解决什么样的问题，达到什么样的目标。这就需要采用科学的诊断手段，分析问题实质，以明确目标要求，寻求解决方案。问题诊断是业务现状考察的后续活动，同时又是接下来需求分析和可行性分析的前导活动。问题诊断主要分为两个层次进行，目标诊断和业务诊断。通过这两个层面的诊断，发现目前面临的问题，确立问题与所要达到目标之间的关系，识别可能引起和影响这些问题的因素和要点，为接下来的分析活动准备必要的信息。

任务实施

阶段一　考察企业业务现状

步骤 1　制订考察计划

考察企业业务现状不是一项简单随意的活动，必须事前做好周密详细的考察计划，将其作为考察活动的行动指南。这将直接影响到接下来资料获取质量的高低，以及后续分析工作的准确程度。制订考察计划具体从以下几个方面进行：

（1）明确考察目的和要求。

（2）确定考察范围和对象。

（3）确定考察内容。

（4）确定考察方法和工具。

（5）确定考察人员及任务分配。

（6）编排考察日程进度。

（7）编制考察经费预算。

制订考察计划需要先讨论形成初稿，然后同考察对象就内容、形式与时间安排进行初步沟通，商讨确定之后，再对考察计划进行调整修改，以保证计划的顺利执行，直至最终定稿。

步骤 2　收集获取相关资料

这是该阶段的关键步骤，应按照考察计划逐一完成。收集过程要求细致完善，及时获取，严格监控。具体工作应从以下几个方面开展：

（1）对每次获取的口头资料进行及时地记录保留。

（2）对所有参与考察的工作人员实行任务登记制度，制作专门表格登记每个团队或者个人任务完成的时间、地点、资料形式及数量、未收集到资料情况说明等内容。范例如表 2-1 所示。

表 2-1　业务现状考察情况登记表

序号	考察内容	完成时间	完成地点	资料形式 （数量）	未完成资料 情况说明	完成者 签名

（3）对所有收集到的原始资料进行科学地分类整理，并进行编号。

（4）对重点资料进行必要的备份保存，特别是电子版资料。

阶段二　诊断企业业务问题

步骤1　目标诊断

将企业资料收集完毕之后，提供商工作人员接下来的工作就是解读与分析这些资料，即进行企业业务问题诊断。首先，工作人员应进行目标诊断。目标诊断的最终目的是确认客户的企业目标和目前电子商务目标之间的关系与差距。具体可以从以下几个方面进行：

(1)解读资料，确认企业目标。

(2)将企业目标转化为电子商务应达目标。

(3)解读资料，确认目前电子商务实际目标。

(4)分析应达目标与实际目标之间的关系，找出两者之间的差距，即目标问题所在。

(5)分析并找出实际目标向应达目标调整过程中的制约因素。

步骤2　业务诊断

两种情况下，通常需要进行业务诊断。一是在目标诊断完成之后，需要将目标进一步细化分解为若干项业务活动，从而找出具体业务过程中出现的问题，为需求分析和解决方案提供基本信息依据；二是企业客户提供资料无法明确表达企业目标，仅是提出某一方面的具体业务资料，提供商仅能以片面的业务资料为基础进行问题诊断分析。业务诊断具体可以从以下几个方面进行：

(1)解读资料，按照企业目标确立企业所涉及的业务项目。

(2)对每一项业务项目进一步分解为若干个活动过程，描述每个活动的具体环节步骤，分析各个环节的问题。

(3)分析每个活动所需的资源配置和利用状况，分析各项资源配置和利用方面出现的问题。

(4)分析上述问题出现的原因、特性、影响后果(或涉及的范围)，以及问题之间的关联性。

(5)必要时进行再沟通，补充考察资料，进一步明确问题属性。

知识要点

1. 企业业务现状考察

为了准确诊断业务问题，确认企业电子商务需求，应组织力量采用适当方法对企业业务现状进行考察并理解。考察过程应遵循用户参与的原则，由提供商与企业共同完成。通过考察一些关键的业务流程，在以下的情况中寻找解决电子商务问题的机会：

(1)是否具备开发电子商务所必需的基本条件。

(2)有没有已定义的信息交互机制。

(3)是否存在本行业或其他行业已获成功的实践经验(即成功案例)。

(4)以何种角度来重新设计流程；现行系统升级后，业务处理是否会更有效并使得成本降低。

通过对当前业务的考察，可以将电子商务解决方案作为在业务处理中硬性实施业务政策的一种途径。

1.1 考察内容

企业业务现状考察的主要内容包括如下几个方面：企业目标，业务环境现状，企业目前的业务活动类型及组织形式，业务活动的资源配置及利用状况，企业信息化程度及目前运行状况等。

（1）企业目标

企业目标是最基本的考察内容。企业目标考察具体又可以分为近期目标考察（1年以内）、短期目标考察（1～3年）、中期目标考察（3～5年）、长期目标考察（5年以上）四个阶段进行。每个阶段的考察内容包括：市场营销、创新、人力、财务、实物、生产力、社会责任、利润需求8个方面。

（2）业务环境现状

企业的业务环境现状考察又可分为宏观环境和微观环境考察两个层面。宏观环境包括经济、技术、社会文化、政策法律等方面，微观环境包括行业基本状况、供应链各环节成员、各类相关社会公众、管理辅助机构、企业内部环境等方面。尤其是电子商务所涉及的信息环境和技术环境，要重点关注和考察。

（3）企业业务活动

企业业务活动主要考察以下几个方面的内容：主业务类型，各项业务活动的组织形式，各项业务活动过程，企业各项资源的配置形式、数量，各项资源的利用状况等。

（4）企业信息化程度

企业信息化程度主要考察以下几个方面的内容：企业有无信息化基础，企业各项信息源、信息流程以及信息结构，企业目前的信息技术组成、基本特性与使用效果，企业目前电子商务活动涉及的主要内容，现行系统类型及应用范围，现行电子商务系统运行状况与实际效果等。

1.2 考察方法

（1）开调查会

开调查会是一种集中征询意见的办法，适于对企业业务现状进行定性调查。可按两种组织方式进行：一是按职能部门召开座谈会，了解各个部门业务范围、工作内容、业务特点以及对电子商务解决方案的想法和建议；二是召集各类人员联合座谈，着重听取使用单位对目前作业方式存在问题的介绍，对电子商务系统解决问题的要求等。

召开调查会时应该注意下面的问题：

①会议主题的确定。一般主题往往围绕电子商务需要解决的焦点问题制定。要注意焦点问题可能不止一个，因此应避免主题设置的过宽或过窄。另外，最好根据议题拟定一个讨论提纲，方便现场操作。

②会议成员的确定。调查会成员人数一般确定在5～10人，成员过多或过少，都会影响调查人员获取信息的质量，达不到调研的目的。会议成员的确定要尽量考虑到企业内部层次和部门关系，然后尽量将同一层次的人编为一组，因为不同层次的人对问题的认识层次和角度不同，会影响会议讨论的气氛。

③会议次数的确定。调查会一般应围绕一个主题组织3～4次会议。每次座谈最好邀请不同人员参加，以保证资料信息的全面性和及时更新。多次座谈有利于问题的深入和意见的融合。

④会议现场的控制。这是影响调查效果最关键的因素。要做到对会议现场的有效控制就必须抓住几个环节。首先，鼓励与会者积极发言，激发他们的讨论热情；其次，主持人

的风格应灵活，防止"偏题"或"跑题"，防止出现会场气氛"突然冷却"；再次，控制每个议题的时间分配，避免某一问题占用时间过长。如果会场发生这类问题，主持人应注意及时开发"角落里的资源"。

⑤会议结果的评价。及时对会议的结果做出评价，不仅能够提升资料整理的效率，更是对与会者座谈成果的肯定，有助于以后从与会者那里获取更多的信息。

（2）发放调查表

这种方法一般用于对基层业务管理部门的业务考察。调查表由问题和答案两部分组成。问题由解决方案提供商列出，答案主要由被调查单位给出。提供商在编制调查表时，应当充分考虑各种情况。问题本身提得全面、周到且明确，得到的答案就会比较完整与准确。此类方法最大的困难在于设计调查表的各种问题。如果问题设计得不明确或不全面，那么得到的调查结果就不能令人满意。

调查表可分3张表格设计，即组织机构调查表、目标功能调查表、信息需求调查表。表格一般应包括如下内容：

①组织机构调查表：本单位名称；上一级组织机构（或领导）名称；下层机构名称；本单位的主要领导及工作分工；本单位主要任务（可用文字叙述或通过流程图描述）。

②目标功能调查表：单位局部目标；实现目标的关键因素；实现目标所需信息及现存的信息来源；为实现目标，哪些信息尚无法得到或很难得。

③信息需求调查表：信息名称；信息来源及频度；信息去向及频度；信息保密要求；信息用途。

（3）重点访问

重点访问是一种个别征询意见的办法。通过提供商与被访问者的自由交谈，充分听取各方面的要求和希望，获得较为详细的定性、定量信息。该方法一般用于对企业高层管理人员的调查。考察工作开始前一般要准备一组问题，这样一方面能引导工作的进行；另一方面可保证考察范围的完备性。

访问时应围绕电子商务活动中各项信息的输出、输入、来源、去向、组织及处理等方面提出问题。一般包括如下几个方面：你所在的工作岗位是什么；你的工作任务是什么；你每天的工作怎样进行时间安排；你的工作同前/后续工作是如何联系的；你所接触的报表、数据有哪些，这些数据在精细性、获取速度上存在哪些问题；从企业全局考虑，你认为企业的哪些管理业务可以改进；你认为企业信息化建设（或开展电子商务）应该重点解决哪些问题；等等。重点访问法除了用于了解企业高层管理人员的信息和功能需求外，有时还用于对其他信息收集方法的补充及对调查结果的确认。

（4）直接参加业务实践

亲自参加业务实践，是了解系统的最好方法。通过以建立系统为目标的跟班学习，可以较深入地了解手工作业数据发生、传递、加工、存储、输出各环节的工作内容，这对建立模型或人工模拟都是至关重要的。

2．企业问题诊断

2.1　目标诊断

（1）企业目标与电子商务目标的关系

企业的战略目标是指由决策层制定的企业集体的未来利益代表，是内外条件综合考虑的结果，是企业持续经营发展的起点和导向。电子商务目标则是企业目标在电子商务活动中的具体体现，是将企业战略意图进行电子信息转化的关键。二者之间的关系具体表现在以下几个方面：

①电子商务目标是企业目标在电子商务活动中的体现，是企业电子商务解决方案最终成果的评价基础。

②电子商务目标与企业目标在方向上应该保持协同一致。

③电子商务目标相对于企业目标，锁定范围更小更明确，具有更强的指令性和可执行性。

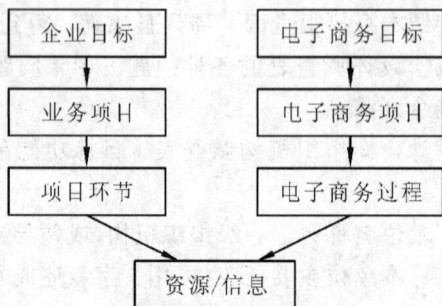

图 2-1 企业目标与电子商务目标的转化过程

（2）目标诊断的常见问题

目标诊断的目的是保证电子商务目标与企业目标的协同一致，帮助企业目标的最终实现。因此，目标诊断主要针对如下问题开展：

①企业是否有明确的电子商务目标。

②企业当前制定的电子商务目标是否与企业目标或电子商务应达目标协同一致。

③是否需要修正当前制定的电子商务目标。

④企业业务现状是否符合电子商务目标要求。

⑤企业是否存在电子商务目标缺失或目标偏误。

⑥存在哪些约束条件影响电子商务目标的达成，影响程度如何。

大多数情况下，企业一开始就有明确的企业目标而且表达得非常清晰，然而还有一些例外情况。例如，企业根本缺少明确的电子商务目标，或者企业虽然两个目标都确认了，但多数执行人员只知道企业目标是什么，而说不清楚电子商务目标，或者是相反；甚至是企业出于某种原因，不愿告知。因此，目标诊断主要依靠提供商与企业之间多次不懈地沟通才能完成。具体可以通过以下手段进行沟通：

①找到更多的机会与客户做更深入的交谈。

②尽可能扩大在客户内的交谈范围，尤其是找到更高级别的被访者。

③从与客户有关的其他信息来源中找寻相关信息，如访问客户的合作伙伴等。

2.2 业务诊断

（1）业务诊断的常见问题

业务诊断通常都是在目标诊断完成后进行的，有时候也会因为企业无法清楚表述目标而直接进行。业务诊断要针对如下问题：

①企业目前的业务活动是否能如期达成目标。

②企业目前的业务活动运行管理效果如何，是否有需要通过电子商务优化的项目，有哪些项目需要通过电子商务优化解决。

③企业目前各项业务活动过程是否存在冗余或疏漏环节，有哪些环节需要通过电子商务优化解决。

④企业目前各项业务功能是否存在缺失或漏洞，有哪些功能需要通过电子商务优化解决。

⑤企业目前各项业务活动资源配置与利用状况是否合理，有哪些资源需要通过电子商务优化解决。

⑥对目前各项业务产生影响的主要因素有哪些，影响程度如何。

⑦企业是否有信息化基础。

⑧企业目前的信息活动效率是否能够满足生产经营活动的要求。

⑨企业目前实施电子商务活动存在哪些方面的环境制约和要素缺失，程度如何。

⑩企业目前应用的电子商务技术是否合理，存在哪些需要改进的问题。

⑪企业目前的电子商务系统功能和性能是否能够实现与企业目标和业务运行的协同，存在哪些疏漏和缺陷需要解决。

⑫企业目前的电子商务系统装备运行效果如何，存在哪些需要升级改进的问题。

⑬企业目前的电子商务活动有无完整的评价体系，评价指标是否合理，需要改进。

（2）业务诊断角度

对业务问题诊断应从以下几个角度进行分析：

①业务问题的本质和特性。

②业务问题发生的频率、严重程度以及趋势。

③业务问题影响或涉及的范围。

④业务问题出现的原因。

⑤业务是否存在其他相关联的问题。

⑥以前为解决业务问题做过哪些尝试，效果如何。

⑦解决这个业务问题是否会带来新的问题。

（3）业务诊断过程中应注意的事项

业务诊断过程中，常常由于方法不得当或者主观认识不清导致诊断出现一些不应有的偏误，包括：误解了问题的症状；主观臆断问题原因；仅从某一个角度看问题；仅听取了一个部门的看法。因此，在进行业务诊断时，应了解注意以下事项：

①业务诊断应开始于一个清晰的概念框架。偏离电子商务范畴和超越执行能力的考察和诊断是得不偿失的。

②业务诊断不等同于资料的收集和分析。前者比后者包含的内容更广泛。诊断必须有事实数据作为依据，但对资料和信息是有选择性的。

③业务诊断不是解决问题。找到解决问题的方法是下一步需求分析和解决规划的任务，诊断阶段仅仅是要找出问题所在。在该阶段就试图找到解决问题的方法，可能会因为最终的南辕北辙而浪费时间和人力。

2.3　企业问题诊断的基本步骤

（1）初步诊断

初步诊断阶段从与客户接触就开始了，通过与客户的交谈、观察客户所处的环境、翻阅客户的相关资料，提供商工作人员可以对客户的目标和问题有一个大致的判断，并为下一步工作做好准备和安排。具体包括以下几点：

①确定诊断的范围。把已经很明确的内容挑拣出去，如企业已顺利达成的企业目标和电子商务目标，而留下需要加以诊断的内容，进入下一个环节。

②把目标和业务问题初步诊断的结果转换成进一步考察的主要方向。

③确认在整个诊断过程中企业客户参与的范围、程度和方式，并征得企业的认可和配合。

④研究并确认需要收集的信息种类及其来源。

（2）展开针对性信息收集

这是针对初步诊断阶段中被初步确认出来的目标和业务问题，进行必要的针对性补充收集。为证明目的存在的必要性，企业目标与电子商务目标之间的联系，确认问题是否真实存在，研究问题发生的原因和解决方法等，要准备必要的事实根据。

收集过程与前期现状考察过程一样要制订周详的计划，但同时又有一些区别，这次收集更加强调信息内容和范围的针对性。

（3）分析诊断

分析诊断过程是对前期资料进行统计处理、数据分析，并最终按照前面所述内容对各项问题进行定性化的描述。在数据分析过程中，要注意分清主要数据和次要数据，判断各种数据分别说明哪些问题，揭示了什么规律，同时筛选出能够说明问题的数据，最好用表格和图形的形式将数据生动形象地反映出来。

（4）结果反馈

还有一个经常被提供商忽视的环节，即将所有诊断出的问题与企业客户进行充分讨论。这期间的沟通非常重要，必须通过反馈了解客户真正的需求，及其能力资源可以达到的范围。并同时使企业了解提供商的工作模式，磨合双方的合作，为接下来的合作打下坚实的基础。还有一点，诊断结果也可能还是有偏差的，在与客户充分沟通后，可以对有偏差的结果进行必要的修正。

任务扩展

假如你就是小伟，在认真阅读完项目描述中提供的材料之后，根据材料内容结合任务实施和知识要点撰写一份 A 企业业务问题诊断小型报告。内容主要包括目标诊断和业务诊断两个方面。注意格式的规范性。

任务二　编写需求分析报告

任务分析

1. 提供商为什么要进行需求分析？

问题诊断完成之后，接下来的工作就是进行需求分析。需求分析之所以重要，主要因其具有决策性、方向性、策略性的作用，其作用要远远大于解决方案设计本身，在解决方案规划设计过程中具有举足轻重的地位。

提供商通常是基于下列原因开展这项工作的。首先，许多企业对电子商务的需求并不明确。即使企业意识到了目标或业务问题的存在，其中大多数也想不到通过电子商务解决，又或者对需要何种形式的电子商务手段来解决并不清楚。提供商必须要对企业电子商务需求进行识别确认，挖掘并发现企业对电子商务的真正需求。其次，不同企业对电子商务需求存在差异，是要进行需求分析的另一个原因。没有一个解决方案是万能的。一套电子商务解决方案在 A 公司可以工作并受到人们的欢迎，但这并不意味着该方案在 B 公司会得出同样的结果。任何解决方案对特定问题的解决可能是有效的，但不能指望它解决所有的问题。因此，提供商有必要通过需求分析增强解决方案的针对性和适用性。再次，企业生产经营活动过程中会进行不断的目标调整与业务变更，企业对于电子商务的需求也会随之发生动态变化。因此，提供商必须通过需求分析帮助企业及时地调整电子商务需求。最后，需求分析还是提供商与企业之间进行沟通的必要媒介。通过需求分析报告的提出，可以帮助企业和解决方案的执行人员更好地理解项目的意义，为接下来解决方案的设计与实施扫清认知障碍。

2. 需求分析报告应该编写哪些内容？

简言之，需求分析就是要全面地理解企业对电子商务的各项要求，并准确地表达所接受的用户需求。因此，需求分析报告的内容核心是提出解决方案应该"做什么"。需求分析报告一般应包括如下内容：编写目的（含：解决方案背景描述，前期业务考察内容及资料形式来源，企业问题诊断结果，报告编写目的及意义），任务概述（含：解决方案目标设定，用户基本特征分析，需求实现约束条件），需求分析（含：需求内容以及优先序分析，需求特性分析，需求实现环境分析，目前尚无法解决问题的说明），附件。所有提供商的分析规划人员都应掌握电子商务需求分析报告的编写内容框架，争取编写一份内容完整翔实的报告。

3. 编写需求分析报告有哪些要求？

编写需求分析报告应该遵循以下要求进行：报告内容应以企业实际考察资料和问题诊断结果为事实依据，坚决杜绝主观杜撰；要编写一份清晰、准确、详细的需求分析报告，不要满篇空话套话；编写报告使用语言要符合客户表述习惯；报告中专业图表的应用要配以解释说明；要注意区分电子商务需求分析报告同常用系统/软件需求分析报告的内容框架（原因是电子商务解决方案涉及的需求面要比单纯电子商务系统需求面更为宽泛）。所有提供商的分析规划人员都应严格遵守上述编写要求，争取编写一份规范的报告。

任务实施

阶段一　需求分析

步骤 1　识别需求内容

提供商对企业电子商务需求内容的识别，本质上就是从电子商务的角度理解企业业务，电子商务能帮企业做什么，实现什么；并通过进一步细化整合，删除冗余，增加必要，并最终构建相对完整的需求体系。它是建立在前期对企业业务全面深入考察和对问题的准确诊断上的。所以，这是承上启下的关键一步。具体工作应从以下几个方面开展：

(1)结合前期考察资料，列明全部问题诊断结果。

(2)对问题诊断结果进行分析识别，筛选出可以通过目前电子商务手段实现的目标和解决的业务。

(3)将识别出的需求内容进行整合，构建相对完整的需求内容体系框架。

步骤2　明确性能要求

在构建需求内容体系的基础上，对各项需求内容进行深一步的具体分析，从而提出需求内容实现的各方面性能要求。实质上是提出上述需求内容应达到哪些指标要求。具体可以从以下几个方面进行：

(1)列出所有电子商务需求实现应达指标，并构建相应指标体系。

(2)参照指标体系对各项需求内容进行分析，并逐一确认各项需求内容的性能要求及相应程度。

(3)整合各项需求的性能要求，制作电子商务性能需求表。表格制作可参照表2-2格式：

表2-2　电子商务性能需求表

性能指标 内容需求	集成性	安全性	（指标3）	（指标4）	…	…	…	…	…	…	…
……	√	√									

步骤3　分析实现环境

电子商务需求的最终实现还要依靠环境的支持。对电子商务需求实现环境的分析主要从以下几个方面进行：

(1)结合前期考察资料，对目前的实际环境状况进行分析。

(2)找出目前支持环境与电子商务需求满足状态下所需支持环境之间的差距。

(3)结合实际情况，分析出可以支持的环境以及目前无法支持的环境，并分项列明。

步骤4　分析约束条件

电子商务需求的实现过程中还会受到一些条件的约束。准确分析这些约束条件，同样对电子商务需求的实现起着至关重要的作用。具体工作可以从以下几个方面进行：

(1)结合前期考察资料，分析电子商务需求实现的人力资源约束。

(2)结合前期考察资料，分析电子商务需求实现的信息资源约束。

(3)结合前期考察资料，分析电子商务需求实现的技术资源约束。

(4)结合前期考察资料，分析电子商务需求实现的资金成本约束。

(5)结合前期考察资料，分析电子商务需求实现的时间限制。

步骤5　得出分析结果

评估分析结果，就是要在前面四步的基础上最终提出一个结论性的成果，告知企业客户问题未来的解决方向，以及电子商务需求实现的基本选择。

阶段二　编写报告

步骤1　编写需求分析报告初稿

需求分析活动最终要形成一份书面成果，即要编写一份完整规范的需求分析报告。编写工作应从以下几个方面完成：

(1)明确报告编写目的。

(2)描述需求分析任务。

(3)具体展开需求分析。

(4)列明所有必要的附件。

需要注意的一点是，编写需求分析报告最好由一名专门的文档编写人员完成，以保证报告文路的连贯性。

步骤 2　沟通修改完成终稿

初稿完成之后，分析规划人员应将其反馈给企业，并进行必要的沟通，修改报告不完善之处。然后形成终稿，提交给下一步工作的部门，同时将终稿反馈给企业留存。如果需求分析报告中关于需求内容、性能要求、支持环境和约束条件等方面出现了重大偏误，则必须返回企业进行重新考察沟通和需求分析。具体工作可以从以下几个方面进行：

(1)提供商组织内部评估，对报告内容、格式等方面进行初步修改。

(2)制成一份规范的报告文本反馈给企业，让企业相关人员进行评阅。

(3)提供商组织双方沟通，回收企业方面提出的修改意见和新的需求想法。

(4)对初稿进行修改，并重复前面三项工作，直至终稿完成。

(5)将终稿分别制成三份规范文本，一份作为反馈材料提交给企业客户，一份作为支撑材料提交给下个工作执行部门，一份作为提供商文档存本备份留存。

知识要点

1. 电子商务需求识别的常见问题

企业在日常运行过程中会存在这样或那样的问题，不同问题需要用不同方式解决，其中有些问题通过电子商务手段解决效率更高、效果更好。这就形成了企业对于电子商务活动的需求。另外，随着技术和市场环境的不断变化，已经开展电子商务活动的企业目前应用的电子商务形式、技术等方面也会出现一系列适应性问题，因而也需要不断调整相应的需求，或形成新的适应性需求。所以，提供商应该从问题诊断中识别筛选出电子商务真正能够满足企业的需求。通常以下一些问题可以通过电子商务手段解决，即能够形成有效的电子商务需求：

①企业业务处理或服务速度太慢，客户意见大。

②业务操作复杂，容易出错。

③企业的某个业务或管理环节总是搞不好，成为总体流程的瓶颈。

④一些岗位的员工之间配合总是不太好。

⑤企业对员工的控制力越来越弱。

⑥企业营销推广费用过高。

⑦公司和产品的形象认知度低，企业缺少宣传平台。

⑧发生频率较高的窝工现象。

上述问题容易引发企业下列电子商务需求：

①客户不知道公司，就意味着可能有必要建立网站、扩大知名度。

②企业内部上下级和各部门之间沟通不畅，管理效率低下，就意味着需要建立一个邮

件组群发系统，并建立信息发布制度。

③传统广告费用太大，可能意味着需要改变宣传工具和信息发布模式，应该把传统媒体换成网络或者二者混合使用。

④对员工的控制力减弱、有些岗位员工之间配合不好，可能意味着需要重组流程，或建立信息管理系统。

⑤客户服务速度慢，则意味着企业需要通过电子化沟通手段提升服务速度。

⑥企业传统业务过程操作复杂，环节繁多，手工业务比例高，容易出错，则说明采用计算机信息化管理可能非常有效。

⑦流程出现瓶颈或者经常出现窝工现象，可能意味着需要建立一个企业资源计划（ERP）系统。

由此可以看出，要准确地发现一个企业客户是否对电子商务项目有需求，在实地考察和问题诊断的基础上科学地进行需求识别是必不可少的。

2. 电子商务需求实现的性能指标

电子商务需求实现的性能指标是指那些解决方案设计开发完成后，相关产品及服务应达到的性能要求及相应程度。常用的性能指标具体包括以下几个方面：

(1)集成性

集成性的重点是实现电子商务需求或支持资源的整合。例如，当开发一个新的电子商务设计方案时，为了保持竞争能力，需要将企业各个孤立的应用系统、数据库、处理流程整合起来。整合可以产生新的战略优势，可以引导实施一个强有力的业务流程，如企业内部的 ERP，由客户、供应商以及其他供应链上的业务伙伴共同参与的 CRM 或者 SCM。

(2)灵活性

灵活性的重点是实现需求内容与外部环境与内部约束条件之间的协同和相互适应。当业务需求或环境约束发生变化时，电子商务解决方案可以快速经济地对已有框架进行调整，适应改变的需求。灵活性在开发设计过程中通常体现为使用基于开放标准的框架标准与综合的中间件组件设计。

(3)可伸缩性

企业需要从一开始就设计一个具有良好伸缩性的 IT 基础设施和业务流程。当企业需要一种框架来适应计划内及计划外的变化时，伸缩性的价值就凸显出来了。随着应用系统的复杂性增加，信息交互流量也伴随着增加。伸缩性差会影响系统适用性、响应时间等与生产率相关的因素。而这些都影响着电子商务解决方案的成功与否。

(4)可靠性

可靠性从本质上是用来确保电子商务解决方案成果能够不间断稳定地实施。成功的在线电子商务运作面临的挑战有：支持大的用户数量，提供快速响应时间，能确保服务的可靠性，提供优异性能。对现实负载和性能测试，对于实施和管理一个成功的在线服务至关重要。一般可以通过使用自动化负载和性能测试工具来测试系统性能。

(5)可管理性

一个完整的电子商务解决方案应该能够对异构扩展环境下的资源进行管理提出计划。为了使计划具有可管理性，应该包含对系统修改、删除不需要功能、适应新的操作环境等能力，甚至有必要的话还需对整个系统重建。例如，IBM 部分解决方案产品，如

WebSphere Studio、Domino Designer 都可以充分体现可管理性的要求。

（6）安全性

安全性性能指标的要求又可以分为以下几个方面：安全风险评估；防备事故和自然灾难；探测潜在威胁；事故发生后的恢复；信息保密；安全管理。

（7）面向性

首先，面向性意味着要确保合适的信息在合适的时间以合适的形式面对合适的终端用户传递。推而广之，即所有的电子商务活动都要面向明确的目标用户进行，或远程，或本地，或外部，或内部。其次，面向性还要同时考虑集成，即面向特定用户的终端应用操作应集成在统一界面实现交互。

（8）可用性

可用性是指技术能力很容易有效地被特定范围的用户使用，经过培训和用户支持，在特定的环境中完成指定任务。可用性不仅是反映了电子商务活动的信息交互界面水平，更反映了整个解决方案实际效果的综合评定，受人为因素影响很大。因此，可用性指标要分别针对不同用户类型及其任务和操作环境来制定。常用来表述可用性程度的用语如"界面对用户友好""操作直观，容易使用，无须长期培训"等。

（9）互操作性

互操作性（Interoperability）指的是异构系统之间相互访问、相互控制对方资源的能力。比如不同的操作系统，不同的硬件平台，不同的开发工具，不同的应用系统之间相互访问、控制就是互操作。在异构环境下互操作性实质上是集成性的一种具体表现，子系统之间互操作性越好，整个系统的集成度就越高。

（10）合法性

合法性包含很多方面，主要有以下内容：数字签名（与手写签名具有相同法律效应）；文本保存（当有官司需要时）；私密性；税收和关税；知识产权；使用知识管理（KM）的方法进行保护；银行规章；财务制度；版权问题。

3. 电子商务需求实现的支持环境与要素

电子商务需求实现的支持环境包括了社会环境、网络环境、硬件环境、软件及开发环境、商务服务基础环境以及电子商务应用服务环境。具体如图 2-2 所示。

除此之外，电子商务需求的顺利实现还需要各种资源要素的支持，具体包括了资金、人才、信息、技术等。无论哪一种要素缺失，都会制约和限制电子商务需求的实现。因此，这些支持要素同时还是电子商务需求实现的约束条件。

4. 需求分析报告的基本内容框架

4.1　编写目的

（1）解决方案背景描述

主要介绍企业及所属行业基本状况；本项目的任务提出者、开发者、用户；企业与其主要信息交互对象的基本往来关系。

（2）前期业务考察内容及资料形式来源

主要阐明前期对企业目标和业务的考察内容，并说明各项内容的资料来源，包括：资料名称、作者、标题、编号、发布日期、出版单位和网址等。

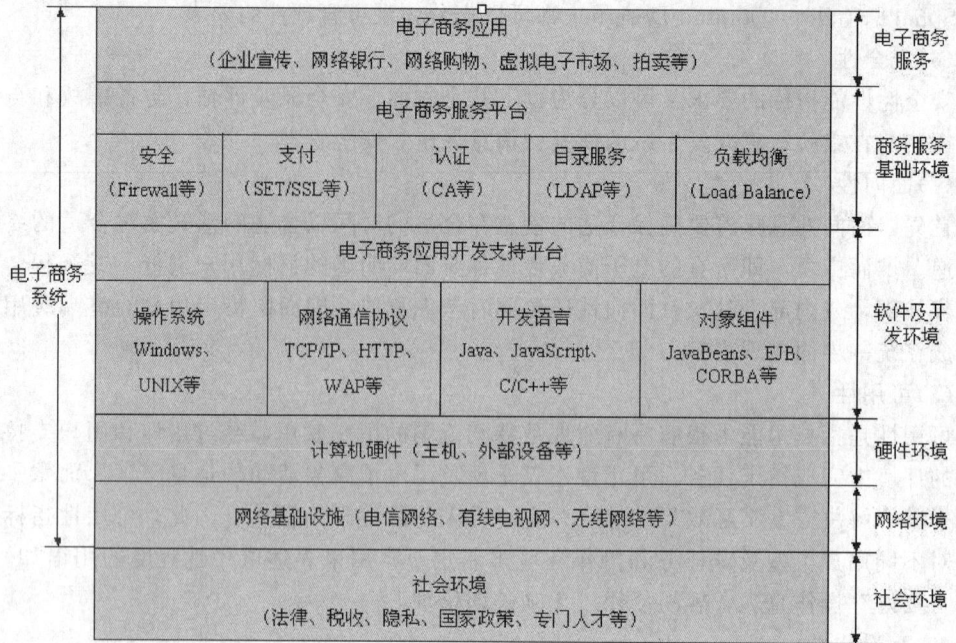

图 2-2　电子商务需求实现的整体环境

（3）企业问题诊断结果

主要列出前期企业问题诊断结果，包括目标诊断结果和业务诊断结果。

（4）报告编写目的及意义

主要阐明需求分析报告的编写目的何在，提供给哪些读者阅读使用，以及对于解决方案的提出有何意义。通常情况下，需求分析报告的编写目的是为了规范解决方案规划设计思路，便于对解决方案的规划设计进行控制管理，同时便于提供商与客户之间的交流、协作，并作为解决方案成果的原始依据，以及作为未来项目的参考资料。

4.2　任务概述

（1）解决方案目标设定

在前期考察分析的基础上提出解决方案应该达到的目标和能够满足的电子商务需求。此目标应与企业目标和应达电子商务目标协同一致。

（2）用户基本特征分析

主要阐明解决方案针对的最终用户特征，包括用户类型、操作习惯等，以及解决方案的预期使用频度，与原有解决方案（如果有的话）的不同之处，与市场上同类解决方案（如果有的话）的比较。

（3）需求实现约束条件

主要阐述需求实现的各项约束条件，主要包括两个方面：自然约束条件和社会约束条件。自然约束条件主要是指基本物质缺乏和技术理论限制形成的约束；社会约束条件主要是指人力资源、经济成本、安全性、项目时间安排和其他因素限制形成的约束。

4.3　需求分析

（1）需求内容以及优先序分析

主要阐述通过需求识别筛选出来的需求内容，以及哪些需求是目前亟待实现的重点需求，哪些需求可以往后放一放，过阵子再实现，排一个优先次序出来，并构建出电子商务需求内容体系。

（2）需求特性分析

主要阐述各项需求内容在性能指标方面的要求。

（3）需求实现环境分析

主要阐述目前环境与理论支持环境的差距，以及电子商务需求实现所需支持的环境特征及相关要求。

（4）目前尚无法解决问题说明

将目前无法实现的电子商务需求和目前无法提供支持的环境一一列明。

4.4　附件

附件主要列明需求分析过程中产生的各种记录、调查分析图表、原始数据单据，以及参考资料。

5. 需求实现的途径选择

当提供商的分析规划人员完成所有的分析之后，最终都要对电子商务需求如何实现提出相应的结论性意见，即提出电子商务需求实现基本途径，为接下来的解决方案规划设计提供最基本的方向性意见。电子商务需求实现的基本途径包括以下两个基本方向，一是通过提供商针对企业需求进行创造性的开发设计实现；二是通过购置市场上已经存在的标准化（模板化）解决方案实现。具体来讲，上述两个方向又可以分为四种具体情况，即维持现状、系统升级、启用新系统、寻找合作伙伴。

5.1　维持现状

就是按老样子做，这对大部分企业来说其实是不明智的。当问题已经出现，需求已经形成，如果为了短期的节省企业时间和金钱而放弃解决方案，时间越久，问题就会越大，解决的成本也会加速增长，对处于发展中的企业适应未来环境变化是极为不利的。

5.2　系统升级

这是指对已经有一定信息化基础的企业进行局部改造和升级，包括购买新的硬件组件和应用软件的新版本，从而使企业当前的系统跟上时代的发展。硬件升级通常包括快速处理器、附加的存储器、更快的调制解调器、更大的硬盘驱动器等，有时甚至还包括一个新的主板。软件的升级包括操作系统升级和应用软件的版本更新。系统升级是一个永无止境的阶梯战略。由于技术发展很快，在有些情况下，升级是必需的，很值得，特别是对一些软件，开发商已经在网上提供可免费下载的补丁，弥补软件先前的不足。这种升级，企业的成本很低，也不会妨碍员工的正常作业；但在另一些情况下，升级可能没有太大的实用价值，升级太快太频繁，反而增加员工的不便。因此，企业的信息化系统是否需要升级，要根据具体的情况来分析。

5.3　启用新系统

就是一切重新开始。如果企业在技术曲线上落后太远，升级十分昂贵，甚至是不可能的。在这种情况下，从技术的角度来说，企业应该将现有的系统全部换掉。尽管这样做可能是四种情况中最昂贵的选择，但这是对未来进行的技术投资。新的技术将来升级比较容易，而且最新的技术在一定时间内不需要升级。企业如果做出了这样的选择，就有可能成为行业中的佼佼者。

5.4　寻找合作伙伴

对于很多中小型企业来说，这样的选择应该是一种非常明智的选择。因为有些较为先进的技术，维护起来有一定的困难，而且非常昂贵，如计算机辅助设计和制造技术（CAD/CAM）、电子数据交换（EDI）等。大中型企业可能普遍拥有，小企业如果与它们打交道，必须具备同样的能力。在这种情况下，小企业需要找一些大企业合作，分享这些买不起但又非常需要的技术。这样，企业在信息化项目上的初期投资就会大大减少。

任务扩展

假如你就是小伟，在完成需求分析报告的编写任务之后，请将你的报告文本制作成幻灯片，并邀请4～6人组成小型内部评估团。面对他们演示需求分析报告，并请大家对你的报告做出评价，提出建议。

任务三　编写可行性分析报告

任务分析

1. 提供商为什么要进行可行性分析？

电子商务解决方案需要提供商和企业双方都投入大量的人力、物力、财力才能完成，带有一定的风险性。为了保证双方的利益得以顺利实现，在明确电子商务需求的基础之上，提供商还应对需求实现的必要性和可能性进行论证评估，得出该解决方案设计实施的可行性结论，并以此作为接下来所有工作的重要决策依据。因此，这是所有电子商务解决方案提供商在正式提出解决方案之前必不可少的一个工作环节，也是相关分析规划人员必须具备的一项工作能力。

2. 可行性分析报告应该编写哪些内容？

目前，各个行业的可行性分析报告基本上是以联合国工业发展组织的《工业项目可行性研究报告编制手册》为蓝本来编写的。因此，可行性分析报告应该主要围绕以下内容进行编写：解决方案建设的必要性（即各项电子商务需求）、技术可行性（含：目前主流技术类型及特征、硬件技术可行性、软件技术可行性、技术能力可行性）、经济与财务可行性（含：收益预估、成本预算、盈利能力评估、投资回收期预期等）、组织可行性（含：组织管理机构的合理性评估、项目实施经验的效果性评估等）、社会可行性（即解决方案对社会各个层面的影响评估），以及风险因素及对策（含：市场风险、技术风险、财务风险、组织风险、法律风险、经济及社会风险等风险因素的识别与评估，以及风险规避对策）等。除了要对技术可行性进行重点分析描述之外，还应重视解决方案的经济和社会评估，例如解决方案在经济社会方面的可持续性评估等。所有分析规划人员都应熟练掌握上述内容，以便于编写工作的开展。

3. 编写可行性分析报告有哪些要求？

为了保证可行性报告的科学性、客观性和公正性，有效地防止错误和遗漏，在分析编写过程中，应遵循以下要求进行：首先，以客观公正的态度对资料依据进行论证评价，如实地反映客观经济规律，从客观数据出发，通过科学分析，得出项目是否可行的结论。其次，报告编写过程中，分析规划人员应根据项目的特点，合理确定可行性研究的范围和深度，基本内容要完整，应尽可能多地占有数据资料，保证资料选取的全面性、重要性、客观性和连续性，避免粗制滥造，搞形式主义。再次，应遵循先论证、后决策的原则，通过多方案比较，择优选取，防止因各种原因的不负责任草率行事。

任务实施

阶段一　报告编写前期准备

步骤1　组建分析团队，明确编写目的和要求

在正式开始编写报告之前，要做好一系列的准备工作。第一项准备工作就是组建可行性分析团队，讨论明确可行性分析报告的编写目的。可行性分析报告的编写目的，一般是对电子商务需求实现的必要性和可能性进行鉴定，并对下一阶段工作是否继续进行论证和效果预估，以判断解决方案的设计实施能否顺利完成。具体工作可以从以下几个方面进行：

(1)提供商根据可行性分析的内容，分别挑选技术、经济、管理等方面的专业人员组建可行性分析团队。

(2)分析团队组织讨论，明确可行性分析报告的编写目的。

(3)团队负责人向各个成员提出编写要求。

步骤2　整理编写依据

任何一个拟建项目的可行性分析，必须在国家有关的规划、政策、法规的指导下完成，同时，还必须要有相应的各种经济技术资料。因此，在编写正式报告之前，需要分析团队整理这些材料，便于编写工作的开展。具体可以从以下几个方面整理材料：

(1)收集整理与项目有关的国家经济社会发展规划材料。

(2)收集整理相关产业政策、投资政策和技术经济政策以及国家和地方法规材料。

(3)收集整理有关企业财务状况的材料。

(4)收集整理有关企业组织管理方面的材料。

(5)收集整理有关电子商务需求的材料。

(6)收集整理相关技术材料。

(7)收集整理有关市场情况的材料。

步骤3　初步分析处理

将材料收集整理完毕之后，需要对相关资料内容，尤其是数字化内容进行数据分析处理。具体工作从以下几方面开展：

(1)确定数据分析模型与相关指标。

(2)运用分析工具软件对整理好的数据进行分析处理。

(3)得出数据分析结果，并运用合适的形式(如图表)表达出来。

阶段二　编写报告

步骤1　编写可行性分析报告

可行性分析报告是针对可行性分析活动的书面成果。编写工作应从以下几个方面完成：

(1)明确报告编写目的。

(2)描述项目基本需求。

(3)展开全面可行性分析。

(4)得出可行性分析结论。

(5)列明所有必要的附件。

同编写需求分析报告一样，编写可行性分析报告也最好选择一名专门的文档编写人员执笔完成，以保证报告文路的连贯性。

步骤 2　沟通解释报告含义

报告完成之后，分析规划人员应将其反馈给企业，并进行必要的沟通，向企业解释项目可行程度及其原因。具体工作可以从以下几个方面进行：

(1)提供商组织内部讨论，参照材料证据对报告进行完整性和正确性等方面的检验。

(2)制成一份规范的报告文本反馈给企业，向企业解释项目可行性程度及其原因。

(3)将报告分别制成三份规范文本，一份作为反馈材料提交给企业客户，一份作为支撑材料提交给下个工作执行部门，一份作为提供商示范文档备份留存。

知识要点

1. 可行性分析的概念

可行性(Feasibility)分析是在初步调查的基础上，根据初步调查得到的信息和资料，对拟议中的开发项目进行全面综合的分析和论证，确定问题是否有必要去解决，是否能够解决，从而为决策提供科学可靠依据的活动。电子商务需求的满足其实并不容易，往往伴随着较大的风险，因而电子商务解决方案正式提出之前，进行必要的可行性分析对项目最终的成败是至关重要的。正确合理的可行性分析，能够起到确保资源合理利用、避免浪费和一些不必要错误的重要作用。

2. 可行性分析报告的编写目的

(1) 通过进行全面、简要的分析，进一步明确解决方案的目标、规模与功能，作为确定系统开发决策的依据。提供商需要通过可行性分析报告提供的评价结果，告诉企业解决方案是否开发和如何开发，这属于解决方案开发和建设的规划性文件。

(2) 通过对开发背景、必要性和意义的调查论证，为初步方案提供基础性依据。电子商务解决方案的初步方案，是根据可行性分析对建设蓝图进行规划的。因此，初步设计不得违背可行性分析已经论证的原则。

(3) 通过经济可行性分析，可以作为向金融机构申请贷款或向其他单位进行融资的依据。凡是应向银行申请贷款的项目，必须向有关部门报送项目的可行性分析。银行通过对可行性分析的审查，并认定项目确实可行后，才同意贷款。由此可见，可行性分析的一项重要作用就是为系统建设提供融资的依据。

(4)通过技术可行性分析，可以作为采用新技术、购置新设备的依据。只有对采用新技术、新设备进行必要性及可能性分析和论证之后认为可行的，解决方案设计人员才可以编制引进新技术和采购新设备的计划。

(5)通过操作和法律可行性分析，可以作为向上级主管部门提出申请和同有关部门签订协议的依据。

(6)通过论证需求实现的可能性，为接下来的决策补充基础资料，提供科学依据。任何解决方案的开发都需要运用大量的基础资料，一旦当前相关数据不完整，不能满足下一个阶段工作需要时，负责设计的部门就需要根据可行性分析所提出的要求和建议，进一步开展资料收集和相关实验工作，补充有关数据。

（7）可行性分析是建设项目实施的依据。可行性分析不仅要对项目进行系统分析和全面论证，判断项目是否可行，值得投资，还要进行反复比较，寻求最佳建设方案，避免项目方案的多变造成的人力、物力、财力的巨大浪费和时间的延误。只有经过可行性分析确定技术与软硬件设备等条件具备，经济合理的系统项目才可以正式进入实施阶段。

3. 可行性分析的内容

可行性分析的基本结构和内容如下：

3.1　开发的必要性研究

可行性的英文原意是做事的可能性，但在进行可行性分析的时候，并不是仅仅考察和研究项目开发的可能性，还要考察和研究开发的必要性。电子商务解决方案的设计开发应为实现企业目标带来明显的效果；否则，即使企业具备了相应的资源支持和开发能力，由于解决方案并不能为企业管理和经济效益带来明显的改观，这样的方案仍然是不可行的。例如，企业的高级管理层认为现行电子商务系统运行良好，并不存在问题，没有必要更新；或者现行系统各方面的基础配置和相关工作的运行情况实在太差等。以上这些情况都说明解决方案不具备可行性。通常来说，分析规划人员会根据搜集回来的各项资料数据，结合前期需求分析的结果，综合分析和论证电子商务需求实现的必要性。

3.2　经济可行性分析

电子商务需求实现的最终目的是为了更好地实现企业目标。因此，电子商务解决方案的设计实施应着重考虑它能够为企业带来多大的经济效益。经济可行性分析，除了解决方案所需费用能否得到足够及可靠的提供和支持以外，还包括解决方案能否为企业客户带来理想的经济效益，即这些收益能否超出开发和维护所需费用而实现真正的盈利。如果既满足了设计实施所需费用的可能性条件，又满足了实现理想效益的必要性条件，这样的解决方案就是可行的。一般来讲，经济可行性分析包括成本估计和收益估计两个方面。

（1）成本估计

解决方案所需成本主要包括设备成本、材料成本、人工成本（开发成本）、管理成本和其他成本五大类。

表 2-3　电商解决方案成本构成表

成本类型	项 目 内 容
设备购置成本	包括计算机主机设备（服务器、用户机）、输入输出设备（打印机、摄录机、复印机、显示器、鼠标、键盘等）、网络设备（网线、路由器、集线器、网卡、网关、交换机等）、机房基础设施（机房、空调、办公用家具等）各类系统开发软件（操作系统、数据库、语言编译程序、其他程序开发和应用工具等）在内的一切开发所需设备费用，以及购置整体解决方案所需的费用开支等
材料成本	包括系统开发用的各种材料、能源与消耗品所需的费用。各类存档资料的复印、打印纸、墨盒、光盘和用水、用电所需的费用等

续表

成本类型	项 目 内 容
人工成本 （开发成本）	包括雇佣开发人员的工资、差旅费、各种补贴、培训费等
管理成本	解决方案开发和运行期间的组织管理、应用推广以及保养维修等费用
其他成本	包括由于解决方案带来工作方式的改变而需要的其他开支等

　　在进行投资估计的时候应该注意不能过低估计发生的费用。不能只计硬件，不计软件；只计物料，不计人工；只计开发，不计管理；只计一次性的大投资，不计经常性的小投资……总而言之，要对发生的费用做充分的估算，尤其是细小费用的考量和估算。

　　（2）收益估计

　　收益估计和投资估计相比，不是那么容易估算，因为部分收益是不能直接用金额来量化的。因此，电子商务系统的收益估计一般可以从以下几个方面进行：利用率提高的幅度或比例；单位流动资金占用量节约的幅度或比例；新增有效信息的幅度或比例；信息传输速率提升的幅度或比例；信息传输质量提升的幅度或比例；人力劳动的替代率提升的幅度或比例；管理费用节约的幅度或比例；资金周转率提高的幅度或比例；成本降低的幅度或比例；利润增长的幅度或比例；劳动强度降低的幅度或比例；企业竞争力增长的幅度或比例等。

　　对于收益的估计，既要考虑定量估计，又要考虑定性估计；既要考虑直接量化，又要考虑间接量化。同时，对于收益的估计一定要实事求是，防止为了迎合企业目标和电子商务目标而夸大或者随意扭曲估计的结果。

　　投资与收益估计的最终结果是要将二者的关系反映出来。对比投资与收益的关系除了可以通过比较二者的数值大小以外，还可以通过投资回收期来反映。投资回收期越短，说明获得的收益越明显；投资回收期越长，说明收效越不显著。而且由此可以看出一个系统到底是不是成功，最少要到投资回收期结束后才能给出评价。经济可行性分析只是对电子商务解决方案项目给出估算的意见，并不能直接确定系统的成败。

●●●●●●　**阅读链接**

某企业网络交易平台解决方案投资估算与预期盈利表

表 2-4　＊＊＊网络交易平台项目投资估算表　　　　　　单位：万元

序号	建设投资项目	2013 年	2014 年	2015 年	2017 年	2018—2022 年	合　计
1	基础建设工程	300					300
2	装饰工程	90	15				105
3	设备购置	630		645	1 275		2 550
	①设备 1	600		600	1 200		2 400
	②设备 2	30		45	75		150

续表

序号	建设投资项目	2013 年	2014 年	2015 年	2017 年	2018—2022 年	合 计
4	设备安装工程	60		60	120		240
5	办公设施	3.25		3.25	25.8		32.3
	①办公家具	0.5		0.5	4		5
	②办公计算机	2.5		2.5	20		25
	③打印机	0.15		0.15	1.2		1.5
	④扫描仪	0.05		0.05	0.2		0.3
	⑤传真机	0.05		0.05	0.4		0.5
6	开办费	2.5					2.5
	①咨询调查费	1					1
	②筹建费	1					1
	③人员培训费	0.5					0.5
7	流动资金垫支	10		20			30
	合 计	1 095.75	15	728.25	1 420.8		3 259.8

表 2-5 ＊＊＊网络交易平台项目预期十年收入表 单位：万元

项目 \ 年份	营运期										
	2013	2014	2015	2016	2017	2018	2019	2020	2021	2022	合计
业务 1											
1 盈利项 1		18	30	60	90	90	90	90	90	90	648
2 盈利项 2		1.5	2.5	5	7.5	7.5	7.5	7.5	7.5	7.5	54
3 盈利项 3		7.2	12	24	36	36	36	36	36	36	259.2
4 盈利项 4		1.2	2	4	6	6	6	6	6	6	43.2
5 盈利项 5		120	200	400	600	600	600	600	600	600	4 320
小 计		147.9	246.5	493	739.5	739.5	739.5	739.5	739.5	739.5	5 324.4
业务 2											
1 盈利项 6		168	240	300	360	360	360	360	360	360	2 868
2 盈利项 7		100	250	375	500	500	500	500	500	500	3 725
3 盈利项 8		6	6	6	6	6	6	6	6	6	54
小 计		274	496	681	866	866	866	866	866	866	6 647
业务 3											
1 盈利项 9		30	30	30	30	30	30	30	30	30	270
2 盈利项 10		41.6	83.2	124.8	166.4	166.4	166.4	166.4	166.4	166.4	1 248

续表

项目 \ 年份	营运期										
	2013	2014	2015	2016	2017	2018	2019	2020	2021	2022	合计
3 盈利项 11		250	500	750	1 000	1 000	1 000	1 000	1 000	1 000	7 500
4 盈利项 12		200	400	600	800	800	800	800	800	800	6 000
5 盈利项 13		10	10	10	10	10	10	10	10	10	90
6 盈利项 14		12	20	40	60	60	60	60	60	60	432
小　计		543.6	104.32	1 554.8	2 066.4	2 066.4	2 066.4	2 066.4	2 066.4	2 066.4	15 540
合　计		965.5	1 785.7	2 728.8	3 671.9	3 671.9	3 671.9	3 671.9	3 671.9	3 671.9	27 511.4

（资料来源：张之峰根据亲身参与的企业项目经验总结改编而成，基于商业机密原因，关键设备与各具体盈利项目名称均以"盈利项 1"等代替，投资数字均为虚拟）

3.3　技术可行性分析

电子商务需求的顺利实现（或者说是解决方案的顺利提出）还应考虑技术上的可行性，即现有设备条件和技术能力能否满足开发的需求，能否适应解决方案在技术上实现的可能性；要在多大程度上改进现行系统的技术能力，能否满足解决方案在技术上实现的必要性。一般而言，可以从设备条件和技术能力两个方面进行技术可行性分析：

（1）设备条件

对于设备条件方面，主要从软、硬两方面进行分析和论证。硬件方面要考虑系统的内存容量、主体功能实现、系统运行速度、数据信息处理速度、数据信息处理精确度与可靠性、系统联网能力，以及输入/输出设备、外存储设备和通信设备等的配置能否满足系统的需求；软件方面则主要考虑应用软件开发平台与运行环境的配置及软件的兼容性、扩展性、集成性与可操作性能否支持系统的实现。

（2）技术能力

对于技术能力方面，应该从系统开发和管理维护工作以及从事这些工作的人员的技术水平和责任感方面进行分析和论证。在系统开发、测试、运行的各个阶段，都需要各种技术人员的参与，包括系统分析人员、系统设计人员、程序员、操作员、硬件维护人员和软件维护人员等。因此，一方面，对各类技术人员具备的技术水平能否从事相关的工作要进行分析和论证；另一方面，对各个阶段所需的技术人员是否到位，数量是否能够满足要求也要进行分析和论证。如果当前队伍的技术水平达不到要求或者某些岗位根本无法实现足够技术人员的到位，这样的技术能力显然无法支持系统的实现，也就是技术上不可行。

3.4　环境可行性分析

环境可行性分析，主要是在电子商务需求实现的内外部环境分析和论证的基础上，评判解决方案开发会受到哪些环境因素的影响和制约，以及会受到多大程度的影响和制约。环境的改变不仅会影响到解决方案开发的进程，更会影响到解决方案最终实施的效果。通常要进行分析和论证的环境因素包括政策法律环境、行业市场环境、社会经济环境三个方面。

（1）政策法律环境

政策法律环境是一种复杂而具有强约束力的因素。一方面，法律详细规定企业的运作方式，限定了企业某些方面的权利和义务，在项目开发之前应该分析和论证所开发系统是否符合政府的有关法律，是否会引起法律责任问题；另一方面，政府出台的政策和行业的规程也对企业的部分行为做出了相关规定，且有些政策具有渐进性，是一步一步推出执行的，在解决方案开发之前也应该分析和论证所开发系统是否符合有关政策和行规，会不会受到政策渐进性的影响。

（2）行业市场环境

电子商务解决方案是为了实现企业的目标，是企业活动的组成部分之一。目前，大多数企业需要的解决方案并不仅仅是为了满足内部管理的需求，更多的是要通过构建适用的电子商务系统与市场形成联系。因此，市场渠道成员都会对企业系统的开发产生影响，可行性分析要分析和论证客户或供应商对新系统的支持程度，会不会为他们带来经济效益，会不会产生负面效应，会产生多大的负面影响等。

（3）社会经济环境

社会经济大环境是系统开发的基础性环境，社会经济环境的变化会对系统开发产生本质上的影响。比如经济危机、生产技术的变革、社会的稳定性都会从根本上决定系统开发是否可行。

3.5　组织管理可行性分析

电子商务解决方案除了要利用现代化工具替代传统业务处理方式，提高企业运行效率，还要辅助企业提高管理的控制能力与决策的准确性和时效性。实现这些功能的前提就是企业有一套科学的管理机制和管理方法。如果企业本身的管理机制就很混乱，管理规章制度不健全，在此基础之上建成的也是有着"先天缺陷"的电子商务解决方案，并不能对管理效率起到本质的改进作用。另外，企业各个层面的人员对于电子商务系统项目的认识和支持态度也是能否实现开发的重要因素。如果决策层的领导不赞同拟开发的项目，显然系统建设是不可行的；系统应用人员对拟开发项目多采取回避或消极抵触态度，系统开发人员也应慎重考虑该系统是否可行。因此，组织管理上的可行性分析一般包括以下几个方面的内容：

（1）企业决策层的领导是否支持开发新的系统，态度是否坚决。

（2）企业管理层人员是否支持开发新的系统，态度是否坚决。管理层对决策层和执行层起着承上启下的作用，他们的意见既有可能影响决策层的态度，也有可能影响到执行层的态度。

（3）企业各级人员对开发新系统的认识程度如何，需求的愿望和迫切性达到何种程度。

（4）现行电子商务系统的业务基础如何，即各项规章制度是否健全。

（5）现行电子商务系统能否提供完整、精确的原始数据信息。

（6）新的电子商务系统开发、运行会导致管理模式、数据处理方式及工作习惯的改变，可能会触及部分人员的利益，业务人员能否顺利接受，是否需要进行人员的培训。

3.6　风险因素评估与对策

3.6.1　风险因素

电子商务需求实现过程中遇到的不确定性因素有很多，这些不确定性因素都会对需求能否顺利实现，解决方案能否成功实施带来风险。这些风险因素具体包括以下几个方面。

(1)需求风险

①需求已经成为项目基准，但还在继续变化。②需求定义欠佳，而进一步的定义会扩展项目范畴。③添加额外的需求。④产品定义含混的部分比预期需要更多的时间。⑤缺少有效的需求变化管理过程。

(2)计划编制风险

①计划、资源和产品定义全凭客户或上层领导口头指令，并且不完全一致。②计划虽被优化过但不现实。③计划基于使用特定的小组成员，而那个特定的小组成员其实指望不上。④完成目标日期提前，但没有相应地调整产品范围或可用资源。⑤涉足不熟悉的产品领域，花费在设计和实现上的时间比预期的要多。

(3)组织和管理风险

①仅由管理层或市场人员进行技术决策，导致计划进度缓慢，计划时间延长。②低效的项目组织结构降低生产率。③管理层审查决策的周期比预期的时间长。④预算削减，打乱项目计划。⑤管理层做出了打击项目组织积极性的决定。⑥缺乏必要的规范，导致工作失误与重复工作。⑦非技术的第三方的工作(预算批准、设备采购批准、法律方面的审查、安全保证等)时间比预期的延长。

(4)人员风险

①作为先决条件的任务(如培训项目)不能按时完成。②开发人员和管理层之间关系不佳，导致决策缓慢，影响全局。③缺乏激励措施，士气低下，降低了生产能力。④某些人员需要更多的时间适应还不熟悉的软件工具和环境。⑤项目后期加入新的开发人员，需进行培训并逐渐与现有成员沟通，从而使现有成员的工作效率降低。⑥由于项目组成员之间发生冲突，导致沟通不畅、设计欠佳、接口出现错误和额外的重复工作。⑦不适应工作的成员没有调离项目组，影响了项目组其他成员的积极性。⑧没有找到项目急需的具有特定技能的人。

(5)开发环境风险

①设施未及时到位。②设施虽到位，但不配套，如没有电话、网线、办公用品等。③设施拥挤、杂乱或者破损。④开发工具未及时到位。⑤开发工具不如期望的那样有效，开发人员需要时间创建工作环境或者切换新的工具。⑥新开发工具的学习期比预期的长，内容繁多。

(6)产品风险

①矫正产品质量的测试、设计和实现工作比预期多。②开发额外的冗余功能，延长了计划进度。③最终产品规模比估计的大得多。④要求与其他系统或不受本项目组控制的系统相连，导致无法预料的设计、实现和测试工作。⑤在不熟悉或未经检验的软件和硬件环境中运行所产生的未预料到的问题。⑥开发一种全新的模块将比预期花费更长的时间。⑦依赖正在开发中的技术将延长计划进度。

（7）设计和实现风险

①设计质量低下，导致重复设计。②一些必要的功能无法使用现有的代码和库实现，开发人员必须使用新的库或者自行开发新的功能。③代码和库质量低下，导致需要进行额外的测试，修正错误，或重新制作。④过高估计了增强型工具对计划进度的节省量。⑤分别开发的模块无法有效集成，需要重新设计或制作。

（8）过程风险

①大量的纸面工作导致进程比预期的慢。②前期的质量保证行为不真实，导致后期的重复工作。③太不正规（缺乏对软件开发策略和标准的遵循），导致沟通不足，质量欠佳，甚至需重新开发。④过于正规（教条地坚持软件开发策略和标准），导致过多耗时于无用的工作。⑤向管理层撰写进程报告占用开发人员的时间比预期的多。⑥风险管理粗心，导致未能发现重大的项目风险。

3.6.2 风险因素评估与对策管理

可行性分析报告中不仅是列出可能出现的风险，更重要的是要对这些风险因素做出适当评估，并提出相应对策，以便于未来工作的开展。这部分工作具体可以分为如下两个方面进行。

（1）风险识别

风险识别是系统化地识别已知的和可预测的风险，在可能时避免这些风险，且当必要时控制这些风险。在进行具体的风险识别时，可以根据实际情况对风险分类。但简单的分类并不是总行得通的，某些风险根本无法预测。

风险识别的一个方法是建立风险清单，清单上列举出在任何时候可能碰到的风险最重要的是要对清单的内容随时进行维护，更新风险清单，并向所有的成员公开，应鼓励项目团队的每个成员勇于发现问题并提出警告。

表 2-6 风险清单示例表

风 险	类 别	概 率	影 响
资金将会流失	商业风险	40%	1
技术达不到预期效果	技术风险	30%	1
人员流动频繁	人员风险	60%	3

（2）风险评估

在进行了风险识别后，我们就要进行风险评估。风险评估主要从以下几个方面估算已识别风险清单中每一项的程度。具体步骤如下：首先，建立一个尺度，以反映风险发生的可能性。其次，描述风险的后果。再次，估算风险对项目及产品的影响。最后，标注风险预测的整体精确度，以免产生误解。

进行风险评估时，最重要的是量化不确定性的程度和每个风险可能造成损失的程度。风险的概率值可以由项目组成员个别估算，再加权平均，得到一个代表性的值，也可以通过先做个别估算而后求出一个代表性的值来完成。进而根据概率进行排序，高发生率、高影响的风险放在上方，依次类推。

●●●●● **阅读链接**

某企业电子商务项目风险定性评估图表

依据项目初步规划资料与公司内部沟通结果，本项目主要采取五级风险评级方法对项目风险整体上进行定性分析。

表 2-7　变量发生的可能性评估等级定义表

等级标号	A	B	C	D	E
等级描述	极低	低	中等	高	极高
参考描述	一般情况下不会发生	极少情况下才会发生	某些情况下会发生	较多情况下会发生	常常会发生

表 2-8　变量对目标的影响程度评估等级定义表

等级标号	I	II	III	IV	V
等级描述	极低	低	中等	高	极高
参考描述	可以忽略的损失	轻度损失	中度损失	重大损失	灾难性损失

根据定义对 10.1 所列风险点进行分析评估，得出综合分析结果如表 10-3 所示：

表 2-9　项目风险分析表

序号	风险因素	可能性等级	影响程度等级
1	市场风险	高	高
2	技术风险	极低	高
3	建设与运营风险	中等	高
4	财务风险	中等	中等
5	政策与法律风险	极低	中等

根据表 2-9 制作风险坐标图如下：

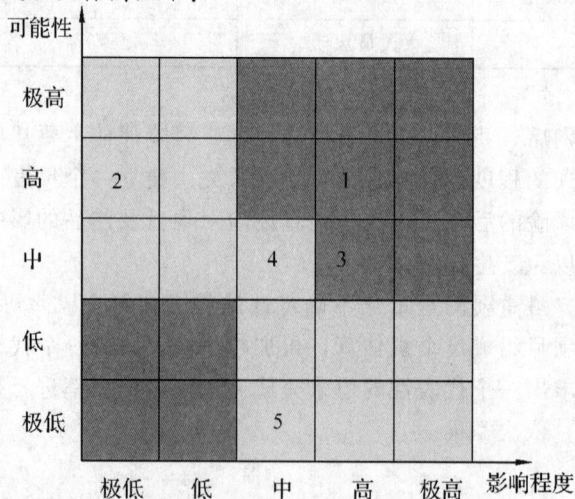

图 2-3　某企业电子商务项目风险坐标图

根据风险坐标图所示结果，市场风险与建设运营风险均处在高风险等级区域，本项目需要格外重视，制定防范措施规避或转移该区域各项风险。技术风险、财务风险、政策与法律风险处在相对较高区域，本项目需严格控制业务行为处在政策范围内，并针对性提出补充防范措施。

（资料来源：张之峰根据亲身参与的企业项目经验总结改编而成）

3.6.3 风险对策管理

风险对策管理又称风险驾驭，包括对策指定、风险缓解、风险监控、风险跟踪等内容。

所有风险分析活动都只有一个目的，即辅助项目组建立处理风险的策略。对不同的风险项目要建立不同的风险驾驭和监控的策略比。例如对于开发人员离职的风险项目，开始时应做好人员流动的准备，采取一些措施确保人员一旦离开时项目仍能继续；制定文档标准并建立一种机制保证文档及时产生；对每个关键性技术岗位要培养后备人员。对于技术风险，可以采用的策略有，对采用的关键技术进行分析，避免软件在生命周期中很快落后；在项目开发过程中保持对风险因素相关信息的收集工作，减少对合作公司的依赖尤其是对延续性强的项目应该尽可能地吸收合作公司的技术并变为自己的技术，避免因为可能发生的与合作公司合作的终止带来的影响和风险，降低投入成本。

可行性分析的最后一步，是在对上述内容分析论证的基础上做出是否可行和如何进行后面工作的结论。结论的内容主要包括：有没有可能和有没有必要进行新系统项目的开发建设；如果可行，是采取自主开发还是联合开发或者完全委托开发(完全外包)以及购置现成方案的方式组织项目实施；如果不可行，是哪些方面存在缺陷，需要补充哪些支持资源或者条件才能开发。

● ● ● ● ● **阅读链接**

××××电子商务系统可行性分析报告的基本格式

1. 引言
(1)编写目的
说明编写本可行性分析报告的目的，指出预期的读者。
(2)背景
说明包括：拟开发的电子商务系统的名称；本项目的任务提出者、开发者、用户及实现该系统的运行中心或计算机网络；该系统同其他系统及相关部门机构的基本关系。
(3)定义
列出本报告文档中用到的专门术语的定义和外文缩写词的原文。
(4)参考资料
列出相关参考资料，包括：本项目的经核准的计划任务书或合同、上级机关的批文；属于本项目的其他已发表的文件；本报告中各处引用的文件、资料，包括所需用到的开发标准。列出这些文档资料的标题、编号、发表日期和出版单位，说明能够得到这些文档资料的来源。

2. 可行性分析的前提

说明对拟开发项目进行可行性分析的前提，如要求、目标、假设、限制等。

（1）要求

说明对拟开发电子商务系统的基本要求，包括：系统功能；系统主要性能；输出（报告、文件或数据），对每项输出要说明其特征，如用途、产生频率、接口以及分发对象；输入，说明系统的输入，包括数据的来源、类型、数量、数据的组织以及提供的频率；处理流程和数据流程用图表的方式表示出最基本的数据流程和处理流程，并对其加以简要叙述；在安全与保密等方面的要求，如：相关的技术要求和管理制度要求；与本电子商务系统相连接的其他系统；完成期限；其他。

（2）目标

说明拟开发系统的主要开发目标，包括：人力与设备费用的节约目标；处理速度的提升目标；控制精度或生产能力的提高目标；管理信息服务的改进目标；自动决策系统的改进目标；人员工作效率的改进目标；其他。

（3）条件、假定和限制

说明对这项开发中给出的条件、假定和所受到的限制，包括：拟开发系统的最短运行寿命；进行系统开发可能方案选择比较的时限；经费、投资方面的来源和限制；法律和政策方面的限制；硬件、软件、运行环境和开发环境方面的条件和限制；可利用的有效信息和资源；拟开发系统投入使用的最迟时限。

（4）可行性分析的方法

说明此次可行性分析活动是按照什么样的方法组织开展的，对拟开发系统是如何评价的。简要说明所使用的基本研究方法和策略，如调查、确定模型、建立基准点等。

（5）评价尺度及影响系统可行性的主要因素

说明对系统进行评价时所使用的主要尺度，如费用的多少、各项功能的优先次序、开发时间的长短及使用中的难易程度等；列出影响系统可行性的主要因素，如预期收益、技术水平、员工素质等。

3. 对现行系统的分析

现行系统是指当前实际使用的系统化运行机制，可能是计算机系统，也可能是一个机械系统，甚至是一个人工系统。分析现行系统的目的是为了进一步阐明拟开发电子商务系统或修改现行系统的必要性。

（1）处理流程和数据流程

说明现行系统的基本处理流程和数据流程。此流程可用流程图表示，注意对流程图要加以解释和简要叙述。

（2）工作负荷

列出现行系统所承担的工作及工作量。

（3）费用开支

列出由于运行现行系统所发生的所有费用，如人力、设备、场地、支持性服务、材料等费用以及费用总金额。

（4）人员

列出为了现行系统的运行和维护所需要的人员的专业技术类别和数量。

（5）设备

列出现行系统所使用的各种设备设施。

（6）局限性

列出现行系统存在的主要局限性，例如，信息处理速率不符合要求，数据响应不及时，数据存储能力不足，处理功能不足，等等。除此以外，还要说明对现行系统进行改进性维护已经不能解决问题的原因。

4. 拟开发电子商务系统

该部分主要说明拟开发系统的目标和要求将如何被满足。

（1）对拟开发系统的基本说明

概括地说明拟开发系统，并说明信息要求将如何得到满足，介绍所使用的基本方法及理论依据。

（2）处理流程和数据流程

做出拟开发系统的处理流程和数据流程。此流程同样可用流程图表示，并加以解释和简要叙述。

（3）改进之处

按2－（2）条中列出的所有目标，逐项说明拟开发系统相比于现行系统作了什么样的具体改进。

（4）影响

主要解释在建设拟开发系统时，可能会带来的影响，应该既考虑正面影响，又考虑负面效应。具体包括：

① 对设备的影响

应该叙述新建电子商务系统提出的设备要求及其对现行系统中尚可使用的设备应做出修改的项目内容。

② 对软件的影响

主要说明为了使现有的应用和工具软件能够同拟开发系统相适应，而需要对这些软件进行的修改、补充和完善。

③ 对应用部门机构的影响

应该叙述为了建立和运行拟开发系统，对应用部门机构、使用人员的数量和技术水平等方面形成的新要求和影响。

④ 对系统运行过程的影响

主要说明所建议系统对运行过程的影响，包括：应用人员的操作规程；运行中心的操作规程；运行中心与应用人员之间的关系；源数据的处理过程和要求；数据进入系统的过程；对数据保存的要求，对数据存储、恢复的处理过程和要求；输出报告的处理过程、存储媒体及调度方法；系统失效的后果及恢复的处理办法。

⑤ 对开发的影响

主要叙述对开发的影响，包括：为支持新建电子商务系统的开发，应用人员需进行的工作；为数据库的建立应具备的数据资源；为开发和测试拟开发系统而应准备的计算机资源；保密与安全问题。

⑥ 对地点和设施的影响

说明对场地(机房)的要求及对环境设施的要求。

⑦ 对经费开支的影响

简要说明为新建电子商务系统的开发，设计和维护运行而需要的各项经费开支。

(5)局限性

说明拟开发系统尚存在的局限性以及这些问题未能消除的原因。

5. 技术条件可行性分析

应着重说明技术条件方面的可行性，包括：

(1)在目前约束条件下，该系统的功能目标能否达到。

(2)利用现有技术，该系统的功能能否实现。

(3)对开发人员的数量和技术水平的要求，并说明这些要求能否满足。

(4)在规定的期限内，本系统的开发能否完成。

6. 经济可行性分析

(1)支出

对于所选择的电子商务系统拟开发方案，说明所需的费用。对于存在现行系统的情况，还应注意将该系统继续运行期间所需的费用计算在内。

① 基本建设投资

基本建设投资包括采购、开发和安装下列各项所需的费用：房屋和基础设施(电源、灯具、办公家具和空调等)费；数据通信设备费；环境保护设备费；安全与保密设备费；操作系统费；数据库管理软件费；程序开发工具软件和应用的软件费；其他基建投资等。

② 其他一次性支出

其他一次性支出包括下列各项所需的费用：研究(需求的研究和设计的研究)；开发计划与测量基准的研究费用；数据库的建立费用；检查费用和技术管理性费用；培训费、差旅费以及开发安装人员所需的一次性支出；由于人员退出及调动须补充或更换所需要的费用等。

③ 非一次性支出

列出在该系统生命周期内按月或按季或按年支出的用于运行和维护的费用，包括：设备的租金和维护费用；软件的租金和维护费用；数据通信方面的租金和维护费用；人员的工资、奖金；房屋、空间的使用开支；公用设施方面的开支；保密安全方面的开支；其他经常性的支出等。

(2)收益

叙述所选择的电子商务系统拟开发方案能够带来的收益，这里所说的收益，表现为费用的节约或省略、差错的减少、灵活性的增加、动作速度的提高和管理计划方面的改进等。包括：

① 一次性收益

说明能够用人民币数目表示的一次性收益，可按数据处理、用户、管理和支持等项分类叙述。包括：开支的缩减包括改进了的系统的运行所引起的开支缩减，如资源要求的减少，运行效率的改进，数据进入、存储和恢复技术的改进，系统性能的可监控，软件的转换和优化，数据压缩技术的采用，处理的集中/分布化等；价值的增值包括由于一个应用系统的使用价值的增值所引发的收益，如资源利用的改进，管理和运行效率的改进以及出错率的减少等；其他如从多余设备出售回收的收入等。

② 非一次性收益

说明在整个系统生命周期内由于运行拟开发系统而导致的按月或者按年的能用人民币数目表示的收益，包括开支的减少和避免。

③ 不可定量的收益

逐项列出无法直接用人民币表示的收益，如服务的改进，由操作失误引起的风险降低，信息掌握情况的改进，组织机构给外界形象的改善等。有些不容易量化确定的收益只能大概估计或进行极值估计(按最好和最差情况估计)。

(3)收益/投资比

求出整个系统生命周期的收益/投资比值。

(4)投资回收周期

求出收益的累计量开始超过支出的累计量的时间。

(5)敏感性分析

敏感性分析是指一些关键性因素，如系统生命周期长度、系统的工作负荷量、工作负荷的类型与这些不同类型之间的合理搭配、处理速度要求、设备和软件的配置等变化时，对投资和收益的影响最灵敏的范围的估计。在敏感性分析的基础上作出的选择当然会比单一选择的结果要好一些。

7. 组织管理的可行性

从企业应承担的法律责任和组织管理的科学化进行说明。包括：

(1)法律方面的可行性

法律方面的可行性问题很多，如合同责任、侵犯专利权、侵犯版权等。开发人员并不是法律方面的专家，对系统开发过程中应该获得怎样的法律授权，应该承担什么法律责任，开发人员并不熟悉，务必要注意分析和研究。

(2)管理方面的可行性

例如，从应用部门的行政管理、工作制度等方面来看，是否能够使用该软件系统；从工作人员的基础素质和业务水平来看，是否能满足使用该软件系统的要求等，都是要考虑的。

8. 可选择的其他系统方案

逐个阐明其他可供选择的方案，包括自主开发的和外包开发的，并重点说明未被推荐的理由。

9. 结论

通常系统可行性分析报告的结论可以是以下四个方面：

(1)可以立即着手进行开发。

(2)需要推迟到某些条件(如资金、人力、设备等)具备之后才能开始进行。

(3)需要对开发目标进行某些修改之后才能开发。

(4)系统项目不可行(如经济上不合算、缺乏技术条件、违背某项法规或条令等)。

在对电子商务解决方案进行了先期战略规划之后，接下来就进入到战术规划阶段。战术规划阶段的首要任务就是确定电子商务系统的模式。

(资料来源：张之峰. 电子商务解决方案[M]. 上海：上海财经大学出版社，2007)

任务扩展

假如你就是小伟，在完成可行性分析报告的编写任务之后，请你将你的报告文本分别拿给在技术、财务、管理方面擅长的专业人士，并请他们对你的报告分别从专业角度做出评价，查找不足，提出修改建议。

●●●●● 项目评价

表一　任务完成情况表

任务一	是否完成	是（　　　） 否（　　　）
你认为通过本任务掌握的最有价值的内容是：		
你认为本任务中需要进一步了解或掌握的内容是：		
你在任务完成过程中遇到的问题是：		
你是如何解决问题的：		

表一（续一）

任务二	是否完成	是（　　　） 否（　　　）
你认为通过本任务掌握的最有价值的内容是：		
你认为本任务中需要进一步了解或掌握的内容是：		
你在任务完成过程中遇到的问题是：		
你是如何解决问题的：		

表一（续二）

任务三		是否完成	是（ ） 否（ ）
你认为通过本任务掌握的最有价值的内容是：			
你认为本任务中需要进一步了解或掌握的内容是：			
你在任务完成过程中遇到的问题是：			
你是如何解决问题的：			

表二　能力自评表

核心能力	评价指标	评价等级 （A通过；B基本通过；C未通过）	备注
自我学习能力	1. 学会阅读理解专业文档材料	A（ ） B（ ） C（ ）	
	2. 灵活运用所学知识	A（ ） B（ ） C（ ）	
	3. 能发现自己的问题和不足	A（ ） B（ ） C（ ）	
专业编辑写作能力	1. 能够合理组织专业语言专业书面文档	A（ ） B（ ） C（ ）	
	2. 能运用书面语言清楚表达自己的思想和观点	A（ ） B（ ） C（ ）	
	3. 能严格遵守编写要求，制作规范文案	A（ ） B（ ） C（ ）	
专业认知能力	1. 能准确表述需求分析的基本内容和性能要求	A（ ） B（ ） C（ ）	
	2. 能准确表述可行性分析的基本内容	A（ ） B（ ） C（ ）	
专业分析能力	1. 能充分利用各种方法途径收集所需材料和原始数据	A（ ） B（ ） C（ ）	
	2. 能运用合理方法分析处理材料数据	A（ ） B（ ） C（ ）	
	3. 能根据分析结果，准确诊断企业问题，识别企业电子商务需求，得出合理可行性结论	A（ ） B（ ） C（ ）	

●●●●● 项目巩固

术语学习

SA(System Analysis)	系统分析
IDC(Internet Data Center)	互联网数据中心
FAQ(Frequently Asked Questions)	常见疑难问题解答
Feasibility	可行性
CSF(Critical Success Factors)	关键成功因素法
SST(Strategic Set Transformation)	战略目标集转化法
BSP(Business System Planning)	企业系统规划法

同步强化

假如你现在是一名办公自动化软件开发商的咨询工程师。公司需要你回到你的大学或高中母校考察学校的校园办公自动化建设情况，并完成下列工作任务：

1. 收集学校目前办公业务活动形式的有关资料。考察校园办公自动化建设现状。

2. 对目前学校办公自动化建设过程中出现的问题进行诊断，并提交诊断结果。

3. 根据诊断结果编写一份小型需求分析报告，主要指出未来校园办公自动化的建设需求和性能要求。

4. 需求分析报告完成之后，邀请4~6人评阅，提出修改意见，并且与大家一起围绕下列问题展开讨论。

(1)如何面向用户汇报需求分析报告的内容才能达到理想的沟通效果？应该做哪些事情？运用哪些方法？

(2)在明确了需求和项目可行性之后，分析规划人员(咨询工程师)的任务是否就算结束了？如果没结束，后面还应该做哪些事情？

项目三
电子商务应用模式解决方案

●●●● **项目目标**

知识目标

1. 电子商务业务模式的基本类型和模式特征。

2. 电子商务系统应用级模式的基本类型，以及各类模式的交互特征、交互环境、业务功能框架和典型应用。

能力目标

1. 能合理选择适合客户的电子商务业务模式。

2. 能规范设计电子商务系统应用级模式的基本功能架构和主业务流程。

●●●●● **项目描述**

　　小伟出色地完成了需求分析工作。公司领导对他的工作能力越来越赏识，决定升他为助理分析师，其工作就是协助本公司的系统分析师完成客户的电子商务应用模式解决方案规划工作。近期，该公司又接到一项新业务，是一家保险公司要求通过解决方案改进原有电子商务活动的业务。公司的基本资料如下：

　　该保险公司名为 A 公司，该公司已于 5 年前开始实施了企业信息化工程，并已初见成效。目前，该公司正在运行的管理信息系统由五个子系统组成：政策管理子系统，保险业务子系统，财务子系统，保费计算子系统，政策应用子系统。如图 3-1 所示。

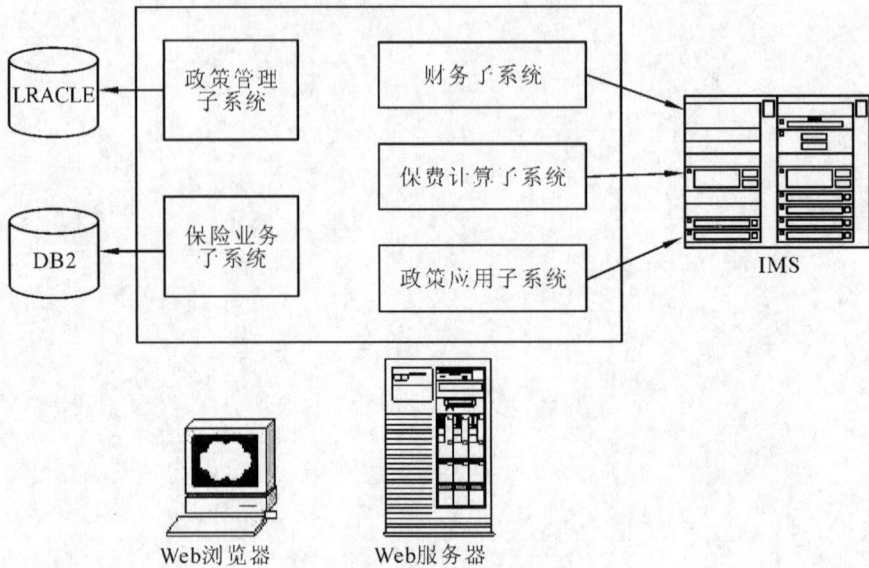

图 3-1　A 保险公司现有系统图

　　在公司业务方面，该公司主要是通过发展区域代理商进行市场开发、业务运营与组织管理，总部只在所在地设立了几家直属营业部，通过柜台和业务员直接办理本地客户业务。所在地以外的地区，该公司已发展了多家代理商。目前，直属营业部已实现了申请业务的电子化文档处理；外地代理商提交保险业务申请的过程还是使用传统的业务方式：纸质申请。该保险公司希望他们的代理能够通过网络提交电子文档。这样一方面，可以提高处理保险事件的办事效率，节省人力物力；另一方面，在网络高速发展的今天，也可以更好地发展公司业务，以占领更大的市场，使 A 公司在同行中具有更大的竞争优势。A 公司还预测到，在不久的将来，这样做的效益将会非常明显。

　　通过双方有效沟通，A 公司希望提供商能为其在以下方面提供解决方案，满足其电子商务活动需要：

　　● 解决方案能够提供个性化的用户/代理商界面

　　● 代理商能够通过该系统提交电子保险订单和保险事件(如保单索赔，保单取消，退保等)

　　● 该系统要能够与已有的保险处理系统集成

● 代理商能够通过此系统访问保险费率以及保险政策信息

● 代理商能够通过此系统访问保险事件(如下保单，保单索赔，保单取消，退保等)的状态

● 代理商能够使用此系统进行保险费用的电子支付

● 代理商能够使用多种渠道访问上述功能，例如：使用浏览器，使用 PDA，使用手机等。

除了上述需求之外，A 公司还希望为代理商提供一个用于在线保险事件提交的自助式客户端解决方案。要求新的解决方案必须支持使用浏览器通过 Internet 的访问方式，并且，A 公司的长远目标是希望以后无线设备也可以访问该系统。同时，还要给代理商提供个性化服务，例如用户安全登录；能够根据代理商的特别需求(例如，需要有保险事件的挂起功能、保险续约功能)定制主页等。

另外，A 公司还希望新的解决方案可以允许代理商通过电子文档格式直接提交保险业务。解决方案要同已有的保险系统整合，提供给代理商保险业务状态查询的功能，以及进一步处理保险业务的功能。同时，还需要有报警功能，用于提示代理更新保险业务或者是保险业务中还差某些信息。

目前，A 公司总部使用"世纪银行"提供的支付网关处理电子支付业务。A 公司要求新的解决方案也为代理商被批准的电子保险业务提供保险费用的电子支付方式。同时，代理商使用该解决方案时要能与 A 公司已有的财务应用进行整合。

负责该项目的总工程师希望小伟仔细阅读上述材料，并据此提出初步的电子商务应用模式解决方案，为接下来的具体设计规划提供参考。

●●●● **项目分解**

通过分析，该项目可以分解为以下几个任务完成：

任务一 选择电子商务业务模式

任务二 确定电子商务系统应用级模式

任务一 选择电子商务业务模式

任务分析

1. 电子商务业务模式包括哪些类型

只要是对电子商务有所接触的人，都知道常见的电子商务业务模式包括 B2C、B2B、C2C 三大类。但是站在解决方案提供商的角度，帮助企业选择合适的电子商务业务模式，并非简单地进行三选一，要结合企业实际需求对电子商务业务模式进行重新定义和分类，即管理业务模式和商务业务模式。管理业务模式根据管理对象和范围的不同，又分为内部管理业务模式和外部管理业务模式；商务业务模式根据商务对象和范围的不同，又分为企业间商务应用(B2B)，用户间商务应用(C2C)，企业面向用户商务应用(B2C)。因此，解决方案提供商的规划设计人员应站在更开阔的视角，重新审视和把握真正满足客户电子商务需求的业务模式。

2. 如何选择电子商务业务模式

选择电子商务业务模式的基本依据是前期的需求分析报告。在选择过程中，规划设计人员重点要从三个方面分析哪一类业务模式才是最适合的：首先，选择该业务模式能在哪些方面为企业带来新的价值点（盈利点），或者能够帮助企业提升哪些方面的能力，这些价值点和能力点是否与企业电子商务需求吻合；其次，选择该业务模式会涉及哪些参与对象，它们分别起什么作用，该模式能否有效地将各个对象联系在一起；再次，选择该业务模式有没有合适的电子商务系统对应，是否需要创建新的系统模式。最终，规划设计人员根据报告得出的需求结果，结合企业目标和业务特点，选择确定满足电子商务需求的电子商务业务模式。

任务实施

阶段一　解读需求分析报告

解读需求分析报告过程中，最重要的内容就是找出电子商务需求实现的范围和针对的具体交互对象。为接下来选择对应的电子商务业务模式提供参考基础。具体工作可以从以下几个方面进行：

（1）从需求分析报告中提取有关企业电子商务目标和电子商务需求内容方面的资料。

（2）解读提取出来的资料，分析得到企业开展电子商务活动主要的应用范围。

（3）解读提取出来的资料，分析得到企业开展电子商务活动主要面向的操作对象。

阶段二　确定电子商务业务模式

当规划设计人员从需求分析报告中得出电子商务模式的应用范围和操作对象之后，就是分别对照各类电子商务业务模式的特征做出选择判断，最终给出最适合的电子商务业务模式。具体工作可以从以下几个方面进行：

（1）结合电子商务应用范围初步选择确定电子商务业务模式的基本类型。

（2）逐一考察对应基本类型下各个小类的特征，判断各个小类业务模式带来的价值点和企业电子商务目标及需求是否对应。

（3）依据上述判断结果，结合电子商务主要操作对象，最终选择确定适合企业的电子商务业务模式。

知识要点

1. 电子商务业务模式的概念

要帮助实现企业电子商务活动的基本目标，首先，提供商必须确定一个企业可执行的电子化商务活动模式，进而再以该模式为基准设计开发相关的系统，提供相关技术支持和服务支撑。

关于电子商务业务模式，至今都没有一个统一的定义。下面给出几种常用的观点。

（1）电子商务业务模式是通过电子化工具手段反映产品流、服务流、信息流及其价值创造过程的运作机制。它包括三个要素：电子商务参与者的状态及其作用；企业在电子商务运作中获得的利益和收入来源；企业在电子商务业务模式中创造和体现的价值。

（2）电子商务业务模式是通过电子手段能够确定企业在价值链中的位置，并实现盈利的模式。

（3）电子商务业务模式是用一种系统来描述一个公司的消费者、顾客、结盟公司与供应商之间关系的角色和流程，这种叙述能够辨认主要产品、信息和金钱的流向，以及参与者能获得的主要利益。

（4）电子商务业务模式是一个系统，这个系统通过计算机或通信网络建立一套完整的盈利对策和计划，包括价值、规模、收入来源、定价、关联活动、整合运作、各种能力、持久性等部分以及各部分之间的连接环节和系统的"动力机制"。

虽然以上观点有所不同，但是我们从中总结发现，电子商务业务模式本质上是一种为了实现一定盈利目标，用信息化手段描述的企业各项资源在价值链中的位置关系以及相关活动的运作机制。

2. 电子商务业务模式的分类

由于不同学者对于电子商务模式的定义不同，因此，其类别划分也有不同。常见的分类标准及方法有以下七种：

（1）基于价值链的分类

按照这种分类标准，电子商务业务模式可以分为电子商店、电子采购、电子商城、电子拍卖、虚拟社区、协作平台、第三方市场、价值链整合商、价值链服务供应商、信息中介、信用服务和其他服务 12 类。

（2）混合分类

按照这种标准，电子商务业务模式可分为经纪商、广告商、信息中介商、销售商、制造商、合作附属商务、社区服务提供商、内容订阅服务提供商、效用服务提供商九大类。其中经济商又可以分为买/卖配送、市场交易、商业贸易社区、购买者集合、经销商、虚拟商城、后中介商、拍卖经纪人、反向拍卖经纪商、分类广告、搜索代理 11 种；广告商又可以分为个性化门户网站、专门化门户网站、注意力/刺激性营销、免费模式、廉价商店 5 种。

（3）基于信息活动本质的分类

按照这种标准，电子商务业务模式可以分为内容提供者、直接与顾客交易、全面服务提供者、中间商、共享基础设施、价值网整合商、虚拟社区、企业/政府一体化。

（4）基于传统商务模式差异化的分类

按照这种标准，电子商务业务模式分为两大类：移植模式和禀赋模式。移植模式是指那些在真实世界当中存在的、并被移植到网络环境中的商务模式。禀赋模式则是在网络环境中特有的、与生俱来的商务模式。

（5）基于控制方的分类

按照这种标准，电子商务业务模式可分为卖方控制模式、买方控制模式和第三方控制模式。

（6）基于 Internet 商务功用的分类

按照这种标准，电子商务业务模式可分为三类：基于产品销售的商务模式、基于服务销售的商务模式和基于信息交付的商务模式。

（7）基于业务范围和交互对象的分类

按照应用范围和交互对象的不同，电子商务业务模式又可以分为管理业务模式和商务业务模式。管理业务模式主要适用于企业信息化管理活动，包括供应链活动、客户关系管理活动、生产决策信息化活动等，而由于交互对象的差异，又可进一步分为面向企业内部管理的业务模式和面向企业外部管理的业务模式。商务业务模式主要适用于企业信息化市场经营活动，电子商务领域时常出现的 B2B、B2C、C2C、B2G、B2M 等都属于商务业务模式的范畴。按照交互对象的不同，将 B2C 模式分为电子经纪、电子直销、电子零售、远程教育、网上预订、网上发行、网上金融 7 类。将 B2B 模式分为名录模式、B2B 和 B2C 兼营模式、政府采购和公司采购、供应链模式、中介服务模式、拍卖模式、交换模式 7 类。其中中介服务模式又可以细分为信息中介模式、CA 中介服务、网络服务模式、银行中介服务 4 种。

上述 7 种分类方法当中，目前常用的是基于业务范围和交互对象的方法。

●●●● 阅读链接

阿里巴巴的电子商务业务模式

阿里巴巴集团创立于 1999 年，是一间提供电子商务在线交易平台的公司，业务包括 B2B 贸易、网上零售、购物搜索引擎、第三方支付和云计算服务。集团的子公司及关联公司有阿里巴巴 B2B、淘宝网、天猫、一淘网、阿里云计算、中国雅虎及支付宝。截至 2012 年 9 月底的财政年度，以美国会计准则计算，阿里营业额按年增长 74% 至 318.39 亿元（港元），盈利急升 80% 至 37.75 亿元。

（一）B2B 业务——阿里巴巴网络有限公司

该公司电子商务业务主要集中于 B2B 信息流，是电子商务信息服务的第三方平台提供商。通过旗下三个交易市场（阿里巴巴中国交易市场、阿里巴巴国际交易市场和阿里巴巴日本交易市场）协助世界各地数以百万计的买家和供应商从事网上生意。

阿里巴巴中国交易市场（www.1688.com）是阿里巴巴主要的信息服务平台及主要业务来源，网站将企业登录汇聚的信息整合分类成 30 个行业，主要 8 个信息栏目，使企业用户获得大量的信息服务。其中，"诚信通"是阿里巴巴中文交易市场积极倡导诚信电子商务开发的核心产品。

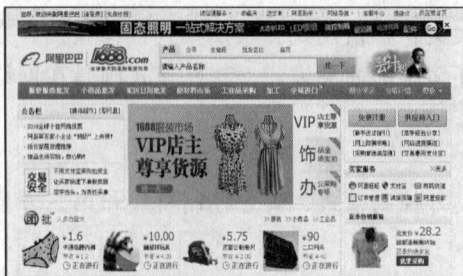

图 3-2　阿里巴巴中国交易市场主页

图 3-3　阿里巴巴国际交易市场主页

阿里巴巴国际交易市场（www.alibaba.com）主要面向全球商人，为中国出口型生产企业提供"中国供应商"服务，开展在全球市场的业务推广。"中国供应商出口通"是该平台的核心产品，旨在帮助中小企业拓展国际贸易的出口营销推广服务，它基于全球领先的电子贸易平台，通过向海外买家展示、推广供应商的企业和产品，进而获得贸易商机和订单，是出口企业拓展国际贸易的网络平台。"出口通"提供一站式的店铺装修、产品展示、营销推广、生意洽谈及店铺管理等全系列线上服务和工具，帮助企业降低成本、高效率地开拓外贸市场。

阿里巴巴与日本的企业、银行及贸易组织合作于 2002 年 10 月成立阿里巴巴日本交易市场。日文网站也主推出"中国供应商"服务，面向产品质量符合出口日本行业标准的中国进出口贸易企业，涉及 26 大类，1 000 个小类。

图 3-4 阿里巴巴日本交易市场主页

图 3-5 淘宝网主页

（二）C2C & B2C 业务——"淘宝网"

淘宝网成立于 2003 年 5 月 10 日，由阿里巴巴集团投资创办。淘宝网目前业务跨越 C2C、B2C 两大部分。经过 6 年的发展，截至 2009 年底，淘宝拥有注册会员 1.7 亿，淘宝网 2009 年的交易额为 2 083 亿人民币，2010 年达 4 000 亿元人民币，是亚洲最大的网络零售商圈。

（三）B2C 业务——"天猫商城"

2010 年 11 月 1 日，淘宝商城从淘宝网中分拆并独立。淘宝商城是亚洲最大购物网站淘宝网全新打造的 B2C。淘宝商城整合数千家品牌商、生产商，为商家和消费者之间提供一站式解决方案。提供 100% 品质保证的商品，7 天无理由退货的售后服务，以及购物积分返现等优质服务。区别于淘宝网的是由商家企业作为卖家，所以有绝对的品质保证。2012 年 1 月 11 日上午，淘宝商城正式宣布更名为"天猫（Tmall）"。

图 3-6 天猫商城主页

图 3-7 一淘网主页

（四）全网导购资讯业务——"一淘网"

一淘商品搜索是淘宝网推出的一个全新的服务体验。一淘网立足淘宝网丰富的商品基础，放眼全网的导购资讯。网站主旨是解决用户购前和购后遇到的种种问题，能够为用户提供购买决策、更快找到物美价廉的商品。目前，一淘已经收录超过 10 亿条商品信息，优质 B2C 商家和团购网站的数量分别超过 5 000 家和 600 个，相关购物信息超过 2 亿条，一淘的搜索覆盖的网站包括淘宝网、淘宝商城、亚马逊中国、国美、一号店、Nike 中国及凡客诚品等知名站点。

（五）解决电子商务支付问题的第三方支付网关——支付宝

阿里巴巴在推出淘宝网不久，与国内银行进行合作，解决电子商务交易安全问题。2004 年 12 月，支付宝网站(www.alipay.com)正式发布，推出支付宝账户系统。支付宝主要解决网上小宗交易的支付问题。在交易过程中，支付宝作为诚信中立的第三方机构，起保障货款安全及维护买卖双方利益作用。

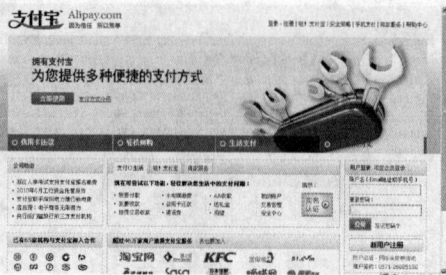

图 3-8　支付宝网站主页

图 3-9　聚划算网站主页

（六）聚划算

聚划算是由淘宝网官方开发并组织的一种线上团购业务。聚划算网是阿里巴巴集团旗下的团购网站。"聚划算"页面与一般团购网站相似，商品主要由淘宝网的大卖家和品牌商提供，聚划算并不负责资金流和物流，用户在"聚划算"下订单之后，把费用直接支付给商品的卖家，再由商家直接对下单客户负责，淘宝网并不从"聚划算"获得任何费用。

（七）淘花网

淘花网是阿里巴巴集团与华数数字电视集团双方整合线下淘宝网和浙江华数传媒网络有限公司的资源，共同成立一家名为"华数淘宝数字科技有限公司"(下称"华数淘宝")的企业。业务板块包括了电视淘宝商城和淘花网两大平台。其中淘花网是中国第一家数字产品分享交易平台。

（八）先进的云计算服务平台业务——阿里云

阿里云于 2009 年 9 月创立，目标是打造以数据为中心的先进云计算服务平台。阿里巴巴云计算致力于提供完整的互联网计算服务，包括电子商务数据采集、海量电子商务数据快速处理，和定制化的电子商务数据服务，以助阿里巴巴集团及整个电子商务生态链成长。

（九）C2C 业务延伸——口碑网

口碑网是淘宝网旗下专注生活服务领域的网络平台。口碑网以全网搜索为基础，业务涵盖餐饮娱乐等民众生活消费各个领域。海量的黄页店铺、消费信息，便捷的搜索、无线等应用功能，电子优惠券、淘宝口碑卡等产品的应用，搭建了一个多渠道解决民众消费需求以及商家营销需求的电子商务平台，为生活服务消费者提供海量、方便、可信的生活服务。网站为消费者提供评论分享、消费指南，是商家发布促销信息，进行口碑营销，实施电子商务的平台。口碑一直致力于打造生活服务领域的电子商务第一品牌。

（资料来源：http://wenku.baidu.com/，http://baike.so.com/，有改动）

图 3-10　阿里云门户主页

图 3-11　口碑网网站主页

任务扩展

假如你就是小伟，在完成企业电子商务业务模式的选择确认之后，请你邀请5～7人就以下问题展开讨论。并最终将讨论结果和心得体会记录下来。

(1)作为提供商，协助企业选择的电子商务业务模式是否一定要与传统业务模式保持一致，你的理由是什么？

(2)作为一名提供商的规划设计人员，如何判断选择确认的电子商务业务模式是否合适，有哪些标准可以参考执行？

(3)电子商务业务模式与电子商务系统模式之间存在怎样的关系？电子商务业务模式会对系统模式的创建产生哪些影响？

任务二　确定电子商务系统应用级模式

任务分析

1. 什么是电子商务系统模式？

电子商务系统模式是对单一系统模型的总结和概括，是一种经验模型集合；同时又是企业电子商务业务模式具体实现的范式，是电子商务问题解决的参照标准和行动指南。

电子商务系统模式与电子商务业务模式是企业电子商务项目分别在战略规划和战术设计两个层面的体现。电子商务业务模式旨在表述企业各项资源在网络价值链中的位置关系以及相关活动的运作机制；而电子商务系统模式则侧重于通过某种技术手段实现电子商务业务模式表述的内容。前者要说明的是企业如何由传统手段转向电子手段；后者则要说明如何运用电子手段。弄清楚电子商务系统模式的概念及其与电子商务业务模式的关系，是所有提供商的规划设计人员做好应用模式解决方案的前提。

2. 确定电子商务系统模式包括哪些步骤？

确定电子商务系统模式应按照以下步骤进行：第一步，根据需求结果和选择的电子商务业务模式确定系统的应用级模式，并提出相应的系统功能架构和业务流程。第二步，根据应用级模式的基本架构和流程分析确认系统的程序开发逻辑模型，即提出明确的程序级模式。第三步，通过分析，为程序逻辑模型的开发运行构建其所需要的环境体系架构，即分析确定运行时模式。第四步，通过产品映射整合电子商务系统模式的支撑资源。

　　通常情况下，这项工作是由以系统架构师为核心的系统分析规划团队完成的。作为学历层次较低、能力和经验尚显不足的基层规划辅助人员，需要完成的主要工作就是协助参与应用级模式的规划工作。对于这些人员而言，只要能够按照需求结果和业务模式创建合理的电子商务系统的基本功能模块，协助完成系统功能框架的构建和业务流程设计即可。而对于学历层次和能力更高、经验更加丰富的系统架构师或分析师而言，就必须能够拿出完整的系统模式解决方案。

　　3. 如何确定电子商务系统应用级模式？

　　电子商务系统应用级模式的确定，是建立在前期分析电子商务需求与合理选择电子商务业务模式的基础之上的。根据上述结果，通过以下步骤进行确定：第一步，根据需求分析所得结果，逐一确认每个业务环节的交互双方，以及它们之间的交互关系，以此确定基本应用模式。第二步，将确定的基本业务模式进行分析整合，确定集成应用模式。第三步，参照复合模式体系框架特征，分析整合集成应用模式，最终确定复合应用模式，即电子商务应用系统类型。对于不同层次的电子商务需求和业务模式，上述步骤也是有所变化的。针对需求层次较浅、对应业务模式简单的初级电子商务，往往通过第一步就能实现对电子商务应用模式的确定；而对于需求多而深入、对应业务模式复杂的高级电子商务，则必须逐步确定，缺一不可。

　　此外，还有一种特殊情况，即某些企业的电子商务需求与常见需求差异较大，难以找出对应的标准化系统范式。针对特殊的企业业务需求，提供商只能通过逐一确认每一个业务环节的交互双方及其交互关系，提出特定的定制业务模式。

任务实施

阶段一　确定基本应用模式

步骤 1　确认指定业务活动（或环节）的信息交互方

　　基本应用模式对应的往往是最简单的电子商务业务活动，或者是构成高级电子商务活动的基本业务单元。因此，确定基本应用模式都是从确认业务交互双方的身份开始的。具体工作可以从以下方面进行：

　　(1)从前期企业业务考察报告、需求分析报告和可行性分析报告中获取有关电子商务业务活动的资料。

　　(2)根据确定下来的电子商务业务模式，对其进行逐层分解，先按照不同类型划分为若干个业务项目，再按照逻辑关系将每个业务项目分拆为若干个业务活动，直至将每一个业务活动过程分界为若干个相互关联的业务环节。

　　(3)找出指定业务环节信息交互的双方，并确认双方的信息交互位置，即谁是业务申请端(即信息发出端)，谁是业务响应端(即信息接收端)。

　　(4)按照信息交互参与对象，重新定义指定业务环节信息交互双方"端到端"的身份，即谁是用户端，谁是商家端，谁是数据端。

步骤 2　分析双方的交互关系

　　确认交互双方之后，就要结合业务活动形式分析双方的交互关系。具体工作可以从以下方面进行：

　　(1)针对指定业务环节分析该环节业务申请端(即信息发出端)是由操作者执行还是由

某一业务功能自动执行，以判断交互形式是人机交互，还是机机交互。

（2）以指定业务环节的业务申请端（即信息发出端）为出发点分析判断该环节的交互特征，是属于同业务过程的交互，还是同数据的交互，以判断业务响应端（信息接收与反馈端）以何种形式存在。

（3）针对指定业务环节分析交互形式，判断该交互过程是一对一交互还是一对多交互。

（4）针对指定业务环节分析交互过程，判断该交互过程是否需要信息聚集，以何种形式聚集信息。

（5）综合上述内容，确认双方交互关系。

步骤3　分析指定业务活动（或环节）的交互环境

交互关系确认之后，规划设计人员需要对交互环境进行初步分析确认，具体工作可以从以下方面进行：

（1）针对第一步分析所得交互双方的身份分析其习惯性交互手段，以判断交互终端的执行工具类型。

（2）针对指定业务环节分析判断交互双方所处的网络环境类型。

步骤4　确认指定业务活动（或环节）的基本应用模式

在完成上述三个分析步骤的基础上，通过制作基本应用模式对照表，最终确认指定业务活动（或环节）的基本应用模式，具体工作从以下方面进行：

（1）列出所选电子商务业务模式下对应的所有业务活动过程，并明确标示出每一过程的所有环节。

（2）针对指定环节制作对照表格，将上述三步分析结果逐一填入对照表中相应位置。表格示例如表3-1：

表 3-1　基本应用模式分析对照表

活动名称	活动环节	业务申请端身份	业务响应端身份	交互关系描述	交互环境描述
会员注册	阅读协议	用户	商家	用户——商家，用户同某一业务过程交互，人工浏览访问信息，人机交互，系统预先设定业务过程和响应形式	用户操作终端可以是PC、PDA、手机等多种工具形式，网络环境多为开放性网络（如 Internet）
	填写提交申请表	用户	商家	用户——商家，用户同某一业务过程交互，手工输入信息，人机交互，系统预先设定业务过程和响应形式	用户操作终端可以是PC、PDA、手机等多种工具形式，网络环境多为开放性网络（如 Internet）
	……	……	……	……	……

（3）根据对照表中填入的内容，综合分析判断指定业务活动（或环节）的基本应用模式。例如，根据表3-1中所述，最终可以判断"会员注册"业务活动的所有环节都属于自助式模式，"会员注册"自然也属于自助式模式。

阶段二　确定集成应用模式

步骤1　整理指定业务项目所有活动的基本应用模式

集成应用模式通常对应的是指定的电子商务业务项目。按照归纳法的基本原则，集成应用模式的确定是建立在对其分解而成的子业务活动，以及它们所对应的基本应用模式基础之上的。因此，确定集成应用模式的第一步就是整理阶段一的内容，具体可以通过制作相关统计表格来完成。表格示例如表 3-2：

表 3-2　业务项目涉及基本应用模式统计表

业务项目	业务活动	基本应用模式
竞标式采购	采购商发布招标公告	自助式
	备选供应商注册	自助式
	……	……

步骤 2　分析确认交互集成端

由于集成应用模式往往决定了未来电子商务系统模式的类型确定以及建设方向，因此，这是确定集成应用模式的关键一步。具体工作可以从以下方面进行：

(1)逐一考察指定业务项目包含的所有业务活动，分析每一业务活动申请端和响应端的主要形式。

(2)分析每一业务活动的交互过程用户是否可以调用(或交互过程是否完全依靠系统自动处理)，判断该过程是以用户端访问过程为主，还是以服务器端的业务处理过程(或数据处理)为主。

(3)对所有业务活动的交互过程分析结果进行整理，确认交互集成端是用户端还是服务器端。

步骤 3　确认指定业务项目集成应用模式

在确认交互集成端的基础上，结合对集成环境的分析，最终确认指定业务项目对应的集成应用模式，具体工作仍可通过制作集成应用模式对照表的方式完成。

(1)针对指定业务项目制作对照表格，从业务集成端、交互集成特征、交互环境三个方面将分析结果逐一填入对照表中相应位置。表格示例如表 3-3：

表 3-3　集成应用模式分析对照表

项目名称	活动名称	业务集成端	交互集成特征描述	交互环境描述
网店界面装修设计	店面模板设计	用户端(系统前端)	以系统前端访问过程为主，用户可调用系统业务与数据信息	网络环境多为开放性网络(如 Internet)，前端交互界面统一，允许用户多通道交互
	个性化服务模块设计	用户端(系统前端)	以系统前端访问过程为主，用户可调用系统业务与数据信息	网络环境多为开放性网络(如 Internet)，前端交互界面统一，允许用户多通道交互
	……	……	……	……

(2)根据对照表中填入的内容，综合分析判断指定业务项目的集成应用模式。例如，

根据表 3-3 中所述，最终可以判断"网店界面装修设计"业务项目属于典型的访问集成模式。

阶段三　确定复合应用模式

步骤 1　分析所有基本应用模式的必备性

确定复合应用模式基本上可以说就是确定电子商务系统模式，为接下来解决方案的开发设计或选购配置奠定了基础。该阶段工作往往要分以下步骤进行。

第一步，就是确认哪些基本应用模式是必备的，哪些是可选的，该步骤为电子商务系统主体模块设计提供方向和设计原则。具体工作可以从以下方面进行：

（1）综合阶段一的分析结果，对基本应用模式进行完全归纳整理，并参照表 3-2 进行汇总，制作成基本应用模式汇总表。

（2）结合电子商务业务模式确定的所有活动，对基本应用模式汇总表的内容进行统计分析，并最终得出必备基本应用模式和可选基本应用模式。

步骤 2　分析所有集成应用模式的必备性

第二步，就是根据电子商务业务模式要求，对其所包含电子商务项目进行逐一分析，考察哪些集成应用模式是必备的，哪些是备选的。具体工作可以从以下方面进行：

（1）综合阶段二的分析结果，对集成应用模式进行完全归纳整理，并参照步骤 1 制作集成应用模式汇总表。

（2）结合电子商务业务模式的总体特征，分析各项目活动之间的关联程度与集成度，对电子商务业务项目的集成点进行大致划分。

（3）根据前面两项内容的分析结果，对两种集成应用模式进行分别考察，判断出它们的必备性。

步骤 3　确认电子商务复合模式，选定电子商务系统类型

前两步完成之后，就可以对照电子商务典型复合模式的基本模型确认最终电子商务系统模式类型了。如果所确认的电子商务复合模式与基本模型库中的所有模型都无法对应，则需要通过定制应用模式进行重新分析确认。

步骤 4　根据确定的电子商务复合模式，提出系统功能主体架构和主业务流程

确定电子商务复合模式之后，还需要提出系统功能主体架构和主业务流程。这两项工作可以放在应用模式解决方案当中，也可以放在系统解决方案当中。若出现在前者方案当中，则是作为模式确定后两项必要的后续工作；若出现在后者方案当中，则是作为系统设计的应用概念模型为逻辑程序设计提供基础参考。具体工作可从以下方面开展：

（1）根据确认的电子商务系统模式，参考前期选定的电子商务业务模式，按照项目——活动——环节（模块）的层次，逐层构建电子商务系统功能的主体架构。

（2）根据电子商务业务活动每一环节的基本交互关系，参照相应业务逻辑顺序，表述所有电子商务项目的主业务流程。

阶段四　确定定制应用模式

如前所述，当分析结果无法与典型复合模式的概念模型对应的时候，规划设计人员应考虑自定义并创建新的电子商务系统模式，即定制应用模式。此类情况比较少见，通常情况下只有针对全新的企业业务类型进行电子商务转化时才会出现。绝大多数情况下，现有的电子商务系统类型均可以对应地归纳到典型复合模式当中。定制应用模式的确认创建工

作可以从以下方面进行：

(1)确认指定业务活动(或环节)的信息交互方。

(2)分析双方的交互关系。

(3)分析指定业务活动(或环节)的交互环境。

(4)整合所有业务活动(或环节)的交互对象和交互关系。

(5)创建定制应用模式。

知识要点

1. 电子商务系统模式的内涵

1.1 电子商务系统模式的定义

按照 IBM 的说法，电子商务模式是以往成功实施项目的总结，是一组可重用的资产，能够有助于加快基于 Web 的应用程序的开发过程。使用模式进行电子商务解决方案的设计和实施，不仅具有较高的可行性，还能减少项目实施风险，降低项目实施成本，缩短项目完成时间。通过比较我们不难发现，IBM 公司所谓的"电子商务模式"实际上就是电子商务系统模式。因此，可以将电子商务系统模式定义为实现业务目标向系统目标转化，解决相同或相似电子商务活动问题，依据以往知识积累和实践经验而构建的具有普遍参照意义的标准化信息系统模型。

1.2 电子商务系统模式的基本层次

(1)应用级模式(Use Patterns)

应用级模式是指根据电子商务解决方案的业务需求而确定的商务应用模式。该模式主要是在电子商务模式的指导下将企业要改造的传统活动做进一步的明晰化，以符合系统设计的要求。根据系统改造和转化程度的不同，应用级模式还包括基本应用模式、集成应用模式、复合应用模式以及定制应用模式四个小类。

①基本应用模式(Basic Use Patterns)。基本应用模式又称为商业模式(Business Patterns)，是一种用来识别用户、企业和数据之间的交互，创建简单的端到端电子商务应用的基础业务系统模式。

②集成应用模式(Integration Use Patterns)。集成应用模式，顾名思义，是将各种基本应用模式连接到一起，以创建带有高级功能的应用程序，用来在高级电子商务应用中组合的应用模式。

③复合应用模式(Composite Use Patterns)。它是基本应用模式和集成应用模式的组合，这种组合使复合模式本身成为常用的电子商务应用类型。复合模式是高级电子商务应用，即能够实现相对完整电子商务活动的模式。

④定制应用模式(Custom Use Patterns)。它类似于复合应用模式，因为它们组合基本应用模式和集成应用模式以构成高级的端到端解决方案。然而，这些解决方案的实现并没有达到复合应用模式那样的普遍程度，而是开发用来为一个特定企业也可能是几个有类似问题的企业解决电子商务问题。根据对解决方案含义的理解，定制应用模式应该是真正适合电子商务解决方案要求的模式，它也代表着应用级模式的一个发展方向。

(2)程序级模式(Application Patterns)

程序级模式是由客户需求驱动的，描述了构建电子商务应用时所需的应用程序框架。该模式反映了应用模式的内在逻辑关系，是传统业务关系向计算机执行系统转变的关键。

（3）运行时模式（Runtime Patterns）

电子商务系统在实施过程中，需要有一个安全可靠的系统架构，即系统基本逻辑模型在运行时的架构，这就是运行时模式。运行时模式是由客户需求驱动的，描述了构建电子商务应用时所需的运行时的支持。运行时模式由多个逻辑节点组成，这些逻辑节点表示解决方案中主要构件的集合或组合。由一个主架构师使用这些节点在逻辑层上描述设计方案。它们包含一组提供基础结构或应用程序功能的组件。该模型将电子商务系统分为三部分：外部世界（Outside World）、中间层（DMZ）和内部网络（Internal Network）。

（4）产品映射（Product Mappings）

它指明了实现解决方案所需要的产品。这些产品都是通过验证的。运行时模式中的逻辑节点在这一模式中映射成软硬件产品实例。有时候，逻辑节点一对一地映射成一台物理机器；有时候，单个逻辑节点可以散布于多台物理机器；而多个节点也可以映射成一台机器。

2. 应用级模式

2.1　基本应用模式

前面已经提到，基本应用模式（Basic Use Patterns）是一种用来识别用户、企业和数据之间的交互，创建简单的端到端电子商务应用的基础系统模式。该模式可用于解决普遍的初级商业问题。它着眼于用户、企业和数据之间最常见的交互，是大多数电子商务应用模式解决方案的基本构件。最常用的基本应用模式有四种：自助式模式、协作模式、信息聚集模式、扩展企业模式。这些模式针对不同的商业需求和不同的交互方式。

表 3-4　基本应用模式参照表

基本应用模式	（端到端）交互对象	典型应用范围
自助式模式	用户——商家	客户关系管理（CRM）
协作模式	用户——用户	知识管理（KM）
信息聚集模式	用户——数据	商务智能（BI）
扩展企业模式	商家——商家	供应链管理（SCM）

基本应用模式具有下列特征：首先，基本应用模式中的每个模式都是自包含的，即每个模式的作用域都包含实现自动化业务过程所必需的最少量的端到端流。例如，自助式商业模式包括端到端事务流、安全性流和重新启动恢复流。其次，每个模式可以通过一个或多个集成点与其他模式交互。这些集成点有多种可能，如文件传送、信息传递、公共数据库、公共组件、公共应用程序、公共过程、公共接入点或公共工作流。

2.1.1　自助式模式

自助式商业模式（Self—Service Patterns），也称为用户对商家模式（User—Business）。该模式抓住用户与商家直接交互这一本质，主要解决一般情况卜内部和外部用户与企业事务和数据的交互。而用户和商家分别是两种交互群体的统称，用户代表了交互的一端，即系统前端，通常是各类人员，包括消费者、业务伙伴、股东、公司内部员工等；而商家则代表交互的另一端，即系统后端，通常是各种电子商务系统的服务器。

（1）交互特征

用户需要和业务过程直接交互；业务过程需要同现有的业务系统及信息集成；能够在多个传输途径中以简化、一致和通用的方式访问业务过程。

（2）交互环境

自助式模式通常用于使用户能够与核心业务系统直接进行交互，访问他们的信息并进行更改的电子商务系统模式。其本质是操作人员与系统之间进行的直接交互，交互的方式在实际应用环境中是各种各样的，从简单的静态信息查找到涉及企业数据的复杂更新。

（3）基本构成

① 用户：通常会使用 Web 浏览器或基于浏览器的 Internet 设备来访问解决方案。企业对于如何设置或配置访问设备只有很少的控制权，或者根本没有控制权。通过将普及设备支持模式添加到基本的自助式模式，可以支持从基于非浏览器的设备访问解决方案。他们能够通过 Internet 从任何地方访问企业。② 网络：基于 TCP/IP 和其他 Internet 技术，接入方式可以是专用 LAN 接入、宽带或拨号接入。③ 企业系统：可以是定制开发系统和其他套装业务程序，如 SAP、BAAN 和 PeopleSoft 等 ISV 提供的 ERP 系统。④ 一组交互：能够提供给用户的业务功能。

（4）典型应用

自助式模式在保险业、贴现经纪人业务、银行业、电信和无线通信业、政府部门或机关和制造业都使用得相当广泛。下面简要说明这些行业中依靠自助式模式实现的业务功能。

① 保险业务（Insurance Industry）：查找附近的办事处/查找经纪人或代理商/进行财务规划和保险需求分析/查看投资组合摘要/查看保单摘要和详细信息/索赔提交和跟踪/实现在线付款。

② 贴现经纪人业务（Discount Brokerage）：查看投资组合摘要/查看持有额/买卖股票/查看交易历史/查看报价和新闻。

③ 便利银行业（Convenience Banking）：查看账户余额/查看近期交易/付费/划拨资金/停止网上支付/管理银行卡。

④ 通信行业（Telecommunications and Wireless Industry）：复查账单/在线付费/更改个人信息/添加服务/更改服务/删除服务/提交服务请求。

⑤ 政府部门（Government）：提交退税单/换发汽车牌照/下载表单、申请表/提交表单、申请表。

⑥ 制造行业（Manufacturing）：复查所需的零件、服务/查找服务中心/注册培训班/提交或跟踪订单。

2.1.2　协作模式

协作模式（Collaboration Patterns）也称为用户对用户（User－User）模式，它支持用户间的交互和协作。可以在支持小型团队或扩展团队的解决方案中找到这种模式，这样的团队需要一起工作以实现共同目标。常用的协作模式应用有：电子邮件；公告牌；新闻组；即时消息传递；团队工作室；在线会议等。

（1）交互特征

如果企业正在开发的解决方案需要有下列特征，则应考虑使用协作模式：用户需要和业务过程直接交互；业务活动要求并鼓励参与者之间进行协作并共享信息。

（2）交互环境

协作模式是一个相对独立的基本应用模式，主要适用于用户之间有单向或双向的信息交互意向，希望通过协作及信息共享达成共同目标的解决方案。这些交互可以有多种形式。包括：

① 异步协作：采用这种协作，用户在网络上向另一个用户或用户组发出消息。然后，将该消息发送给收集器，预期的消息接收方会从该收集器获取该消息。这类通信通常运用于：基于 SMTP(简单邮件传输协议)和 POP(邮局协议)的传统的电子邮件系统以及协作网站。

② 同步协作：采用这种协作，用户与一个或多个用户通过同步共享信息进行协作。这类通信通常是通过服务来实现的，这类服务包括交互式聊天室、公告牌和即时消息传递等。

③ 广播和多点广播：采用这种协作，用户可以将一条消息或一个消息序列发送给多个接收方。这包括对广播多媒体(如音频和视频以及流式媒体等)的支持。

（3）基本构成

① 多个用户：可以同属一个工作组或部门内部，也可以分属不同的工作组或部门。② 网络：基于 TCP/IP 和其他 Internet 技术，可以是专用 LAN 接入、宽带接入或拨号接入。③ 一组协作服务：它允许用户找到网络上其他用户的目录。该目录还能够存储有关每个用户的安全性特权和访问特权。协作服务还可以对不同类型的数据提供支持，从简单文本到完善而复杂的大型数据元素(如流式音频和视频)。协作服务还能够对有助于协作的暂态和持久数据源进行支持。④ 一组交互：包括一对一、一对多和多对多协作。也可能包括涉及用户、程序或应用程序的简单及复杂的工作流。

（4）典型应用

协作模式常常用于各类信息沟通和共享的解决方案。

① 远程访问应用程序：它允许远程用户连接到远程系统和应用程序，与其交互并控制它。② 电子邮件应用程序：这些程序支持将电子邮件消息转发给服务器和从服务器接收电子邮件消息。③ 在线聊天工具：如 QQ、ICQ、MSN 等。

2.1.3 信息聚集模式

信息聚集模式(Information Aggregation Patterns)，也称为用户对数据(User-Data)模式。在允许用户访问和操作来自多个数据源数据的电子商务解决方案中，可以发现这种模式。用户可访问和操作的数据一般是从多个数据源聚集的，并且数量巨大。这种模式包含捕获数据并进行数据处埋的过程。捕获的数据可以是文本、图像、视频等各种类型的数据。在该模式中会使用工具对这些捕获的数据进行处理，以从它们中抽取出有用的信息。抽取有效信息的目的和方法是多种多样的，主要是以满足用户需求为目的的，如可以个性化数据以满足用户个人喜好、可以从大量数据中提取摘要信息、可以使用算法来辨识大量数据显示的趋势，等等。信息聚集模式为用户访问和操作数据提供了方便。信息聚集功能通常被用于管理信息系统(MIS)、决策支持系统(DSS)、数据仓库(DW)或者是商业智能(BI)。

（1）交互特征

用户需要直接同业务过程或数据交互。商业活动需要从组织内外的各种信息源聚集、组织和提供信息。

(2)交互环境

根据信息聚集模式进行构建的应用程序，它们的目标都是将原始数据转换成有用的信息。例如，商业智能(BI)应用程序通常着重于诸如主管、经理和业务分析师这类内部用户。它们被用于开发确凿的、基于事实的和可操作的信息。取得战略性的洞察力以及促成重要的商业决策往往是基于这样的信息。门户网站从完全不同的数据源聚集信息，并允许用户个性化这些信息以满足他们的个人喜好，如 Yahoo 和 Google。

自助式模式是为了实现用户与业务事务的交互，信息聚集模式则是为了方便用户和数据之间的直接交互。因此，该模式的应用程序在访问和操作数据方面提供了极大的自由度和灵活性。这是该模式区别于自助式模式的主要特征之一。通常，实现信息聚集模式的应用程序依赖于实现自助式模式的应用程序，将其作为大量数据的初始来源。而且，一般来说，实现自助式模式的应用程序时时刻刻都需要实现信息聚集模式的应用程序记录业务活动。

(3)基本构成

① 用户：拥有不同个人喜好并且想访问数据的不同视图。通常使用 Web 浏览器或基于浏览器的 Internet 访问，当不是从公司内部网访问时，企业几乎不能对如何设置或配置访问设备进行控制。② 网络：基于 TCP/IP 和其他 Internet 技术，可以是专用的 LAN 接入、宽带接入或拨号接入。③ 完全不同的数据源：包括其他站点、核心商业系统、数据库和其他暂态数据源。④ 一组交互：包括聚集多个数据源，以及访问数据的提取视图。

(4)典型应用

① 客户关系管理(CRM)和销售分析解决方案：信息聚集模式使 LAN 上的用户对数据仓库中的数据进行分析。例如，销售分析解决方案中的高级管理决策/商业策略规划/交易汇总与跟踪/统计信息分析/产品竞争力分析/品牌管理/销售过程管理/欺诈检测/风险管理等功能；又如，客户关系管理中的目标客户确定/客户联系/客户服务分析/业务支持服务等功能。

② 赛事站点(Sporting Event Site)：信息聚集模式允许数百万的爱好者和用户使用各种设备(如 Web 浏览器、个人数字助理 PDA 以及无线电话网络)来实时访问赛事的最新新闻、比分和结果数据。

③ Internet 门户：信息聚集模式在门户网站的应用程度很高，从各不相同的核心业务数据源中聚集数据信息。根据数据类型和所需要的转换数量，门户网站开发人员以最佳格式存储数据，然后提供信息访问只读应用程序，允许成千上万用户定制该信息以满足他们的个人喜好。

2.1.4 扩展企业模式

扩展企业模式(Extended Enterprise Patterns)也称为商家到商家(Business－Business)模式，它处理各个单独的企业中业务过程之间的交互和协作。该模式适用于通过实现编程接口以连接企业间应用程序的解决方案。它不包含业务合作伙伴使用用户接口跨越组织边界直接调用的应用程序。

(1)交互特征

业务过程需要同现有的业务系统及信息集成；业务过程需要同合作伙伴组织的过程及信息集成；业务过程之间的对接交互无须人工处理，多半是由系统自动处理实现的。

（2）交互环境

扩展企业模式适用于企业间进行业务合作的伙伴业务解决方案。合作伙伴之间的交互构成一个或多个公共过程。每个公共过程都必须集成到由每个合作伙伴实现的专用业务流程中。这种集成可能简单到只需将数据传递到特定应用程序，也可能复杂到要启动或恢复涉及多个应用程序和用户交互的多步骤业务流程。

如图 3-7 所示，合作伙伴 A 和合作伙伴 B 同意共享某个特定的业务程序和流程。合作伙伴 A 调用一个公共流程，而该公共流程又会调用合作伙伴 B 组织内的某个特定的专用内部流程。合作伙伴 A 并不关注合作伙伴 B 的专用流程的细节。它仅关注它期望从调用的公共流程中得到的结果。商家到商家集成的特点之一是，商家对业务合作伙伴的专用流程及其应用程序的实现细节一般并不关心。这使得合作伙伴应用程序之间是一种松散耦合。这种松散耦合使组织在不影响业务合作伙伴应用程序的情况下改进自己的应用程序。

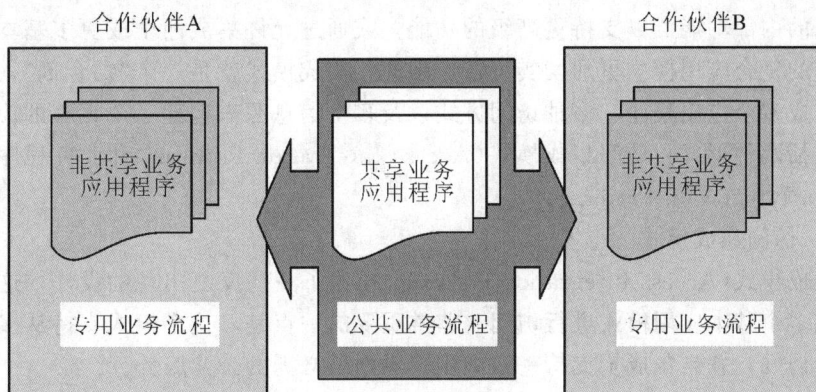

合作伙伴A

合作伙伴B

非共享业务
应用程序

共享业务
应用程序

非共享业务
应用程序

专用业务流程

公共业务流程

专用业务流程

图 3-7　扩展企业模式结构

（3）基本构成

① 业务实体：它通常是存在于组织内部的应用程序或数据库，或是跨网络访问和连接其他业务的业务实体。② 网络：基于 TCP/IP 和其他 Internet 技术，可以是一个专用的广域网（WAN）连接。③ 业务规则：可以管理业务实体之间的集成，描述贸易伙伴协议；可以使用转换规则来指定需要应用于消息的格式和协议转换，让这些消息在业务实体之间流动；也可以使用工作流程规则来确定步骤序列和需要用来使集成更为便利的数据流，这是规则描述在消息被传送到其他业务实体之前需要完成的步骤序列，包括指定应该如何传递消息以及传递到哪里。④ 一组交互：它包括对一致同意的业务过程的执行。

（4）典型应用

扩展企业模式既可以应用于跨行业的需求，又可以应用于某些特定行业的内部需求。跨行业需求中，最典型的就是供应链管理（SCM）解决方案中扩展企业模式的实施，在原材料的采购过程中，不同行业的买卖双方通过扩展企业模式就能够实现电子化采购；在电子数据交换（EDI）业务中不同行业的信息通信通常也会使用扩展企业模式。电子市场内部支持跨企业过程（如需求规划和协作设计）的扩展功能也是通过扩展企业模式实现的。

假设有一个在线旅行社，通过它客户能进行旅行安排。客户可以从众多服务选项中进行选择，这些选项包括景点、旅馆连锁店，以及提供住宿和早餐的小旅店。旅行社需要所有参与该项目的主要业务合作伙伴（如景点和旅馆连锁店）提供程序化接口，这些程序化接口可以被实时调用以确认是否有空房间以及进行预订。这是一个典型的商家到商家程序集成的示例，因此可使用扩展企业模式进行建模。而那些提供住宿和早餐的小旅店通常无法提供它们预订系统的程序化接口。为了让这样的小业务合作伙伴也加入进来，旅行社的网站可以提供一个用户接口，提供住宿和早餐的小旅店访问该接口，以便向系统手工输入空房间的信息。在扩展企业模式中，不涉及像这样基于业务合作伙伴间交互作用的用户接口。针对这种用户接口的需求，可以使用自助式模式来进行建模。

2.2　集成应用模式

基本应用模式只能实现简单的电子商务活动，满足相对单一的方案需求。我们不难发现，现在很多复杂的解决方案都是通过在相应的"集成点"去集成前面讲述的四种基本应用模式来实现的。而将各种基本应用模式有机地组合到一起，实现更复杂电子商务活动目标的模式就是集成应用模式。集成模式本身并不自动解决特定的业务问题，而是通过组织基本应用模式的内部功能点以支持更高级的功能，或通过允许集成两个或更多基本应用模式使得更高级的复合应用模式更加切实可行。因此，集成模式就是一个"黏合剂"，使得解决方案可以集成多个应用程序、多种访问方式以及多个信息源来构建一个无缝的应用。集成模式主要包括两种形式：访问集成模式（Access Integration Patterns）和业务程序集成模式（Application Integration Patterns）。

2.2.1　访问集成模式

访问集成模式（Access Integration Patterns）描述了一些反复出现的设计，这些设计支持对一个或多个基本应用模式进行访问。非常重要的一点是，这个模式支持从多个通道或者设备进行访问，并且集成了支持一致的用户界面所必需的公共服务。

（1）交互特征

如果企业正在开发的解决方案需要具有下列特征，可以考虑使用访问集成模式：用户需要直接和业务过程交互；商业活动需要从组织内外的各种信息源聚集、组织和提供信息；必须用公共、一致和简化的方式通过多个传输通道访问业务过程。从交互特征的比对分析中我们不难发现，访问集成模式更多情况下是对自助式模式和信息聚集模式的集成。

（2）交互环境

在那些将对多种访问需求结合起来，向用户提供无缝和一致的用户体验的电子商务解决方案中，经常可以看到访问集成模式。这些访问需求包括对业务程序的访问、对数据库的访问和对服务的访问等。访问集成模式用作系统前端集成，当需要通过多种传递通道和设备提供信息时也可以看到它。在解决方案中，访问集成模式并不是独立的，它通常用来组合多个基本应用模式以创建用于解决复杂业务问题的定制设计复合模式。

（3）基本构成

① 用户：使用 Web 浏览器或基于浏览器的 Internet 工具，从 Internet 上的任何地方进行访问。② 网络：基于 TCP/IP 和其他互联网技术，通过 LAN 接入、宽带接入或拨号接入。③ 业务程序和数据：可以是定制开发的系统和其他套装业务程序，也可以是数据库。④ 包含一个或多个服务的访问集成业务，如设备支持服务、个性化服务等。

（4）典型应用

① 个性化的解决方案：譬如在线商店，它们提供可以由用户定制以适合其个人需求和喜好的个性化用户界面。② 在线门户网站：它们允许用户与门户网站的交互，并为多

种访问设备(如浏览器、个人数字助理 PDA、支持 Web 的电话和交互式机顶盒)指定首选项。

2.2.2 业务程序集成模式

业务程序集成模式(Application Integration Patterns)集合了多种企业业务程序和信息源,但用户不能调用。该模式能够无缝地执行多个业务程序并访问它们各自的数据,使得复杂的新业务功能自动执行。要确保业务程序集成的可靠性,就需要使用经过经验验证的、可复制的模式。业务程序集成可被分成过程集成和数据集成两种形式。过程集成是对业务程序之间的功能性处理流程进行集成;数据集成是对业务程序所使用的信息进行集成。例如,为了创建销售订单而将电子交易系统与企业资源规划 ERP 系统的业务程序进行集成,这种集成主体上一定是一个过程集成活动。不过,在该解决方案中,ERP 系统与电子交易系统之间的产品目录上主要数据的同步则是一项数据集成活动。

(1)交互特征

要选择合适的业务程序集成模式,关键在于理解要自动处理的业务问题的集成需求是什么。当企业在开发具有以下特征的解决方案时,则可以考虑使用业务程序集成模式:业务过程需要同现有的业务系统及信息集成;业务过程需要同合作伙伴组织中的过程及信息集成;业务活动需要对组织内外的各种信息源上的信息进行聚集、组织和呈现。同样地进行比对分析,我们不难发现,业务程序集成模式更多是对自助式模式、信息聚集模式和扩展企业模式的聚集。

(2)交互环境

在要求对组织内或跨组织边界的系统和数据库进行紧密集成的解决方案中,可以看到业务程序集成模式。它充当后端集成模式,对于某些基本应用模式和复合应用模式的成功实现至关重要。根据执行的功能或工作不同,业务程序集成模式可以分为消息直接通过(pass—thru)集成和消息路由选择集成。根据集成的侧重点不同,分为数据集成和过程(或消息)集成;根据部署的连接方式不同,分为异步连接集成或同步连接集成;根据目标拓扑结构不同,分为点到点拓扑集成和多点目标拓扑集成。

(3)基本构成

业务程序集成模式通常包括:① 业务程序和数据:需要与同一组织内或业务合作伙伴组织内的其他业务程序及数据进行通信、交互和集成。② 网络:基于 TCP/IP 和其他 Internet 技术,LAN 接入或 WAN 接入。③ 其他业务程序和数据:可以是定制开发的系统和其他打包业务程序,或者是数据库。④ 应用程序集成服务:包括协议适配器、消息处理程序、数据的转换,分解与重组、路由选择及导航、状态管理、安全性、本地业务逻辑、业务单元管理等。

(4)典型应用

业务程序集成模式是最常见的模式之一,在业务程序需要与其他业务程序、原系统和数据库或者外部组织中的业务程序和过程集成的解决方案中,都会找到这种模式。任何需要将在线购买过程与核心的业务系统和数据库(如库存管理系统和订单执行系统)相集成的网上商店都需要应用程序集成模式。现在,许多网站将来自各个内容供应商的内容组合在一起,并将这些内容集成到它们自己的网站中。在这种情况中,多个单独的解决方案就与组织外的应用程序进行了集成。

2.3　复合应用模式

复合应用模式主要是通过组合基本应用模式和集成应用模式，创建复杂的高级电子商务应用，构建更为完整的电子商务解决方案，以实现企业更深入全面的业务需求。在电子商务系统模式的设计过程中，一个重要原则就是设计的模式要能够在任何基于 Web 的应用程序开发方案中可重复应用。因此，尽管由基本应用模式和集成应用模式组合的方案有多种，但具有高度可重复应用性的复合应用模式却不多，常见的只有四种：电子交易、电子市场、门户网站和账户访问。

2.3.1　电子交易（Electronic Commerce）

电子交易是在 Web 上实现安全快捷购物和服务的产品和过程的集合，是用户和企业之间实现全面在线交互的一个典型。它使用诸如购物车或电子钱包之类的组件通过目录来出售商品；并且可以扩展业务，包括连接到后端系统，这些系统可以提供库存更新、订单处理、送货管理和信用检查。

（1）基本构成

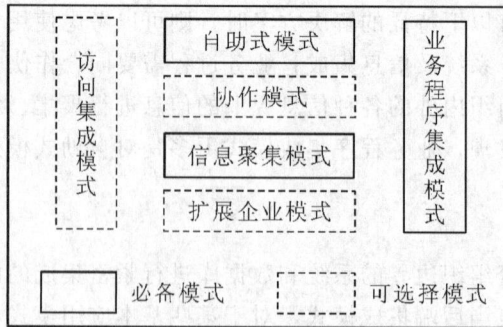

图 3-8　电子交易复合模式构件

电子交易复合模式由下列必不可少的模式组成：

①自助式模式：使客户能访问网站的各项功能，如浏览目录、下订单、付款等。

②信息聚集模式：用于将来自多个信息源的商品信息聚集成统一的商品目录。

③业务程序集成模式：用于合并自助式模式和信息聚集模式，以向客户提供统一的解决方案。

此外，电子交易复合模式还可以根据实际需求，有选择性地添加下列模式实现更高级的电子商务：

①访问集成模式：旨在提供增加网站用户亲和力的更复杂功能，如个性化功能和支持多种设备（如 PDA）访问功能。

②协作模式：提供的功能包括通过 E-mail 进行的自动订单确认，与客户服务代表在线交谈等。

③扩展企业模式：用于实现与货运公司的直接连接，由该公司将订购的货物运送给客户。

（2）典型应用

网上在线零售商就是一种典型的电子交易模式。它包括客户在线采购商品，以及客户通过呼叫中心的雇员订购产品，雇员再利用在线购买系统进行采购，还允许企业用电子手段与新客户联系和管理交易。例如，北京西单百货公司的 igo5 网上商城（http：//

www. igo5. com），其概念类似于现在实体市场里面的百货商场。该网上商城提供标准化的网上交易流程与订单格式、网络安全措施及合适的电子支付手段；并将网上的空间进行分割处理，将网上经营空间提供给想要在网上商城开店经营的企业和个人，就好像实体百货商场的柜台出租。由于网上商城的经营规模大，具有一定的信誉，容易取得使用者信任，而且较全面性的规划设计，并配合广告媒体促销作业，可以吸引更多的网络消费者。

电子交易将自助式模式、信息聚集模式以及业务程序集成模式组合起来，实现用户同商家、数据及业务过程的多重交互。此外，电子交易站点可以通过扩展企业模式将供应链管理功能集成到解决方案中，或通过协作模式将对订单的电子邮件确认与客户信息集成起来，实现纵深交互。

图 3-9　西单 B2C 网上商城

2.3.2　电子市场（E-Marketplace）

电子市场是适用企业与企业间的交易平台。例如第三方交易平台、卖方平台或买方平台等。这些解决方案代表了现今存在的一些最全面和复杂的电子商务应用。

（1）基本构成

① 第三方交易平台

第三方交易平台允许买卖双方在一个公共站点上交易产品和服务。如图 3-10 所示，用于第三方交易平台的电子市场复合模式包括下列必不可少的模式：

● 自助式模式：方便了参与者（卖/买双方）和电子市场间的交互。诸如买方从集成的目录中购物、参与拍卖或进行交换之类的活动都是使用这种模式执行的。自助式模式也帮助执行诸如更新目录、查看订单、查看报价请求及访问订单之类的功能。

● 信息聚集模式：用于从供应商产品文件、定价文件和广告文字等多处来源创建电子市场目录。

● 业务程序集成模式：用于无缝地集成这自助式模式和信息聚集模式，以及集成现有的电子市场支持系统，如记账系统等。

● 访问集成模式：用于为电子市场提供门户网站界面、单点登录功能及个性化功能。

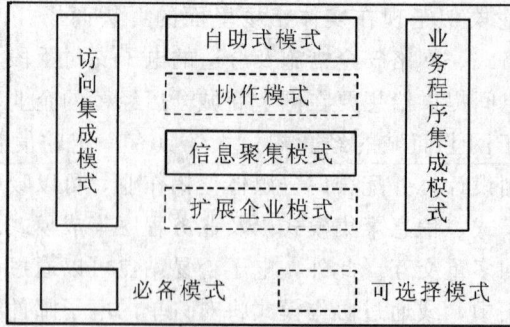

图 3-10　第三方交易平台(或卖方平台)构件

电子市场的基本功能是多样的。随着电子市场的发展，还可以将下列模式添加至电子市场。

- 协作模式：可用于实施采购核准过程。
- 扩展企业模式：可用于电子市场的买卖双方。在买方这一边，该模式定义了买方采购系统和电子市场商业功能之间的交互。在卖方，该模式定义了电子市场采购功能与其供应商之间的交互。

② 卖方平台

在卖方平台，卖方拥有电子市场并将其用作在 Web 上向买方销售货物和服务。卖方平台复合模式包括以下必备模式：

- 访问集成模式：有助于提供统一的客户界面。
- 自助式模式：允许用户使用该中心来浏览目录、创建订单以及下订单。
- 信息聚集模式：用于从供应商产品文件、定价文件和广告文字等多处来源创建电子市场目录。
- 业务程序集成模式：集成属于卖方中心的基本应用模式。

此外，卖方平台复合模式还可以根据实际需求，有选择性地添加下列模式实现更复杂的电子商务活动：

- 协作模式：支持拍卖、反向拍卖及其他协作购买功能。
- 扩展企业模式：将卖方中心同外部服务供应商(提供信用处理的金融机构或物流处理的运输公司)集成起来。

③ 买方平台

在买方平台，购物者拥有电子市场，他们将其作为一种手段，利用它来调节采购预算，为了从所有在 Web 上可能的卖方那里得到商品和服务的最佳交易。

买方平台复合模式与前两种平台在模式选择上有所不同，其必备模式包括：

- 访问集成模式：帮助提供统一的客户登录功能和个性化的用户界面。
- 协作模式：允许用户投标、参与拍卖以及对投标请求和报价请求做出回应。
- 自助式模式：允许买方创建投标请求和报价请求。

此外，买方平台复合模式也可以根据实际需求，有选择性地添加下列模式实现更复杂的电子商务活动：

- 信息聚集模式：帮助集成 Web 上不同来源的商品和服务信息。
- 扩展企业模式：将买方中心同外部服务供应商集成起来。

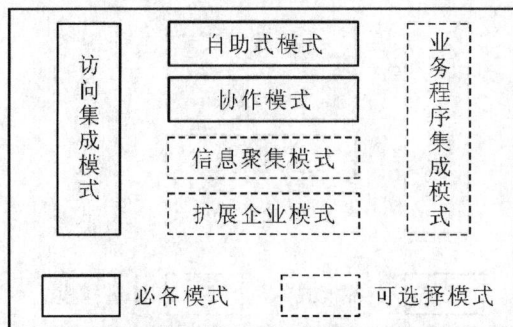

图 3-11 买方平台构件

● 业务程序集成模式：将买方中心同采购系统及其他核心业务程序集成起来。

（2）典型应用

加入第三方平台电子市场模式（如著名的阿里巴巴网站 http：//china. alibaba. com）的企业，不需要建立自己的电子商务门户网站，只要在第三方电子交易平台注册成为会员，就可以在网站上发布企业的供求信息，完成询价、报价、在线贸易洽谈、在线签订电子合同等交易过程，并可以在第三方平台的支持下，实现网上支付、物流配送和商品交割等环节。为了保障买卖双方的权益和交易安全，有效地降低交易风险，消除企业参与网上交易与结算的顾虑，交易平台采用第三方认证的方式，对会员企业的身份、产品、支付等资质进行事先认证和年检认证，保证网上交易企业的身份与所发布信息的客观真实性，保证产品的质量标准，保证企业的支付信誉等。在我国还没有统一的认证机构的情况下，这种第三方结算和交割的服务方式，可以保证交易履约的顺利进行，保障违约发生时买卖双方尤其是守约方的合法权益。

2.3.3　门户网站（Portal Website）

尽管门户网站旨在增加网站与用户交互的友好性与便利性，但门户网站解决方案通常整合了多个信息源和业务程序来为用户提供单点登录、无缝和个性化的访问等。企业总是考虑尽量将客户的深层次信息同自身的品牌价值、产品领导地位以及事务效率结合成最佳组合，以便最大限度地满足自身的战略目标。为了更有效地达成目标，企业利用管理信息系统来向特定的顾客提供特定的信息。我们称这种服务为一种个性化的服务。客户服务最有效的方式就是提供个性化服务。个性化服务是实现客户满意度、提高用户黏度（Stickiness）的最有效手段。而门户网站就是实现个性化服务的一种典型形式。

（1）基本构成

门户网站复合模式能够帮助用户进行门户网站的设计和实现。门户网站复合模式利用各种机制（如内容管理、用户界面格式化、数据聚集等）来将合适的信息和现有系统有机地结合起来，以实现企业目标。

已经被确定为门户网站复合模式的必需构件包括：访问集成模式；自助式模式；协作模式；信息聚集模式。由于用户的特定需求，构成门户网站的基本应用模式和集成应用模式构件会有所不同。用户可以根据特定的需求，对门户网站复合模式进行修改。例如，用户可能发现除了上述定义的模式之外，还需要使用扩展企业模式或业务程序集成模式，或者可能发现该门户网站只需要访问集成模式、协作模式和信息聚集模式。用户必须根据其独特的需求来定义自己的门户网站复合模式。

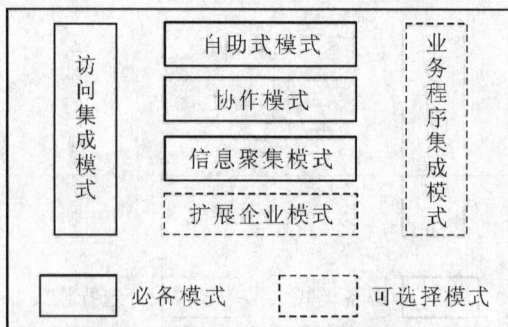

图 3-12 门户网站复合模式构件

（2）典型应用

流动性是互联网的第一大自然特征，搜索与交互两个主流概念合起来就形成了交互式搜索引擎门户网站。所谓交互简单点理解就是 MSN 传统的在线聊天功能，只不过又加上了个性化的理念，交互功能的强项弥补了搜索的弱项。微软巧妙地运用捆绑手法将信息发布门户、搜索引擎、交互式功能，再加上网络热门的几大服务内容集成在一起，建立了 MSN 中文门户网站，MSN 就是一个典型的交互式搜索引擎门户网站。其中信息聚集平台（奇虎社区频道、数据频道易观国际）采用与内容提供商合作的模式操作。目前，MSN 已经拥有数量巨大的稳定用户。

2.3.4　账户访问（Account Access）

账户访问复合模式向客户提供了对其账户信息的全天候的访问功能，还允许用户对他们各自的账户信息进行查询、更新和删除。由于其范围广泛，许多业务程序都被归入此类解决方案。例如，在线经纪人业务提供的交易业务程序；电话公司等公用事业机构提供的账户管理器功能等，都依靠账户访问复合模式实现。

账户访问复合模式由下列必备模式组成：

（1）访问集成模式：提供一种统一机制以实现单点登录能力。该模式还用于向账户持有人提供个性化体验。

（2）自助式模式：提供对存储在核心业务系统和数据库中的信息的访问。

该模式还可以包括信息聚集模式。在该模式中，可以汇总多个账户中的信息，以向客户提供单独统一的组合视图。当添加与客户服务代表在线交谈和帮助桌面支持这样的功能时，还可以包括协作模式。另外，还可以选择业务程序集成模式，将多个基本应用模式无缝地结合起来。

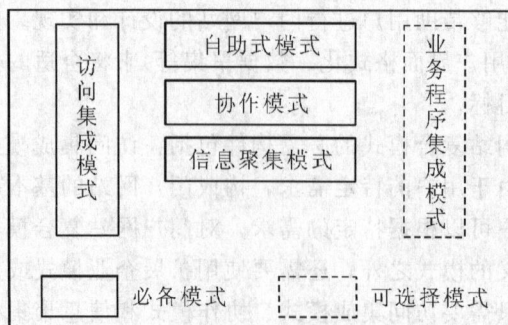

图 3-13 账户访问复合模式构件

由于账户访问复合模式是一种新兴的模式，这里仅对它作一个简单的介绍。

2.4 定制应用模式

电子商务系统模式旨在解决企业可能需要或希望开发的大多数电子商务应用。因为大多数企业有类似的电子商务需求，所以成功的解决方案常常可以被重复应用。在创建各种电子商务应用以满足企业需求中细微的差别时，基本应用模式、集成应用模式和复合应用模式提供了一定程度的灵活性。但实际情况是，不同公司的情况差异很大，此时可能需要彻底地对解决方案进行个性化定制。那么上述的经验模型就不再适用，必须针对客户需求单独定制模式。

定制应用模式像复合应用模式一样，组合了基本业务和集成应用模式以创建高级的、端到端的电子商务应用。不过，定制模式的可重复应用性较低，不能被推广至大多数企业共享。不过，随着电子商务系统模式在 Web 站点上详细记载的定制设计越来越多地被各种不同的开发人员所使用，以及对这些模式优劣的评价，定制模式最终可能会达到复合模式的高度。由于不具备经验模型的特征，我们无法总结一个具有较普遍意义的定制应用模式，所以我们在这里就不多做介绍了。

3. 典型电子商务系统功能框架

3.1 商业系统功能框架

3.1.1 门户网站功能框架

由于门户网站的类型过于丰富，不同门户又都追求个性化，所以很难找到一个复用程度很高的功能样板。我们在这里为大家列举一个基本的论坛式门户模块分布，仅供参考。

(1)后台功能列表

后台管理：后台权限设置/修改论坛创始人。

插件中心：银行/朋友圈/广告管理/首页调用管理/勋章中心/道具中心/博客。

论坛核心设置：基本参数设置/论坛资料设置/核心功能设置/论坛安全控制/认证码设置/动态目录设置/会员注册控制/发帖代码设置/发帖与附件设置/帖子奖惩选项/首页细节设置/各页面细节设置/图片水印设置/签名购买设置/AJAX 设置/WAP 设置/JS 调用设置/积分名称设置/发送邮件设置/其他设置/内容敏感设置。

网站统筹管理：缓存数据管理/动作表情管理/添加自定义积分与管理/自定义积分管理。

论坛版块管理：论坛目录管理/论坛行业共享管理/相关查询设置/系统结帖设置/防拷帖子内容设置/论坛广告设置新闻资讯广告设置/新闻资讯帮助信息/招聘设置/版块合并/生成 htm 页面(论坛)/生成 xml 页面(论坛)/生成技术排名信息/生成专家排名信息/默认论坛版面设置/默认 RSS 版面设置/默认排名版面设置/设置行业信息/设置版面关键字/智能发帖权限。

会员管理：生成会员信息/会员贡献设置/会员信息提示设置/批量增加会员/重建分值/随机累计点击数/随机改下载附件金币/专家列表/候选专家列表/会员 IP 检索/合并会员/用户组成员统计/会员组提升方式/批量添加用户组/用户组管理。

批量删除管理：删除帖子/删除用户/删除短消息/回收站管理。

安全管理：会员禁言/查看封禁会员/IP 禁止/不良词语过滤。

审核管理：主题审核管理/回复审核管理/帖子报告管理/E-mail 会员审核/注册会员

审核。

信息管理：发布与管理公告/E-mail 群发/短消息群发/节日礼物赠送功能。

附件管理：附件管理/附件统计/附件修复。

管理日志：后台管理安全日志/前台管理安全日志。

辅助管理：论坛宣传设置/IP 统计设置/友情链接管理与添加/查看今日到访会员/文件属性检查。

数据库管理：数据备份/数据恢复/数据库修复。

风格管理：风格模板设置。

论坛交易币：交易币设置/交易币管理/交易币日志。

(2)前台会员功能列表

帖子信息/我的短信息/我的个人资料/我的排名信息/道具中心/我的专家资料/朋友圈/会员查询/银行/论坛版面定制/RSS 版面定制/Blog 系统管理/会员排名/统计与排行/无图版/帮助/展区。

●●●●● 阅读链接

电子商务门户系统

门户(Portal)，原意是指正门、入口，现多用于互联网的门户网站和企业应用系统的门户系统。广义上的门户是一个应用框架，它将各种应用系统、数据资源和互联网资源集成到一个信息管理平台上，并以统一的界面提供给用户，使企业可以快速地建立企业对客户、企业对内部员工和企业对企业的信息通道，能够释放存储在企业内部和外部的各种信息。狭义上的门户是指通向某类综合性互联网信息资源并提供有关信息服务的应用系统。

按照门户网站提供的不同服务内容，我们可以将其分为两大类：信息交互类门户和搜索导航类门户。信息交互类门户出现得最早，其主要服务内容是向上网用户提供各类信息集成与交互服务。按照其提供交互方式的不同，信息交互类门户又可分为：邮件与即时通信(IM)门户；论坛、校友录；新闻服务。搜索导航类门户则专门为上网用户提供信息"检索"服务，它使用特有的程序把互联网上的所有信息归类以帮助人们在浩如烟海的信息海洋中搜寻到自己所需要的信息。

随着人们对互联网需求的不断增大，对电子商务门户系统集成性的要求也越来越高。从目前发展的趋势来看，电子商务门户系统逐渐呈现出多元化的趋势。一方面，是朝着高度集成化的综合类门户网站发展；另一方面，各门户还力求保持自己系统通道的特色，不断制造着不同于其他门户网站的差异，朝着专业化门户的方向发展。

（资料来源：http：//baike.baidu.com/）

3.1.2　电子交易系统功能框架

电子交易系统功能框架因其复杂性，在此不便完全列出，仅列出常用一级子系统列表，以供参考：交易数据库系统/交易撮合系统/交易中间件系统/交易管理系统/交易结算系统/行情信息播发布系统/行情服务器系统/交易监控系统/银行转账系统/行情系统/交易客户端系统/仓储管理系统/配送系统/商品交割系统。

3.1.3　账户访问系统功能与流程设计

一个完备的账户访问管理系统应该具备以下功能：上网权限管理功能/访问内容管理功能/ IP 地址管理功能/监控审计功能/计费控制功能/访问缓存功能/带宽管理功能/数据备份功能。

3.1.4　电子市场系统功能框架

电子市场系统功能框架根据市场交易特性会有所不同，大致应包含以下功能：汇集规范化和标准化的产品目录信息；搜索和过滤内容；会员概况；报告交易活动；电子商务引擎；动态定价、交易、支付；批准流通；谈判；交换；拍卖；反向拍卖（RFP/RFQ）；聊天；讨论；共享工作空间；电子邮件；后端交易管理；交易合作伙伴；电子化市场集成；等等。

3.2　管理系统功能设计

3.2.1　OA 系统功能模块

（1）收文管理

实现对外往来文的登记（支持附件和扫描）、泥板、传阅、承办、纸质确认、收回重发、删除、快捷办理、检索、归档、打印等功能。

（2）发文管理

实现内部公文的拟稿、核稿、会稿、签发、赋文号、文号预分配、文号作废、补号、打印分发、纸质确认、收回重发、删除、快捷办理、检索、归档等功能。

（3）登记簿管理

实现用户在收发文过程中将公文登记到不同的登记簿，亦可通过未登公文列表将未登记的公文登记到相应的登记簿。

（4）文号管理

实现对各部门不同类别发文文号的发文过程管理，系统提供文号的分配、作废和补号的功能，以及对文号进行预分配的功能。

（5）档案管理

根据卷内文件的信息人工拟制案卷标题，公文批量归档，打印案卷目录、卷内文件目录，提供强大的检索功能；自定义档案表分类；档案编研。

（6）通知管理

根据用户的权限不同分别具有通知的浏览、发布及维护等功能；反馈信息的统计功能。

（7）会议管理

在会议召开前进行会议计划和会议文件、议题等方面的准备以及会议室的调度安排，会议召开后可以进行会议记录、纪要和会议查询等。

（8）个人事务

以日历的形式进行个人日程安排，并且可以设置个性化服务，比如设置时间提醒等。

（9）短信息服务

用户可以在该办公自动化系统进行短信息实时交流。

（10）发文的修改痕迹保留

提供类似 Word 编辑环境，对每次修改都留有痕迹，对每篇发文的拟稿、审稿、核稿、签发等过程进行痕迹跟踪。

（11）工作交流

（12）在线论坛

（13）留言簿

对留言进行浏览，发布留言，删除留言，转发和收回等功能。

（14）去向牌

去向牌是方便查看各部门人员的当前状态（状态为在岗、请假等）以及修改自己的当前状态，具体的登记时间具体可点击标题进入，也可以设置状态、刷新。

（15）新事物提醒

新事物提醒方便用户在新事物（如新阅办文、督办文、传阅文、通知、短信、留言等）到达时自动被告知；并且点击就可对新事物进行办公。

（16）上下级公文传送

该系统作为一个公文管理平台，提供系统内部的公文网上传送。

（17）个人文件夹

个人文件夹显示用户有权使用的文件和文件夹的分层结构；新建、重新命名以及共享其他文件和文件夹。

（18）规章制度

对规章制度进行分类管理，以及进行编辑、添加规章制度等；提供友好的查阅环境。

（19）参考信息

这是一个共享的信息平台，所有的操作人员都可以在这个平台查阅、下载平台内的有关资料，而且可以对资料进行分门别类。

（20）内部信息

这是一个新闻系统，系统由此较完善的后台管理系统，可以按照自己的风格修改前台

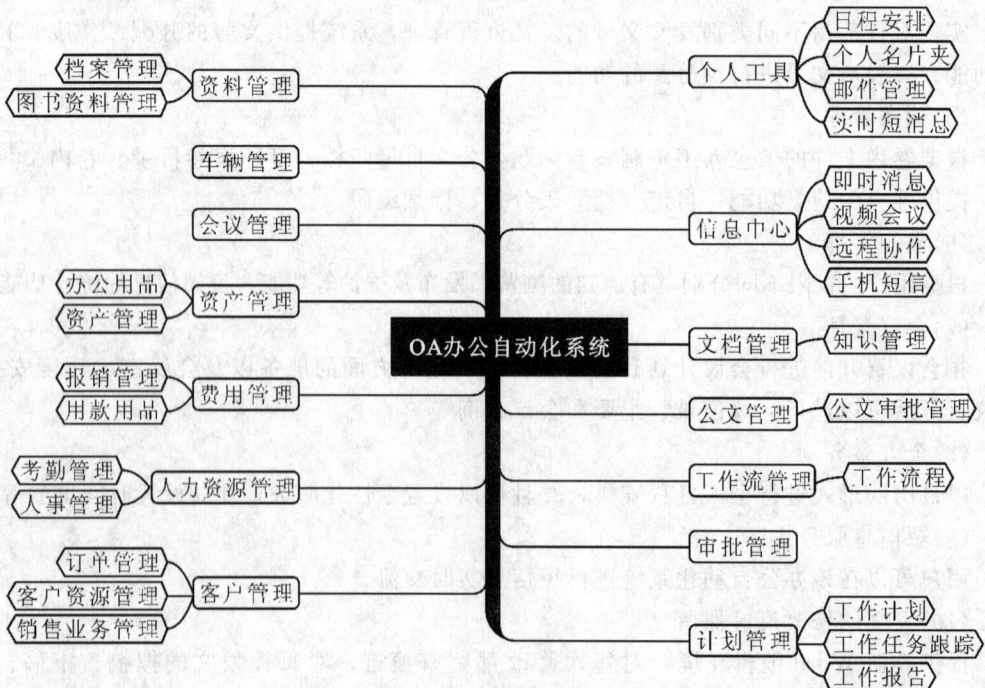

图 3-14　OA 系统功能框架图

的显示界面，使其与你的整个站点的风格保持一致；提供完整的权限控制。

(21)流转设置

提供公文流转方式定制以及流转过程中的修改控制。

(22)菜单定制

系统管理员用来定制菜单，使操作人员可对其他信息进行共享以及进行系统菜单的调整。这个功能用来提供共享平台，可对菜单进行增加、修改、删除、移动。

(23)信息采编

提供刊物、刊期的电子化管理，从拟稿到审稿到审核采编到刊物发行到作品阅览的仿真实现。

(24)权限控制

建立一套基于角色和工作分工的权限控制机制，使保存在网络上的信息资源更加安全可靠，有效保护重要数据被非法入侵和破坏。

3.2.2　ERP 系统功能框架

(1)财务管理模块

①会计核算

● 总账模块。处理记账凭证的输入及登记，输出日记账、一般明细账及总分类账，编制主要会计报表。

● 应收账模块。包括发票管理、客户管理、付款管理、账龄分析等功能。它和客户订单、发票处理业务相联系，同时将各项事件自动生成记账凭证、导入总账。

● 应付账模块。包括发票管理、供应管理、支票管理、账龄分析等。它能够和采购模块、库存模块完全集成以替代过去烦琐的手工操作。

● 现金管理模块。主要是对现金流入流出的控制以及零用现金及银行存款的核算。它包括了对硬币、纸币、支票、汇票和银行存款的管理。在 ERP 中提供了票据维护、票据打印、付款维护、银行清单打印、付款查询、银行查询和支票查询等和现金有关的功能。

此外，它还和应收账、应付账、总账等模块集成，自动生成凭证，导入总账。

● 固定资产核算模块。即完成对固定资产的增减变动以及折旧有关基金计提和分配的核算工作。具体功能有：登录固定资产卡片和明细账，计算折旧，编制报表，以及自动编制转账凭证，并导入总账。它和应付账、成本、总账模块集成。

● 工资核算模块。自动进行企业员工的工资核算、分配、核算以及各项相关经费的计提。它能够登录工资、打印工资清单及各类汇总报表，计算计提各项与工资有关的费用，自动做出凭证，导入总账。这一模块是和总账、成本模块集成的。

● 成本模块。它将依据产品结构、工作中心、工序、采购等信息进行产品的各种成本的计算，以便进行成本分析和规划。还能用标准成本或平均成本法按地点维护成本。

● 多币制模块。多币制将企业整个财务系统的各项功能以及各种币制表示和核算，且客户订单、库存管理及采购管理等也能使用多币制进行交易管理。多币制和应收款、应付款、总账、客户订单、采购等各模块都有接口，可自动生成所需数据。

②财务管理

财务管理的功能主要是基于会计核算的数据，并加以分析，从而进行相应的预测、管理和控制活动。它侧重于财务计划、控制、分析和预测。

● 财务计划：根据前期财务分析做出下期的财务计划、预算等。

● 财务分析：提供查询功能，并通过用户定义的差异数据的图形显示进行财务绩效评估、账户分析等。

● 财务决策：财务管理的核心部分，中心内容是作出有关资金的决策，包括资金筹集、投放及资金管理。

（2）生产控制管理模块

①主生产计划。根据生产计划、预测和客户订单的输入来安排将来各周期中提供的产品种类和数量，将生产计划转为产品计划，即在平衡了物料和能力的需要后，精确到时间、数量的详细进度计划。

②物料需求计划。在主生产计划决定生产多少最终产品后，再根据物料清单，把整个企业要生产的产品数量转变为所需生产的零部件的数量，并对照现有的库存量，得出还需要加工多少、采购多少的最终数量。

③车间控制。这是随时间变化的动态作业计划，是将企业分配到具体各个车间，再进行作业排序、作业管理、作业监控。

④制造标准。在编制计划中需要许多有关生产的基本信息，这些基本信息就是制造标准，包括零件、产品结构、工序和工作中心，都用唯一的代码在计算机中识别。

（3）物流管理模块

①分销管理。对其销售产品、销售地区、销售客户进行各种信息的管理和统计，并对销售数量、金额、利润、绩效、客户服务做出全面的分析。

②库存控制。用来控制存储物料的数量，以保证稳定的物流支持正常的生产，但要最小限度地占用资本。系统功能涉及：为所有的物料建立库存，决定何时订货采购，同时作为交予采购部门采购、生产部门做生产计划的依据。收到订购物料，经过质量检验入库，生产的产品也同样要经过校验入库，进行收发料的日常业务处理工作。

③采购管理。确定合理的订货量、优秀的供应商和保持最佳的安全设备。能够随时提供订购、验收的信息，跟踪和催促对外购或委外加工的物料，保证货物及时到达。建立供应商的档案，用最新的成本信心来调整库存的成本。

（4）人力资源管理模块

人力资源管理模块主要包括：人力资源规划的辅助决策/招聘管理/工资核算/工时管理/差旅核算。

另外，一般 ERP 软件提供一些扩展功能模块：供应链模块（SCRM）、顾客关系管理（CRM）、销售自动化（SFA）以及电子商务（E-Commerce）。

3.2.3　系统功能框架

供应链（SCM）系统功能主要包括以下内容：

（1）供应链主控制室

用于供应链的建模、导航和控制的图形界面。

（2）订单管理

由传统的和虚拟的信息源获取需求信息，对客户要求迅速做出响应。主要功能有：客户自助服务、订单配置、需求获取、订单履行、开票/收款、销售智能等。

（3）高级计划排程

利用互联网优化全球供应链。主要功能有：综合预测、供应链计划、需求计划、制造计划和排程、供应链智能、供应商进度表编制等。

(4)网上采购

以最低的总体价格获得所有物料。主要功能有：自助服务采购、内容管理、来源分配、供应商协作、采购管理、售货、付款等。

(5)敏捷制造

使用最佳的制造方案，提高运营效率和业务周转率。主要功能有：多模式制造、混流制造、车间管理、质量/成本管理、国际化、运作智能等。

(6)交易

通过开放的企业对企业(B2B)在线市场购买及销售产品和服务。交易的主要功能有：订单目录、现货购买、来源分配、拍卖、付款、后勤管理、并行设计、协作计划与排程、关键绩效指标等。

3.2.4 CRM 系统功能与流程设计

CRM 系统功能分为主要的三类：关系管理、流程管理和接入管理。

(1)关系管理

实现便于真正理解客户行为、期望、需要、历史和与企业全面关系的 CRM 功能。关系管理以使用数据挖掘、数据仓库和复杂的分析功能为基本特点，它贯穿于 CRM 解决方案关系管理的全过程，并具有全面的客户观念及客户忠诚度衡量标准和条件。关系管理的解决方案通常由市场部门和企业执行官级管理人员使用。

(2)流程管理

实现销售、服务、支持和市场相关业务流程的自动化。流程管理解决方案主要围绕着具有高度可配置性的流程定义来提供集成的应用软件，它通常由第一线销售、服务和市场人员以及相关的管理部门使用。

①销售自动化。销售流程的自动化包括选择、购买和订购功能以及与销售队伍管理、行政和运作相关的一些功能。主要包括机会管理、引导管理和地域管理。

②服务送达。服务送达代表着客户服务功能，如客户状态、资金转账或开户等功能的自动化。这些功能与相互关联的个体客户信息相关，并且与管理或记录处理系统进行交互。

③产品支持。产品支持代表着客户支持功能如产品信息或问题解决过程的自动化。这些功能与产品划分有关，与基于知识技术的驱动能力有关。

④市场自动化。市场自动化包括那些判断和选择目标客户或开拓领域所必需的功能，主要包括深度分析功能和活动管理功能。

(3)接入管理

接入管理代表着一种自动化机制，主要是用来管理客户和企业进行互交的方式，接入管理的目的在于支持各种客户交互方式，不论是采用全功能服务、辅助自助服务还是完全的自助服务交互方式。接入管理解决方案一般由企业中的渠道管理部门使用。

任务扩展

假如你就是小伟，在完成电子商务系统模式的确认工作之后，请你将本任务的最终成果形成一份书面解决方案文稿。文稿内容应包括以下几个方面：

(1)本系统涉及的全部电子商务业务项目及其包含的各项活动过程。

(2)电子商务系统基本应用模式对照表及分析结果。

(3)电子商务系统集成应用模式对照表及分析结果。

(4)电子商务系统复合模式分析结果，以及电子商务系统模式类型确认。

(5)电子商务系统主体功能列表(也可制作功能框架图)。

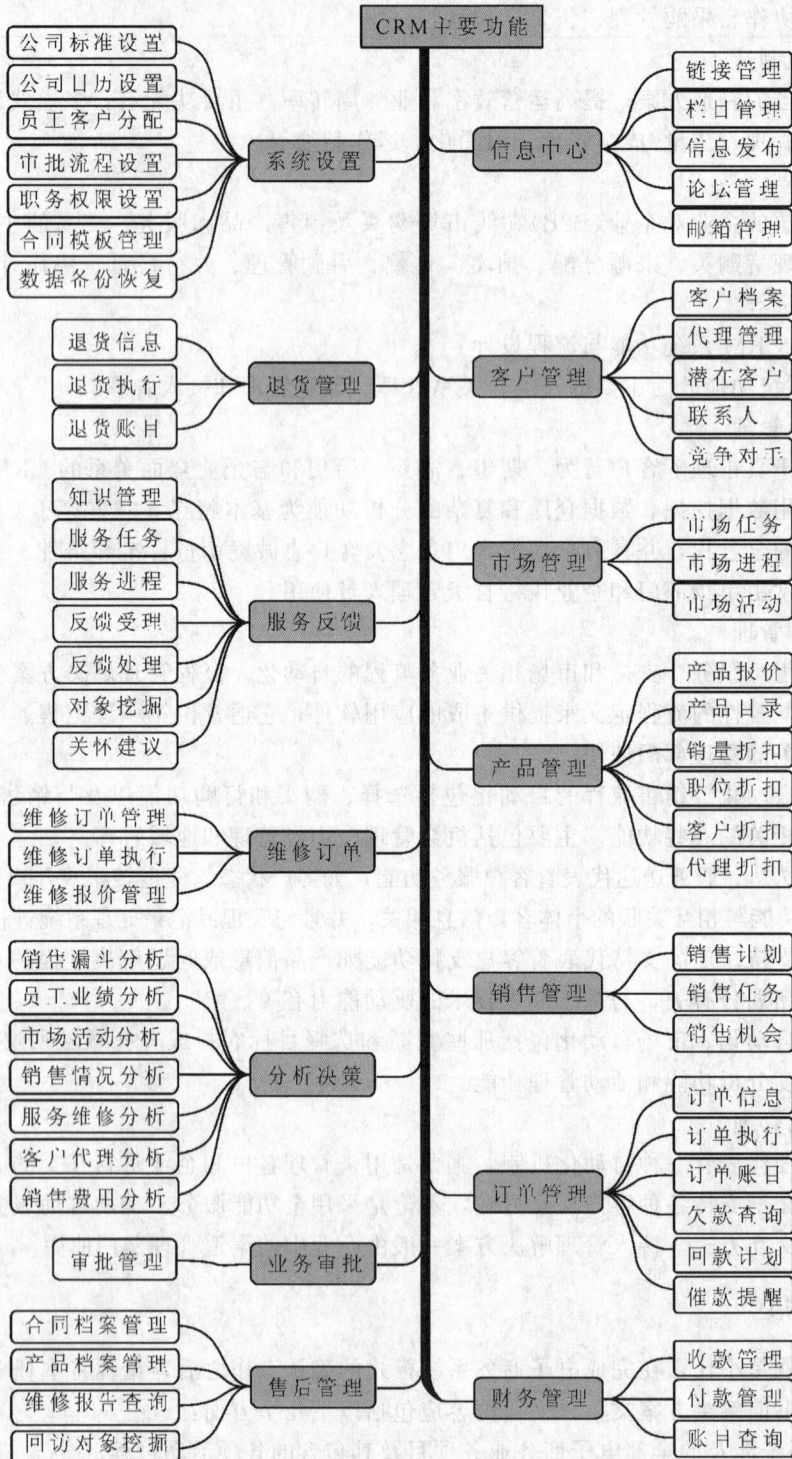

图 3-15　CRM 客户关系管理系统功能框架图

●●●●● 项目评价

表一 任务完成情况表

任务一		是否完成	是（ ） 否（ ）
你认为通过本任务掌握的最有价值的内容是：			
你认为本任务中需要进一步了解或掌握的内容是：			
你在任务完成过程中遇到的问题是：			
你是如何解决问题的：			

表一（续一）

任务二		是否完成	是（ ） 否（ ）
你认为通过本任务掌握的最有价值的内容是：			
你认为本任务中需要进一步了解或掌握的内容是：			
你在任务完成过程中遇到的问题是：			
你是如何解决问题的：			

表二　能力自评表

核心能力	评价指标	评价等级 （A 通过；B 基本通过；C 未通过）	备注
自我学习能力	1. 学会阅读理解专业文档材料	A（　）　B（　）　C（　）	
	2. 灵活运用所学知识	A（　）　B（　）　C（　）	
	3. 能发现自己的问题和不足	A（　）　B（　）　C（　）	
专业认知能力	1. 能准确表述电子商务业务模式的类型与基本特征	A（　）　B（　）　C（　）	
	2. 能准确表述电子商务系统应用级模式各层次的交互特征与典型应用	A（　）　B（　）　C（　）	
专业分析能力	1. 能充分利用各种方法途径收集所需材料和原始数据	A（　）　B（　）　C（　）	
	2. 能运用合理方法分析处理材料数据	A（　）　B（　）　C（　）	
	3. 能根据分析结果，准确判断电子商务业务模式及系统模式	A（　）　B（　）　C（　）	
专业规划设计能力	1. 能够根据分析结果找出对应典型系统的模板（或案例）	A（　）　B（　）　C（　）	
	2. 能够根据分析结果规划电子商务系统主业务流程	A（　）　B（　）　C（　）	
	3. 能够根据分析结果构建电子商务系统应用功能框架	A（　）　B（　）　C（　）	

●●●●● 项目巩固

术语学习

System Model	系统模型
E-Commerce System Patterns	电子商务系统模式
Use Patterns	应用模式
Basic Use Patterns	基本应用模式
Integration Use Patterns	集成应用模式
Composite Use Patterns	复合应用模式
Custom Use Patterns	定制应用模式
Application Patterns	程序模式
Runtime Patterns	运行时模式
Product Mappings	产品映射
DMZ（Demilitarized Zone）	中间层
Self－Service Patterns	自助式模式
Collaboration Patterns	协作模式

Information Aggregation Patterns	信息聚集模式
Extended Enterprise Patterns	扩展企业模式
SMTP(Simple Message Transfer Protocol)	简单邮件传输协议
POP(Post Office Protocol)	邮局协议
TCP/IP(Transmission Control Protocol/Internet Protocol)	传输控制协议/网际协议
MIS(Management Information System)	管理信息系统
DSS(Decision Support System)	决策支持系统
DW(Data Warehouse)	数据仓库
Seamless Integration	无缝集成
E-Marketplace	电子市场
Portal Website	门户网站
Account Access	账户访问
CTI(Computer Telephony Integration)	计算机电话集成(呼叫中心)
Thick Client	胖客户机
Thin Client	瘦客户机

同步强化

假如你现在是一家网络科技公司的规划设计人员,你的公司请你为一家地方旅行社提供一个应用模式解决方案。该旅行社的基本业务需求如下:

1. 希望通过解决方案实现本旅行社与一些定点合作伙伴(包括公路客运公司、旅游景点、旅社酒店、餐饮机构)的网络联系,并面向游客提供各个伙伴经营业务的代理服务。其中这些合作伙伴有的已建立自己的电子商务系统,实现企业内部信息化;有的尚未建立。

2. 希望通过解决方案为客户提供个性化的旅游路线自助式服务,让客户从众多旅游项目中自由组合,安排活动顺序。

3. 希望通过解决方案实现对本社签约导游的业务活动管理,将客户评价纳入导游业绩考核范围。

4. 希望通过解决方案对员工、游客与部分合作伙伴实现分类管理,与此同时,还希望能够为各类访问对象提供尽可能一致的访问通道和交互界面。

要求:

(1)详细记录分析过程,对原始数据与分析图表进行整理,并保存。

(2)形成书面解决方案,要求规范完整。

项目四

电子商务网络解决方案

●●●● **项目目标**

知识目标

1. 电子商务网络的基本结构类型、网络设备配置构成，以及接入方式。
2. 电子商务网络维护方案的基本内容。

能力目标

1. 能选择合适的网络硬件与设备配置。
2. 能设计合理的企业小型局域网络。
3. 能编制规范可行的网络维护方案。

●●●● 项目描述

小伟经过不懈地努力，终于升职成为小项目部的一名项目负责人。现在，他所在的部门主要承担一些初级电子商务解决方案的提供工作。所承接的项目虽然不大，但是涉及面却很广，对他的能力要求一点也不低。经理希望他能在小项目部不断历练，为将来在大项目运作方面打下坚实的基础。

最近，小伟就接到了一个小项目。一个规模很小的贸易公司经理找到小伟，希望他的项目组能够帮助自己的公司布置一个小型局域网。一方面，他希望本公司所有员工都能通过这个网络进行信息共享和部分办公事务协作，提高日常办公效率，也方便他对公司内部事务的管理；另一方面，他还希望内部员工都通过统一的方式接入互联网，方便实现公司对外信息交互的统一管理。

经过调查，小伟的项目组发现，该公司仅仅在某写字楼的 22 层租用了 3 间相连的写字间进行办公，其中一间是经理办公室，另外两个大间是业务大厅。目前，公司在网络办公设备方面，仅仅配备了 15 台个人计算机，可以实现网络工作的打印机和复印机各一台。其中，办公电脑购买的是 Lenovo 扬天 M5300N 商用台式机。而该公司所在的写字楼已建成网络控制中心，为所用入驻商户提供了统一的光纤接入，接入速率 10/100M，并为各个写字间分配了指定的 IP 号段。

现在需要小伟做的就是，组织自己的同事给用户提供办公室局域网的解决方案。

●●●● 项目分解

通过分析，该项目可以分解为以下几个任务完成：

任务一　设计电子商务网络结构

任务二　选配电子商务网络设备

任务三　布置电子商务应用网络

任务四　编写电子商务网络维护方案

任务一　设计电子商务网络结构

任务分析

1. 电子商务网络包括哪些类型？

许多用户会将电子商务网络直接与 Internet 画上等号，实则不然。电子商务网络类型根据电子商务活动范围以及应用对象的不同有着很大的区别。其基本类型大致可以分为两种：单一网络和复合网络。单一网络是指完全以单一的 Internet 或 Intranet 为环境基础的电子商务网络，复合网络则是指以 Internet＋Intranet、Intranet＋Extranet 或三种环境均包括在内，共同构建的电子商务网络。单一网络往往只针对特定的应用对象，活动范围小，构建简单，适用于初级电子商务活动；而复合网络针对的应用对象种类更多，涉及活动范围更广，构建也更为复杂，适用于中高级电子商务活动。作为一名解决方案提供者，在面对电子商务网络问题的时候，首先应该通过调查分析，弄清楚用户究竟需要哪种类型的电子商务网络。在正确的环境下，解决方案成功处理问题的概率才会更高；否则，解决方案只能在错误的方向上越走越远。这是所有网络解决方案提供者应做的一项基础工作。

2. 如何设计电子商务网络结构？

电子商务网络结构就是电子商务网络中各个结点的互联模式，即拓扑结构。它是包含在电子商务网络体系中的重要内容，为接下来参照 OSI 标准，配置软硬件、设置网络协议以及存管控制协议提供了基础模型。电子商务网络结构的构建是以局域网结构的构建为基础的。因此，对于小型电子商务网络解决方案的基础工作就是设计好局域网结构。常用的局域网结构包括总线型、星型、树型、网型、环型等多个类型。而拓扑结构设计因网络规模大小也不完全相同。大致包括以下几个阶段：(1)提出电子商务网络设计思路；(2)提出电子商务网络构建步骤；(3)绘制电子商务网路拓扑图。

任务实施

阶段一　提出电子商务网络设计思路

步骤 1　明确电子商务网络设计的基本要求

要设计一个思路清晰的电子商务网络结构，首先要清楚用户对电子商务网络的要求。具体内容可以从以下方面了解和明确：

(1)确定所有网络设备的连接、负载及冗余配置要求。

(2)确定电子商务网络的性能瓶颈。

(3)确定电子商务网络的扩展要求。

步骤 2　确定电子商务网络设备数量

接下来就是要明确电子商务网络需要哪些设备的支持，以及各类设备都需要多少数量。具体工作可以从以下方面进行：

(1)确定电子商务网络设备构成以及设备总数。

(2)确定核心网络设备类型及数量。

(3)确定可连接终端用户工作站的设备数量。

步骤 3　确定核心设备位置和主要设备连接形式

这是整个电子商务网络结构设计过程中的关键步骤。核心设备主要包括了服务器以及主要的网络连接设备，确定了这些设备的位置，就为接下来确定主要设备连接形式以及布线工作奠定了基础。而主要设备连接形式基本确定后，电子商务网络结构的基本形状就大致成型了。具体工作可以从以下方面进行：

(1)确定电子商务网络的基本层次。

(2)确定服务器以及网络连接设备的位置。

(3)根据上述结果，分析确定各个设备的网络连接形式。

步骤 4　确定连接端口类型和传输介质

在基本结构框架搭建完成后，接下来要明确的就是一些细节问题。其中最主要的就是确定连接端口类型和传输介质。具体工作可以从以下几个方面进行：

(1)确定核心设备的端口类型以及端口数。

(2)确定各设备之间的传输介质类型及数量。

(3)估算网络扩展所需端口数量。

阶段二　提出电子商务网络构建步骤

步骤1　编排电子商务主要设备的连接

设计思路明确之后，需要提出网络构建步骤。网络构建步骤主要是对各项网络设备连接进行有序编排，分门别类地把不同设备连接在对应设备类型的端口上，确保整个网络不会出现性能瓶颈。首先应该是主要设备连接的编排，具体工作可以从以下几个方面进行：

(1)安排核心设备(通常是交换机)在设计平台上的位置。

(2)安排核心设备与其他主要设备(如服务器)之间的连接。

(3)标注各个设备之间连接的端口类型。

(4)安排核心设备的扩展预留端口。

步骤2　编排相关设备的连接

相关设备连接主要是指工作站以及具备网络工作功能的复印机、打印机的连接。具体工作可以从以下几个方面进行：

(1)安排各层级的扩展级联设备之间(主要是各层级的交换机之间)的连接。

(2)安排各层级扩展级联设备与其他相关设备(如各层级工作站、管理平台、辅助设备)之间的连接。

(3)标注各个设备之间连接的端口类型。

(4)安排各扩展级联设备的预留端口。

步骤3　编排其他网络的连接

如果电子商务网络需要同其他网络连接，则还要对此方面进行设计编排。具体工作可以从以下几个方面进行：

(1)安排外部网络连接设备。

(2)设置外部网络连接设备端口，并标注端口类型。

阶段三　绘制电子商务网路拓扑图

步骤1　获取网络拓扑结构图元

绘制电子商务网络拓扑图，首先要掌握绘图的基本图形元素，如计算机、服务器、打印机、交换机、路由器和防火墙等。拓扑图元不是随意描绘的，要符合一定的标准。因此，获取网络拓扑图元就成了绘制拓扑图必要的准备工作。获取网络拓扑图元可以通过以下两种途径进行：

(1)通过平时工作积累获取图元。

(2)通过截取专业绘图工具图元库获取。

步骤2　选择网络拓扑图绘制工具

网络拓扑图元获取之后并不意味着可以直接绘制，一部标准规范的电子商务网络拓扑图往往是通过特定的工具软件绘制出来的。选择网络拓扑图绘制工具往往依据以下几个方面进行：

(1)绘图工具对运行环境要求较低，便于安装。

(2)绘图工具具备中文版本，便于识别理解。

(3)绘图工具自带图元库图元丰富，便于获取。

(4)绘图工具提供操作步骤简单，便于操作。

步骤 3　按照指定步骤绘制电子商务网络拓扑图

由于拓扑图对下一个阶段解决方案的提出和最终实施影响重大，所以，绘制电子商务网络拓扑图是一项需要细心才能完成的工作。具体工作应从以下几个方面进行：

(1)仔细阅读绘图工具软件的用户手册或操作指南。

(2)按照指定步骤绘制网络拓扑图。

(3)核对设计思路与构建步骤的要求，检查绘图初稿。

(4)修改完成电子商务网络拓扑图终稿。

知识要点

1. 电子商务网络类型

(1)按照网络覆盖范围

① 局域网(Local Area Network，LAN)

局域网是指在一个较小地理范围内的各种计算机网络设备互连在一起的通信网络，可以包含一个或多个子网。局域网常用于连接企业、办公室和家庭的个人计算机，以便共享资源和交换信息。其主要特征有：覆盖有限的地理范围(10 m～1 000 m)；提供高数据传输速率(10 Mbps～10 Gbps)、低误码率的高质量数据传输环境；一般属于一个单位所有，易于建立、维护与扩展。

按照网络规划的方式不同，局域网又可分为对等网(Peer To Peer)和客户机/服务器网(主从网)。对等网不使用专用服务器，各站点既是网络服务提供者——服务器，又是网络服务申请者——工作站。对等网建网容易，成本较低，易于维护，适用于微机数量较少、布置较集中的单位。在对等网中，每台微机不但有单机的所有自主权限，而且可共享网络中各计算机的处理能力和存储容量，并能进行信息交换。在硬盘容量较小、计算机的处理速度较慢的情况下，对等网具有独特的优势。不过，对等网的缺点在于网络中的文件存放非常分散，不利于数据的保密，同时网络的数据带宽受到很大的限制，不易于升级。

客户机/服务器网中至少有一台专用服务器来管理、控制网络的运行。所有工作站均可共享文件服务器中的软、硬件资源。客户机/服务器网运行稳定、信息管理安全、网络用户扩展方便、易于升级，与对等网相比有着突出的优点。客户机/服务器网的缺点是需专用文件服务器和相应的外部连接设备(如 HUB)，建网成本高，管理上也较复杂。客户机/服务器网适用于微机数量较多、位置相对分散、信息传输量较大的单位。

② 城域网(Metropolitan Area Network，MAN)

城域网的范围可以覆盖一个城市，基本上是大型的局域网或广域网，通常大量使用局域网技术，有时也可以将它归为局域网一类。ATM 技术也可以用于构造城域网，另外基于宽带 IP 的城域网目前很热。今天，城域网的应用范围已大大拓宽，能用来传输不同类型数据，包括实时数据、语音和视频等。城域网能有效地工作于各种环境，其主要特征有：地理覆盖范围可达 10 km；数据传输速率为 45 Mbps～150 Mbps；工作站数大于 500 个；传输介质主要是光纤；既可以用于专用网，又可用于公用网。

③ 广域网(Wide Area Network，WAN)

广域网是地理覆盖范围很大的网络，通常由多个子网络组成，子网络之间由通信线路连接起来。广域网由相距较远的局域网或城域网互联而成，通常除了计算机设备以外还要涉及一些通信网络，主要有 PSTN 电话网、ISDN 网络、DDN、X. 25 网和帧中继等。此外 ATM 技术也用于广域网。其主要特征有：分布范围广，一般在 100 km 以上；数据传输速率较低(小于 0.1 Mbps)；误码率较高，一般在 0.000 01～0.001；属于公用网。

(2)按照网络使用范围

① 公用网(Public Networks)

由通信服务提供商拥有并经营，为全社会提供通信服务，是社会各组织共同使用的网络。其特征如下：按照计时付费的基本运作；在占用时间和网络使用上与其他公司和个人争抢时间；通信速度较专用网慢；安全保密性差。

② 专用网(Private Networks)

指组织拥有或租用通信介质，拥有独占使用网络设备权利的网络。专用网有以下特征：线路的使用时间得到保证；比公用网有较高的通信速率；比公用网的安全保密性好。

③ 增值网 VAN(Value－Added Networks)

一种半公用网。除了提供信息传输外，还可提供一些附加服务。与公用网相似的是，VAN 也是由通信服务提供商拥有并经营，供许多企业用户使用。与专用网相似的是，VAN 提供信息传输(通信业务)以外的服务。所付费用一般根据传输的信息量来计算。

④ 虚拟专用网 VPN(Virtual Private Networks)

虚拟专用网是一种公用网，VPN 提供者为组织的信息传输提供数据加密服务，以保证隐私权。其特点如下：每月要花费租金，再加上计时收费部分；其应用受到保护，但不是以专线的形式，而是以数据加密的形式；以高于公用网络的速度传输信息；拥有比公用网更高的安全性。

2. 电子商务网络的基本结构类型

(1)星型拓扑结构

组成：由中央节点与各站点通过传输介质连接而成。以中央节点为中心，实行集中式控制。该节点可能是转接设备，也可是主机。

特点：结构简单，建网、扩充、管理、控制和诊断维护容易；但可靠性差，分布式处理能力差，电缆长度大。

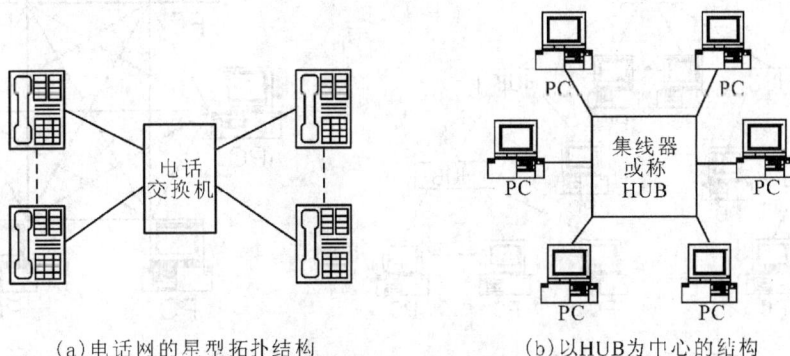

(a)电话网的星型拓扑结构　　　　(b)以HUB为中心的结构

图 4-1　星型拓扑结构

(2)总线型拓扑结构

组成：各站点通过相应的连接器连接到公共传输介质(总线)上，各站信息均在总线上传输，属广播式信道。

特点：结构简单，扩充容易，可靠性较高；但控制复杂且时延不确定，受总线长度限制而使系统范围小，诊断维护较困难。

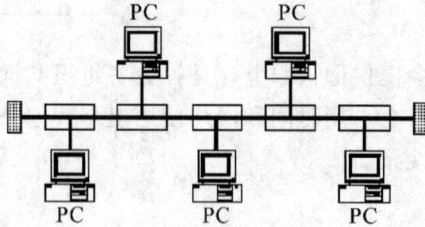

图 4-2   总线型拓扑结构

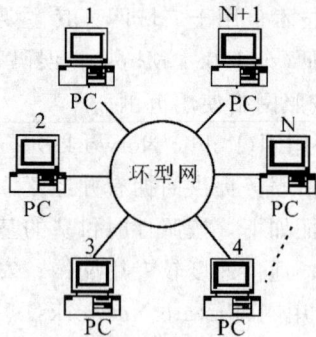

图 4-3   环型拓扑结构

（3）环型拓扑结构

组成：各站点由传输介质连接构成闭合环路，数据在一个环路中单向传输。要双向传输时，必须有双环支持。

特点：节省线路，路径选择简单；但故障诊断困难，不容易扩充，节点多时响应时间长。

（4）树型拓扑结构

组成：多级星型，分级连接。

特点：线路总长度短，成本较低，节点易扩充，故障隔离容易；但结构较复杂，传输延时较大。

（5）网型拓扑结构

组成：节点间连线较多，各节点间都有直线连接时为全连通网，大多数连接不规则。

特点：可靠性较高，节点共享资源容易，便于信息流量分配及负荷均衡，可选择较佳路径，传输延时小；但控制和管理复杂，协议和软件复杂，布线工程量大，建设成本高。

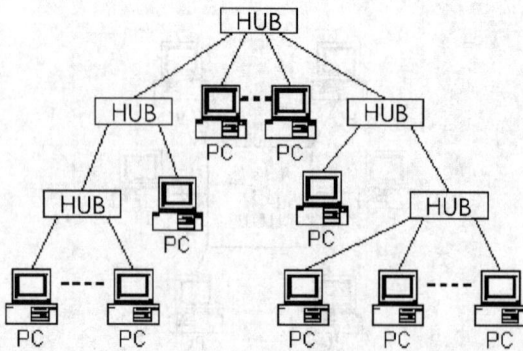

图 4-4   树型拓扑结构

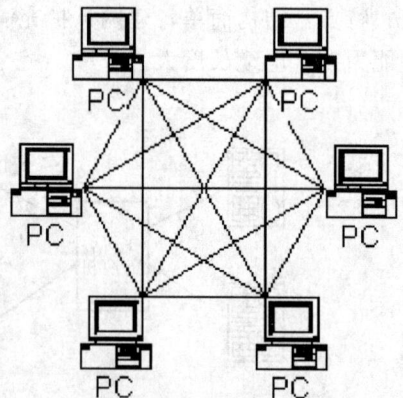

图 4-5   网型拓扑结构

3. 电子商务网络结构设计过程中应注意的问题

在设计电子商务网络结构的过程中，应结合实际注意以下几个方面的问题：

（1）注意电子商务网络支持的通信协议。

(2)注意电子商务网络的规模和层次。

(3)在综合布线、网络拓扑结构、网络设备选型等方面，注意电子商务网络应具备可扩展性和可升级性。

(4)注意电子商务网络结构的均衡性。

(5)注意电子商务网络结构实现的成本。

4. 电子商务网络结构设计的基本步骤

一般来讲，电子商务网络结构设计可以按照如下步骤进行：

(1)全面详细地了解用户对电子商务网络的需求，进行用户现状分析和网络建设成本/效益评估。

(2)确定网络规模和用户地理位置分布。

(3)确定网络的总体架构，统一建网模式(如是集中式还是分布式，是对等式还是主从式)。

(4)确定网络协议体系结构。

(5)设计节点规模和接入方式。

(6)选定通信介质。

(7)选择配置网络设备。

(8)结构化布线设计。

(9)网络连通测试设计。

●●●●● 阅读链接

办公室网络结构设计示例

一、基本环境

小型独立办公室环境，一台服务器，一台交换机，一台宽带路由器，一台网络打印机，20个工作站用户。

二、网络要求

所有网络设备都与同一台交换机连接；整个网络没有性能瓶颈；要有一定的可扩展余地；要求星型拓扑结构。

三、设计思路

(一)确定网络设备总数

设备总数＝20个以内工作站用户＋一台服务器＋一台宽带路由器＋一台网络打印机＝23。据此结果，24口是最低要求，而本示例中的交换机有24个10/100 Mbps端口，两个10/100/1 000 Mbps端口，一共26个端口，可以满足该网络的连接需求，但最好选择端口数更多的交换机。

(注释：一个网络设备至少需要连接一个端口，所以设备数一旦确定，所需交换机的端口总数也就确定下来了。这里所指的网络设备包括工作站、服务器、网络打印机、路由器和防火墙等所有需要与交换机连接的设备。)

(二)确定交换机端口类型和端口数

交换机端口类型：10/100 Mbps 和 10/100/1 000 Mbps，双绞线 RJ—45 端口。服务器所承受的工作负荷最重，直接与交换机的其中一个千兆位端口连接；其他设备的带宽需求不是很明显(宽带路由器目前的出口带宽受连接线路限制，一般在 10 Mbps 以内，所以局域网端口没必要连接高带宽端口，企业级路由器在此不做讨论)，只需连接在普通的10/100 Mbps快速自适应端口即可。

(注释：一般中档二层交换机都会提供两种或以上类型的端口。之所以要提供这么多不同类型的端口，就是为了满足不同类型设备网络连接的带宽需求。一般来说，在网络中的服务器、边界路由器、下级交换机、网络打印机、特殊用户工作站等所需的网络带宽较高，所以通常连接在交换机的高带宽端口。)

(三)保留一定的网络扩展所需端口

将与服务器连接之外的交换机另一个千兆位端口作为扩展端口。

(注释：交换机的网络扩展主要体现在两个方面：一是用于与下级交换机连接的端口；另一个是用于连接后续添加的工作站用户。与下级交换机连接方面，一般是通过高带宽端口进行的，毕竟下级交换机所连用户都是通过这个端口进行的。如果交换机提供 Uplink (级联)端口，则直接用这个端口即可；如果没有，则只能通过普通端口进行。此时为了确保下级交换机所连用户的连接性能，最好选择一个较高带宽的端口。)

(四)确定可连接工作站总数

网络中可连接的工作站用户总数就为 26(24 个 10/100 Mbps 端口＋2 个 10/100/1 000 Mbps 端口)－3＝23 个。保留一个端口用于网络扩展，实际上可连接的最多工作站用户数为 22 个。

(注释：交换机端口总数不等于可连接的工作站用户数，因为交换机中的一些端口还要用来连接那些不是工作站的网络设备，如服务器、下级交换机、网络打印机、路由器、网关、网桥等。另外，在小型网

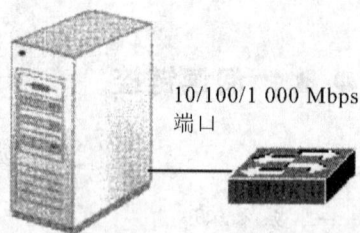

10/100/1 000 Mbps 端口

图 4-6　服务器与千兆位交换机端口连接

络中保留一个扩展端口基本上可以满足，因为在一般的交换机上还有一个用于级联下级交换机的级联端口 Uplink。)

四、设计步骤

(一)首先确定关键设备连接，把需要连接在高带宽端口的设备连接在交换机的可用高带宽端口上。利用专门的 Visio 2003 软件把交换机图示放在设计的平台中心位置，然后把服务器与交换机连接的一个 10/100/1 000 Mbps 端口连接起来，并标注其端口类型。

(注释：Visio 系列软件是微软公司开发的高级绘图软件，属于 Office 系列，可以绘制流程图、网络拓扑图、组织结构图、机械工程图、流程图等。它可以帮助网络工程师创建商业和技术图形，对复杂概念、过程以及系统进行组织和文档备案；还可以通过直接与数据资源同步自动化数据图形，提供最新的图形；还可以自己定制来满足特定需求。此外，还有同类一款工具软件叫作 LAN MapShot。)

(二)把所有工作站用户计算机设备和网络打印机分别与交换机的 10/100 Mbps 端口连接。

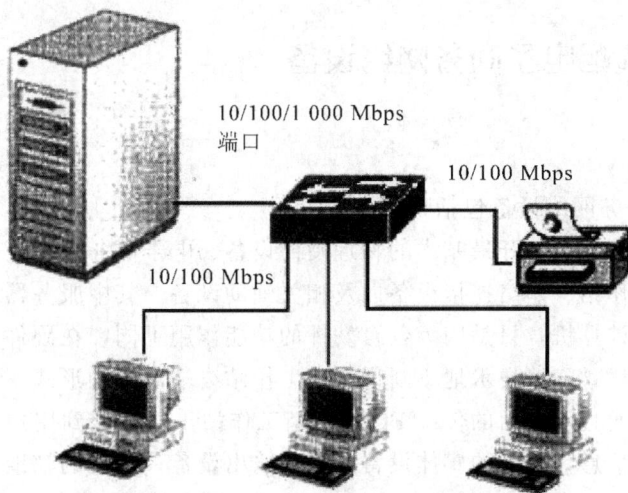

图 4-7　其他设备与交换机普通端口连接

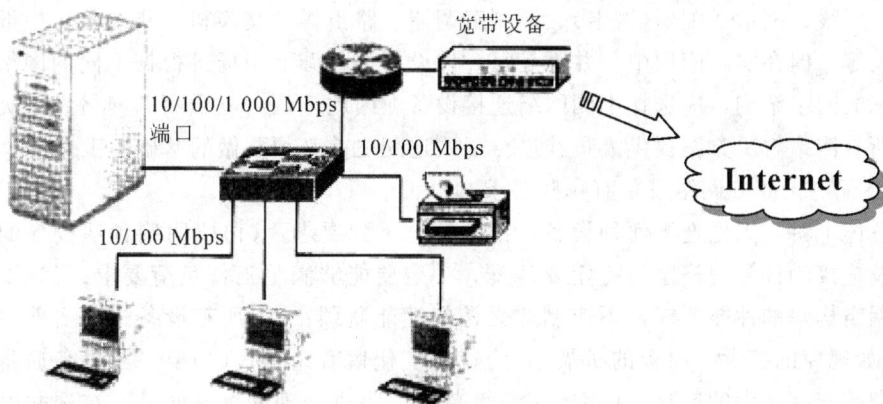

图 4-8　与外部网络(Internet)连接

(三)通过路由器的 WAN 端口与外部网络连接是进行的。

(注释：宽带路由器提供的 WAN 端口基本上也都是普通的 RJ－45，10/100 Mbps 以太网端口，直接与互联网宽带设备即可，如果属于光纤以太网连接，则无须宽带设备。)

任务扩展

假如你就是小伟，在完成上述任务之后，请你将任务成果总结成一份书面设计报告，报告内容应包括基本情况分析、网络要求、设计思路与步骤以及网络拓扑图。并将自己绘制的网络拓扑图跟其他人的进行比较，就以下问题进行探讨：

(1)你设计的网络结构与其他人设计的网络结构存在哪些差异？

(2)导致这些差异的原因有哪些？

(3)如果将这个企业规模扩至上百人，并且分布在不同的地点办公，你将如何设计其网络结构？谈谈你自己的分析结果和设计思路。

任务二　选配电子商务网络设备

任务分析

1. 常用电子商务网络设备包括哪些？

构建电子商务网络离不开最基本的物理硬件设备。电子商务网络设备大致由四个部分组成：服务器、工作站、网络连接设备以及相关辅助设备。其中服务器与工作站目前的主流硬件设备载体是计算机，只是因为各自发挥的功能作用不同，在硬件构成和配置要求上有所区别罢了。当然，随着技术地不断进步，工作站终端设备的形式正在日趋多元化，尤其是能够取代笨重而且不灵活的传统 PC 的新型工作站正日益受到用户青睐。辅助设备大多是一些能够支持信息化办公的媒体设备或输入输出设备，常见的辅助设备有复印机、影印机、数字传真机、打印机、投影仪等，但是无论是哪种辅助设备，它们都有一个共同特征就是必须具备网络功能。四大组成要件中最核心的就是网络连接设备，网络连接设备主要包括：网线、网络适配器(网卡)、调制解调器、路由器、交换机、集线器、中继器、网桥、网关等，但在实际应用中，并不是每一件设备都会派上用场。根据不同的网络要求和设计出来的网络结构，应选择不同网络连接设备。因此，认清电子商务网络设备类型和作用，是所有网络解决方案提供人员在进行正式选配之前必须要做的基础性工作。

2. 选配电子商务网络设备有哪些要求？

但总体上讲，无论选配何种设备，都应符合下列要求：(1)要明确各项设备的规格型号，涉及连接的部分规格型号一定要匹配，一定要能够满足工作负荷要求；(2)要满足电子商务网络构建的性能要求，不应制造无谓的性能瓶颈；(3)所有设备选配要着眼于未来的变化(如规模的扩大，层级的扩展)，为应对变化留有余地；(4)要考虑设备质量、使用生命周期等产品因素的影响；(5)要在预算范围内完成合理配置。此外，在选配电子商务网络设备的过程中，由于各项设备发挥的功能不同，还应结合实际情况，对具体设备提出具体选配要求。

任务实施

阶段一　提出电子商务网络设备配置方案

提供商向用户提出电子商务网络配置方案的目的，主要是为了让用户了解网络解决方案的基本设计思路，提前熟悉设备配置状况，方便用户筹措选购资金，预留设备空间，准备配套设施，进行内外部沟通等工作的开展。网络设备配置方案具体应从以下方面提出：

(1)电子商务网络要求与设计思路概述；

(2)电子商务网络设备基本配置规格说明；

(3)电子商务网络设备配置数量说明；

(4)电子商务网络设备配置总体预算。

阶段二　制作电子商务网络设备选购表

很多企业用户往往对 IT 行业和专业网络设备市场行情并不了解。因此，提供商不仅要为企业用户提供设备配置方案，多数情况下，还要协助企业用户拿出具体的设备产品选购方案。选购方案通常是以选购表的形式出现的，如表 4-1 所示。

表 4-1 电子商务网络设备选购表

序号	设备名称	品牌（系列）	规格/型号	数量	参考价格（元）	情况说明
1	路由器	Cisco（思科）2900 系列	2921	1	17 000.00	多业务路由；传输速率 10/100/1 000 M；内置防火墙；24 端口
...	......	......	......	......	......	......

知识要点

1. 电子商务网络硬件设备构成及选配要求

1.1 服务器

服务器（Server）是一台高性能计算机，用于网络管理、运行应用程序、处理各网络工作站成员的信息请示等，并连接一些外部设备，如打印机、复印机等。一般的小型 LAN，配备一台硬件性能高于工作站用户计算机的通用服务器即可满足需求。有特殊要求的用户则应购置专用服务器，专用服务器对数据的存储、速度、可靠性都有考虑，诸如硬盘镜像、双工等容错技术一般都会得到应用。

1.1.1 服务器的基本类型

（1）按应用层次划分

①入门级服务器

入门级服务器通常只使用一块 CPU，并根据需要配置相应的内存和大容量 IDE 硬盘，必要时也会采用 IDE RAID（一种磁盘阵列技术，主要目的是保证数据的可靠性和可恢复性）进行数据保护。入门级服务器主要是针对基于 Windows NT，NetWare 等网络操作系统的用户，可以满足办公室型的中小型网络用户的文件共享、打印服务、数据处理、Internet 接入及简单数据库应用的需求，也可以在小范围内完成诸如 E-mail、Proxy 、DNS 等服务。

②工作组级服务器

工作组级服务器一般支持 2 块 CPU，可支持大容量的 ECC（一种内存技术，多用于服务器内存）内存，功能全面。可管理性强且易于维护，具备了小型服务器所必备的各种特性，如采用 SCSI（一种总线接口技术）总线的 I/O（输入/输出）系统，SMP 对称多处理器结构、可选装 RAID、热插拔硬盘、热插拔电源等，具有高可用性特性。适用于为中小企业提供 Web、Mail 等服务，也能够用于学校等教育部门的数字校园网、多媒体教室的建设等。通常情况下，如果应用不复杂，例如没有大型的数据库需要管理，那么采用工作组级服务器就可以满足要求。

③部门级服务器

部门级服务器通常可以支持 2 至 4 块 CPU，具有较高的可靠性、可用性、可扩展性和可管理性。首先，集成了大量的监测及管理电路，具有全面的服务器管理能力，可监测如温度、电压、风扇、机箱等状态参数。此外，结合服务器管理软件，可以使管理人员及时了解服务器的工作状况。同时，大多数部门级服务器具有优良的系统扩展性，当用户在业务量迅速增大时能够及时在线升级系统，可保护用户的投资。目前，部门级服务器是企业网络中分散的各基层数据采集单位与最高层数据中心保持顺利连通的必要环节。适合中型企业(如金融、邮电等行业)作为数据中心、Web 站点等应用。

④企业级服务器

企业级服务器属于高档服务器，普遍可支持 4～8 个 P4 Xeon 处理器，拥有独立的双 PCI 通道和内存扩展板设计，具有高内存带宽，大容量热插拔硬盘和热插拔电源，具有超强的数据处理能力。这类产品具有高度的容错能力、优异的扩展性能和系统性能、极长的系统连续运行时间，能在很大程度上保护用户的投资。可作为大型企业级网络的数据库服务器。目前，企业级服务器主要适用于需要处理大量数据、高处理速度和对可靠性要求极高的大型企业和重要行业(如金融、证券、交通、邮电、通信等行业)，可用于提供 ERP (企业资源配置)、电子商务、OA(办公自动化)等服务。

(2)按服务器的处理器架构(服务器 CPU 所采用的指令系统)划分

①CISC 架构服务器

CISC 的英文全称为"Complex Instruction Set Computer"，即"复杂指令系统计算机"。Intel、AMD、TI(德州仪器)、Cyrix 以及 VIA(威盛)等 CPU 厂商一直在走 CISC 的发展道路。CISC 架构的服务器主要以 IA-32 架构(Intel Architecture，英特尔架构)为主，而且多数为中低档服务器所采用。基于 NT 平台基于 Linux 操作系统的企业应用，服务器的选择均是基于 IA 结构的服务器。

②RISC 架构服务器

RISC 的英文全称为"Reduced Instruction Set Computing"，中文即"精简指令集"。目前在中高档服务器中普遍采用这一指令系统的 CPU，特别是高档服务器全都采用 RISC 指令系统的 CPU。主要包括 Compaq(康柏)公司的 Alpha、HP 公司的 PA-RISC、IBM 公司的 Power PC、MIPS 公司的 MIPS 和 SUN 公司的 Spare。

③VLIW 架构服务器

VLIW 是英文"Very Long Instruction Word"的缩写，中文意思是"超长指令集架构"，VLIW 架构采用了先进的 EPIC(清晰并行指令)设计，要比 CISC 和 RISC 强大的多。其最大优点是简化了处理器的结构，删除了处理器内部许多复杂的控制电路，也能够使其芯片制造成本降低，价格低廉，能耗少，而且性能也要比超标量芯片高得多。目前基于这种指令架构的微处理器主要有 Intel 的 IA-64 和 AMD 的 X86-64 两种。

(3)按服务器按用途划分

①通用型服务器

通用型服务器是没有为某种特殊服务专门设计的、可以提供各种服务功能的服务器，当前大多数服务器是通用型服务器。这类服务器因为不是专为某一功能而设计，所以在设计时就要兼顾多方面的应用需要，服务器的结构就相对较为复杂，而且要求性能较高，当然在价格上也就更贵些。

②功能型服务器

功能型服务器是专门为某一种或某几种功能专门设计的服务器。在某些方面与通用型服务器不同。例如光盘镜像服务器主要是用来存放光盘镜像文件的，因此需要额外配备大容量、高速的硬盘以及光盘镜像软件。FTP 服务器主要用于在网上(包括 Intranet 和 Internet)进行文件传输，这就要求服务器在硬盘稳定性、存取速度、I/O 带宽方面具有明显优势。而 E-mail 服务器则主要是要求服务器配置高速宽带上网工具，硬盘容量要大等。这些功能型的服务器的性能要求比较低，因为它只需要满足某些需要的功能应用即可，所以结构比较简单，采用单 CPU 结构即可；在稳定性、扩展性等方面要求不高，价格也便宜许多，相当于两台左右的高性能计算机价格。

（4）按服务器外形划分

①塔式服务器

塔式服务器采用大小与普通立式计算机大致相当的机箱，有的采用大容量的机箱，像个硕大的柜子。低档服务器由于功能较弱，整个服务器的内部结构比较简单，所以机箱不大，都采用台式机箱结构。这里所介绍的台式不是平时普通计算机中的台式，立式机箱也属于台式机范围，目前这类服务器在整个服务器市场中占有相当大的份额。

②机架式服务器

机架式服务器的外形看来不像计算机，而像交换机，有 1U(1U＝4.45 cm)、2U、4U 等规格。机架式服务器安装在标准的 19 英寸机柜里面。这种结构的多为功能型服务器。

对于信息服务企业（如 ISP/ICP/ISV/IDC）而言，选择服务器时首先要考虑服务器的体积、功耗、发热量等物理参数，因为信息服务企业通常使用大型专用机房统一部署和管理大量的服务器资源，机房通常设有严密的保安措施、良好的冷却系统和多重备份的供电系统，机房造价相当昂贵。如何在有限的空间内部署更多的服务器，直接关系到企业的服务成本，通常选用机械尺寸符合 19 英寸工业标准的机架式服务器。机架式服务器也有多种规格，例如 1U、2U、4U、6U、8U 等。通常 1U 的机架式服务器最节省空间，但性能和可扩展性较差。4U 以上的产品性能较高，可扩展性好，一般支持 4 个以上的高性能处理器和大量的标准热插拔部件。管理也十分方便，厂商通常提供相应的管理和监控工具，适合大访问量的关键应用，但体积较大，空间利用率不高。

③刀片式服务器

刀片式服务器是一种 HAHD(High Availability High Density，高可用高密度)的低成本服务器平台，是专门为特殊应用行业和高密度计算机环境设计的，其中每一块"刀片"实际上就是一块系统母板，类似于一个个独立的服务器。在这种模式下，每一个母板运行自己的系统，服务于指定的不同用户群，相互之间没有关联。不过可以使用系统软件将这些母板集合成一个服务器集群。在集群模式下，所有的母板可以连接起来提供高速的网络环境，可以共享资源，为相同的用户群服务。当前市场上的刀片式服务器有两大类：一类主要为电信行业设计，接口标准和尺寸规格符合 PICMG（PCI Industrial Computer Manufacturer's Group)1.x 或 2.x，未来还将推出符合 PICMG 3.x 的产品，采用相同标准的不同厂商的刀片和机柜在理论上可以互相兼容；另一类为通用计算设计，接口上可能采用了上述标准或厂商标准，但尺寸规格是厂商自定，注重性能价格比，目前属于这一类的产品居多。刀片式服务器目前最适合群集计算和 IxP 提供互联网服务。

●●●● 阅读链接

惠普 HP-ProLiant 服务器平台解决方案与产品选择

商业应用类型	服务器性能描述
基础应用及 Web 服务	
电子商务（E-commerce）	功能与典型的应用服务器相同，性能视商业应用和用户数量而定，可能会需要一定的数据安全传输与存储，或作为存储数据的主机。需要一定的 CPU 和内存处理能力，通常，带有四路 Intel Xeon 双核处理器以及大容量数据存储的服务器可以基本满足要求
文件打印服务	仅用来将数据从一处传递到另一处，对 CPU 的处理能力要求较低。入门级和 300 系列服务器均能满足要求。对于大规模数据存储，建议采用高端 NAS 或者存储服务器
常规服务器－域控制器/防火墙/代理服务器	为了能够使域服务器和防火墙服务器有快速的响应能力，因此它们需要具备较高的 CPU 处理能力，代理服务器需要有较大的内存用来存储和作为高速缓存存储 Web 地址，代理服务器还需要有较大的存储容量。建议选择机柜式服务器可以节省占地空间
Internet 服务－Linux/Windows NT®/Novell	当互联网服务商针对专用的服务器比如邮件服务器、浏览服务器需要扩充时，服务器应当具有价格低廉、小巧、高性能、通常一个或两个处理器基本可以满足要求，而四路处理器的服务器则有些浪费。建议选择机柜式服务器以节省占地空间
邮件（Messaging/E-mail）	快速的 IO 是这类应用的关键，磁盘的 IO(编目、存储信息)是主要瓶颈。许多用户为了保证所存储的信息的可用性，采用 RAID 5 阵列方式，但在一定程度上会影响 IO 的性能，通常 2 路处理器基本可以满足用户的需求。这种服务器用户对于实时响应要求不高，用户所占用资源一般不超过 10%，所以最需要考虑的是数据信息的备份，以及如何在 2～6 小时能将信息恢复正常。建议选择机柜式服务器以节省占地空间
Web 动态服务器－Intranet/Internet	通过存储在服务器中的网页可以构建网络空间，例如使用微软公司的技术 ASP。与静态网页相比，这种应用需要更高的 CPU 处理能力，建议选择机柜式服务器以节省占地空间。高速的网络通信能力也是必不可少的
Web 静态服务器	静态网页通常是指有文本和图片共同组合存储的服务器中。通常变化不大。使用两个 CPU 和一个千兆的网卡可以非常轻松地满足极高的点击率。当使用双路处理器的服务器时，可以完全满足每秒千次的点击率。1 GB 内存作为网页的高速缓存，对于大规模网站也可以使用四路处理器并额外添加内存与网卡
流媒体服务器	流媒体服务器主要存储多种媒介的文档，如图形图像、动态媒介等，因此对服务器的存储及 IO 性能要求极高，因此在处理能力、存储的 IO 特性以及网络特性上都有较高的要求。合理选配这几个方面显得很重要。对于规模较大的流媒体服务器，建议选购高端存储及光纤链路满足大容量 IO 需求

续表

商业应用类型	服务器性能描述
应用服务器	
应用服务器（client/server，ERP）	任何一种客户机/服务器的网络系统比如 ERP，最典型的商业应用，客户机在一端，而数据库服务器在另一端，它们通过网络系统通信。系统具有良好的扩展和调整能力，可以将不同应用安装到不同的服务器上，也可以将在每个服务器上安装多个应用。ERP 系统需要两个以上处理器，以及 4 GB 以上的内存。具体数量视用户数量而定
工作流服务器（Collaboration/Groupware）	使用类似于 Lotus Notes，groupware，calendaring 等。对网络服务器的 CPU 和内存处理能力要求属于中等。不需要额外投资大量的硬件资源
多应用服务器	多种应用程序以及它们使用的数据库共同运行在同一台服务器上，可以替代多台小型的服务器。建议使用多个 CPU 可以获得较好的使用效果。通常使用多个速度稍低的 CPU 的效果好于使用一个高速的 CPU
小型应用/专项应用服务器	特定的应用系统，医疗、零售、经销商等特定的应用。使用带有两路 CPU 的 300 系列级别的服务器可以支持数百的用户终端
终端服务器/运算服务器	在多用户环境下，所有的硬件及软件资源都可以通过终端服务器共享给网络上的所有的用户，应用程序运行在服务器上，用户可以通过用户终端使用所有的应用程序。使用多处理器将可以有效改善系统的性能。内存的配置非常关键，通常需要有 256 MB 内存分配给操作系统，有 512 MB 内存分配给终端服务器应用，每个用户需要有 4~8 MB 内存。软件的使用与硬件的资源有很大的关系，通常使用带有两路处理器和 1 GB 内存的服务器可以支持大约 100 个用户，带有两路双核处理器和 4 GB 内存的服务器可以支持 200 个用户，带有四路双核路处理器及 8 GB 内存的服务器可以支持大约 500 个用户
高性能计算	高性能计算主要是借助服务器的处理器和内存资源进行大规模的信息处理与运算，系统对服务器的处理器和内存以及网络 IO 特性要求较高，由于高性能计算通常会由多台服务器协作运行，因此对网络特性要求较高。对服务器的数据存储以及板卡的扩展能力要求很低。所以使用机柜式或刀片式服务器是比较理想的选择
数据库服务器	
大型数据库（ERP，OLTP，data mart）	服务器仅用于运行数据库，或仅运行单一的应用。数据库的容量在 1 TB 以上，需要有较高的 CPU 处理能力，大容量内存为数据缓存服务，并需要很好的 IO 性能，使用这类应用时，通常需要有较高的 CPU 主频
中型数据库（ERP，OLTP，etc.）	服务器仅用于运行数据库，或仅运行单一的应用。数据库的容量在 1 TB 以下，需要有较高的 CPU 处理能力，大容量内存为数据缓存服务，并需要很好的 IO 性能，使用这类应用时，通常需要有较高的 CPU 主频
数据仓库（OLAP/Data mining）	大型商业数据存储、编目、索引、数据分析等。例如，OLAP（联机事务处理），高速商业计算，需要有良好的 IO 性能

（资料来源：http://welcome.hp.com/country/cn/zh/prodserv/servers.html）

1.1.2　服务器的选购考虑

（1）适当的处理器架构

目前服务器存在多种处理器架构，不同的处理器架构在相当大的程度上决定了服务器的性能水平和整体价格。一般的中小型企业通常选择 Intel 的 IA 架构和 AMD 的 ×86-64 架构，一般只具有较低的可扩展能力，并行扩展路数一般在 8 路以下，且基本上是采用常见的微软 Windows 服务器系统。而对于那些在性能、稳定性和可扩展能力上要求较高的大中型企业和行业用户，则建议选择基于 RISC 架构处理器的服务器，服务器操作系统一般是 UNIX 或者 Linux，当然绝大多数也支持微软的 Windows 服务器系统。

（2）适宜的可扩展能力

服务器的可扩展能力主要表现在处理器的并行扩展和服务器群集扩展两方面。一般的中小型企业通常是采用前者，因为这种扩展技术容易实现，成本低，其中最常见的就是 SMP（对称处理器）技术，它允许在同一个服务器系统中同时安插多个相同的处理器，以提升服务器性能。入门级服务器通常只具有 2 路以内，而工作组级则可以达到 4 路，部门级和企业级服务器则可达到 8 路、16 路，甚至 100 多路。就服务器架构而言，IA 和 X86-64 架构的扩展能力比较低，通常在 8 路以下；达到 8 路的即称之为企业级。而 RISC 架构的工作组级的也有可达到 8 路的，企业级的更是高达 100 多路，如 Sun 的 UltraSPARC 系列处理器。至于服务器群集扩展技术，主要出现在国外品牌的部门级、企业级服务器当中，它通过一个群集管理软件把多个相同或者不同的服务器集中起来管理，以实现负载均衡，提高服务器系统的整体性能水平。不过配置起来非常复杂，在中小型企业建议不要采用。

另外，在服务器扩展能力还表现在诸如主板总线插槽数、磁盘架位和内存插槽数等方面。如至少应提供 5 个以上的 PCI、PCI-X 或者 PCI-E 插槽数量；根据磁盘或者磁盘阵列需提供适当的磁盘架位。根据服务器所承担的负荷选配内存。目前的服务内存至少在 4 GB 以上，常见的都在 16 GB 或 16 GB 以上。通过简单地提高内存容量可以实现大比例的性能提高，而内存容量的提高除了可以采用高容量的内存条外，更多的还是采用插入多条内存，所以内存插槽数的多少对服务器性能的提高非常重要。

（3）适当的服务器架构

塔式结构是最传统的服务器架构，其优点就是可扩展更多的总线、内存插槽，提供更多的磁盘架位，还可以更好地散热。它的不足就在于它的体积太大，对于机房空间比较宝贵的企业用户来说，可能不是最佳选择。

机架式架构就像交换机一样，呈盒状，重量也比较轻，可以轻易地安装在桌面上，这就是它的优点。但同时，因为它的空间非常有限，所以它的扩展能力一般比较有限，散热不易，因此对服务器配件的热稳定性要求也比塔式的要高。

刀片式架构则是一种新型的服务器架构，它比机架式架构更小，但它具有非常灵活的扩展性能，因此它可通过安装在一个刀片机柜中实现类似于多服务器群集的功能，在一个机柜中可以安装几个，甚至几十个这样的刀片式服务器，实现服务器整体性能的成倍提高。目前刀片式服务器技术发展非常迅速，它既可以满足中小型企业的业务扩展需求，又可以满足大中型企业高性能的追求，还有智能化管理功能，是未来发展的一种必然趋势。

（4）新技术的支持

服务器也与常见的 PC 一样，主板在很大程度上决定了主机的整体性能和所采用的技术水平。而主板性能的决定同样是由相应的芯片组决定的。芯片组可以决定的主要包括支持的处理器类型和主频、总线类型(PCI、PCI-X 或 PCI-E 等)、内存类型和容量、磁盘接口类型和磁盘阵列支持等。而这些对于服务器来说都是非常重要的。具体可以根据实际应用需求进行选择。

(5)合适的品牌

注重强调品牌,是要把品牌、质量(包括产品质量和服务质量两方面)和价格三者联系在一起综合考虑,而不是单纯谈品牌。在几年前,服务器产品主要是以国外品牌为主,如IBM、HP、SUN(称为国际服务器市场的"三甲")等,但近几年国内服务器品牌发展迅速,服务器产品的技术水平和性能都得到了极大的提高。例如国内有联想、浪潮和曙光(称为国内服务器市场的"三甲"),其服务器技术水平已比较接近国外著名品牌。在市场占有率方面,国产品牌的中低端产品性价比具有更大的优势,中小企业可以考虑选择;中高档市场也十分接近。所以,现在选购服务器并不一定要求硬是非国外品牌不选,国内品牌服务器同样具有非常高的技术水平和性能,而且采用的是本土化服务,更加贴近实际需求,服务也可能更到位。

1.2 客户机

客户机也称工作站(Workstation),由服务器进行管理和提供服务的、连入网络的任何计算机都属于工作站,在选购的时候,其配置要求应低于服务器配置。而随着用户终端对于工作站操作便捷性要求的逐步提高,工作站的设备形式在逐渐趋于多样化,包括一体机、笔记本电脑、便携式平板电脑(PAD)、手机、PDA 等在内,在电子商务活动的各个领域应用越来越广泛。

1.2.1 笔记本电脑

笔记本电脑(NoteBook Computer),是一种小型、可携带的个人电脑,通常重1~3千克。与台式机相比,笔记本电脑有着类似的结构组成(显示器、键盘/鼠标、CPU、内存和硬盘),但其优势主要体现在有体积小、重量轻、携带方便。企业选购笔记本电脑时应主要考虑选择移动性强、电池续航时间长、多媒体处理能力强大以及支持特殊环境下作业的产品。

1.2.2 电脑一体机

电脑一体机是目前台式机和笔记本电脑之间的一个新型的市场产物,是将主机部分、显示器部分整合到一起的新形态电脑,该产品的创新在于内部元件的高度集成。随着无线技术的发展,电脑一体机的键盘、鼠标与显示器可实现无线连接,机器只有一根电源线。

1.2.3 平板电脑

平板电脑(Pad)是一种小型、方便携带的个人电脑,以触摸屏作为基本的输入设备。它拥有的触摸屏电容屏允许用户通过触控笔或数字笔来进行作业而不是传统的键盘或鼠标。用户可以通过内建的手写识别、屏幕上的软键盘、语音识别或者一个真正的键盘。

1.2.4 掌上电脑

PDA(Personal Digital Assistant),又称为掌上电脑,主要帮助用户实现移动过程中的工作活动。作为工作站出现的多为工业级 PDA,常见的有条码扫描器、rfid 读写器、POS机等。

1.3 网络互联设备

1.3.1 网卡(网络适配器)

网卡又叫网络适配器,是负责计算机终端与外部网络连接的一块网络接口板,是计算机网络中最基本的元素。根据工作对象的不同,网卡又可以分为服务器专用网卡、PC 网卡、笔记本电脑网卡和无线局域网网卡四种。其中,服务器专用网卡一般都自带控制芯片,可降低服务器芯片负荷,只用在一些专用服务器上。无线局域网网卡是针对无线用户的网卡。

选购网卡需考虑以下几个因素:

(1)网络结构类型

适用于现在流行的以太网,令牌环网,ATM 网、FDDI 网等的网卡分别有以太网网卡、令牌环网网卡和 ATM 网卡。选择时应根据网络的类型来选择相对应的网卡。

(2)传输速率

网卡的传输速率主要描述网卡接收和发送数据的快慢。因此,在选购网卡的时候,还应根据服务器或工作站的带宽需求并结合物理传输介质所能提供的最大传输速率来选择传输速率相匹配的网卡。以以太网为例,可选择的就有 10 Mbps 网卡、100 Mbps 网卡、10/100 Mbps 自适应网卡、1 000 Mbps 网卡,甚至 10 Gbps 网卡等多种类型,但不是速率越高就越合适,为连接在只具备 100 M 传输速度的双绞线上的计算机配置 1 000 M 的网卡就是一种浪费,因为其至多也只能实现 100 M 的传输速率。

(3)总线类型

计算机中常见的总线插槽类型有:ISA、EISA、VESA、PCI 和 PCMCIA 等。在服务器上通常使用 PCI 或 EISA 总线的智能型网卡,工作站则采用可用 PCI 或 ISA 总线的普通网卡,在笔记本电脑则用 PCMCIA 总线的网卡或采用并行接口的便携式网卡。目前 PC 基本上已不再支持 ISA 连接,所以当为自己的 PC 购买网卡时,千万不要选购已经过时的 ISA 网卡,而应当选购 PCI 网卡。

(4)网卡支持的电缆接口

网卡需要通过一个接口才能实现与外部网络的连接,因此,不同的接口类型也会影响网卡的选购。目前常见的网卡支持接口主要有 RJ—45 接口、BNC 接口、AUI 接口、FDDI 接口、ATM 接口等。而且有的网卡为了适用于更广泛的应用环境,提供了两种或多种类型的接口支持模式。

图 4-9　Wireless-B USB 总线插槽网卡

①RJ—45 接口:支持 RJ—45 接口的网卡主要应用于以双绞线为传输介质的以太网中,其接口类似于常见的电话接口 RJ—11,但它是 8 芯线,而电话线接口是 4 芯线。此类网卡自带两个状态指示灯,通过这两个指示灯颜色可初步判断网卡的工作状态。

②FDDI 接口:支持这种接口的网卡主要适用于 FDDI(光纤分布数据接口)网络中,这种网络具有 100 Mbps 的带宽,但它所使用的传输介质是光纤,所以这种 FDDI 接口网卡的接口也是光纤接口的。

③ATM 接口:支持这种接口的网卡主要应用于 ATM(异步传输模式)光纤(或双绞线)网络中。它能提供物理的传输速度达 155 Mbps。

支持细同轴电缆 BNC 接口或支持粗同轴电缆 AUI 接口的网卡，主要适用于相应传输介质构建的以太网或令牌网，由于此类网络现在已很少应用，故在此不再详谈。

（5）其他因素

在选用网卡时，还应考虑其他一些因素的影响。例如，查看其程序软盘所带驱动程序支持何种操作系统；如果你对速度要求较高，考虑选择全双工的网卡；若安装无盘工作站，需让销售商提供对应网络操作系统上的引导芯片（Boot ROM）；以及网卡的品牌、质量以及价格因素等都会影响网卡的选购。

● ● ● ● **阅读链接**

国内外知名网卡品牌

一、Intel

Intel 的网卡产品主要有 Pro 系列和 8254X 系列两种，其中 Pro 10/100、Pro 100/1000 现在大多集成在 Intel 自主品牌的主板中，几乎不作为 DIY 单品上市销售，而 8254X 系列目前仍用在低端千兆网卡产品中。

二、Realtek

Realtek（瑞昱）。瑞昱半导体成立于 1987 年，位于台湾"硅谷"的新竹科学园区，旗下的网卡芯片和声卡芯片被广泛运用于台式电脑之中。它凭借成熟的技术和低廉的价格，走红于 DIY 市场，是许多带有集成网卡、声卡的主板的首选。尤其是 8139D 网卡芯片，在市场上占有绝对的优势。千兆芯片则有 8110S、8110SB、8110SC，高端一点的有 8169S、8169SB 和 8169SC。

三、Broadcom

Broadcom 公司创立于 1991 年，是世界上最大的无生产线半导体公司之一，总部位于美国加利福尼亚州的尔湾。NetLink 440X 系列是其最有竞争力的网卡芯片，部分品牌机和独立网卡都采用了这个芯片，它的驱动非常完善，支持大部分操作系统。NetLink 57XX 系列是千兆芯片产品，包括 5781、5786、5787、5788、5789。

四、Atheros

在有线芯片方面，Atheros 只有两款千兆产品——AR8021 和 AR8216。8021 就是一个标准的千兆网卡芯片。8216 在 8021 的基础上增加了对 802.1p 的支持，加入 Qos 系统，支持 IPv6 和 VLAN 功能。

五、SIS

SIS 的网卡芯片一般只出现在采用了 SIS 芯片组的主板上，其官方网站上只有 SIS900，其他型号的网卡驱动都是主板厂商直接提供。

1.3.2 交换机

交换机（Switch）是一种网络节点上话务承载装置、交换级、控制和信令设备以及其他功能单元的集合体，它可以为接入交换机的任意两个网络节点提供独享的电信号通路，把用户线路、电信电路和（或）其他要互连的功能单元根据单个用户的请求连接起来。最常见的交换机是以太网交换机。其他常见的还有电话语音交换机、光纤交换机等。

选购交换机应考虑以下几个方面的因素。

(1)交换机的总体架构

①端口数与端口带宽。交换机端口数的选择不仅要考虑需要连接用户数,还要考虑单端口的成本和交换机所处的位置。一般来说,端口数越多,单端口成本越低,建议控制在48个端口之内。上层的交换机通常需要较高性能和较高端口速率(如10 Gbps、1 000 Mbps),端口数可以越少,以避免浪费资源和增加成本;越下层的交换机,端口数可以越多。一般固定端口的核心或者骨干层交换机选择24个端口以内,12个端口以上的为宜,而会聚层和边缘层交换机则可以选择最多48个端口的交换机,通常也是24个端口的。另外,企业级的交换机通常都是模块式的。而模块式交换机的端口数是可变的,可以随着企业网络规模的发展而扩展,一般可以扩展到百个以上的不同类型端口,只需插入相应交换模块即可。

端口带宽反映了交换机的网络连接性能。交换机端口带宽的选择主要要根据所选购的交换机的应用位置和网络环境,对于小型企业网络,所有交换机都可以选择普通的10/100 Mbps二层以太网交换机。对于中型或以上网络,处于最骨干层以下的交换机仍可选择普通的10/100 Mbps二层以太网交换机,而骨干层和核心层交换机则要根据网络规模大小和网络应用复杂程度来选择,一般采用支持普通双绞线千兆位以太网的即可;网络规模较大,或者网络应用较复杂的则可以选择支持光纤的千兆位以太网交换机。对于一些电信、金融、证券等行业用户,甚至可以选择最新支持10 Gbps(万兆位)以太网的光纤交换机。

图 4-10　5 口交换机

图 4-11　48 口交换机

②接口类型。交换机接口有不同类型,以支持不同的网络技术和传输介质。普通的以太网交换机都是采用双绞线 RJ—45 接口,而且最高可以支持 1 000 Mbps;而有些高档的交换机为获得高性能,采取光纤作为传输介质,这就需提供适合相应类型光纤的网络接口。对于大中型网络,在核心或骨干层交换机中应该提供多一些的光纤端口,通常在 4 个以上,既涵盖实际需要,同时也考虑冗余。对于采用光纤作为传输介质较多的网络中,则可以选购全光纤接口交换机,端口数在 12 个以内。而处于会聚层和边缘层的交换机,则通常只需两个左右的光纤接口即可。至于是采用单模光纤接口,还是采用多模光纤接口,则要根据所连接的下级设备传输性能需求和投资成本预算而定。多模的性能好,但价格高;在企业局域网中一般采用单模 SX 接口即可。

图 4-12　16 口 SX 单模光纤端口交换机　　图 4-13　8 口多模 SC 光纤端口交换机

③工作层次。根据交换机工作时所对应的 OSI 模型层次可以分为二层交换机、三层交换机、四层交换机和七层交换机。目前主要应用的还是二层和三层两种。一般来说,在大

中型网络中，核心和骨干层交换机都要采用三层交换机，它不仅性能远优于二层交换机，而且还提供了许多新的功能，如路由支持和根据 IP 地址、通信协议等标准划分 VLAN 等。但是三层交换机的价格远比二层的要高(通常 24 口的三层交换机在 8 000 元以上)。而四层和七层交换机仅用于电信级企业中。

(2)性能指标

在性能方面，选购交换机首先要满足 RFC2544 建议的吞吐量、时延、丢包率等基本标准，同时还要满足了一些额外的指标，如 MAC 地址数、路由表容量(主要针对三层交换机)、ACL 数目、LSP 容量、支持 VPN 数量等。具体如下：

①支持标准和协议

局域网交换机所支持的协议和标准内容，直接决定了交换机的网络适应能力。处在第二层(链路层)的交换机协议包括 IEEE802.1d/SPT、IEEE802.1Q、IEEE 802.1P 和 IEEE 802.3x 等。而第三层(网络层)协议包括 IP、IPX、BGP4、VRRP、IEEE 802.1Q、QoS(服务质量)以及组播协议，等等。对于那些需要提供基于 IP 地址、通信协议、组播之类的 VLAN 和 QoS 管理的，则只能选择三层交换机了。

②背板总线带宽

交换机拥有一条很高带宽的背板总线和内部交换矩阵，通常交换机背板带宽是交换机每个端口带宽的几十倍。一台交换机的背板带宽越高，所能处理数据的能力就越强，但同时成本也将会越高。一般普通的交换机背板带宽只有几个 Gbps，而高档交换机的背板带宽可达几百，甚至上千个 Gbps。

③数据转发方式

交换机的数据包转发方式主要分为"直通式转发"和"存储式转发"。低端交换机通常只拥有其中一种转发模式；只有中高端产品才兼具两种转发模式，并具有智能转换功能，可根据通信状况自动切换转发模式。通常情况下，如果网络对数据的传输速率要求不是太高，可选择存储转发式交换机；如果网络对数据的传输速率要求较高，可选择直通转发式交换机。

④MAC 地址记忆数

交换机的 MAC 地址记忆能力在一定程度上影响了交换机数据转发的性能。不同档次交换机每个端口所能够支持的 MAC 数量不同。支持小型局域网的交换机只要能够记忆 1 024 个MAC 地址基本上就可以了。而高档交换机能记住的 MAC 地址数更多，往往支持更大规模的网络应用。

⑤性能档次

交换机与服务器一样，也有档次之分，从低到高依次为：桌面级交换机、工作组级交换机、部门级交换机、企业级交换机。桌面级交换机直接连接终端用户，通常是低档的二层交换机，一般只适用于小型办公室、SOHO 网络选择使用。担当小型企业网络连接的交换机至多两个层次，核心交换机为工作组级交换机，无堆栈功能，无网管功能，级联通过普通交换端口进行，无专门级联端口(Uplink)。在大中型企业或有复杂应用的网络中，担当核心或骨干层交换机的通常为部门级或者企业级交换机。这类交换机通常是三层或三层以上交换机，具有网管、堆栈、VLAN、路由功能和模块结构，其交换性能也得到了极大的加强，方便用户使用、管理和扩展。在三层交换机中通常对千兆位以太网技术提供支持，至少提供 1 个 1 000 Mbps 双绞线 RJ—45 或者光纤接口，以便与域控制器或其他应用服务器(如数据库服务器、邮件服务器、视频点播服务器等)进行高带宽连接。

(3)业务功能

①网管功能。识别一个交换机是否具有网管功能的最直接方法就是看交换机是否具有提供网管配置的串行端口(有的是插孔式的母头，有的是插针式的公头)。一般核心和骨干层、会聚层交换机最好支持网管功能，以便管理员维护，而边缘层交换机则通常无须支持网管功能。如果在网络中安装部署大型网管系统，则最好全部选择支持 SNMP 协议的网管型交换机，这样管理员就可以通过网管系统全面有效地监控网络中的所有交换机和所连接的用户设备，这在大型网络中是非常必要的。

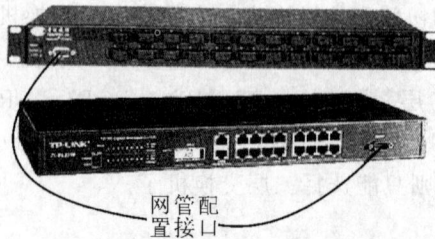

网管配置接口

图 4-14　网管配置串行端口

②堆栈功能。堆栈功能存在于三层交换机和部分二层交换机中。通过将具有堆栈功能的交换机堆在一起连接，当做一个交换机使用，以提高交换机端口数和每个交换机端口的实际有效带宽。堆栈方式如图 4-15 所示，它是需要用厂商提供的专门电缆进行连接的，而不是普通的双绞网线。在实际应用中，并不是所有交换机都支持堆栈技术。因此，在选择交换机之前就要充分考虑这一点。

③应用级 QoS 保证。交换机的 QoS 策略支持多级别的数据包优先级设置，既可分别针对 MAC 地址、VLAN、IP 地址、端口进行优先级设置，在实际应用中可以为用户提供更大的灵活性。

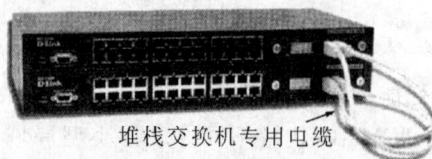

堆栈交换机专用电缆

图 4-15　堆栈交换机

④支持 VLAN。VLAN 即虚拟局域网，通过将局域网划分为虚拟网络 VLAN 网段，可以强化网络管理和网络安全，控制不必要的数据广播，网络中工作组可以突破共享网络中的地理位置限制，而根据管理功能来划分子网。选购时应注意，不同厂商的交换机对VLAN 的支持能力不同，支持 VLAN 的数量也不同。

⑤支持 VRRP(或 Cisco HSRP)协议。VRRP(虚拟路由冗余协议)是一种保证网络可靠性的协议，对共享多存取访问介质上终端 IP 设备的默认网关进行冗余备份，从而在其中一台三层交换机设备宕机时，备份的设备会及时接管转发工作，向用户提供透明的切换，提高了网络服务质量。Cisco HSRP 协议与 VRRP 协议异曲同工，只不过 HSRP 属Cisco 私有协议。目前，主流交换机厂商均已在其产品中支持了 VRRP 协议。

(4)品牌的选型考虑

交换机品牌也非常多，国外著名品牌有 3COM、Cisco、安奈特、NETGEAR 等，国内的如华为、D-LINK、TP-LINK、实达、港湾等。品牌知名度越大，同档次产品的价格越高，同时性能和售后服务也可能越好。选购时还是需要根据具体的网络规模、网络应用和投资预算而定。建议同一层交换机选择同一品牌，以实现最大限度兼容。对于核心和骨干层交换机建议选择大品牌产品，边缘层的交换机选择可以随意些，但至少应选择国内二线品牌，如 TP-LINK、D-LINK、茶山等。

● ● ● ● 阅读链接

无线 AP(Access Point)的选购

无线 AP 即无线接入点，是移动计算机用户进入有线网络的接入点，主要用于宽带家庭、大楼内部以及园区内部，典型距离覆盖几十米至上百米。通常用无线 AP 代指用于无线网络的无线交换机。

选购无线 AP，主要考虑所支持的无线局域网技术标准、有效距离，以及其他辅助功能。目前无线网络通常主要应用于小型网络，或者作为有线网络的补充，所以在无线接入点的选择上相对较为简单，建议与所选择的无线网卡和其他无线网络设备一样的品牌，支持标准上目前来说必须选择支持 54 Mbps 的 IEEE802.11g 标准或以上。为了最大地兼容已有的无线网络设备，有些厂家推出了全面兼容 IEEE802.11b、IEEE802.11a 和 IEEE802.11g3 种标准的三模式接入点产品，不过这种设备的价格相对 IEEE802.11g 的要高许多，对于原有网络中没有 IEEE802.11a 标准的网络设备的企业建议不要选择，因为 IEEE802.11g 本身就已兼容了 IEEE802.11b 标准，这种三模式的无线 AP 产品只有并不多见的 IEEE802.11a 产品提供支持而已，没有多大实际意义。

在无线 AP 产品品牌上，比较著名的有 D-LINK(友讯)、3 COM、NETGEAR(网件)、SMC、Linksys、TP-LINK、BENQ(明基)等，国内用户普遍认可的是 NETGEAR、D-LINK、TP-LINK 这 3 个品牌。

1.3.3 集线器

集线器(HUB)是对网络进行集中管理的最小单元。其主要功能是对接收到的信号进行再生整形放大，以扩大网络的传输距离，同时把所有节点集中在以它为中心的节点上。它工作于 OSI 模型的"物理层"。随着技术的发展，在局域网尤其是一些大中型局域网中，集线器功能被交换机代替，已逐渐退出应用。目前，集线器主要应用于一些中小型网络或大中型网络的边缘部分。集线器选购应考虑以下因素：

(1)集线器速度

①上联设备带宽。对于网连设备数较少且通信流量不大的网络来说，10 Mb/s 集线器即可；否则，需选择 100 Mb/s 集线器。

②提供的连接端口数。连接端口数越多，就越容易造成冲突，还会降低设备有效利用率。通常情况下，一台 10 Mb/s 集线器管理计算机数不宜超过 15 个，100 Mb/s 不宜超过

25 个。若超过，则应使用交换机来代替集线器。

③应用需求。传输的内容不涉及语音、图像，传输量相对较小时，选择 10 Mb/s 即可；否则，应当选择 100 Mb/s 或 10/100 Mb/s 自适应集线器。

（2）满足拓展需求

集线器能否满足拓展需求，主要考察以下两点：堆叠和级联。堆叠是解决单个集线器端口不足的方法，但堆叠层数不宜太多。在选购集线器时，如果遇到集线器堆叠层数比其他品牌的多，则说明两种情况：集线器的稳定性高，或者每个用户实际可享有的带宽小。级联同样是在网络中增加用户数的方法，但前提是 Hub 必须提供可级连的端口，此端口上常标为"Uplink"或"MDI"的字样，选购时一定要注意这一点。

（3）外形尺寸

如果网络系统简单，无楼宇间综合布线，且用户较少，则无须考虑此因素。如果在购买 Hub 之前已购置机柜，就必须要考虑外形尺寸，否则 Hub 无法安装在机架上。目前机柜一般都遵循 19 英寸的工业规范，它可安装大部分的 5 口、8 口、16 口和 24 口的 Hub。

图 4-16　集线器

（4）品牌和价格

目前市面上的 Hub 基本由美国品牌和中国台湾品牌占据。其中高档 Hub 主要还是由美国品牌占领，如 3COM、Intel、Bay 等，价格较高。我国台湾地区的 D-Link 和 Accton 占有了中低端 Hub 的主要份额，大陆的联想、实达、TPLink 等公司分别以雄厚的实力向市场上推出了自己的产品。近来，随交换机产品价格的日益下降，集线器市场日益萎缩。

1.3.4　路由器

路由器是一种连接多个网络或网段的网络设备，它能够利用一种或几种网络协议将本地或远程的一些独立网络连接起来，它通过各个网络的逻辑标识将指定类型的封包（比如 IP）从一个网络中的某个节点进行路由选择，传输到另一个网络上某个节点，以使它们能够相互读"懂"对方的数据，从而构成一个更大的网络。选购路由器主要应考虑以下因素：

图 4-17　路由器

（1）网络结构与应用需求

这是影响路由器选购的首要因素，它直接决定了路由器类型的确定。边界路由器一般作为内外部网络间接入的第一个接入关口，与防火墙设备组合，主要适用于企业局域网要与其他网络（互联网除外）的连接。例如总公司局域网与子公司、分支办公室、供应商、合作公司的局域网连接等。中间节点路由器则是用来连接局域网内部不同网络或子网的，在一些较大型网络中应用（如电信企业、ISP 服务商等）非

图 4-18　无线路由器

常广泛。"宽带路由器"主要适用于因特网宽带连接，集成了多种实用的功能，如 DHCP 服务、防火墙、NAT、VPN 或者 VPN 透传（Pass-Through）等。有线宽带路由器的选型一般要考虑到路由器的处理器、内存、缓存、闪存等硬件配置，还要考虑路由器的 WAN 端口数，是否支持端口会聚。无线宽带路由器的选型主要考虑集成无线 AP 和所支持 WLAN 标准两个方面。网络连接规模较大且比较频繁的大中型企业用户还可以选购新型的交换式

路由器，它是一种具备部分交换机功能的路由器。

(2)性能指标

①路由协议。在选购路由器时充分考虑路由器所连接的网络是否采用同一种通信协议，要注意所选路由器支持的网络路由协议有哪些，特别是在广域网中的路由器。

②背板能力背板能力通常是指路由器背板容量或者总线带宽能力，它是影响网络通信速率的重要性能指标。如果是连接两个较大的网络，网络流量较大时应格外注意一下路由器的背板容量。

③丢包率。丢包率是在一定数据流量下路由器不能正确进行数据转发的数据包在总数据包中所占的比例，它直接影响路由器线路的实际工作速率。小型企业网络一般出现丢包现象的机会很小，选购时不必太作考虑；如果网络规模比较大，网络中的中心路由器就可要充分考虑这一指标了。

④转发延迟。路由器的转发延迟是从需转发的数据包最后一比特进入路由器端口，到该数据包第一比特出现在端口链路上的时间间隔越短越好。作为高速路由器，最差情况要求对 1 518 字节及以下的 IP 包时延均都小于 1 ms。

⑤路由表容量。路由表容量是指路由器运行中可以容纳的路由数量。该指标只出现在面对非常庞大的网络选购高档路由器的情况下才予以考虑。

⑥扩展能力。这是考察路由器产品性能的一个关键点，主要体现在路由器的子网连接能力，用户数支持以及与外部网络连接能力三个方面。要求路由器通过扩展模块实现多种不同连接方式支持。

⑦可靠性。可靠性是指路由器的可用性、无故障工作时间和故障恢复时间等指标。

⑧安全性。主要体现在访问权限设置、防火墙及通过网络地址转换屏蔽企业内部局域网网址，以防止非法用户入侵方面。

⑨管理方式。路由器最基本的管理方式是利用终端通过专用配置电缆连接到路由器的"Console"端口直接进行的，有时也通过远程方式进行配置，选购时最好选择能提供多种管理方式的路由器。

⑩网管能力。随着网络规模不断增大，路由器网络管理维护负担就越来越重。在选择路由器时，务必要关注网络系统的监管和配置能力是否强大，设备是否可以提供统计信息和深层故障检测的诊断功能等。

除了上述主要的网络设备构成之外，电子商务网络设备还包括了中继器、调制解调器等网络连接设备，硬防火墙等网络安全设备，以及 UPS(不间断电源)、网络打印机、网络复印机等外部辅助设备，这些设备的选购同样应遵循网络要求和性能指标来选购，在此不再详述。

任务扩展

假如你就是小伟，在完成上述任务之后，请你按照自己所列的配置表，亲自前往市场进行实地考察，验证一下你的选择是否合理。并就以下问题进行思考：

(1)所选设备市场上是否都有销售，行情如何？

(2)若出现市场上暂无销售的情况，你有没有在短时间内找到合适的替代品？

(3)销售商有没有向自己提供其他的产品选择，你认为他们这样做的理由是什么？

(4)对比你自己选择的产品和销售商推荐的产品，看看两者之间存在哪些差异？如果更换成销售商推荐的产品，会对整个网络解决方案目标实现带来哪些影响？

任务三　布置电子商务应用网络

任务分析

1. 布置电子商务应用网络包括哪些步骤？

布置电子商务应用网络的基本步骤大致如下：

(1)按照设计方案将购置设备放置在指定位置。

(2)测量各设备之间的空间距离，准备网络传输介质（如制作网线）。

(3)铺设传输介质，连接核心设备，布置主干网络。

(4)逐级完成各层网络设备的连接。

(5)完成终端用户的连接，并连接其他相关设备。

(6)接入外部网络。

(7)安装网络系统，测试网络连通情况。

但在实际操作中，网络结构类型不同，规模大小不同，应用需求与范围不同，电子商务应用网络布置的具体步骤也不相同。因此，作为一名提供商的一线工作人员，应通过不断积累工作经验，充分掌握各种类型网络的布置步骤。

2. 布置电子商务应用网络时应注意哪些问题？

布置电子商务应用网络时应注意以下问题：

(1)应严格依据提前设计好的方案进行操作，不得擅自更改设计方案。

(2)应充分考虑传输介质特征及其长度限制，合理安排各种设备所处的空间位置。

(3)应遵循国际标准进行综合布线。

(4)应遵循安全原则布置电子商务网络。

(5)应遵循节约原则布置电子商务网络。

(6)务必进行网络测试和故障排查工作，并对故障进行记录。

总而言之，布置电子商务应用需要工作人员认真细心地完成，对工作人员的纪律性要求应严格规定并执行。

任务实施

阶段一　电子商务网络布置准备工作

步骤 1　考察网络分布的地理范围

布置电子商务网络时，首先要考虑网络分布的地理范围，范围的大小决定网络结构和布线。当范围较小时，使用一条电缆线就可将几台工作站连接起来形成一个小型网络；而当网络的地理分布较宽广时，就要考虑是否要分段管理，并相应地配置每一网段和各网段之间所需的传输介质和连接设备。具体工作可以从以下几个方面进行：

(1)考察核心设备放置位置。

(2)考察工作站设备放置位置。

(3)考察相关设备放置位置。

(4)丈量传输介质(如双绞线)在各设备之间的连接距离。

步骤 2 放置电子商务网络设备

放置电子商务网络设备看似一件简单的工作,其实同样需要工作人员的细心。要根据设计思路,对照设备类型进行放置。具体工作可以从以下几个方面进行:

(1)对照配置表清点电子商务网络设备。

(2)参考设计方案放置设备。

(3)检查放置好的各设备型号是否与设计思路一致。

(4)给布线留足位置和空间。

步骤 3 制作网线

不同的传输介质制作方法并不相同。下面以小型局域网惯用的双绞线制作为例,大致可以分为两个环节,丈量截取双绞线以及制作水晶头。其中的关键环节就是在双绞线两端压制 RJ−45 水晶头。压制水晶头需使用专用卡线钳,并按下述步骤制作:

(1)剥线。用卡线钳剪线刀口将线头剪齐,再将双绞线端头伸入剥线刀口,使线头触及前挡板,然后适度握紧卡线钳同时慢慢旋转双绞线,让刀口划开双绞线的保护胶皮,取出端头从而拨下保护胶皮。(注意:握卡线钳力度不能过大,否则会剪断芯线;剥线的长度为 13 mm～15 mm,不宜太长或太短。)

(2)理线。双绞线由 8 根有色导线两两绞合而成,将其整理平行按橙白、橙、绿白、兰、兰白、绿、棕白、棕色平行排列,整理完毕用剪线刀口将前端修齐。(注意:可以不按上述颜色排列连线,但双绞线两端接头的排线顺序应当一致,否则不能正常通信。)

(3)插线。一只手捏住水晶头,将水晶头有弹片一侧向下;另一只手捏平双绞线,稍稍用力将排好的线平行插入水晶头内的线槽中,八条导线顶端应插入线槽顶端。

(4)压线。确认所有导线都到位后,将水晶头放入卡线钳夹槽中,用力捏几下卡线钳,压紧线头即可。

(5)重复上述方法制作双绞线的另一端即制作完成。

(6)用万用电表检查是否存在断路或短路现象,断路会导致无法通信,短路有可能损坏网卡或集线器。

阶段二 布置电子商务网络

步骤 1 连接电子商务网络主体结构

当前期准备工作完成之后,就进入了连接电子商务网络设备阶段。首先是连接电子商务网络主体结构设备,具体工作从以下几个方面进行:

(1)连接核心设备(如服务器与核心交换机)。

(2)进行各层电子商务网络连接设备的级联工作(如核心交换机与会聚层交换机)。

(3)进行各层终端设备的连接工作(如管理平台、工作站与会聚层交换机)。

步骤 2 连接外部网络

如果电子商务网络有连接外部网络的要求,在主体结构连接完成之后,需要完成外部网络连接工作。具体工作可以从以下几个方面进行:

(1)确定外部网络连接方式,确认接口位置。

(2)选择传输介质和外部网络连接设备,完成网络连接。

步骤 3　连接辅助设备

在完成前两步的网络布置工作之后，应该说布置电子商务网络工作基本完成。剩余的就是一些补充性工作，主要是连接辅助设备。具体工作主要从以下几个方面进行：

(1)确定辅助设备连接方式，确认接口位置。

(2)选择传输介质连接辅助设备。

步骤 4　网络设置与连通测试

所有设备物理连接完成之后，并不意味着所有工作的结束，还有一项重要的工作就是设置网络协议，并进行连通测试。具体工作从以下几个方面进行：

(1)设置网卡工作状态，安装网卡设备驱动程序。

(2)添加配置网络协议。

(3)标识计算机位置。

(4)输入网络口令，设置登录方式。

(5)辅助设备网络共享安装设置。

(6)网络驱动器映射设置。

(7)逐层完成网络连通测试。

(8)故障排查与处理。

知识要点

1. 常见网络传输介质

网络传输介质是网络中传输数据、连接各网络站点的实体，如双绞线、同轴电缆、光纤。网络信息还可以利用无线电系统、微波无线系统和红外技术传输。以下主要讨论双绞线和同轴电缆。

1.1　双绞线

双绞线电缆(下称双绞线)是将一对或一对以上的双绞线封装在一个绝缘外套中而形成的一种传输介质，是目前局域网最常用到的一种布线材料。为了降低信号的干扰程度，电缆中的每一对双绞线一般是由两根绝缘铜导线相互扭绕而成，双绞线也因此而得名。双绞线一般用于星型网的布线连接，两端安装有 RJ－45 头(水晶头)，连接网卡与集线器。最大网线长度为 100 米，如果要加大网络的范围，在两段双绞线之间可安装中继器，最多可安装 4 个中继器，如安装 4 个中继器连 5 个网段，最大传输范围可达 500 米。双绞线分为非屏蔽双绞线(UTP)和屏蔽双绞线(STP)两大类。局域网中非屏蔽双绞线分为 3 类、4 类、5 类和超 5 类四种，屏蔽双绞线分为 3 类和 5 类两种。目前，局域网中常用到的双绞线一般都是非屏蔽的 5 类 4 对(即 8 根导线)的电缆线。这些双绞线的传输速率都能达到 100 Mbps。

市面上出售的 3 类双绞线外层保护胶皮薄，胶皮上标注"CAT 3"字样，外包装纸箱上标注有"3 类"字样，售价较低；5 类双绞线外层保护胶皮厚，胶皮上标注"CAT 5"字样，外包装纸箱上标注有"5 类"字样，售价较高。超 5 类双绞线属非屏蔽双绞线，与普通 5 类双绞线比较，超 5 类双绞线在传送信号时衰减更小，抗干扰能力更强，在 100 M 网络中，用户设备的受干扰程度只有普通 5 类线的 1/4。

1.2　同轴电缆

同轴电缆是由一根空心的外圆柱导体和一根位于中心轴线的内导线组成。内导线和圆柱导体及外界之间用绝缘材料隔开。根据传输频带的不同，同轴电缆可分为基带同轴电缆和宽带同轴电缆两种类型。按直径的不同，同轴电缆可分为粗缆和细缆两种。细缆近年来发展较快，所以计算机局域网中一般如无特殊要求都使用细缆组网。细缆一般用于总线型网布线连接。利用 T 型 BNC 接口连接器连接 BNC 接口网卡，两端头需安装终端电阻器。细缆网络每段干线长度最大为 185 米，每段干线最多接入 30 个用户。如要拓宽网络范围，需使用中继器，如采用 4 个中继器连接 5 个网段，使网络最大距离达到 925 米。细缆安装较容易，而且造价较低，但因受网络布线结构的限制，其日常维护不甚方便，一旦一个用户出故障，便会影响其他用户的正常工作。粗缆适用于较大局域网的网络干线，布线距离较长、可靠性较好。用户通常采用外部收发器与网络干线连接。粗缆局域网中每段长度可达 500 米，采用 4 个中继器连接 5 个网段后最大可达 2 500 米。用粗缆组网如直接与网卡相连，网卡必须带有 AUI 接口（15 针 D 型接口）。用粗缆组建局域网虽然各项性能较高，具有较大的传输距离，但是网络安装、维护等方面比较困难，造价较高。

1.3　光缆

是由一组光导纤维组成的用来传播光束的、细小而柔韧的传输介质。与其他传输介质相比较，光缆的电磁绝缘性能好，信号衰变小，频带较宽，传输距离较大。光缆主要是在要求传输距离较长、布线条件特殊的情况下用于主干网的连接。光缆通信由光发送机产生光束，将电信号转变为光信号，再把光信号导入光纤，在光缆的另一端由光接收机接收光纤上传输来的光信号，并将它转变成电信号，经解码后再处理。光缆的最大传输距离远，传输速度快，是局域网中传输介质的佼佼者。光缆的安装和连接需由专业技术人员完成。

2. 互联网接入方式

互联网由无数相互连接的网络组成，个人或企业的局域网通过某种方式与互联网建立了连接，就成为互联网的一部分。常见的互联网接入方式有以下几种：

2.1　PSTN（公共电话网）

这是最容易实施的方法，费用低廉。它的接入非常简单，只要具备一条能连通 ISP 的电话线、一台计算机、一台调制解调器（Modem），并且在 ISP 办理必要手续后（得到用户名和口令），就可以接入互联网了。但缺点是传输速度低，线路可靠性差。适合对可靠性要求不高的办公室以及小型企业。如果用户多，可以多条电话线共同工作，提高访问速度。

2.2　ISDN（综合业务数字网）

目前在国内普及率较高的一种接入方式，接入价格正在大幅度下降，有的地方甚至是免初装费用。虽然仍是普通电话线，但 ISDN 通过 NT 转换盒提供给用户两个信道 128 kb/s 的速率，可以同时使用数个终端，快速的连接以及比较可靠的线路，可以满足中小型企业浏览以及收发电子邮件的需求。而且还可以通过 ISDN 和 Internet 组建企业 VPN。这种方法的性能价格比很高，在国内大多数的城市都有 ISDN 接入服务。

2.3　ADSL（非对称数字用户环路）

这种接入方式可以在普通的电话铜缆上提供 1.5 Mb/s～8 Mb/s 的下行和 10 kb/s～64 kb/s 的上行传输，可进行视频会议和影视节目传输，非常适合中小企业。可是有一个致命的弱点：用户距离电信交换机房的线路距离不能超过 4 km～6 km，限制了它的应用范围。

目前，随着技术的不断进步，又出现了多种类似的接入方式，包括 ADSL、RADSL、VDSL、SDSL、IDSL 和 HDSL 等。这些接入方式最终被统称为 xDSL，即各种类型 DSL（Digital Subscribe Line，数字用户线路）的总称。xDSL 一般速率可达 24 Mbps 下行和 1 Mbps 上行。另外，最新的 VDSL2 技术可以达到上下行各 100 Mbps 的速率。特点是速率稳定，带宽独享，语音数据不干扰等。适用于家庭、个人等用户的大多数网络应用需求，满足一些宽带业务包括 IPTV、视频点播（VOD）、远程教学、可视电话、多媒体检索、LAN 互联、Internet 接入等。

●●●●● **阅读链接**

VPDN

VPDN（Virtual Private Dial－up Networks），虚拟专用拨号网，是 VPN 业务的一种，是利用 IP 网络的承载功能结合相应的认证和授权机制建立起来的安全的虚拟专用网。

VPDN 基于拨号接入（PSTN、ISDN），可用于跨地域集团企业内部网、专业信息服务提供商专用网、骨干网连接方式金融大众业务网、银行存取业务网等业务。

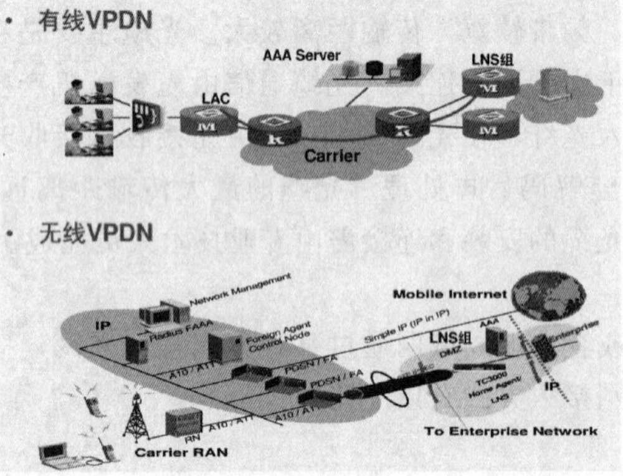

图 4-19　VPDN 分类组网拓扑图 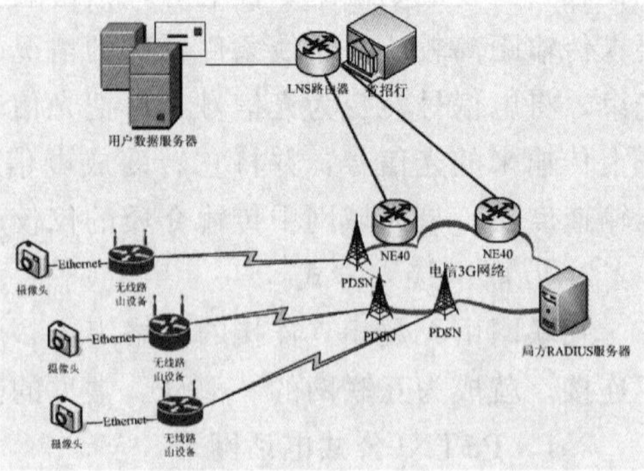　　　　图 4-20　某银行 3G 无线 VPDN 解决方案

（资料来源：http：//wenku. baidu. com/，有改动）

2.4　DDN（数字数据网）专线

这种方式适合对带宽要求比较高的应用，如企业网站。它的特点也是速率比较高，范围从 64 kb/s～2 Mb/s。这种线路优点很多：有固定的 IP 地址，可靠的线路运行，永久的连接等。但由于整个链路被企业独占，所以费用很高，性价比低，因此中小企业较少选择。主要应用在规模较大、资金充足、业务交互要求较高的大型企业和专业领域（金融、电信、IT）企业。

2.5　卫星接入

目前，国内一些 Internet 服务提供商开展了卫星接入 Internet 的业务。适合偏远地方又需要较高带宽的用户。卫星用户一般需要安装一个甚小口径终端（VSAT），包括天线和其他接收设备，下行数据的传输速率一般为 1 Mb/s 左右，上行通过 PSTN 或者 ISDN 接入 ISP。终端设备和通信费用都比较低。

2.6　光纤接入(FTTx)

光纤接入是指接入网中传输媒介为光纤的接入方式。光纤接入技术上可分为两大类：有源光网络(AON，Active Optical Network)和无源光网络(PON，Passive Optical Network)。有源光网络又可分为基于 SDH 的 AON 和基于 PDH 的 AON；无源光网络可分为窄带 PON 和宽带 PON。由于光纤接入网使用的传输媒介是光纤，因此根据光纤深入用户群的程度，可将光纤接入网分为 FTTC(光纤到路边)、FTTZ(光纤到小区)、FTTB(光纤到大楼)、FTTO(光纤到办公室)和 FTTH(光纤到户)，它们统称为 FTTx。所以 FTTx 不是具体的接入技术，而是光纤在接入网中的推进程度或使用策略。

光纤接入能够确保向用户提供 10 Mbps、100 Mbps、1 000 Mbps 的高速带宽，可直接汇接到 CHINANET 骨干节点。主要适用于大型商业集团用户和智能化小区局域网的高速接入 INTERNET 高速互联。目前，可向用户提供 5 种具体接入方式。

(1)光纤＋以太网接入。适用对象包括已做好或便于综合布线及系统集成的小区，光纤接入住宅与商务楼宇等。所需的主要网络设备包括交换机、集线器、超五类线等。

(2)光纤＋HOMEPEPNA。适用对象包括未做好或不便于综合布线及系统集成的小区住宅与酒店楼宇等。所需主要网络产品包括 HOMEPNA 专用交换机和 HOMEPNA 专用终端产品(MODEM)等。

(3)光纤＋VDSL。适用对象包括未做好或不便于综合布线及系统集成的小区住宅与酒店楼宇等。所需的主要网络产品包括 VDSL 专用交换机 VDSL 专用终端产品。

(4)光纤＋五类缆接入(FTTx＋LAN)。该方式主要以 10 M/100 M/1 000 Mbps 不同速率的宽带接入用户相对集中的住宅小区、企事业单位和大专院校。FTTx 光纤传输到路边、小区、大楼，再由网线连接到各 LAN(局域网)的共享点上(一般不超过 100 米)，进而通过连接到用户计算机内以太网卡的五类网线实现高速上网和高速互联。该方式的特点是速率高，抗干扰能力强，可以实现各类高速率的互联网应用(视频服务、高速数据传输、远程交互等)，缺点是一次性布线成本较高。

(5)光纤直接接入。是为有独享光纤高速上网需求的大企事业单位或集团用户提供的，传输带宽 2～155 M 不等。同时由于光纤接入方式的上传和下传都有很高的带宽，尤其适合开展远程教学、远程医疗、视频会议等对外信息发布量较大的网上应用。适合的用户群体主要包括居住在已经或便于进行综合布线的住宅、小区和写字楼等集中用户，以及有独享光纤需求的大企事业单位或集团用户。

2.7　无线接入

无线接入方式用户是对有线接入方式的一种延伸。下面介绍几种无线接入方式：

(1)WLAN

主要使用无线射频(RF)技术越空收发数据，减少使用电线连接。在公共开放的场所或者企业内部，无线网络一般会作为已存在有线网络的一个补充方式，装有无线网卡的计算机通过无线手段方便接入互联网。WLAN 主要面向高速数据(通常大于1 Mb/s)传输，适用用户主要是通过移动终端(如笔记本电脑)进行办公的个人用户。

(2)WAP(wireless application protocol，无线应用协议)

WAP 定义可通用的平台，主要面向拥有手机等移动通信终端用户，把目前 Internet

网上 HTML 语言的信息转换成用 WML 描述的信息，显示在移动电话的显示屏上。WAP 只要求移动电话和 WAP 代理服务器的支持，而不要求现有的移动通信网络协议做任何的改动，因而可以广泛地应用于绝大多数无线网络，包括 GSM、CDMA、CDPD、PDC、PHS、TDMA、FLEX、ReFLEX、iDen、TETEA、DECT、DataTAC 和 Mobitex 等。目前，具有 wap 功能的移动通信终端可以通过 wap 网关支持一些新业务，如短消息浏览（股票行情、天气预报、体育新闻、路况信息、航班信息等），收发电子邮件，进行电子购物等。

（3）LMDS（固定无线宽带）

这是一种微波宽带技术，因为工作在较高的频段（24 GHz～39 GHz），所以可提供很宽的带宽（达 1 GHz 以上），又被喻为"无线光纤"技术。它可在较近的距离做得更好双向传输话音、数据图像、视频、会议电视等宽带业务，并支持 ATM、TCP/IP 和 MPEG2 等标准。

（提示：2.7 的知识内容在项目九中有具体介绍）

●●●● 阅读链接

各时代的移动互联网接入方式

1G 时代

GSM(Global System of Mobile communication)：即全球移动通信系统。GSM 数字网使用窄带 TDMA 技术，普通的 GSM 移动网络为 9.6 kb/s。目前，中国移动、中国联通各拥有一个 GSM 网，利用该网上网的用户总数超过 3 亿。

CDPD(Cellular Digital Packet Data)：即蜂窝数字式分组数据交换网络。最高的通信速度能够达到 19.2 Kbps。CDPD 系统由移动终端系统(MES)、移动数据基站(MDBS)、移动数据交换系统(MDIS)和 CDPD 骨干网四部分组成，基于 TCP/IP 协议，能够很方便地接入 Internet，只需在便携机上连接一个专用无线调制解调器，即使坐在时速 100 千米的车厢内，也不影响上网。CDPD 可以支持移动上网、远程遥测、车辆调度、银行提款、无线炒股、现场服务、商业 POS 系统等。

CDMA(Code Division Multiple Access)：码分多址分组数据传输技术。基于宽带技术的 CDMA 促使移动通信中视频应用成为可能。

2G 时代

GPRS(General Packet Radio Service)：通用分组无线服务技术。使用 GPRS 无须像用 WAP 一样需先"拨号连接"且上网不能够同时使用该电话线，下载资料和通话是能够同时进行的。GPRS 用途十分广泛，包括通过手机发送及接收电子邮件，在互联网上浏览等。GPRS 的传输速率可提升至 56 Kbps 甚至 114 Kbps。

3G 时代

3G 即第三代移动通信技术，与 2G 的主要区别是在传输声音和数据的速度上的提升，它能够在全球范围内更好地实现无线漫游，并处理图像、音乐、视频流等多种媒体形式。2009 年 1 月国家工业与信息化部正式向移动、电信、联通三家运营商分别颁发了

TD-SCDMA、CDMA2000、WCDMA 三张牌照。

WCDMA(Wideband Code Division Multiple Access)：宽带码分多址技术。WCDMA 的理论传输速率下行可达 7.2 M，上行可达 5.76 M。企业用户可以通过 WCDMA 终端，在移动网络上获取更多 Internet 应用，包括 E-Mail、页面浏览、电子交易、移动办公、企业 VPN、信息服务、定位服务等。中国联通 WCDMA 网络接入点设置为 3gnet。

CDMA2000：CDMA2000 是 TIA 标准组织用于指代第三代 CDMA 的名称，适用于 3G。CDMA2000 和 WCDMA 在原理上没有本质的区别，都起源于 is-95 系统技术。但 CDMA2000 做到了对原系统的完全兼容，为技术的延续性带来了明显的好处，成熟性和可靠性比较有保障，CDMA2000 的数据理论传输速率下行可达 2 Mbps。目前中国电信采用该标准，网络接入点设置为用户名：ctnet@mycdma.cn；密码：vnet.mobi；NET 接入点是不用设置代理服务器的。

TD-SCDMA(Time Division-Synchronous Code Division Multiple Access)：时分同步码分多址技术。中国提出的第三代移动通信标准，在频谱利用率、对业务支持具有灵活性等独特优势。其数据理论传输速度下行为 2.8 Mbps。中国移动采用该标准，网络接入点设置为 cmnet。

4G 时代

4G 是第四代移动通信及其技术的简称，集 3G 与 WLAN 于一体。4G 网络分为 TD-LTE 和 FDD-LTE 两种制式，TD-LTE 更适合室内覆盖、室外扩容，FDD LTE 更适合广度覆盖。2013 年 12 月 4 日，工信部向中国联通、中国电信、中国移动正式发放了 4G 牌照，中国移动、中国电信、中国联通三家均获得 TD-LTE 牌照，此举标志着我国电信产业正式进入了 4G 时代。

用户接入 4G 网络上网的下行和上行速度分别是 100 Mbps～150 Mbps 和 50 Mbps，比 3G 速度提升了 10 多倍。同时，4G 网络的高性能催生了新的移动互联网应用。随着大数据方法的延伸和物联网技术的普及，4G 网络将在城市管理、物流运输、旅游、医疗等领域发挥更加突出的作用，智慧城市即将成为可能。在定位方面，当 4G 网络覆盖的情况下，定位可以更精准，可以通过更多的数据来进行定位操作，让误差降低到几米之内，带动 O2O、车联网等新的电子商务模式。

(资料来源：金融界 http://finance.jrj.com.cn/；百度文库 http://wenku.baidu.com/；刘艳.3G 无线接入网传输技术与解决方案[J].电信科学，2004(11)：51—54. 有改动)

2.8 HFC (Cable Modem)接入

是一种基于有线电视网络铜线资源的接入方式。具有专线上网的连接特点，允许用户通过有线电视网实现高速接入互联网。适用于拥有有线电视网的家庭、个人或中小团体。特点是速率较高，接入方式方便(通过有线电缆传输数据，不需要布线)，可实现各类视频服务、高速下载等。缺点在于基于有线电视网络的架构是属于网络资源分享型的，当用户激增时，速率就会下降且不稳定，扩展性不够。目前，我国有线电视网遍布全国，很多的城市提供 Cable Modem 接入 Internet 方式，速率可以达到 10 Mb/s 以上，但是 Cable Modem的工作方式是共享带宽的，所以有可能在某个时间段出现速率下降的情况。

表 4-2　常见接入方式用图表

接入方式	接入速率(bps)	特　点	成本	适用对象
PSTN	56 K	方便、速度慢	低	个人、办公室、小型企业
ISDN	128 K	较方便、速度慢	低	个人、中小企业
ADSL	521 K～8 M	速度较快、范围受限	较低	个人、中小企业
DDN	64 K～2 M	高速稳定可靠、费用大	高	大型企业、专业领域企业
FTTx	10 M～1 000 M	稳定高速、费用大	高	有固定场所的各类用户
WLAN	11 M～54 M	方便、不够稳定	较高	移动终端(笔记本电脑)用户
Cablemodem	8 M～48 M	高速方便、不够稳定	较低	个人、中小企业
WAP	128 K～2 M	方便、速度较慢	较低	移动终端(手机、PDA)用户

3. 互联网接入服务

3.1　Internet 域名申请注册

(1)设计选择域名类型。

(2)阅读有关域名管理和互联网管理法规条款。

(3)填写并提交盖有申请单位公章的《域名注册申请表》。提醒注意：提交域名注册信息时，要确保域名注册人单位名称与《域名注册申请表》申请者名称一致，并提供相关资料证明注册人的合法身份。若已经确定域名解析信息，同时填写《域名解析修改申请单》。

(4)域名服务商接收资料进行初审，然后将递交 CNNIC 审核。资料通过 CNNIC 审核后，域名方能注册成功，审核期间不能对域名提交续费或操作解析。

(5)完成注册缴费，即可完成域名申请流程。

●●●●● **阅读链接**

新增顶级域名表

域名	含义	域名	含义	域名	含义	域名	含义
biz	商业	coop	合作公司	pro	专用人士	museum	博物馆行业
info	信息行业	aero	航空	name	个人	cc	中国公司

3.2　虚拟主机与服务器托管

(1)虚拟主机

一般来说，企业要用自己申请的独立域名建立网站，必须投资至少一台价格不菲的服务器，而且要架设专线，由专人维护。虚拟主机是利用 ISP 提供的服务器设备以及特殊的软硬件技术，把一台运行在互联网上的服务器主机分成一台台"虚拟"的主机。每一台虚拟主机都具有独立的域名和 IP 地址，具有完整的 Internet 服务器功能。虚拟主机之间完全独立，并可由用户自行管理。在外界看来，每一台虚拟主机和一台独立的主机完全一样。因此，中小企业通过租用虚拟主机，不仅大大节省了购买机器和租用专线的费用，同时，服务器使用和维护的技术问题由 ISP 服务商负责，企业就可以不用担心技术障碍，更不必聘用专门的管理人员。

（2）主机托管

所谓主机托管，就是将购置的网络服务器，托管给一些 ISP 等网络服务机构进行网站的构建、管理与维护，每年支付一定数额的费用。主机托管可以减轻企业缺少网站设计与管理人员所带来的压力，解决网站建设后在技术支持及维护等方面可能出现的各种问题，适用于技术实力欠缺的企业构建中型网站。

4. 局域网内部 IP 地址设置

局域网内部 IP 地址设置在电子商务网络布置过程中是一项必不可少的工作。小型局域网 IP 地址设置相对比较随意。如果是大规模的局域网，IP 地址的设置就有所讲究了，因为好的 IP 地址方案不仅可以减少网络负荷，还能为以后的网络扩展打下良好的基础。现行的网络地址分为 A 类、B 类、C 类 3 类，如表 4-3 所示。IP 地址中每个字节的取值范围为 0～255。其中 0 和 255 作为具有特殊的含义而被保留了下来。在 IP 地址中，255 是代表的广播地址；如果 0 出现在网络地址末端的时候，那么这个 0 就是用来指定网络地址号；如果 0 出现在地址的开始部分的时候，那么这个 0 就是用来指定节点地址。

表 4-3　网络地址分表

网络地址分类	适用范围	特征	举例	主机数
A 类	超大型网络	第一个字节代表网络地址，后三个字节代表节点地址	202.0.0.0	16 777 216
B 类	中等规模的网络	前两个字节代表网络地址，后两个字节代表节点地址	202.197.0.0	60 000
C 类	小型网络	前三个字节代表网络地址，第四个字节代表节点地址	202.197.83.0	254

以仅由几台或十几台计算机组成的小型网络为例，此类局域网无须进行大规模的 IP 划分，一个 C 类的地址就完全够用了，也不用划分子网。具体设置过程如下：

（1）添加 TCP/IP 协议

在"控制面板→网络→配置"选项卡中单击"添加"按钮，然后在"厂商"列表中选择"Microsoft"，在"网络协议"列表框中选择"TCP/IP"，然后单击"确定"按钮并且按照系统提示放入系统安装盘或者指定系统安装文件的位置。安装完毕后重新启动计算机，TCP/IP 协议添加完成。

表 4-4　A、B、C 类网络中不同子网可以容纳的机器数量

网络类型	子网数目	占用位数	子网掩码	子网中主机数
A 类	2	1	255.128.0.0	8 388 606
	4	2	255.192.0.0	4 194 302
	8	3	255.224.0.0	2 097 150
	16	4	255.240.0.0	1 048 574
	32	5	255.248.0.0	524 286
	64	6	255.252.0.0	262 142
	128	7	255.254.0.0	131 070
	256	8	255.255.0.0	65 534

网络类型	子网数目	占用位数	子网掩码	子网中主机数
B类	2	1	255.255.128.0	32 766
	4	2	255.255.192.0	16 382
	8	3	255.255.224.0	8 190
	16	4	255.255.240.0	4 094
	32	5	255.255.248.0	2 046
	64	6	255.255.252.0	1 022
	128	7	255.255.254.0	510
	256	8	255.255.255.0	254
C类	2	1	255.255.255.128	126
	4	2	255.255.255.192	62
	8	3	255.255.255.224	30
	16	4	255.255.255.240	14
	32	5	255.255.255.248	6
	64	6	255.255.255.252	2

（2）设置分配 IP 地址

在"控制面板→网络→配置"选项卡中选中与网卡绑定了的 TCP/IP 协议，单击"属性"或者双击该协议，在 IP 地址选项卡中选中"指定 IP 地址"选项按钮。然后输入 IP 地址和子网掩码。在输入子网掩码时要注意，如果分配的是 A 类网络地址，子网掩码应该为255.0.0.0。如果分配的是 B 类网络地址，其子网掩码可以为 255.255.0.0。如果是 C 类的话，应该设置为 255.255.255.0。

在设置网络地址时，要尽量将地址设置为容量小的地址类型。如果在小型网络中采用A 类地址，就大错特错了。由于大多数的网络软件工作方式都是采用广播的方式，在用Hub 来连接的网络中，就大大提高了网络广播的概率，这样肯定会导致网络效率明显下降。如果用 C 类地址，相应的广播数据量就会更少，网络的效率就会相应较高。因此，在网络中采用合理的子网掩码来控制网络的大小是提高网络效率的一个很好的方法。表 4-4分别列出了 A 类、B 类、C 类网络中不同子网掩码可以容纳的机器数量，以供参考。

（3）重新启动计算机，IP 地址生效

如果在计算机重新启动后，能通过"网上邻居"找到邻近的计算机，说明该计算机与网络的连接是通的，可以实现局域网上的功能。如果不能，则说明该计算机的相关设置（如IP 地址设置、网卡的安装等）或与网络的物理连接有问题，需要逐步排查并解决。

5. 网络连通测试

在安装了 TCP/IP 协议之后，检查计算机间网络是否成功连接最常用的方法就是使用Ping 命令。常用的命令格式如下：

ping [－t] [－a] [－n count] [－l length] [－f] [－i ttl] [－v tos] [－r count] [－s count] [[－j computer－list] |

  [－k computer－list]] [－w timeout] destination－list

其中，参数：

—t 表示校验与指定计算机的连接，直到用户中断。

—a 表示将地址解析为计算机名。

—n count 表示发送由 count 指定数量的 ECHO 报文，默认值为 4。

—l length 表示发送包含由 length 指定数据长度的 ECHO 报文。默认值为 64 字节，最大值为 8192 字节。

—f 表示在包中发送"不分段"标志。该包将不被路由上的网关分段。

—i ttl 表示将"生存时间"字段设置为 ttl 指定的数值。

—v tos 表示将"服务类型"字段设置为 tos 指定的数值。

—r count 表示在"记录路由"字段中记录发出报文和返回报文的路由。指定的 Count 值最小可以是 1，最大可以是 9。

—s count 表示由 count 指定的转发次数的时间邮票。

—j computer—list 表示经过由 computer—list 指定的计算机列表的路由报文。中间网关可能分隔连续的计算机（松散的源路由）。允许的最大 IP 地址数目是 9。

—k computer—list 表示经过由 computer—list 指定的计算机列表的路由报文。中间网关可能分隔连续的计算机（严格源路由）。允许的最大 IP 地址数目是 9。

—w timeout 表示以毫秒为单位指定超时间隔。

destination—list 表示指定要校验连接的远程计算机。

Ping 命令通过向计算机发送 ICMP 回应报文并且监听回应报文的返回，以校验与远程计算机或本地计算机的连接。对于每个发送报文，Ping 最多等待 1 秒，并打印发送和接收报文的数量。比较每个接收报文和发送报文，以校验其有效性。默认情况下，发送四个回应报文，每个报文包含 64 字节的数据（周期性的大写字母序列）。

通常情况下，使用 Ping 实用程序就可以测试计算机名和 IP 地址。如果能够成功校验 IP 地址却不能成功校验计算机名，则说明名称解析存在问题。这种情况下，要保证在本地 HOSTS 文件中或 DNS 数据库中存在要查询的计算机名。

●●●● 阅读链接

IPv6

IPv6 是"Internet Protocol Version 6"的缩写，它是 IETF 设计的用于替代现行版本 IP 协议 IPv4 的下一代 IP 协议，它由 128 位二进制数码表示。单从数量级上来说，IPv6 所拥有的地址容量是 IPv4 的约 8×10^{28} 倍，达到 2^{128} 个，这不但解决了网络地址资源数量的问题，同时也为除电脑外的设备连入互联网在数量限制上扫清了障碍。

对比 IPv4，IPv6 有如下优点：简化的报头和灵活的扩展；层次化的地址结构；即插即用的联网方式；网络层的认证与加密；服务质量的满足；对移动通信更好的支持。

IPv6 技术应用主要体现在如下方面：

（1）在视频监控上的应用

IPv6 协议支持网络摄像终端具备了更大的生命力。例如，IPv6 传输与用户监测、监测高质量视频(HDTV)点播与服务器技术，可以应用于高质量视频会议等。

　　(2)在智能终端/物联网上的应用

　　IPv6的"即插即用"的地址分配方式及巨大的地址空间可以满足智能终端的需求。例如基于IPv6的数字制图系统、无线射频识别技术应用。

　　(3)在ISP网络上的应用

　　包括IPv6骨干和接入试验网。如：IPv6门户业务、即时消息、IPv6上的话音业务等。

　　(4)在3G移动业务上的应用

　　IPv6是发展3G移动通信的必要工具，如P2P电子商务应用等。

　　(5)在电子商务安全上的应用

　　其内置IPsec可在IP层上对数据包进行高强度安全处理，实现，使用AH报头和ESP报头来保护IP通信安全，可以实现包括应用程序、路由和VPN组网应用的安全。

　　(资料来源：胡康秀，王兵贤.IPv6协议在电子商务中的应用及其前景[J].商场现代化，2007/2Z：120—121)

任务扩展

　　假如你就是小伟，在完成上述任务之后，请你将自己的工作过程进行书面总结，形成一篇电子商务网络设备布置方案，具体谈一谈你的工作过程。要求内容翔实，格式规范。

任务四　编写电子商务网络维护方案

任务分析

　　1. 为什么要编写电子商务网络维护方案？

　　电子商务网络问题除了出现在初期建设过程中之外，更多的问题是出现在平时运行过程中的。因此，一套完整的电子商务网络解决方案并非仅仅意味着向用户提供如何解决电子商务网络建设问题的解决方案，更重要的是要包括如何保障电子商务网络持续可靠运行的解决方案。因此，电子商务网络维护方案是对前期建设方案的有益补充，同时又是为后期电子商务活动环境良性运转提供制度支持和行动指南，尤其是对一线的网络管理人员给予指点和帮助。所以，提供商在向用户提供建设方案的同时，还应对网络维护方面的工作提出合理化建议，这是提供商应该尽到的责任。

　　2. 电子商务网络维护方案应该编写哪些内容？

　　电子商务网络维护方案编写的内容主要包括以下方面：电子商务网络基本情况概述；电子商务网络维护目标；电子商务网络维护对象和内容；电子商务网络管理维护机制；电子商务网络管理维护实施细则；电子商务网络管理维护注意事项。电子商务网络维护方案的编写人员应准确掌握上述内容，力求编写一份内容完整的文案。

　　3. 编写电子商务网络维护方案有哪些要求？

　　编写电子商务网络维护方案应该遵循以下要求进行：网络维护方案内容应以企业现有网络实际状况为依据，坚决杜绝主观杜撰；编写电子商务网络维护方案必须要有明确的针对性，清晰明确；电子商务网络维护方案应具备较强的可行性，在技术、经济和组织管理等方面容易实现；电子商务网络维护方案应便于一线网络管理维护人员阅读理解和执行操作。提供商负责编写维护方案的人员都应严格遵守上述编写要求，争取编写一份规范的文案。

任务实施

阶段一　编写电子商务网络维护方案初稿

步骤1　获取编写维护方案的基础资料

电子商务网络管理维护工作要依靠一系列制度规范的指导，而制定制度规范的书面依据就是提供商提供的电子商务网络维护方案。在正式开始编写初稿之前，首先应获取必要的文案支撑材料，具体内容应从以下几个方面完成：

(1)有关电子商务网络基本设计要求和设计思路的资料。

(2)有关电子商务网络各项硬件设备基本性能和运行操作说明的资料。

(3)有关电子商务网络各项软硬件实际配置状况的资料。

(4)有关电子商务网络各项软硬件设备常见问题以及解决处理办法的资料。

步骤2　编写方案初稿

资料获取完成之后，编写人员通过讨论和分析整理，保留有用的资料之后，又可以进行网络维护方案初稿的编写了。编写工作可以按照如下方面进行：

(1)明确编写目的。

(2)提出电子商务网络维护方案基本格式框架。

(3)按照编写要求编写电子商务网络维护方案的具体内容。

需要注意一点的是，编写执笔工作最好选择一名专门的文档编写人员完成，以保证方案文路的连贯性。

阶段二　修改完成终稿

初稿完成之后，编写人员应将其提交给负责电子商务网络整体解决方案的项目负责人。由项目负责人组织修改，然后形成终稿，并将终稿和前期其他文案一起制作成电子商务网络解决方案的整体文案移交给企业留存。如果维护方案中出现难以实现或不便执行的内容，则必须同企业进行详细沟通，修改完善直至符合企业用户的实际需要为止。具体工作可以从以下几个方面进行：

(1)项目组织内部评估，对报告内容、格式等方面进行初步修改。

(2)制成一份规范文案，并与其他文案一起反馈给企业，让企业相关人员进行评阅。

(3)提供商组织双方沟通，回收企业方面提出的修改意见。

(4)修改直至完成终稿。

(5)将终稿分别制成两份规范文本，一份作为反馈材料移交给企业客户，一份作为提供商案例文档备份留存。

知识要点

1.电子商务网络维护方案的编写内容

1.1　电子商务网络管理维护涉及的主要问题

由于传统行业的多数人员网络应用水平不高，因此，电子商务网络系统的维护工作就显得尤为重要。通常情况下，企业电子商务网络应用过程中普遍存在下列问题：

（1）缺乏规范管理，导致维护及维修成本高，无序管理造成网络设备资源无谓耗费。

（2）缺乏专业、专人管理，人工维护成本高，人员流动大，连续性差。

（3）网络问题的管理维护随意性大，常常由于网络的问题，而影响正常业务的运行。

（4）网络安全没有足够重视，网络病毒防范不强，互联网及局域网的隔离不够，直接将本单位资源裸露在互联网上。

（5）资源备份意识不强，常常由于系统的损坏而导致重要文件丢失。

（6）技术人员对新软件的应用水平参差不齐，经常性的本单位整体培训、交流不够。

（7）与外部交流少，软硬件的发展应用不足。

（8）其他方面。

1.2　电子商务网络管理维护的主要内容

电子商务网络管理维护的内容包括各种硬件设施和系统软件的日常维护；建立网络安全系统与备份系统；建立规范化、标准化的网络管理模式；各种软硬件设备的更新升级；打印机等外围设备的日常维护；技术支持与培训，等等。具体内容如下：

（1）网络基础设施管理和维护

保证网络通信传输畅通；记录局域网主干设备的配置情况及配置参数变更情况，备份各个设备的配置文件；对运行关键业务网络的主干设备配备相应的备份设备，并配置为热后备设备；网络布线配线架的管理；记录用户端设备接入网络的情况；网络内用户和部门位置变更管理；记录与外部网络的链接配置，监督网络通信状况，发现问题后与有关机构及时联系；实时监控整个局域网的运转和网络通信流量情况；制定、发布网络基础设施使用管理办法并监督执行情况。

（2）网络操作系统管理与维护

提出管理工具软件，实时监督系统的运转情况，及时发现故障征兆并进行处理；记录网络系统配置情况及配置参数变更情况，对配置参数进行备份；动态调整系统配置参数，优化系统性能；为关键的网络操作系统服务器建立热备份系统，做好防灾准备。

（3）网络应用系统管理和维护

记录、备份系统配置参数；定期备份系统业务数据；建立和配置系统硬件的热备份；对用户访问频率高、系统负荷大的网络，提出负载分担的技术措施。

（4）网络用户管理和维护

用户的开户与撤销管理；用户组的设置与管理；用户使用系统服务和资源的权限管理和配额管理；用户计费管理；以及包括用户桌面联网计算机的技术支持和用户技术培训服务的用户端支持服务。

（5）网络安全保密管理

配置管理系统防火墙；配置入侵检测软件系统；配备网络安全漏洞扫描系统；与外部公共计算机网络绝对隔离的物理措施；对安置涉密网络计算机和网络主干设备房间采取的安全措施；对涉密网络用户的工作情况的监控管理。

（6）信息存储备份管理

定期手工操作备份；建立存储备份系统，进行集中式的备份管理。

（7）网络机房管理

记录机房数据通信电缆布线情况；记录机房设备供电线路安排；网络机房的温度、湿度和通风等工作环境管理；网络机房内各种设备正常运转保障措施；网络机房防火安全措施；在外部供电意外中断和恢复时，实现在无人值守情况下保证网络设备安全运行；保持机房整洁有序，按时记录网络机房运行日志，制定网络机房管理制度并监督执行。

1.3 提供商向用户提供的电子商务网络保障服务

提供商向用户提供的常见电子商务网络保障服务可以包括以下几个方面的内容：

(1)建立专门企业网络维护服务中心，由专业人员与队伍来保证对客户的及时服务。

(2)保证各类问题及时响应服务。

(3)服务有电话支持、网络支持、现场服务。

(4)通过电话服务对客户的故障设备做出基本故障判定、故障排除、操作指导的服务。

(5)通过电子邮件等网络交流方式向客户提供技术支持。

(6)及时提供现场服务，排除故障。

任务扩展

假如你就是小伟，在完成上述任务之后，请你就以下问题查阅相关资料，并尝试回答下列问题：

(1)中小型企业网络维护工作与大型企业网络维护工作的重点有没有不同之处？有何不同之处？

(2)如何保证电子商务网络维护方案中提及的内容顺利地实现？

(3)如果用户提出不需要电子商务网络维护方案，如何说服对方接受网络维护方案？

●●●● 项目评价

表一　任务完成情况表

任务一	是否完成	是( )　　否( )
你认为通过本任务掌握的最有价值的内容是：		
你认为本任务中需要进一步了解或掌握的内容是：		
你在任务完成过程中遇到的问题是：		
你是如何解决问题的：		

表一(续一)

任务二	是否完成	是（　　） 否（　　）
你认为通过本任务掌握的最有价值的内容是：		
你认为本任务中需要进一步了解或掌握的内容是：		
你在任务完成过程中遇到的问题是：		
你是如何解决问题的：		

表一(续二)

任务三	是否完成	是（　　） 否（　　）
你认为通过本任务掌握的最有价值的内容是：		
你认为本任务中需要进一步了解或掌握的内容是：		
你在任务完成过程中遇到的问题是：		
你是如何解决问题的：		

表一（续三）

任务四		是否完成	是（　　） 否（　　）
你认为通过本任务掌握的最有价值的内容是：			
你认为本任务中需要进一步了解或掌握的内容是：			
你在任务完成过程中遇到的问题是：			
你是如何解决问题的：			

表二　能力自评表

核心能力	评价指标	评价等级 （A 通过；B 基本通过；C 未通过）	备注
自我学习能力	1. 学会阅读理解专业文档和产品说明	A（　） B（　） C（　）	
	2. 灵活运用所学知识	A（　） B（　） C（　）	
	3. 能发现自己的问题和不足	A（　） B（　） C（　）	
	4. 学会处理实际操作过程中出现的突发问题	A（　） B（　） C（　）	
专业编辑写作能力	1. 能够合理组织专业语言撰写专业书面文档	A（　） B（　） C（　）	
	2. 能运用书面语言清楚表达自己的思想和观点	A（　） B（　） C（　）	
	3. 能严格遵守编写要求，制作规范文案	A（　） B（　） C（　）	
专业认知能力	1. 能准确表述电子商务网络布置的基本程序	A（　） B（　） C（　）	
	2. 能准确表述电子商务网络设计方案和配置方案的基本内容	A（　） B（　） C（　）	

续表

核心能力	评价指标	评价等级 （A 通过；B 基本通过；C 未通过）			备注
专业分析设计能力	1. 能充分利用各种方法途径收集所需材料和原始数据	A（　）	B（　）	C（　）	
	2. 能运用合理方法分析处理材料数据	A（　）	B（　）	C（　）	
	3. 能根据分析结果，设计中小企业电子商务网络解决方案	A（　）	B（　）	C（　）	
专业实践操作能力	1. 能准确阅读电子商务网络设计方案，并按照书面方案布置中小企业电子商务应用网络	A（　）	B（　）	C（　）	
	2. 能购买和合理配置电子商务网络设备	A（　）	B（　）	C（　）	

●●●●● 项目巩固

术语学习

Modem	调制解调器
Gateway	网关
Firewall	防火墙
OSI（Open System Interconnect Reference Model）	开放式系统互联参考模型
ARP 协议（Address Resolution Protocol）	地址解析协议
RARP 协议（Reverse Address Resolution Protocol）	递向地址解析协议
HTTP（Hyper Text Transfer Protocol）	超文本传输协议
FTP（File Transfer Protocol）	文件传输协议
DNS（Domain Name System）	域名系统
SMTP（Simple Message Transfer Protocol）	简单邮件传输协议
BBS（Bulletin Board System）	电子公告牌系统
HTML（Hyper Text Markup Language）	超文本标记语言
VRML（Virtual Reality Modeling Language）	虚拟现实建模语言
ASP（Active Server Pages）	动态服务器主页
CGI（Common Gateway Interface）	公共网关接口
XML（Extensible Markup Language）	可扩展标记语言
DDN（Digital Data Network）	数字数据网
ISDN（Integrated Services Digital Network）	综合业务数字网
PSTN（Published Switched Telephone Network）	公用电话交换网

同步强化

假如你现在是一名专门负责中学校园网络解决方案的工程师。公司希望你能为本地声誉较高的高中提供校园网络建设解决方案，完成下列工作任务：

(1)选择一所高中，通过各种渠道收集相关资料，考察分析该高中的网络运行现状，分析其网络建设需求。

(2)提出书面形式的校园网络建设方案，并绘制网络拓扑图。

(3)提出书面形式的校园网络设备配置方案或更新方案。

(4)提出校园网络日常维护书面建议。

项目五
电子商务系统解决方案

●●●●● **项目目标**

知识目标

1. 服务器操作系统与数据库的基本类型及其特征。

2. 电子商务系统开发所需的主要技术类型及其特征。

3. 电子商务应用系统类型及其应用特征。

能力目标

1. 能合理选配软件，构建电子商务系统基础运行平台。

2. 能选择合理开发技术工具，构建电子商务开发平台。

3. 能根据企业电子商务需求开发或选择合适应用系统，构建电子商务应用平台。

●●●● **项目描述**

在顺利地完成了电子商务网络解决方案工作之后不久，该公司又找到了小伟。由于该公司很快发现了互联网的优势，希望进一步拓展自己的信息化应用，打算建设一个能够实现一定对外商务交互能力的电子商务门户网站。因此，该公司希望他能在目前的技术条件下，帮助自己搭建电子商务系统平台，依托 Web 技术建设电子商务网站。如果进展顺利，公司还希望小伟进一步把 Web 系统与本公司数据库，以及现有内部 OA 系统和 CRM 系统有机地结合起来，构建一个相对完整的电子商务系统体系。

●●●● **项目分解**

通过分析，该项目可以分解为以下几个任务完成：

任务一 构建电子商务系统基础运行平台

任务二 构建电子商务系统开发平台

任务三 构建电子商务应用系统

任务一 构建电子商务系统基础运行平台

任务分析

1. 为什么要构建电子商务系统基础运行平台？

正如剧院和舞台为舞蹈演员提供最基本的表演环境一样，电子商务系统基础运行平台为企业电子商务活动的开展提供了最基本的软件环境。电子商务活动需要通过一定的应用系统实现，而应用系统的正常运行不仅需要物理硬件环境的支持，还需要软件环境的支持。离开了基础运行平台，前期投入的各项物理硬件设备只能是一堆毫无用处的废铜烂铁。因此，所有电商应用系统开发人员必须事先弄清楚未来系统运行的基本环境，进而才能选择与该环境相适合的开发技术和工具，完成开发设计工作。

2. 如何构建电子商务系统基础运行平台？

电子商务系统基础运行平台的基本构成包括服务器操作系统，服务器管理控制平台（软件），服务器数据库以及浏览器四部分组成。实际上，由于这些软件所采用的技术之间有很强的关联性；同时，不同提供商采用的技术类型有所差异，结果就造成了电子商务系统基础运行平台并不是完全建立在开放性技术条件下的，四个组成部分之间存在着很强的兼容性问题。因此，构建电子商务系统基础运行平台，在很大程度上就演变成了根据企业用户的实际需求选择不同提供商的软件产品及服务组合，甚至是选择结果还会影响到电子商务系统开发技术的选择。所以，电子商务应用系统开发人员都应在充分考虑用户实际情况的前提下，合理的选择软件组合，构建电子商务系统基础运行平台。

任务实施

阶段一　选择配置服务器操作系统

步骤1　服务器操作系统选型

电子商务系统基础平台的构建首先从服务器操作系统的选配开始。服务器操作系统为接下来所有软件的运行提供了最基本的软件环境支持，因此，该项工作是一项承前启后、不可小视的工作。具体工作应从以下方面进行：

(1)获取有关服务器操作系统的相关资料，了解其类型、功能特征等相关情况；

(2)获取有关用户操作环境的相关资料，结合(1)中资料内容综合分析确定操作系统的基本要求；

(3)根据分析结果选购合适的服务器操作系统。

步骤2　安装配置服务器操作系统

服务器操作系统的安装配置工作可以从以下方面进行：

(1)详细阅读安装说明书，并检查服务器硬件配置标准是否达到安装要求；

(2)严格按照安装说明书要求，安装服务器操作系统；

(3)按照说明书要求，完成对服务器操作系统基本功能的配置。

阶段二　选择配置服务器管理控制平台

步骤1　服务器管理软件选型

要想使服务器正常发挥其管理控制作用，除了安装配置操作系统之外，还必须创建管理运行环境，即需要选择配置专门的服务器管理控制平台软件。而根据不同的服务器操作系统和管理需求，选择的管理控制平台软件也不相同。具体工作应从以下方面进行：

(1)获取有关服务器管理控制平台软件的相关资料；

(2)分析服务器管理控制基本要求，及其与操作系统的兼容情况；

(3)根据分析结果选购合适的服务器管理控制平台软件。

步骤2　安装配置服务器管理软件

服务器管理软件是保证服务器进行正常工作的基础。具体工作可以按照以下环节进行（以 IIS7.0 为例）：

(1)安装服务器管理软件 IIS7.0(操作系统环境为 Windows Sever 2008)

①打开 windows server 2008 的控制面板→管理工具→服务器管理器，如图 5-1 所示。

②在"服务器管理器"中找到"角色"选项卡，右击选择→添加角色，如图 5-2 所示。

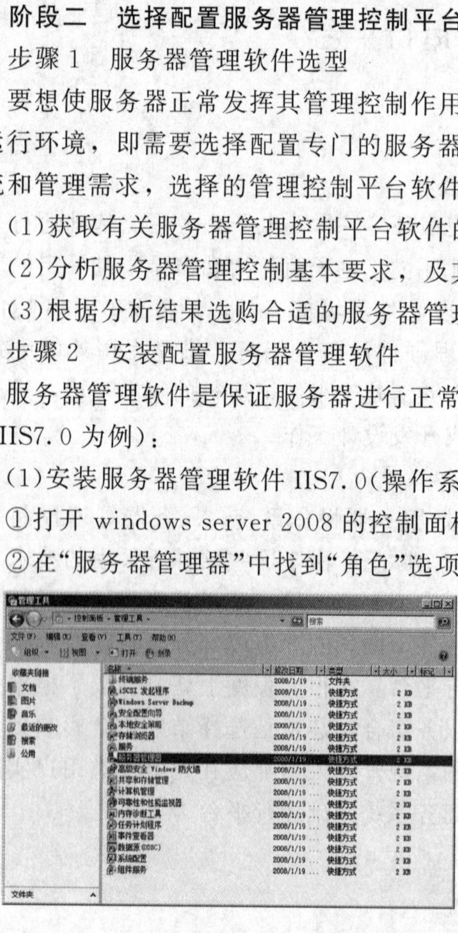

图 5-1 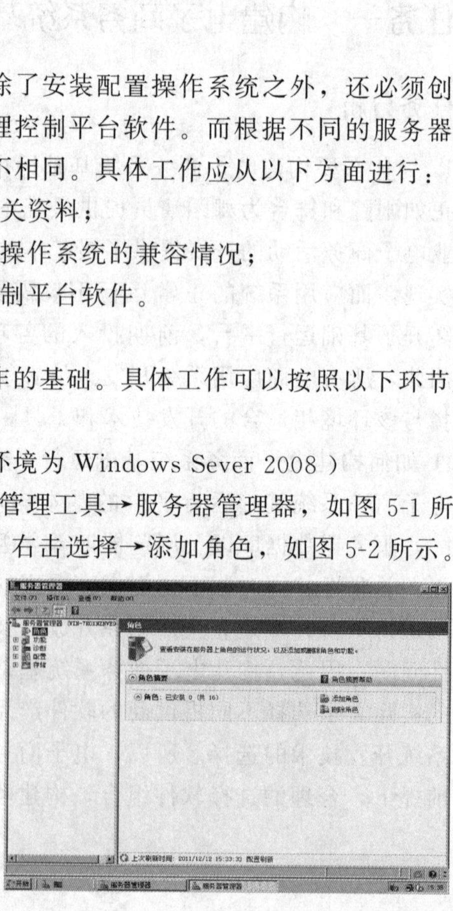　　　　　　　　　　　　　　　　图 5-2

③单击"添加角色"，按照添加角色向导指示，逐步完成相应配置，如图 5-3 至图 5-5 所示。

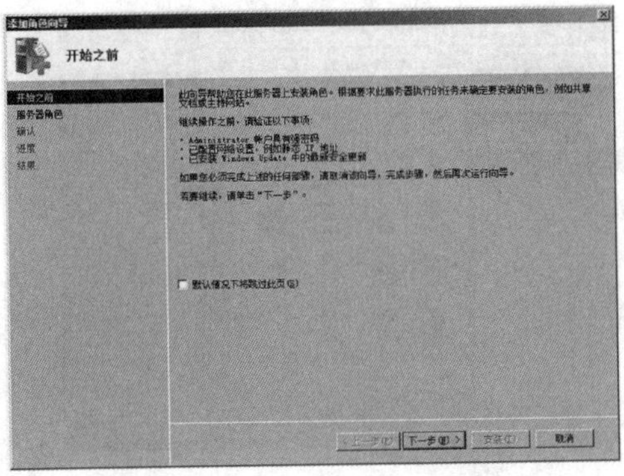

图 5-3

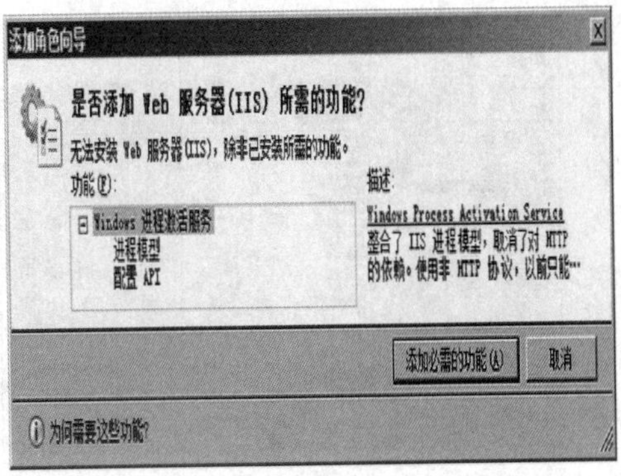

图 5-4

④选择"Web 服务器(IIS)"，切换到下面的"角色服务"，便可以看到它的默认安装角色，自己也可以自定义选择，如图 5-6 至图 5-7 所示。

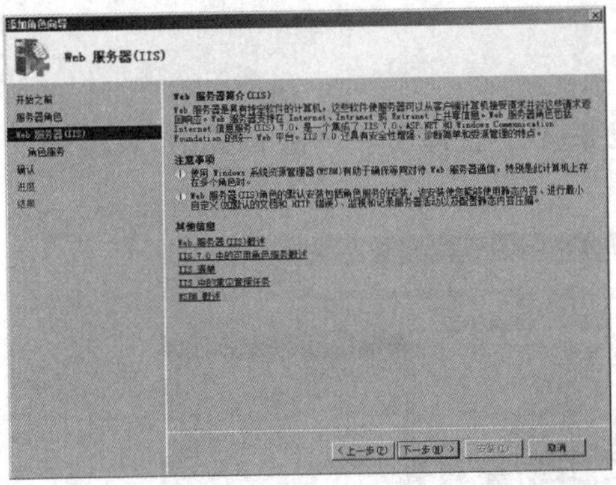

图 5-5

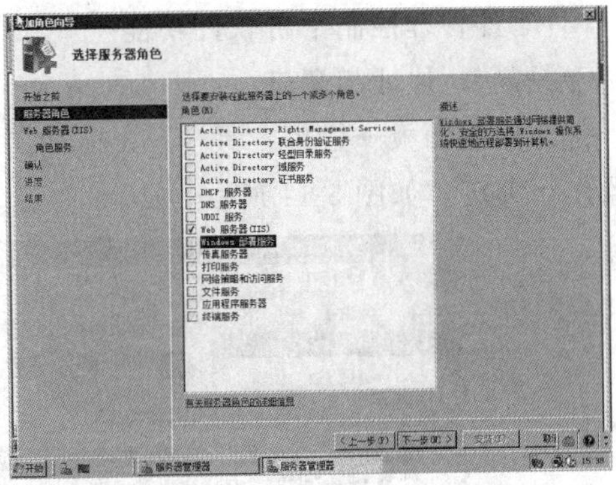

图 5-6

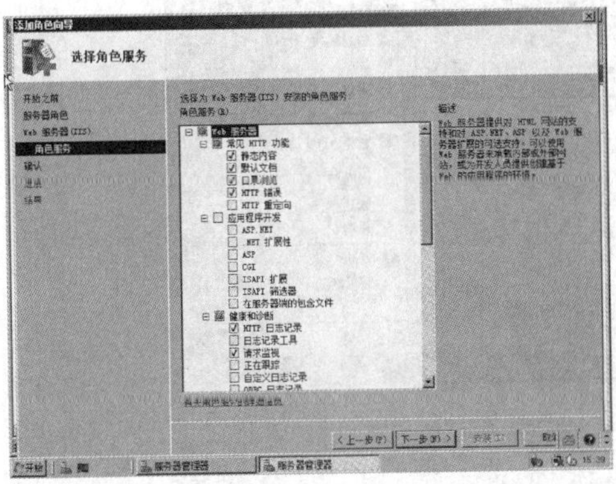

图 5-7

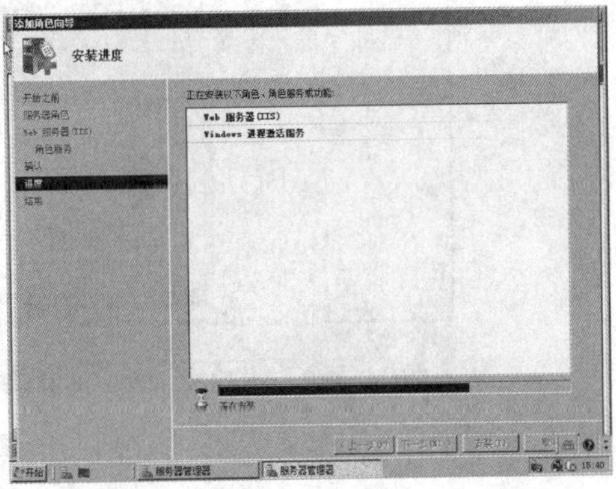

图 5-8

⑤单击下一步按钮，服务器便会自动找到并识别软件包，进行自动安装，如图 5-8 至图 5-9 所示。

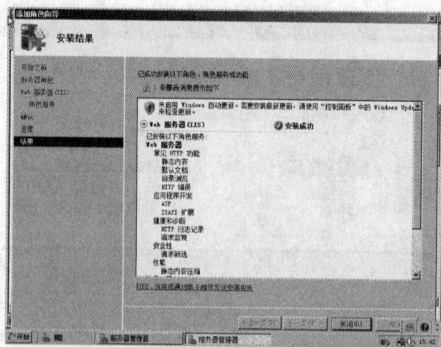

图 5-9

图 5-10

⑥执行打开→管理工具→internet 信息服务管理器即可以打开如下界面，如图 5-10 所示。

（2）配置管理控制平台软件功能

①配置 IP 地址和端口

打开控制面板→管理工具→Internet 信息服务（IIS）管理器→单击 Default WebSite→设置操作→绑定，如图 5-11 所示。

图 5-11

②配置主目录

选择默认网站，单击右边的高级设置，即可进行主目录的设定，如图 5-12 所示。如果要架设网站，可以将网站程序放在非操作系统盘（C 盘）的其他盘符上，然后将默认网站的物理路径设为你网站程序所在文件夹即可，如图 5-13 至图 5-14 所示。这样，通过 IP 或域名浏览时便可以调用程序，访问网站了。

图 5-12

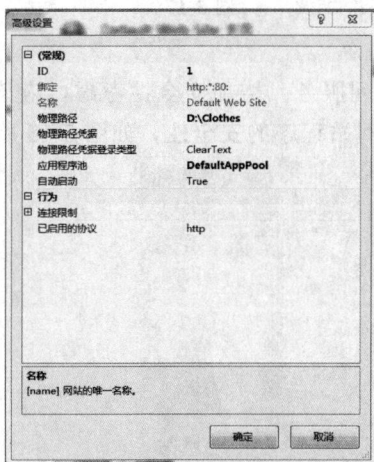

图 5-13

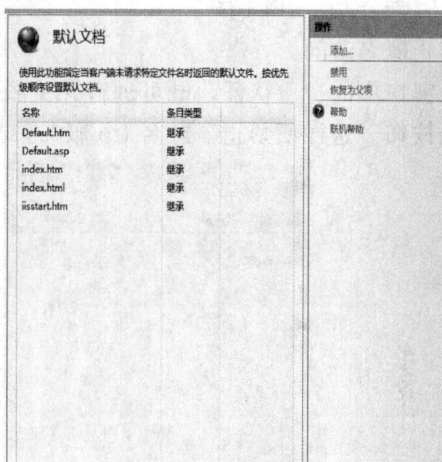

图 5-14

③配置默认文档

IIS 默认支持的是 html，对 asp/asp. net /php/java 要进行增添默认文档才行。单击功能页面中的"默认文档"图标，单击添加需要添加的文档，如此处添加 index.asp，然后确定，上移到顶端即可这样会优先选择，如图 5-15 所示。

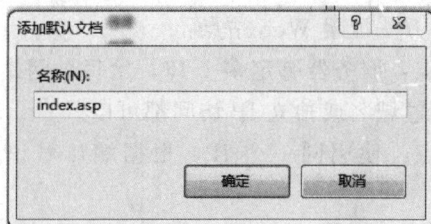

图 5-15

④配置自定义错误页

单击功能菜单中的"错误页"按钮，然后单击右边操作中的编辑，然后在打开的菜单中选择一个物理路径，或指定本网站的一个子路径，或进行 302 重定向也可以，便实现了自定义错误页，如图 5-16 至图 5-17 所示。

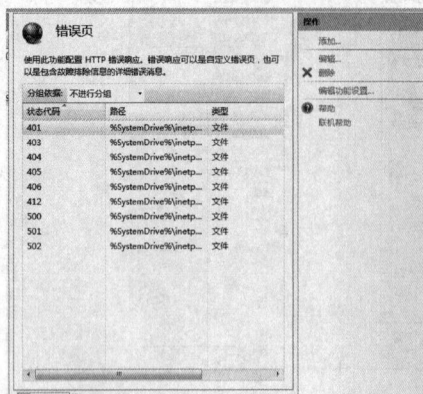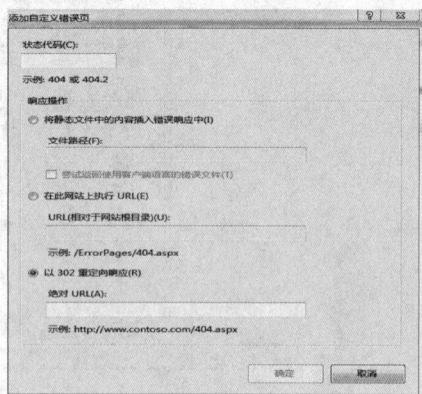

图 5-16　　　　　　　　　　　　　　　　　图 5-17

⑤禁止匿名访问

单击窗口中的身份认证，既可进行开关匿名访问服务。增加安全性考虑，应该单击右边的禁止按钮。这样便禁止了匿名 ftp 服务，提高网站程序的安全性，如图 5-18 所示。

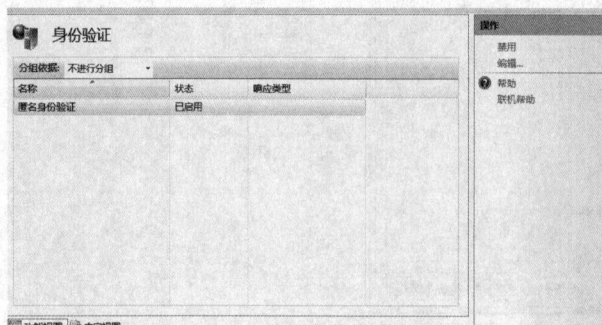

图 5-18

⑥SSL 证书申请

单击窗口的服务器证书按钮，然后单击右边的创建证书申请，填写信息既可以进行服务器证书的 申请操作。

⑦配置 Web 站点

我们可以通过如下四种方法配置 Web 站点：

● 根据 IP 地址部署站点：服务器绑定多个 IP，给每个网站分配不同 IP 即可，访问方式如果都做了解析，可以通过域名或独立 IP 访问都可以。

● 根据端口号部署站点：使用同一个 IP，根据端口号识别不同的站点，访问方式 http：//domain：端口号。

● 根据主机头名部署站点：只有一个 IP，申请多个域名，根据不同主机头名访问不同的站点，访问方式就是输入域名。

● 根据虚拟目录部署站点：在网站下面建立不同的虚拟目录，可以访问到不同的站

点。访问方式：http：//domainname.com/虚拟目录名

我们可以通过操作菜单栏下的绑定来进行 web 站点的定义，如图 5-19 至图 5-21 所示。

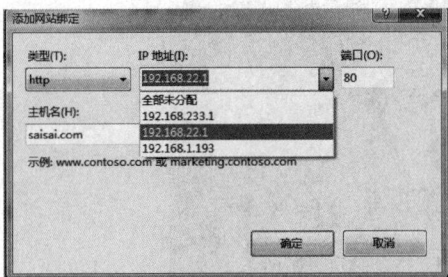

图 5-19

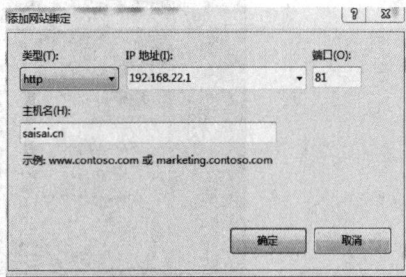

图 5-20

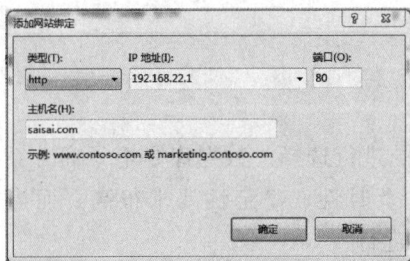

图 5-21

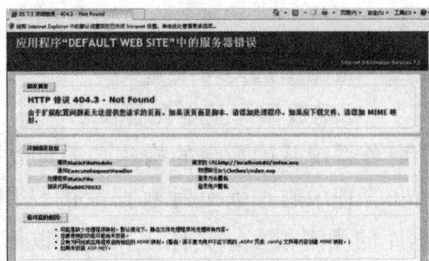

图 5-22

接下来，我们可以通过输入 127.0.0.1 或 localhost 或单击默认网页中操作栏目下的"浏览"按钮来查看，我查看我们指定的主目录的网页，如图 5-22 所示，出现 404.3 的错误，则说明没有启用 asp 的组建，所以脚本不支持。

解决方法是返回服务器管理→增加"asp"和"isapi 扩展"组件→安装→重新启动 IIS→启用父路径，右边菜单选择"true"→单击右边操作菜单栏的"应用"按钮→单击操作菜单栏的"浏览"按钮，如图 5-23 至图 5-24 所示。若出现图 5-25 所示图标画面，则说明配置成功。

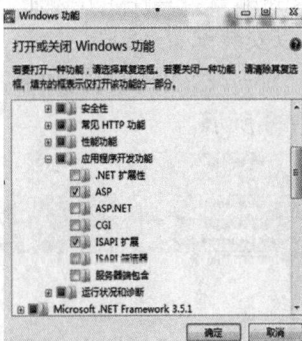

图 5-23

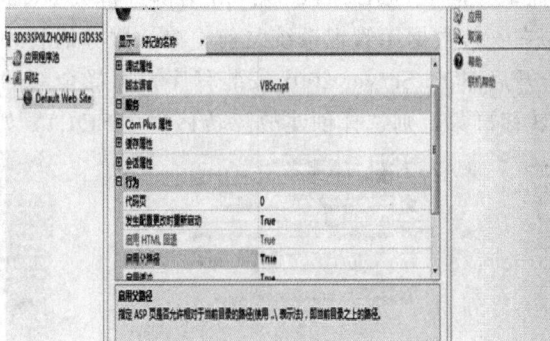

图 5-24

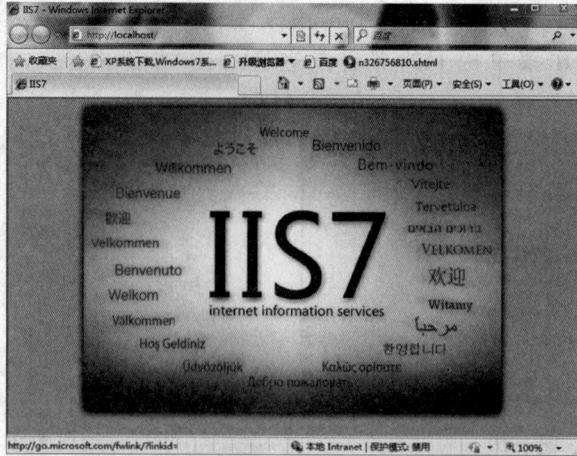

图 5-25

阶段三 数据库选型与配置

步骤1 明确数据库基本配置要求

电子商务系统基础平台的构建必须对数据库的进行选择。数据库是电子商务系统数据的集散地和管理中心,因而对数据库的易用性、及时性、稳定性要求很高。而当前常用Web数据库的类型很多,具体工作应从以下方面进行:

(1)获取当前常用Web数据库相关资料,了解数据库类型、功能特征等相关情况;

(2)结合已构建的服务器操作系统环境以及系统开发要求,提出数据库选型配置要求。

步骤2 数据库选型

对数据库进行选型的工作可以从以下方面进行:

(1)获取有关同类系统数据库运行效果的相关资料;

(2)获取有关数据库产品市场行情的资料;

(3)对资料进行综合对比分析,并根据分析结果选购合适的数据库系统。

步骤3 安装配置数据库

在此,我们以SQL Server 2008为例进行数据库的安装和配置。具体工作如下:

(1)在安装数据库管理系统之前,确认服务器管理器中以安装配置.NET。

(2)开启SQL Server 2008安装程序,选择全新的SQL Server 2008安装(如果准备好了故障转移群集,则选择创建故障转移群集SQL),如图5-26所示。

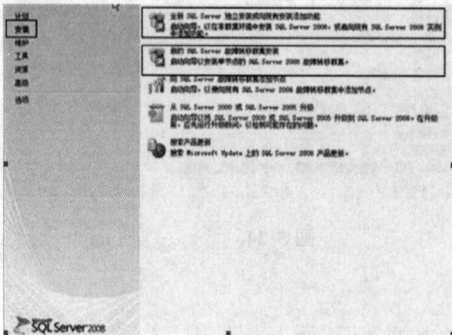

图 5-26

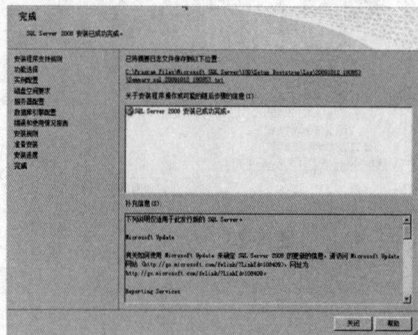

图 5-27

（3）根据安装向导提示，逐步完成安装前的各种检查程序，并完成数据库类型与管理工具的选择，设置账户信息。

（4）对安装信息进行预览，确认无误后，进行软件安装，安装完成效果如图 5-27 所示。

（5）打开 smse 管理工具，在防火墙中新建入站规则（端口选择 1433），就可以开始客户端的操作了。

阶段四　选择配置浏览器

除了上述基本环境构建之外，还有一项需要注意的问题，即选配浏览器。该项工作主要在 B/S 结构环境要求下完成，在此不做赘述。

知识要点

1. 服务器操作系统选型

服务器操作系统主要分为四大流派：Windows、UNIX、Linux、NETWARE。但由于 NETWARE 属于早期局域网专用的服务器操作系统，目前基本上已很少使用，实际上运用较多的仅是前三大流派。

1.1　Windows 服务器操作系统

目前，微软公司的服务器操作系统已经形成了一套产品系列，可针对不同企业的不同需求提供针对性的服务器操作系统解决方案。具体包括：Windows Server 2003（2003）；Windows Server2008（2008）；Windows Home Server（2008）；Windows HPC Server 2008（2010）；Windows Small Business Server（2011）；Windows Essential Business Server；Windows Server 2012（2012）；Windows Server 2012 R2（2013）。下面就重点介绍一下其中的五款。

（1）Win2003/Advanced Server

Win2003/Advanced Server 继承了人性化的 WinXP 界面，对于原由内核处理技术进行了更大程度的改良，在安全性能上相对以前版本也有很大的提升，在管理功能上增加了许多流行的新技术。目前仍是不少中小企业正在使用的服务器版本。

（2）Windows Server 2008 R2

Windows Server 2008 R2 是微软公司针对 Windows 7 发布的服务器版本。相比之前的版本，继续提升了虚拟化、系统管理弹性、网络存取方式，以及信息安全等领域的应用，其中有不少功能需搭配 Windows 7。

Windows Server 2008 R2 重要新功能包括：Hyper-V 加入动态迁移功能；强化 Power-Shell 对各服务器角色的管理指令。其他特色包括：Hyper-V 2.0—虚拟化的功能与可用性更完备；Active Directory Administrative Center、离线加入网域、AD 资源回收筒　AD 强化管理接口与部署弹性；Windows PowerShell 2.0 与 Server Core—Server Core 模式支持.NET；Remote Desktop Services—提升桌面与应用程序虚拟化功能；DirectAcess—提供更方便、更安全的远程联机通道；BranchCache—加快分公司之间档案存取的新做法；URL-based QoS—企业可进一步控管网页存取频宽；BitLocker to Go—支持可移除式储存装置加密；AppLocker—个人端的应用程序控管度更高。

（3）Windows Essential Business Server

Windows Essential Business Server 是微软为中型企业设计的服务器解决方案（最多支持 300 个用户或设备）。该系统基于 Windows Server 2008，分为标准版和高级版。标准版包括三个安装了 Microsoft Exchange Server 2007、Microsoft System Center Essentials、Microsoft Forefront Security for Exchange Server 和 Forefront Threat Management Gateway 的标准版 Windows Server 2008。高级版在标准版的基础上增加了一个标准版 Windows Server 2008 和一个标准版 Microsoft SQL Server 2008。

Windows Essential Business Server 有一个管理控制台，能监控客户机和服务器。第三方软件同样能在这个控制台内呈现一个面向该软件自身的管理界面。Computer Associates 和 Symantec 将会将这个管理控制台分别用于它们的 CA ARCserve Backup、Symantec Backup Exec 和 Symantec Endpoint Protection。此外，该系统还包括 Remote Web Workplace，可以使 IT 技术支持人员轻而易举地建立起安全性增强的远程访问的功能。

（4）Windows Small Business Server（2011）

Windows Small Business Server(2011)，可以支持 19 种语言，是适用于用户少于 25 人的小型企业服务器系统解决方案。该系统提供了和 Windows SBS 2003 相类似的特性，内置 Exchange 和 SharePoint 2010，并将操作系统升级到 Windows Server 2008 R2，同时改善了远程访问，加入 Outlook Web、SharePoint 2010 Office Web 应用程序新版，这意味着安装了 SBS 的服务器都可以通过浏览器提供在线版的 Word，Excel 和 PowerPoint 文档编辑器。为了提供更好的云服务，SBS 2011 软件包还整合可微软 Office 365，该功能通过"Office 365 Integration Module for SBS Essentials"组件实现。

（5）Windows Server 2012/R2（2013）

Windows Server 2012 是 Windows 8 的服务器版本，也是 Windows Server 2008 R2 的继任者。该操作系统已经在 2012 年 8 月 1 日完成编译 RTM 版，并且在 2012 年 9 月 4 日正式发售。Windows Server 2012 简化了用户界面管理，建立了全新的任务管理器，在安装选项上实现了命令提示符与图形界面的随意切换、增加了 IP 地址管理，可以发现、监控、审计和管理在企业网络上使用的 IP 地址空间。在 Active Directory Hyper-V、ReFS、IIS、可扩展性和存储等方面都做了不同程度的优化改进或创新。

Windows Server 2012 R2 是 Windows Server 2012 的升级版本。Windows Server 2012 R2 功能涵盖服务器虚拟化、存储、软件定义网络、服务器管理和自动化、Web 和应用程序平台、访问和信息保护、虚拟桌面基础结构等。

1.2　UNIX 服务器操作系统

UNIX 系统是一个强大的多用户、多任务操作系统，支持多种处理器架构的分时操作系统，最早于 1969 年在 AT&T 的贝尔实验室开发。目前它的商标权由国际开放标准组织所拥有，只有符合单一 UNIX 规范的 UNIX 系统才能使用 UNIX 这个名称，否则只能称为类 UNIX(UNIX-like)。

UNIX 的系统流行的版本众多，我们在此只介绍其中市场占有率较高的几个版本。

（1）IBM-AIX

AIX(Advanced Interactive eXecutive)是 IBM 开发的一套 UNIX 操作系统。它符合 Open group 的 UNIX 98 行业标准，通过全面集成对 32 位和 64 位应用的并行运行支持，

为这些应用提供了全面的可扩展性。它可以在所有的 IBM～p 系列和 IBM RS/6000 工作站、服务器和大型并行超级计算机上运行。目前最新版本是 2010 年发布的 AIX 7.1 版。

AIX 是业界公认的优秀的 UNIX 操作系统，是真正的第二代 UNIX，具有性能卓越，易于使用，扩充性强，适合企业关键应用等众多优点。其在技术上具有许多超越传统 UNIX 的功能，包括模块化内核、动态调整内核、多线索内核、实时处理、高效率的 I/O、安全性能、日志文件系统、存储管理（包括镜像技术、条带化）、系统管理和在线帮助查询等功能，

（2）SUN Solaris

Solaris 是 SUN 公司研制的类 Unix 操作系统。在实际应用中，SUN Solaris 和 IBM-AIX 一样，在服务器产品市场占有率稍高。2013 年，Solaris 的最新版为 Solaris 11。

Solaris 运行在两个平台：Intel X86 及 SPARC/UltraSPARC。后者是升阳工作站使用的处理器。因此，Solaris 在 SPARC 上拥有强大的处理能力和硬件支援，同时 Intel X86 上的性能也正在得到改善。对这两个平台，Solaris 屏蔽了底层平台差异，为用户提供了尽可能一样的使用体验。

（3）HP-UX

HP-UX，全称为 Hewlett Packard Unix，是惠普 9000 系列服务器的操作系统，可以在 HP 的 PA-RISC 处理器、Intel 的 Itanium 处理器的电脑上运行。它的支持范围从入门级商业应用到大规模服务器应用，支持互联网防火墙、虚拟主机或者远程办公室业务，大型公司可以采用此服务器管理 ERP 或电子商务业务。在过去 30 年时间里，HP-UX 已经逐渐成为 Unix 领域中不可忽视的一支重要力量。

除了具备 Unix 系统通用优点之外，HP-UX 在操作方便性方面要强于 Solaris。但是，HP-UX 基本上是配合惠普服务器硬件的操作系统，整体兼容性较差；同时，它也是一个收费系统。

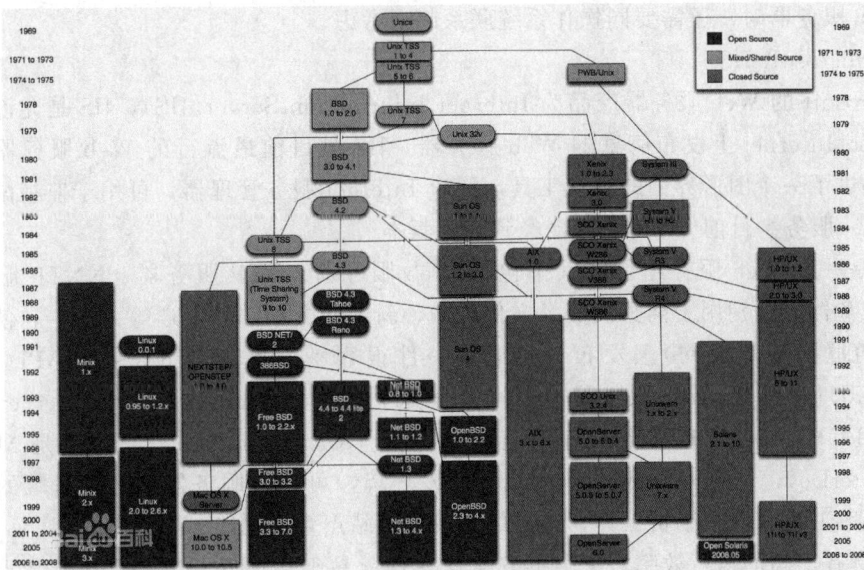

图 5-28　UNIX 系统家谱

1.3　Linux 服务器操作系统

(1)小红帽系列、红旗 Linux

Linux 在中国的商用，很大程度上是政府采购的推动。而官方获利最大的红旗和民间流传最广的小红帽也就成为国内 Linux 系统的代表。但其实在真正的使用中，除了在图标与细枝末节的功能差别外，这两个 Linux 厂商代表的核心技术都是无差别化的雷同。

源代码的开放，使得该类服务器操作系统的技术完善从民间得到了其他厂商无法比拟的雄厚力量，在此基础上所形成的一件服务器操作系统成品是任何力量都不可忽视的，因而其所具有的兼容、安全、稳定的 Linux 特性也是其他服务器操作系统厂商不容易实现的。

由于其是基于 Unix 系统所做的开发修补，属于类 Unix 模式，这就决定了其系统的兼容性相比其他服务器操作系统兼容的软件来说，还是具有一定差距的；Linux 的操作基本也是利用输入代码命令进行应用实现的方式，使得其在人性化方面还是处于相当的劣势，其后果必然导致维护成本的相对偏高。

(2)Suse Linux

SUSE Linux 原是以 Slackware Linux 为基础，并提供完整德文使用界面的产品。1992 年 Peter McDonald 成立了 Softlanding Linux System(SLS)这个发行版。在市面上使用最广的是 Suse Linux 9.0，而最新版本是 Suse Linux 10.1。

SUSE Linux 具有 Linux 一贯稳定、安全的系统性能，兼容性相对目前主流的服务器操作系统也有很大的提升，具有相当于微软系列操作系统般的人性化设计。不过还是延续了 Linux 兼容性暂时差于微软的特性。

2. 提供 Web 服务的服务器管理控制平台软件

建设一个 Web 服务器，除了必备的硬件服务器以外，还需要软件的支持。选择一个合适的服务器操作系统外，还需要选择合适的 Web 服务软件来支持。大多数 Web 服务器管理控制平台软件是为一种操作系统进行优化的，有的只能运行在一种操作系统上。所以选择 Web 服务器时，还需要同操作系统联系起来考虑。

(1)Microsoft IIS

Microsoft 的 Web 服务器产品为 Internet Information Server(IIS)，IIS 是允许在公共 Intranet 或 Internet 上发布信息的 Web 服务器。IIS 是目前最流行的 Web 服务器产品之一，它提供了一个图形界面的管理工具，称为 Internet 服务管理器，可用于监视配置和控制 Internet 服务。目前 IIS 的版本已经到 8.0 版本。

IIS 是一种 Web 服务组件，其中包括 Web 服务器、FTP 服务器、NNTP 服务器和 SMTP 服务器，分别用于网页浏览、文件传输、新闻服务和邮件发送等方面，它使得在网络(包括互联网和局域网)上发布信息成了一件很容易的事。它还提供 ISAPI(Intranet Server API)作为扩展 Web 服务器功能的编程接口；同时，它还提供一个 Internet 数据库连接器(IDC)，可以实现对数据库的查询和更新。Microsoft 的另一个产品是 Microsoft Visual InterDev，它是一个 Web 应用快速开发环境，可提供服务器和客户机端的编程工具、数据库工具和内容编辑工具，还提供集成化的站点管理功能。

IIS 具有很高的执行效率、出色的安全保密性、易于管理以及启动迅捷等特点。它既可用于集成现有的应用方式，也可用于实施 Web 应用系统。IIS 变得普及的一个关键就是引入了 ASP，这是 Microsoft 用于建立动态网页的技术。ASP 支持多种脚本语言，包括

JavaScript、PerlScript 以及 VBScript，使其可以很容易地访问其他服务器的软件组件。这一切是以 COM 为基础达到的，COM 是 Windows 下组件协同的标准。而分布式 COM，即 DCOM，允许程序使用网络上的组件，就好像这些组件就在本地一样。

IIS 还可以分享 WindowsNT 异步 I/O 能力，异步 I/O 使一个线程化的 Web 服务器在处理访问请求的同时可以处理文件或者网络 I/O。另外，WindowsNT 的负载均衡服务（WindowsNT Load Balancing Services）容易建立一个服务器集群，将负载合理地分布在各个服务器上，对建立大型的网站，也是个很好的方案。

Microsoft IIS 是目前市场占有率在 20％ 左右，很多著名的网站如 Intel 公司的 Intel.com 等都是建立在 Microsoft IIS 的平台上。

表 5-1　IIS 各版本与服务器操作系统对照表

IIS 版本	Windows 版本	备注
IIS 1.0	Windows NT 3.51 Service Pack 3	
IIS 2.0	Windows NT 4.0	
IIS 3.0	Windows NT 4.0 Service Pack 3	开始支持 ASP 的运行环境
IIS 4.0	Windows NT 4.0 Option Pack	支持 ASP 3.0
IIS 5.0	Windows 2000	在安装相关版本的。NetFrameWork 的 RunTime 之后，可支持 ASP.NET 1.0/1.1/2.0 的运行环境
IIS 6.0	Windows Server 2003 Windows Vista Home Premium Windows XP Professional x64 Editions	
IIS 7.0	Windows Vista Windows Server 2008 Windows 7	在系统中已经集成了 .NET 3.5。可以支持 .NET 3.5 及以下的版本。
IIS8.0	Windows Server 2012 Windows 8	

（2）IBM WebSphere Commerce

IBM WebSphere Commerce 是帮助企业进行站点创立和管理的服务器管理软件。目前共有四个版本，分别是 WebSphere Commerce Enterprise、WebSphere Commerce Professional、WebSphere Commerce-Express 及 WebSphere Commerce 7.0。如下表所示：

表 5-2　IBM WebSphere Commerce 各版本对照表

版本	适用对象	关键功能	操作系统环境
WebSphere Commerce Enterprise	·支持大量 B2C 和 B2B 销售的单一跨渠道商务平台 ·适用于发展高级电子商务的大中型企业	·协作空间 ·支持企业在单一平台上运营多个 Web 站点和销售模型 ·支持多种销售渠道（Web、移动、社交、店铺、呼叫中心） ·营销与商品规划工具，跨多种渠道提供个性化的购物促销和内容 ·使用 IBM 中间件支持在线业务 ·集成 IBM 订单管理和 Web 分析，整合营销、销售和履约流程	zinLinux Hybrid

版本	适用对象	关键功能	操作系统环境
WebSphere Commerce Professional	· 帮助公司随需应变地开展业务的客户交互平台 · 适用于各种规模的企业	· 加速并简化电商站点部署和管理 · 跨全交互点扩展通用业务服务提供客户关怀 · 提供直观、基于角色的工具，实现跨渠道客户服务 · 提供丰富、开箱即用的目录和内容管理、个性化、电子营销、导购、订单管理以及更多功能 · 提供最完整的中间件平台 · 提供闭环商业分析、点击流分析	AIX Linux Solaris Windows IBM i
WebSphere Commerce - Express	· 帮助成长型中端市场公司的 Web 业务平台 · 适用于中小企业	· 快捷部署 · 快速定制创建独立网店站点 · 提供站点管理工具，实现无技术门槛操作 · 基于开放标准构建，摆脱专有平台限制 · 限制为拥有最高 200 PVU 的单一店面部署	Linux Windows IBM i
WebSphere Commerce 7.0	· 帮助中小企业的客户交互平台 · 适用于中小企业	· Precision Marketing 引擎捕获各个渠道的客户触发器并通过一系列活动对其做出响应 · Dialog Activity Builder 自动与购物者进行一对一对话 · 移动商店模型提供智能手机端到端的购物流程 · 支持将产品评级、评论、博客、图片库和用户档案纳入购物流程 · 支持创建和管理动态的客户细分市场和电子营销点。 · 支持高效地加载产品目录、价格和库存信息 · Web 分析整合框架支持与第三方 Web 分析供应商进行统一整合 · 标准化服务集加速电商生态整合	Linux Windows IBM i

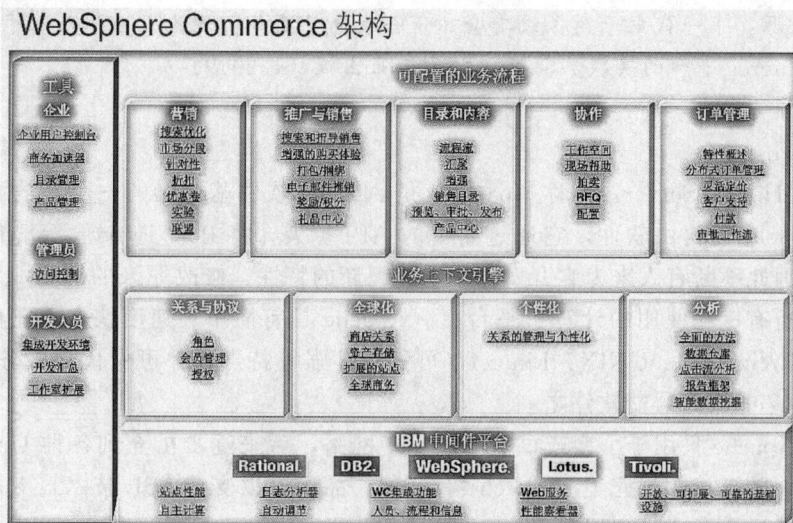

图 5-29　WebSphere Commerce 整体架构图

●●●● 阅读链接

IBM WebSphere

WebSphere 是 IBM 的集成软件平台。它包含了编写、运行和监视全天候的工业强度的随需应变 Web 应用程序和跨平台、跨产品解决方案所需要的整个中间件基础设施。

WebSphere 是一个模块化的平台，基于业界支持的开放标准，面向用户提供受信任和持久的接口，可以在许多平台上运行，包括 Intel、Linux 和 z/OS。

WebSphere 是随需应变的电子商务时代的最主要的软件平台。它使企业可以开发、部署和整合新一代的电子商务应用，支持从简单的网页内容发布到企业级事务处理的商业应用。

IBM WebSphere 面向不同用户需求提供不同功能产品。包括：

（1）通过 WebSphere Portal、WebSphere Everyplace、WebSphere Voice 实现人员集成功能，允许客户、雇员和业务合作伙伴通过各种终端随时随地与业务信息、应用程序和业务流程交互。

（2）通过 WebSphere Business Modeler、WebSphere Business Monitor、WebSphere Process Server、WebSphere Integration Developer 提供流程集成功能，帮助企业对业务流程进行建模、编排、监视和优化。

（3）通过 WebSphere Product Center、WebSphere Information Integration、WebSphere Commerce 提供信息集成功能，创建包括 Web 站点、关系数据库、文件系统、新闻组、门户、协作系统和内容管理系统在内的信息资产。

（4）通过 WebSphere MQ、WebSphere Message Broker、WebSphere Partner Gateway、WebSphere Application Server 提供应用程序集成功能，支持跨广泛应用程序的系统性信息交换，在不同的公司服务器和平台上运行，并使用不同的语言。

（资料来源：下一代电子商务编委会. 下一代电子商务：理论、应用及基于 IBM Web-Sphere Commerce 平台的实践. 北京：电子工业出版社，2009）

（3）Apache

Apache HTTP Server，简称 Apache，是 Apache 软件基金会的一个开放源码的网页服务器。Apache 是自由软件，它通过简单的 API 扩展，将 Perl/Python 等解释器编译到服务器中，因此不断有人来为它开发新的功能、新的特性、修改原来的缺陷，使得它可以运行在几乎所有广泛使用的计算机平台上。Apache 具有简单、速度快、性能稳定、支持跨平台应用（Windows、UNIX、Linux）、可移植性强等特点，并可做代理服务器来使用，是最流行的 Web 服务器端软件之一。

起初，Apache 只用于小型或试验 Internet 网络，后来逐步扩充到各种 Unix 系统中，尤其对 Linux 的支持相当完美。Apache 有多种产品，可以支持 SSL 技术，支持多个虚拟主机，但不太适合于多处理器环境。

Apache web 服务器的主要功能特性如下：
- 支持最新的 HTTP/1.1 通信协议
- 拥有简单而强有力的基于文件的配置过程
- 支持通用网关接口
- 支持基于 IP 和基于域名的虚拟主机
- 支持多种方式的 HTTP 认证
- 集成 Perl 处理模块
- 集成代理服务器模块
- 支持实时监视服务器状态和定制服务器日志
- 支持服务器端包含指令（SSI）
- 支持安全 Socket 层（SSL）
- 提供用户会话过程的跟踪
- 支持 FastCGI
- 通过第三方模块可以支持 Java Servlets

Apache 目前已经演变成了"LAMP"，即 Linux、Apache、MySQL 和 PHP 的联合体。这是一个开放源代码软件项目，已经对微软的". NET"战略构成严重威胁。

（4）Tomcat

Tomcat 服务器是一个免费的开放源代码的 Web 应用服务器，是基于 Apache 许可证下开发的自由软件。Tomcat 是完全重写的 Servlet API 2.2 和 JSP 1.1 兼容的 Servlet/JSP 容器。Tomcat 使用了 JServ 的一些代码，特别是 Apache 服务适配器。

Tomcat 是一个轻量级应用服务器，在中小型系统和并发访问用户不是很多的场合下被普遍使用，是开发和调试 JSP 程序的首选。因为它运行时占用的系统资源小，扩展性好，支持负载平衡与邮件服务等开发应用系统常用的功能；而且它还在不断的改进和完善中，任何一个感兴趣的程序员都可以更改它或在其中加入新的功能。

目前，Tomcat 的最新版本是 Apache Tomcat 7. x。它在汲取了 Tomcat 6.0. x 优点的基础上，实现了对于 Servlet 3.0、JSP 2.2 和 EL 2.2 等特性的支持，并在 Web 应用内存

溢出侦测和预防、服务器管理程序安全性、一般 CSRF 保护、支持 web 应用中的外部内容的直接引用和重构（connectors，lifecycle）及很多核心代码的全面梳理方面有了增强和改进。

3. 常用数据库软件

数据库是电子商务系统的基础部件，承载着整个系统的全部信息资源。比如一个企业为了更方便地管理自己的生产销售数据，那这个企业就要用到数据库，一个网站为了更加方便的管理文章、图片，就要通过程序把所有的文章都保存到数据库，这样更新文章就不用更改程序文件。目前成熟的数据库产品包括以下几种：Oracle，MySQL，SQL Server 2008，Sybase。下面我们就对这几种数据库产品进行简要介绍。

3.1　Oracle 数据库

（1）Oracle 概述

世界上的所有行业几乎都在应用 Oracle 技术，且《财富》100 强中的 98 家公司都采用 Oracle 技术。Oracle 是第一个跨整个产品线（数据库、业务应用软件和应用软件开发与决策支持工具）开发和部署 100％基于互联网的企业软件的公司。Oracle 是世界领先的信息管理软件供应商和世界第二大独立软件公司。

（2）Oracle 11g 特性

①采用新的 Oracle 数据压缩技术能够确保以较小的开销节省三倍以上的磁盘存储空间。

②自动诊断知识库（Automatic Diagnostic Repository，ADR）是专门针对严重错误的知识库，基本上能够自动完成一些以往需要由数据库管理员来手动完成的操作。

③管理员可以通过 SQL 性能分析器（SQL Performance Analyzer，SPA）在数据库上定义和重演（replay）一个典型的工作负载，并调节整体参数来使数据库尽快的达到最佳性能，改变多年以来由数据库管理员手动完成的习惯。

④初始参数最优获取，数据库管理员无需调整数以万计的 SQL 语句，检测哪一个 SQL 设置最合理，只需给定一个典型的负载，由 SPA 根据历史记录来决定 SQL 的最终设置。

⑤Oracle 11g 通过应用集群（Real Application Clusters ，RAC）特性，可以随机访问存储池，当存储管理模式（Automatic Memory Management，AMM）探测到某个存储池中已满时，它将整个随机存储器（Random Access Memory，RAM）从一个区域分配到其他相对合适的区域。

3.2　MySQL

MySQL 是一个真正的多用户、多线程 SQL 数据库服务器。MySQL 以 C/S 结构实现，它由一个服务器守护程序 mysqld 和很多不同的客户程序和库组成。MySQL 是目前世界上开源数据库中最受欢迎的产品之一。由于它是免费的，而且在性能和稳定性上丝毫不逊于其他的商业数据库，因此得到了很广泛的使用。当前的虚拟主机提供商只要是 Linux 服务器提供的数据库基本上都是 MySQL。MySQL 以多层结构和不同的独立模块进行编写，MySQL 的模块构成与功能特性如下表所示：

表 5-3 MySQL 模块构成与功能特性表

MySQL 模块构成	MySQL 特性
◆ISAM 表处理器 ◆MyISAM 表处理器 ◆语法处理器和词法分析器 ◆C 客户代码 ◆标准客户程序 ◆基本结构式查询语言 ◆查询优化程序 ◆范围优化程序 ◆Join 优化器 ◆锁定 ◆其他线程实现—Alpha-Beta。 ◆MyODBC—Gamma	◆支持 ANSISQL 的 LEFTOUTERJOIN 和 ODBC 语法。 ◆支持在同一查询中混用来自不同数据库的表。 ◆灵活且安全的权限和口令系统，允许基于主机的认证。 ◆支持用 Access 连接你的 MySQL 服务器。 ◆具备索引压缩的快速 B 树磁盘表。 ◆每个表允许有 16 个索引。每个索引可以由 1~16 个列或列的一部分组成。最大索引长度是 256 字节(在编译 MySQL 时，它可以改变)。一个索引可以使用一个 CHAR 或 VARCHAR 字段的前缀。 ◆定长和变长记录。 ◆用作临时表的内存散列表。 ◆大数据库处理。 ◆所有列都有缺省值，支持 INSERT 插入一个表列的子集。 ◆使用 GNUAutomake，Autoconf 和 libtool。 ◆支持 C 和 C++编写，及多种编译器测试。 ◆一个非常快速的基于线程的内存分配系统。 ◆没有内存漏洞。用一个商用内存漏洞监测程序测试过(purify)。 ◆包括 myisamchk，一个检查、优化和修复数据库表的快速实用程序。 ◆所有数据以 ISO-8859-1Latin1 格式保存。所有正常的字符串比较是忽略大小写的。

3.3 微软 SQL Server 2008

Microsoft 公司推出的 SQL Server 数据库管理系统是目前最为常用的大型数据库管理系统之一，它建立在成熟而强大的关系模型基础上，可以很好地支持 C/S 网络模式，能够满足各种类型的构建网络数据库的需求，具有功能强大、安全可靠等特点，可用于大型联机事务处理、电子商务、数据仓库和商业智能等。它具有方便易用的图形界面，并提供了一套完整的管理工具和实用工具，大大减轻了管理员的工作量，使用户对数据库的操作变得非常简单，正是由于 SQL Server 具有操作简单、功能强大、安全性高等特点，因此成为目前各级、各类学校学习大型数据库管理系统的首选对象。

SQL Server 2008 是 Microsoft 最新一代的数据库管理系统，一个全面的数据库平台，使用集成的商业智能(Business Intelligence，BI)工具提供了企业级的数据管理。SQL Server 2008 数据库引擎为关系型数据和结构化数据提供了更安全可靠的存储功能，使用户可以构建和管理用于业务的高可用和高性能的数据应用程序，并引入用于提高开发人员、架构师和管理员的能力和效率的新功能。

3.4 Sybase

SYBASE 主要有三种版本，一是 UNIX 操作系统下运行的版本；二是 Novell Netware 环境下运行的版本；三是 Windows NT 环境下运行的版本。对 UNIX 操作系统目前广泛应用的为 SYBASE 10 及 SYABSE 11 for SCO UNIX。目前 Sybase 在 Web 方面的产品可以按照数据库产品、应用服务器产品和工具产品分为三大类。每一类产品都可以独立地满足用户需求，这些产品也可以混合使用以提供更灵活的产品策略。

Sybase 主要的数据库产品包括企业级的 Adaptive Server Enterprise11.5（以下简称 ASE11.5）和部门级的 Adaptive SQL Anywhere6（以下简称 ASA6）。为了适应 Web 应用与数据库结合的应用需求，Sybase 推出了各种数据库的专业版本（Professional version）。由于 Sybase 的数据库产品专业版中既包含了数据库，又带有 Web 应用服务器，因此是用户构造基于数据库的 Web 应用时最简捷的产品。

任务扩展

假如你就是小伟，在完成上述任务之后，请你针对此项任务内容撰写一篇关于电子商务系统平台的操作系统、服务器、数据库选型的小报告。内容主要包括对于电子商务系统平台的操作系统、服务器、数据库的理解，字数要求 1 200 字左右。

任务二　构建电子商务系统开发平台

任务分析

1. 电子商务系统开发平台主流技术有哪些？

Web 服务端开发技术的完善使开发复杂的 Web 应用成为可能。为了适应企业级电子商务应用开发的各种复杂需求，为了给最终用户提供更可靠、更完善的信息服务，两个最重要的企业级开发平台——J2EE 和.NET 在 2000 年前后分别诞生于 SUN 和 Microsoft 公司。这两种开发平台是目前电子商务的主流开发平台。.NET 作为新一代互联软件和服务战略，将使微软现有的软件在网络时代不仅适用于传统的个人计算机，而且能够满足呈现强劲增长的新设备的需要。J2EE 是使用 Java 技术开发企业级应用的一种事实上的工业标准。从某种意义上说，正是这两种技术针锋相对的竞争关系促使了 Web 开发技术以前所未有的速度提高和跃进。作为一名提供商技术开发人员，在技术选择上首先应该考虑的就是选择一个什么样的平台作为开发环境。

2. 电子商务系统开发常用编程语言有哪些？

用于计算机系统开发的程序语言种类繁多。但目前来讲，适用于电子商务系统开发的常用编程语言包括以下种类：C，JAVA，C++，C#，VB，JavaScript、VBScript，ASP，JSP，PHP，Delphi，SQL，HTML，XML 等。而这其中，有的编程语言是用来设计编辑页面的，有的是用来开发设计系统后台的，有的则是用来开发设计数据库的。并且基于不同的开发平台，面向不同的开发对象，各种编程语言发挥的功能效用也不尽相同。因此，身为设计开发人员，无论负责哪个部分的系统设计，都应熟悉掌握整个系统开发的技术。

任务实施

阶段一　选配电子商务系统开发技术与工具

电子商务系统开发技术与工具的选择，是具体实施电子商务技术过程中最为关键的一项任务，它涉及开发成本的高低、可扩展性、稳定性、运行速度等。

步骤1　确定电子商务系统开发技术要求

要设计一个思路清晰的电子商务应用系统，首先必须弄清楚用户对于电子商务系统的基本技术要求，并根据要求进一步弄清电子商务系统开发的环境要求。具体工作可以从以下方面开展：

(1)获取有关用户对电子商务系统开发技术与工具的要求相关资料；

(2)结合前面资料内容综合分析确定电子商务系统开发技术与工具的基本要求。

步骤2　对电子商务系统开发技术与工具进行选型

在了解了技术要求的基础上，接下来就要对各项技术的基本特征与适用范围进行综合分析，进而选择合适的技术工具。具体工作可以从以下方面进行：

(1)获取当前常用电子商务系统开发技术与工具类型等相关资料；

(2)分别对各项技术工具进行详细了解，了解内容包括技术工具的基本组成、基本应用状况、特点规律等相关情况；

(3)根据分析结果选用合适的电子商务系统开发技术与工具。

阶段二　创建电子商务系统开发环境

步骤1　安装部署电子商务系统开发平台

创建电子商务系统开发环境的第一步就是安装部署电子商务系统开发平台。以 .NET Framework 3.5 为例(适用于 Windows Server 2003、Windows XP、Windows 7 和 Windows Server 2008 等版本操作系统)，具体安装应按照以下几个环节进行：

(1)选择安装部署方式

有两种方式可供选择，一是管理员安装模式；二是 Active Directory 部署，即管理员将 .NET Framework 3.5 版安装程序包中的各个 .msi 文件按部署顺序添加到组策略中。启用组策略后，处于此组策略范围内的所有客户端在启动并重新连接至网络时，都将自动安装组件。通常情况下，选择第一种管理员安装部署方式。

(2)检查系统环境，安装必备环境软件

运行此阶段的管理员安装程序之前，应确保目标计算机具有系统必备的软件和硬件。Windows Installer 3.1 是所有安装的一项系统必备。以下是 .NET Framework 3.5 版所需的组件的列表。如果不符合系统必备要求，则无人参与安装将失败。

● 在 Windows Server 2003 上，需要安装 Service Pack 1(SP1)。

● 在 Windows XP Home Edition 和 Windows XP Professional 上，需要安装 Service Pack 2(SP2)。

● 在所有平台上，需要安装 Microsoft Internet Explorer 6.0 Service Pack 1。

(3)创建网络映像

在服务器上创建一个文件夹，然后从网站上下载 .NET Framework 3.5 独立可再发行组件包，并将它保存到在创建的文件夹中。

(4)运行安装程序

验证网络上是否有 .NET Framework 3.5 可再发行组件包。然后在 Windows 的"开始"菜单中选择"运行"，键入下列内容：\ \ computer \ share \ dotnetfx35. exe /q /norestart。

若使用 Active Directory 部署 .NET Framework，则系统必备下列组件(操作系统环境为 Windows Server 2003）：

- Microsoft Windows Server 2003 Service Pack 1；
- Microsoft . NET Framework 2. 0 Service Pack 1；
- Microsoft . NET Framework 3. 0 Service Pack 1；
- Microsoft Core XML Services（MSXML）6. 0；
- Windows 图像处理组件；
- XML Paper Specification Shared Components Pack 1. 0；
- Microsoft DirectX 9. 0 软件开发工具包(SDK)的软件光栅器。

步骤 2　安装电子商务系统编程工具软件

电子商务开发平台创建完毕之后，接下来就可以通过安装具体的编程语言工具软件，运用编程语言开发电子商务应用系统了。安装过程在此不再赘述。

知识要点

1. 电子商务主流平台开发技术

1.1　. NET 技术

（1）. NET 技术概况

Web 服务由静态服务网站发展到态服务网站，需要各种服务程序的调用与整合，需要多个服务能够一起无缝地协同工作，需要能够创建出与设备无关的应用程序，需要能够容易地协调网络上的各个服务的操作步骤，容易地创建新的用户化的服务。微软公司推出的. NET 系统技术正是为了满足上述需求。

根据微软的定义，. NET = 新平台 + 标准协议 + 统一开发工具。

. NET 作为新一代互联软件和服务战略，将使微软现有的软件在网络时代不仅适用于传统的个人计算机，而且能够满足呈现强劲增长的新设备的需要。最终目的就是让用户在任何地方、任何时间，以及利用任何设备都能访问所需的信息、文件和程序。

NET 系统包括一个相当广泛的产品家族，它们构建于 XML 语言和 Internet 产业标准之上，为用户提供 Web 服务的开发、管理和应用环境。

. NET 系统由以下 5 个部分组成：

① . NET 开发平台。由一组用于建立 Web 服务应用程序和 Windows 桌面应用程序的软件组件构成。

② . NET 服务器。能够提供广泛聚合和集成 Web 服务的服务器，是搭建 . NET 平台的后端基础。

③ . NET 基础服务。该服务提供了诸如密码认证、日历、文件存储、用户信息等必不可少的功能。

④ . NET 终端设备。提供 Internet 连接并实现 Web 服务的终端设备是 . NET 的前端基础。个人计算机、个人数据助理设备 PDA，以及各种嵌入式设备将在这个领域发挥作用。

⑤ . NET 用户服务。能够满足人们各种需求的用户服务是 . NET 的最终目标，也是. NET 的价值实现。

在这 5 个组成部分中，. NET 开发平台中的 . NET 框架，是 . NET 软件构造中最具挑战性的部分，其他 4 个部分紧紧围绕 . NET 框架来进行组织整合。

（2）.NET 开发平台

.NET 开发平台包括一个用于加载和运行应用程序的新的软件基础结构（.NET Framework 和 ASP.NET），一个新的开发环境（Visual Studio.NET），以及支持该结构的编程语言。

① .NET Framework（架构），包括：Common Language Runtime(CLR)（通用语言运行环境），这是用于运行和加载应用程序的软件组件；新的类库，分级组织了开发者可以在他们的应用程序中用来显示图形用户界面、访问数据库和文件以及在 Web 上通信的代码集。

② .NET 开发者工具，包括：Visual Studio .NET Integrated Development Environment (IDE)（Visual Studio.NET 集成开发环境），用来开发和测试应用程序；.NET 编程语言（例如 Visual Basic.NET 和新的 Visual C♯），用来创建运行在 CLR 下并且使用类库的应用程序。现在流行的版本是 Visual Studio 2008 和 Visual Studio 2010，最新是 Visual Studio 2012 RC。

③ ASP.NET，一个取代以前的 Active Server Pages(ASP)的特殊类库，用来创建动态的 Web 内容和 Web 服务器应用程序，这些都将采用诸如 HTML、XML 和 Simple Object Access Protocol(SOAP)（简单对象访问协议）等 Internet 协议和数据格式。

.NET 结构发表以后，微软便逐步调整其服务器软件的产品线，将原有的 Server 升级更新，推出了许多新的 Server，并将这些 Server 整合于.NET Enterprise Servers 产品线中。.NET 结构中，最重要的革新就属于 Web Services。Web Services 构架在 Web Server 上，能够通过 SOAP 与用户端联系，并帮助用户端完成其提供的服务。

1.2　J2EE 技术

J2EE(Java 2 Platform Enterprise Edition)，即 Java 2 平台企业版。从整体上讲，J2EE 是使用 Java 技术开发企业级应用的一种工业标准，它是 Java 技术不断适应和促进企业级应用过程中的产物。目前，Java 平台有三个版本：适用于小型设备和智能卡的 J2ME (Java 2 Platform Micro Edition)、适用于桌面系统的 J2SE 和适用于企业级应用的 J2EE。Sun 推出 J2EE 的目的是为了克服传统 Client/Server 模式的弊病，迎合 Browser/Server 架构的潮流，为应用 Java 技术开发服务器端应用提供一个平台独立的、可移植的、多用户的、安全的和基于标准的企业级平台，从而简化企业应用的开发、管理和部署。

（1）J2EE 的构成

准确地说，J2EE 是一个中间件的基础架构，有了它，开发者只需要集中精力编写代码来表达企业应用的商业逻辑和表示逻辑，至于其他系统问题，如内存管理，多线程，资源分布和垃圾收集等，都将由 J2EE 自动完成。为了推广并规范化使用 J2EE 企业级应用的体系架构，Sun 同时给出了一个建议性的 J2EE 应用设计模型：J2EE Blueprints。J2EE Blueprints 提供了实施 J2EE 企业级应用的体系架构、设计模式和相关的代码，是开发人员设计和优化 J2EE 组件的基本原则，同时为围绕开发工作进行职能分工给出了指导性策略，以帮助应用开发设计人员合理地分配技术资源。下面我们参照 J2EE Blueprints，结合 J2EE 规范(J2EE 1.4)，从整体上阐述企业级应用的 J2EE 架构。

①J2EE 容器

J2EE 将组成一个完整企业级应用的不同部分纳入不同的容器(Container)，每个容器

中都包含若干组件(这些组件是需要部署在相应容器中的),同时各种组件都能使用各种
J2EE Service/API。通过容器,J2EE 能够灵活地实现前面描述的企业级应用的架构。
J2EE 容器主要包含内容如下表所示:

表 5-4   J2EE 容器类型及功能表

名 称	类 型	组件内容	功 能
Web 容器	服务器端容器	JSP、Servlet	接受 Web 请求,返回动态的 Web 页面; 使用 EJB 容器中的组件完成复杂的商务逻辑
EJB 容器	服务器端容器	EJB（Enterprise JavaBeans)	J2EE 的核心之一,主要用于服务器端的商业逻辑的实现 定义了一个开发和部署分布式商业逻辑的框架,简化企业级应用的开发,使其具备可伸缩性、可移植性、分布式事务处理、多用户和安全性等
Applet 容器	客户端容器	Applet	嵌入浏览器的一种轻量级客户端,是一种替代 Web 页面的手段 无法使用 J2EE 的各种 Service 和 API
Application Client 容器	客户端容器	Application Client	较重量级的客户端 能够使用 J2EE 的大多数 Service 和 API

②J2EE 的各种组件

J2EE 的组件构成众多,功能全面。具体如下表所示:

表 5-5   J2EE 组件列表

组件名称	内 容 及 功 能
Servlet	Java 平台上的 CGI 技术,在服务器端运行,动态地生成 Web 页面,效率更高并更容易使用 依靠线程方式支持并发访问,重复请求不会导致同一程序的多次转载
JSP	Java Server Page,实现普通静态 HTML 和动态页面输出混合编码的技术 在运行时态,JSP 将会被首先转换成 Servlet,并以 Servlet 的形态编译运行
EIB	定义了三种 Enterprise Beans:Session Beans,Entity Beans,Message-driven Beans 开发人员可以利用 Enterprise Beans 组件,像搭积木一样建立分布式应用
JDBC	Java Database Connectivity,Java 数据库连接 其功能类似于 Microsoft 平台中的 ODBC(Open Database Connectivity)
JMS	Java Message Service,Java 消息服务 一组 Java 应用接口,提供创建、发送、接收、读取消息的服务,能够最大限度地提升消息应用的可移植性 既支持点对点的消息通信,也支持发布/订阅式的消息通信
JNDI	Java Naming and Directory Interface,用于定位各种对象,以便于组件客户使用者查找和引用组件及资源 对象包括 EJB、数据库驱动、JDBC 数据源及消息连接等 独立于目录协议,支持访问各种特定的目录服务,如 LDAP、NDS 和 DNS 等

组件名称	内 容 及 功 能
JTA	Java Transaction API，J2EE 中处理事务的标准接口 支持事务的开始、回滚和提交 提供一个 JTS(Java Transaction Service)作为标准的事务处理服务
JCA	J2EE Connector Architecture，提供连接各种企业信息系统(EIS，包括 ERP、SCM、CRM 等)的体系架构
JMX	Java Management Extensions，一种应用编程接口、可扩展对象和方法的集合体 跨越各种异构操作系统平台、系统体系结构和网络传输协议，开发无缝集成的面向系统、网络和服务的管理应用，解决分布式系统管理问题 一个完整的网络管理应用程序开发环境，同时提供厂商需要收集的完整特性清单、可生成资源清单表格、图形化用户接口、访问 SNMP 的网络 API、主机间远程过程调用、数据库访问方法等
JAAS	Java Authentication and Authorization Service，标准 Pluggable Authentication Module (PAM)框架 用以用户身份鉴定，可靠并安全地确定谁在执行 Java 代码 JAAS 通过对用户进行授权，实现基于用户的访问控制
JACC	Java Authorization Service Provider Contract for Containers 在 J2EE 应用服务器和特定的授权认证服务器之间定义了一个连接的协约，以便将各种授权认证服务器插入到 J2EE 产品中去
JAX-RPC	Java API for XML-based RPC 将已有的 Java 类或 Java 应用都能够被重新包装，并以 Web Services 的形式发布 提供了将 RPC 参数(in/out)编码和解码的 API，使开发人员可以方便地使用 SOAP 消息来完成 RPC 调用 SOAP/WSDL 变得透明，加速 Web 服务的开发周期
JAXR	Java API for XML Registries 提供与多种类型注册服务进行交互的 API 支持三种注册服务类型：JAXR Pluggable Provider、Registry-specific JAXR Provider、JAXR Bridge Provider(支持 UDDI Registry 和 ebXML Registry/Repository 等)
SAAJ	SOAP with Attachments API for Java JAX-RPC 的一个增强，为进行低层次的 SOAP 消息操纵提供了支持

(2)J2EE 的基本应用

①J2EE 是 Web 应用服务器上广泛采用的标准

可以说，J2EE 是首个获得业界广泛认可和采纳的中间件标准。目前几乎所有的一流 Web 应用服务器，如 BEA 的 Web logic、IBM 的 Web sphere、HP 的应用服务器、Sun 的 iPlanet 和 Macromedia 的 Jrun 等，都是基于 J2EE 的。有了 J2EE，企业的应用开发对于某个特定的开发商或应用服务供应商的依赖性更小。应用组件只要符合 J2EE 规范，完全可以部署在不同的应用服务器上。为了确保不同厂商的 J2EE 应用服务器的兼容性和一致性，Sun 公司还发布了 J2EE 兼容性测试包。

②J2EE 多层、分布式中间件语法

J2EE 采用多层分布式应用模型,将应用开发划分为多个不同的层,并在每一个层上定义组件。各个应用组件根据他们所在的层分布在同一个或不同的服务器上,共同组成基于组件的多层分布式系统。典型的 J2EE 四层结构包括客户层、表示逻辑层(Web 层)、商业逻辑层和企业信息系统层。有了 J2EE,分布式系统的开发变得简单了,部署的速度也可以加快。J2EE 组件的分布与服务器环境无关,所有的资源都可通过分布式目录进行访问。这意味着开发人员不再需要为组件和资源的分布问题耗费精力,从而可以有更多的时间专注于业务逻辑的实现,提高开发效率。

③J2EE 的企业级应用系统开发平台

J2EE 本身是一个标准,一个为企业分布式应用的开发提供的标准平台。而 J2EE 的实施,则具体表现为诸如 BEA Web logic 或 IBM Web sphere 之类的特定 Web 服务器产品。利用 J2EE 应用—编程模型开发的企业应用系统,可以部署在不同厂商生产的、但相互兼容的 J2EE 应用服务器上。

④J2EE 的电子化应用开发模型

J2EE 应用很容易发布到 Web、掌上电脑或移动电话等手持设备上。换言之,应用组件可以很轻松地实现电子化。J2EE 的应用-编程模型保证组件在向不同类型的客户端移植过程中,商业逻辑和后端系统保持不变。此外,J2EE 平台的其他主要优点还有:自动负载平衡、可伸缩、容错和具有故障排除等功能。部署在 J2EE 环境中的组件将自动获得上述特性,而不必增加额外的代码开销。J2EE 所有这些特性对于需要构建全天候网络门户的企业来说显得尤为重要。

1.3 .NET 与 J2EE 技术的比较

表 5-6 .NET 技术与 J2EE 技术比较

Microsoft. NET	J2EE	主 要 差 异
C#程序语言	Java 程序语言	C#和 Java 都源自 C/C++。两者有相当多共同的主要特色(包括:自动内存管理、阶层式名字空间)。C# 从 Java Beans 学来一些组件观念(proper tie/attribute、event),还新增了一些特色(比方说 metadata tag),但是使用不同的语法。Java 可以在任何有 Java 虚拟机器的平台上执行。C# 目前只能在 Windows 上执行。C# 使用 IL 的执行时期系统。透过 just-in-time(JIT)的编译方式或原生码编译方式来执行。Java 程序是透过 Java 虚拟机器来执行,但是也可以编译成原生码
.NET 通用组件	Java core API	高阶的.NET 组件将支持透过 XML 和 SOAP 来存取
Active Server Pages+(ASP+)	Java Server Pages(JSP)	ASP+将可以使用 Visual Basic、C#和其他语言来撰写程序片断,然后被编译成 IL 的格式(不像以前的 ASP 每次都需要直译)。JSP 使用 Java 的程序代码,编译成 Java 的 byte-code(可以需要时才编译,也可以预先编译好)
IL 执行时期系统	Java 虚拟机器、CORBA IDL、CORBA ORB	.NET 允许不同的程序语言使用 Windows 上的同一套组件。Java 允许 Java byte-code 在兼容的虚拟机器上都可以执行。CORBA 允许不同语言和不同平台的对象互相沟通(必须有适合的 ORB)。J2EE 中可以使用 CORBA,但两者的整合度不算是很紧密

续表

Microsoft. NET	J2EE	主 要 差 异
Win Form 和 Web Form	Java Swing	类似的 Web 组件在标准的 Java 平台，有些其他厂商在 Java IDE 中提供一些组件。MS Visual Studio IDE 提供 Win Form 和 Web Form 的 RAD 工具，目前尚未有其他厂商宣称要支持 Win Form 和 Web Form。许多 Java IDE 工具都支持 Swing
ADO＋和 SOAP 的 Web 服务	JDBC、EJB、JMS 和 Java XML 链接库（XML4J、JAXP）	ADO＋允许透过 HTTP 进行 XML 资料交换（在远程资料对象和多层的程序之间），也就是 SOAP。.NET 的 Web 服务使用 SOAP 的信息模型。EJB、JDBC 等则是把资料交换的通信协议交由程序员自行决定，用 HTTP、RMI/JRMP 或 IIOP 都可以

1.4 中间件技术

（1）中间件的概念

中间件（middleware）是提供系统软件和应用软件之间连接的软件，以便于软件各部件之间的沟通，特别是应用软件对于系统软件的集中的逻辑。中间件是一类软件，而非一种软件；中间件不仅仅实现互联，还要实现应用之间的互操作；中间件是基于分布式处理的软件，最突出的特点是其网络通信功能。需要注意的是，现在很多人把开发工具也称为中间件是不合适的，因为开发工具开发出来的软件，并不依赖开发工具与底层操作系统连接。

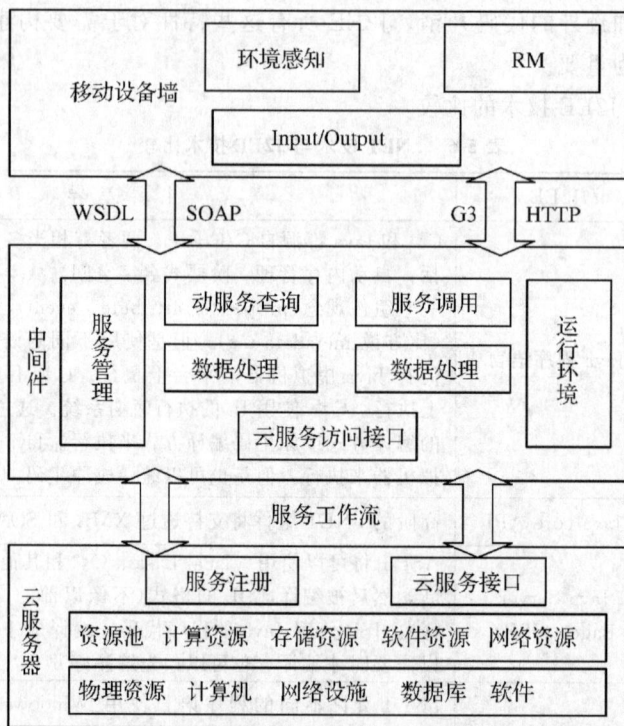

图 5-30 面向移动设备的云服务中间件模型架构

（资料来源：http://soft.chinabyte.com/395/12834895.shtml）

（2）中间件技术的发展历程

在中间件产生以前，应用软件直接使用操作系统、网络协议和数据库等开发。而在这种分布异构环境中，通常存在操作系统的多样性，繁杂的网络程序设计、管理，复杂多变的网络环境，数据分散处理带来的不一致性问题、性能和效率、安全，等等。这些与用户的业务没有直接关系，但又必须解决，耗费了大量有限的时间和精力。于是，有人提出能不能将应用软件所要面临的共性问题进行提炼、抽象，在操作系统之上再形成一个可复用的部分，供成千上万的应用软件重复使用。这一技术思想最终构成了中间件这类的软件。

最早具有中间件技术思想及功能的软件是 IBM 的 CICS，但由于 CICS 不是分布式环境的产物，因此人们一般把 Tuxedo 作为第一个严格意义上的中间件产品。Tuxedo 是1984 年在当时属于 AT&Amp;&T 的贝尔实验室开发完成的，但由于分布式处理当时并没有在商业应用上获得像今天一样的成功，Tuxedo 在很长一段时期里只是实验室产品。中间件技术的广泛运用却是在最近 10 年之中。BEA 公司 1995 年成立后收购 Tuxedo 才成为一个真正的中间件厂商，IBM 的中间件 MQSeriES 也是 90 年代的产品。

目前，中间件技术及其产品逐渐在基础中间件、应用中间件、应用框架等三个层面形成激烈的产品竞争和市场竞争格局。从三个方面的产品来分析，国外厂商仍然占主导地位，主流厂商包括 IBM，BEA，ORACLE，HP，Iona 等，而一些新型的中间件公司，如 Tibco、webMethod、Vitria 也开始携其应用集成中间件或业务流程管理中间件进入中国市场。而国内一些规模较大的软件公司也开始进入此领域，形成了包括中创软件商用中间件、金蝶 Apusic、东方通科技、中关村科技、中和威等在内的一批中间件专业厂商，东软、用友、信雅达等应用集成商也大量投入中间件产品的研发，国产中间件已经形成了比较完整产品体系，例如，中创软件、中和威推出了基于 CORBA 标准的通信中间件产品；中创软件、金蝶软件、东方通科技等公司分别推出了遵循 J2EE 规范的应用服务器产品；中创软件、中科院软件所、东方通科技推出了消息中间件产品；中创软件推出了符合 OMG 标准的企业应用集成套件 InforEAI；此外，还有大量的公司投入到中间件开发平台和构件库的建设中。国产中间件已经广泛成功应用于我国政府、交通、金融、证券、保险、税务、电信、移动、教育、军事等行业或领域的信息化建设，并成为大型应用系统建设不可缺少的一环。

（3）中间件技术层次

中间件技术分类有很多方式和很多种类，在这里我们由底层向上层对中间件划分，可分为以下三个大的层次，如下表所示：

表 5-7 中间件技术层次及内容表

层次	内 容	主流技术	代表产品
基础中间件	对象请求代理（ORB）：Microsoft COM ＋/Java RMI/COBRA 消息中间件（MOM）：消息队列（Message Queue）/消息代理（Message Broker） 应用服务器（Application Server）：事务处理中间件（Transaction Process Monitor）/J2EE 应用服务器/CCM（COBRA Component Model）应用服务器	CORBA J2EE MOM CLR	IONA Orbix BEA WebLogic IBM MQSeries Microsoft CLR

续表

层次	内　　容	主流技术	代表产品
应用中间件	资源集成：统一数据访问（JDBC，ODBC……）/内容管理系统/XML 数据库/ETL（Extracting，Transformating & Loading）工具/数据集成/元数据管理系统 应用集成：企业应用集成框架/技术适配器与应用适配器 流程集成：工作流管理系统/业务流程管理系统 服务集成、门户集成	WorkFlow EAI	BEA WebLogic Integration
应用框架	面向行业的应用框架 面向问题域的应用框架	SOA	IBM-ESB

（4）常用的中间件介绍

◆远程过程调用（Remote Procedure Call）

远程过程调用是一种广泛使用的分布式应用程序处理方法。一个应用程序使用 RPC 来"远程"执行一个位于不同地址空间里的过程，从效果上看和执行本地调用相同。一个 RPC 应用分为两个部分：server 和 Client。server 提供一个或多个远程过程；client 向 server 发出远程调用。server 和 client 可以位于同一台计算机，也可以位于不同的计算机，甚至运行在不同的操作系统之上，它们通过网络进行通信。RPC 为 client/server 分布式计算提供了有力的支持。

◆面向消息的中间件（MesSAge-Oriented Middleware）

MOM 指的是利用高效可靠的消息传递机制进行平台无关的数据交流，并基于数据通信来进行分布式系统的集成。通过提供消息传递和消息排队模型，它可在分布环境下扩展进程间的通信，并支持多通信协议、语言、应用程序、硬件和软件平台。目前流行的 MOM 中间件产品有 IBM 的 MQSeries、BEA 的 MessageQ 等。

◆ 对象请求代理（Object Request Broker）

对象请求代理（ORB）是对象总线，它在 CORBA 规范中处于核心地位，定义异构环境下对象透明地发送请求和接收响应的基本机制，是建立对象之间 client/server 关系的中间件。ORB 使得对象可以透明地向其他对象发出请求或接受其他对象的响应，这些对象可以位于本地也可以位于远程机器。ORB 拦截请求调用，并负责找到可以实现请求的对象、传送参数、调用相应的方法、返回结果等。client 对象并不知道同 server 对象通信、激活或存储 server 对象的机制，也不必知道 server 对象位于何处、它是用何种语言实现的、使用什么操作系统或其他不属于对象接口的系统成分。

根据相应的场合，ORB 上的对象可以是 client，也可以是 server，甚至兼有两者。当对象发出一个请求时，它是处于 client 角色；当它在接收请求时，它就处于 server 角色。大部分的对象都是既扮演 client 角色又扮演 server 角色。另外由于 ORB 负责对象请求的传送和 server 的管理，client 和 server 之间并不直接连接，因此，与 RPC 所支持的单纯的 Client/Server 结构相比，ORB 可以支持更加复杂的结构。

◆事务处理监控（Transaction Processing Monitors）

事务处理监控最早出现在大型机上，为其提供支持大规模事务处理的可靠运行环境。

随着分布计算技术的发展，分布应用系统对大规模的事务处理提出了需求，比如商业活动中大量的关键事务处理。事务处理监控界于 client 和 server 之间，进行事务管理与协调、负载平衡、失败恢复等，以提高系统的整体性能。它可以被看作是事务处理应用程序的"操作系统"。

事务处理监控有以下功能：进程管理，包括启动 server 进程、为其分配任务、监控其执行并对负载进行平衡。事务管理，即保证在其监控下的事务处理的原子性、一致性、独立性和持久性。通信管理，为 client 和 server 之间提供了多种通信机制，包括请求响应、会话、排队、订阅发布和广播等。

事务处理监控能够为大量的 client 提供服务，比如飞机订票系统。事务处理监控在操作系统之上提供一组服务，对 client 请求进行管理并为其分配相应的服务进程，使 server 在有限的系统资源下能够高效地为大规模的客户提供服务。

2. 常用网站开发语言

下面重点介绍一下网站开发设计语言 ASP、JSP、PHP 和数据库语言 SQL。

2.1　ASP、JSP 与 PHP

（1）基本介绍

ASP 全名 Active Server Pages，是一个 WEB 服务器端的开发环境，利用它可以产生和运行动态的、交互的、高性能的 WEB 服务应用程序。ASP 采用脚本语言 VB Script(Java script)作为自己的开发语言。

JSP 是 Sun 公司推出的新一代站点开发语言，他完全解决了目前 ASP，PHP 的一个通病——脚本级执行（据说 PHP4 也已经在 Zend 的支持下，实现编译运行）。Sun 公司借助自己在 Java 上的不凡造诣，将 Java 从 Java 应用程序 和 Java Applet 之外，又有新的硕果，就是 Jsp——Java Server Page。Jsp 可以在 Serverlet 和 JavaBean 的支持下，完成功能强大的站点程序。

PHP 是一种跨平台的服务器端的嵌入式脚本语言。它大量地借用 C，Java 和 Perl 语言的语法，并耦合 PHP 自己的特性，使 WEB 开发者能够快速地写出动态生成页面。它支持目前绝大多数数据库。还有一点，PHP 是完全免费的，不用花钱，你可以从 PHP 官方站点(http：//www.php.net)自由下载。而且你可以不受限制地获得源码，甚至可以从中加进你自己需要的特色。

三者都提供在 HTML 代码中混合某种程序代码、由语言引擎解释执行程序代码的能力。但 JSP 代码被编译成 Servlet 并由 Java 虚拟机解释执行，这种编译操作仅在对 JSP 页面的第一次请求时发生。在 ASP、PHP、JSP 环境下，HTML 代码主要负责描述信息的显示样式，而程序代码则用来描述处理逻辑。普通的 HTML 页面只依赖于 Web 服务器，而 ASP、PHP、JSP 页面需要附加的语言引擎分析和执行程序代码。程序代码的执行结果被重新嵌入到 HTML 代码中，然后一起发送给浏览器。ASP、PHP、JSP 三者都是面向 Web 服务器的技术，客户端浏览器不需要任何附加的软件支持。

（2）技术特点

三种语言技术特点如下表所示：

表 5-8 ASP、JSP、PHP 技术特点对比表

ASP	JSP	PHP
使用 VBScript、JScript 等脚本语言，结合 HTML 代码，实现快速建站 无须 compile 编译，容易编写，可在服务器端直接执行 使用普通的文本编辑器(如 TXT)即可进行编辑设计 用户端只要使用可执行 HTML 码的浏览器，即可浏览 ASP 所设计的网页内容 能与任何 ActiveX scripting 语言相容 脚本引擎是处理脚本程序的 COM 物件 通过 plug－in 的方式，使用由第三方所提供的其他脚本语言，如 REXX、Perl、Tcl 等 可使用服务器端的脚本来产生客户端的脚本 ActiveX Server Components(ActiveX 服务器元件)具有无限可扩充性	将内容的生成和显示进行分离 Web 页面开发人员可以使用 HTML 或者 XML 标识来设计和格式化最终页面 在服务器端，JSP 引擎解释 JSP 标识和小脚本，生成所请求的内容，并且将结果以 HTML(或者 XML)页面的形式发送回浏览器。既有助于作者保护自己的代码，又保证任何基于 HTML 的 Web 浏览器的完全可用性。 强调可重用的组件 采用标识简化页面开发 通过开发定制化标识库，JSP 技术可以扩展 JSP 技术很容易整合到多种应用体系结构中，以利用现存的工具和技巧，并且扩展到能够支持企业级的分布式应用 内置脚本语言是基于 Java 编程语言的且所有 JSP 页面都被编译成为 Java Servlet，JSP 页面具有良好的存储管理和安全性。 一次编写，各处运行	可以编译成具有与许多数据库相连接的函数。PHP 与 MySQL 是现在绝佳的组合。 提供了类和对象。基于 web 的编程工作非常需要面向对象编程能力。 PHP 支持构造器、提取类等

(3)应用范围

ASP 是 Microsoft 开发的动态网页语言，也继承了微软产品的一贯传统——只能运行于微软的服务器产品，IIS(Internet Information Server for windows NT)和 PWS(Personal Web Server for windows 98)上。Unix 下也有 ChiliSoft 的插件来支持 ASP，但是 ASP 本身的功能有限，必须通过 ASP＋COM 的组合来扩充，Unix 下的 COM 实现起来非常困难。

JSP 同 PHP5 类似，几乎可以运行于所有平台。如 Win NT，Linux，Unix。NT 下 IIS 通过一个插件，例如 JRUN 或者 ServletExec，就能支持 JSP。著名的 Web 服务器 Apache已经能够支持 JSP。由于 Apache 广泛应用在 NT、Unix 和 Linux 上，因此 JSP 有更广泛的运行平台。虽然现在 NT 操作系统占了很大的市场份额，但是在服务器方面 Unix 的优势仍然很大，而新崛起的 Linux 更是来势不小。从一个平台移植到另外一个平台，JSP 和 JavaBean 甚至不用重新编译，因为Java 字节码都是标准的与平台无关的。

PHP5 可在 Windows，Unix，Linux 的 Web 服务器上正常运行，还支持 IIS，Apache 等通用 Web 服务器，用户更换平台时，无须变换 PHP5 代码，可即拿即用。

(4)发展方向

目前在国内 PHP 与 ASP 应用最为广泛。而 JSP 由于是一种较新的技术，国内采用的较少，但在国外，JSP 已经是比较流行的一种技术，尤其是电子商务类的网站，多采用 JSP。

采用 PHP 的网站如新浪网(sina)、中国人(Chinaren)等，但由于 PHP 本身存在的一些缺点，使得它不适合应用于大型电子商务站点，而更适合一些小型的商业站点。

首先，PHP 缺乏规模支持。其次，缺乏多层结构支持。对于大负荷站点，解决方法只有一个：分布计算。数据库、应用逻辑层、表示逻辑层彼此分开，而且同层也可以根据流量分开，组成二维阵列。而 PHP 则缺乏这种支持。还有上面提到过的一点，PHP 提供的数据库接口支持不统一，这就使得它不适合运用在电子商务中。

ASP 和 JSP 则没有以上缺陷，ASP 可以通过 Microsoft Windows 的 COM/DCOM 获得 ActiveX 规模支持，通过 DCOM 和 Transaction Server 获得结构支持；JSP 可以通过 SUN Java 的 Java Class 和 EJB 获得规模支持，通过 EJB/CORBA 以及众多厂商的 Application Server 获得结构支持。

三者中，JSP 应该是未来发展的趋势。世界上一些大的电子商务解决方案提供商都采用 JSP/Servlet。比较出名的如 IBM 的 E－business，它的核心是采用 JSP/Servlet 的 WebSphere；西方另外一个非常著名的电子商务软件提供商，Intershop。它原来的产品 Intershop 1，2，3，4 占据了主要的电子商务软件份额。它们都是通过 CGI 来提供支持 的。但去年 10 月后它推出了 Enfinity，一个采用 JSP/Servlet 的电子商务 Application Server，而且声言不再开发传统软件。

总之，ASP、JSP、PHP 三者都有相当数量的支持者，由此也可以看出三者各有所长。正在学习或使用动态页面的朋友可根据三者的特点选择一种适合自己的语言。

2.2 结构化查询语言 SQL

(1)SQL 基本情况介绍

SQL 是英文 Structured Query Language 的缩写，意思为结构化查询语言。SQL 语言的主要功能就是同各种数据库建立联系，进行沟通。按照 ANSI(美国国家标准协会)的规定，SQL 被作为关系型数据库管理系统的标准语言。SQL 语句可以用来执行各种各样的操作，例如更新数据库中的数据，从数据库中提取数据等。

SQL 标准的制定过程经历了以下几个阶段：1974 年 IBM 圣约瑟实验室的 Boyce 和 Chamberlin 为关系数据库管理系统 System-R 设计的一种查询语言，当时称为 SEQUEL 语言(Structured English Query Language)，后简称为 SQL。1981 年 IBM 推出关系数据库系统 SQL/DS，得到广泛应用；著名的关系数据库管理系统陆续实现 SQL 语言。1982 年，ANSI 着手制定 SQL 标准，1986 年公布第一个 SQL 标准-SQL86；SQL86 主要内容：模式定义、数据操作、嵌入式 SQL 等内容。1987 年，ISO 通过 SQL86 标准；1989 年，ISO 制定 SQL89 标准；SQL89 标准在 SQL86 基础上增补完整性描述。1990 年，我国制定等同 SQL89 的国家标准；1992 年，ISO 制定 SQL92 标准，即 SQL2；SQL2 相当庞大分为三个级别，实现了对远程数据库访问的支持：初级 SQL2：在 SQL89 增加了某些功能，如 SELECT 中的 AS 语句为表达式命名；中级 SQL2：在初级 SQL2 基础上扩充数据类型、操作类型、有关完整性控制方面内容，是 SQL2 的最主要内容；完全 SQL2：在中级 SQL2 基础上放宽某些限制、增加 BIT 数据类型等。1999 年，ANSI 制定 SQL3 标准，在 SQL2 基础上扩充了面向对象功能，支持自定义数据类型、提供递归操作、临时视图、更新一般的授权结构、嵌套的检索结构、异步 DML 等。

（2）SQL 语言特点与应用

从目前发展的情况来看，SQL 已经作为一种标准化的数据库语言在各类系统中得到了广泛的应用。Oracle、Sybase、Informix、Ingres、DB2、SQL Server、Rdb 等大型数据库管理系统实现了 SQL 语言；Dbase、Foxpro、Access 等 PC 机数据库管理系统部分实现了 SQL 语言；可以在 HTML 中嵌入 SQL 语句，通过 WWW 访问数据库；在 VC、VB、DEPHI、CB 也可嵌入 SQL 语句。

SQL 语言性质包括以下几个方面：首先，SQL 语言是一种关系数据库语言，提供数据的定义、查询、更新和控制等功能。其次，SQL 语言不是一个应用程序开发语言，只提供对数据库的操作能力，不能完成屏幕控制、菜单管理、报表生成等功能，可成为应用开发语言的一部分。最后，SQL 语言不是一个 DBMS，它属于 DBMS 语言处理程序。

SQL 语言相比其他的数据库语言有一些明显的优势。第一，SQL 功能强大、能够完成各种数据库操作；能完成合并、求差、相交、乘积、投影、选择、连接等所有关系运算；可用于统计，并支持多表操作。第二，SQL 书写简单、使用方便。第三，SQL 可作为交互式语言独立使用、也可作为子语言嵌入宿主语言中使用；第四，SQL 有利于各种数据库之间交换数据、有利于程序的移植、有利于实现程序和数据间的独立性；有利于实施标准化。

任务扩展

假如你就是小伟，在完成上述任务之后，请你请你邀请一位有过电子商务网站系统平台技术方案经历的人或者从事电子商务工作的人（非解决方案提供商）就以下话题聊聊天。

（1）平时从事电子商务系统平台建设的时候有没有遇到过问题？都遇到过哪些问题？遇到问题的时候是怎么解决的。

（2）让他谈谈对电子商务系统平台操作系统、服务器、数据库等造型的认识，并且交流一下你的看法。

（3）向他了解一下选择电子商务主流平台开发技术、网站开发语言的时候应该注意哪些问题。

聊天结束后，思考一下自己所在的企业如何进行系统平台的各项造型。另外，作为一名工作人员面对客户时，应该做好哪些准备工作。

任务三　构建电子商务应用系统

任务分析

1. 电子商务应用系统包括哪些类型？

电子商务应用系统类型很多，大致上可以分为如下几个层次：一是初级电子商务应用系统，该类型系统仅仅实现企业经营活动某个环节的或简单商务的电子化和信息化，技术含量低，包含内容少，典型的应用系统就是企业宣传门户网站；二是中级电子商务系统，该类型系统可以完整实现企业某一类或某一项业务活动，例如电子交易系统；三是高级电子商务系统，该类型系统几乎将企业能够转化的所有活动统统实现电子化和信息化，涵盖面广，技术复杂，建设周期长，例如 IBM 提出的三大电子商务应用系统 SCM、ERP、CRM。作为电子商务应用系统设计开发人员，重新认识电子商务应用系统，把眼光从狭隘的网站观念和"门户"概念中跳出来，才能够真正意义上打开建设思路，提升设计能力。

2. 如何构建电子商务系统应用系统？

对于企业用户而言，构建电子商务应用系统可以选择的途径只有两条，一条是购买市场上销售的现成的应用系统软件，另一条就是选择合适的提供商针对自己的实际情况进行定制化开发。两种途径各有利弊，如果选购市场上的标准化应用系统软件，可以让企业用户在最短的时间内完成电子商务建设，为企业节约大量的电子商务建设成本；但是对于提供商而言，标准化软件的开发必须要建立在充分调研的基础上才能进行，必须保证软件高度的可复用性和普适性，否则，提供商费劲心力开发出来的电子商务应用系统只能被企业用户和市场无情的淘汰。如果选择定制化开发，提供商可以针对性的面向特定企业用户进行开发设计，保证应用系统与企业电子商务应用需求的高度吻合，充分发挥电子商务的优势；但是对于企业用户而言，要花费更多的建设成本，并且要等待较长的时间，提供商的投入产出也不太成正比，往往要给软件制定较高的价格才能取得收益。因此，作为提供商的设计开发人员，切记开发任何系统都不仅仅是建立在标准逻辑模型之上的技术实现，一切都应着眼于市场实际，灵活应对。

任务实施

阶段一　选购标准化应用系统软件

步骤1　了解当前市场上的电子商务应用系统软件

要选购一个选购标准化的电子商务应用系统软件，具体内容可以从以下方面了解和明确：

(1)获取当前市场中销售的电子商务应用系统软件的品种；

(2)确定电子商务应用系统软件的主要功能，包括哪些子系统、子模块，系统的稳定性与安全性。

步骤2　对现有的电子商务应用系统软件进行选择

对电子商务系统开发技术与工具进行选型的工作可以从以下方面进行：

(1)获取有关用户对电子商务应用系统软件的要求相关资料；

(2)结合前面资料内容综合分析确定客户对电子商务应用系统软件的基本要求；

(3)根据分析结果选购合适的电子商务应用系统软件。

阶段二　开发定制化应用系统

步骤1　确定客户需求

获取有关用户对电子商务应用系统软件的要求相关资料，确定客户对电子商务应用系统软件的具体要求。

(1)了解企业商务活动的基本构成和主要类型，掌握不同商务活动的不同需求及其特点，掌握不同类型电子商务活动的特征；

(2)理解电子商务需求分析的基本内容，掌握企业商务流、信息流、资金流分析的目的及方法；

(3)掌握一般电子商务系统体系的基本构成、各个部分的作用及其相互关系。

步骤2　系统设计及部署实施

根据电子商务应用系统软件需求分析的内容，完成具体的系统设计，并将开发的电子商务应用系统软件实施。具体过程如下：

(1)依次完成电子商务应用系统软件各子系统的划分、系统模块结构设计、代码设计、输出设计、输入设计、处理过程设计、数据存储设计、网页设计与编辑；

（2）对开发的电子商务系统应用平台进行测试，确定测试结果；

（3）对电子商务系统应用平台实施与运行维护，包括系统投产运行管理与系统维护管理。

（由于系统设计是一项涉及内容繁多，过程步骤复杂的活动，具体情况在此不再赘述。）

知识要点

1. 电子商务系统开发方式比较

（1）自主开发方式的优点与缺点

优点：企业内部信息技术人员企业比较了解，在建造过程中比较容易把握系统的重点。与其他企业的系统相比，自主开发的系统一般具有独创性和差异性，在竞争中，易于保持一种差异化的竞争优势。

缺点：对企业信息技术人员素质要求高；成本相比外包而言，可能更高

（2）外包方式的优缺点

优点：对企业而言，风险较低；外包企业在项目管理上一般有经验，项目的进度易于得到控制。

缺点：外包企业对企业的需求把握可能不会十分准确系统投产后，可能需要调整；外包方式会涉及企业机密和知识产权的问题，须用协议保证建造的电子商务系统不会被竞争对手模仿和复制。在培训、维护方面成本较高。

2. 典型电子商务应用系统选择建议——以 ERP 系统为例

2.1 ERP 系统选型因素

目前，中国企业在管理信息化建设方面所能选择的 ERP 类型不外乎 3 种，第一种是携带西方管理思想和项目经验的 ERP 软件，第二种是完全借鉴西方技术的 ERP 软件，第三种是由传统财务管理软件改造成的 ERP 软件。这 3 种 ERP 系统在目前来说都可以算是国内第一代 ERP 系统的共同特点，在当前最新的一代 ERP 系统中，我们可喜地看到，国内的 ERP 系统也开始有了自己的一些个性，释放出原来 ERP 系统的那种过分强求的刚性，添加了许多符合国内企业用户特点的"柔性"，提倡"我的 ERP 我做主""自由组装""智能 ERP"等全新开放理念。

那么，该如何选择适合自己的 ERP 系统软件？一方面，购买 ERP 系统对任何企业而言都是一笔不小的投资，动辄几十万、上百万，甚至以千万计，选择不当，会有巨大的投资浪费；同时，ERP 软件上马以后，会直接关系到企业目前和长远的业务发展，选择不当，其后果不堪设想。因为 ERP 软件选择和实施不当导致系统失败、甚至企业陷入困境的例子并不罕见。另一方面，软件的选择已经成为影响 IT 应用项目成败最重要的因素之一。正确的选型是成功的重要条件，而选型不当则可能埋下失败的种子。具体应从以下因素进行考虑：

（1）弄清楚 ERP 软件的实质

这一条非常关键，也是整个 ERP 系统选型的基础与前提。ERP 与财务或者营销管理软件存在明显区别。ERP 是从制造资源计划 MRP II 发展过来的，所以 ERP 系统应是为制造业企业提供从客户、分销与销售、制造、采购、整个供应链上物流、资金流、信息流

集成的，对资源能力优化平衡的系统，而非单一功能的管理系统。另外，ERP 系统至少应包括人、财、物、产、供、销等全面的管理功能，不包括制造业特有功能(如产品制造子系统)的管理软件不能称为 ERP，如财务管理软件、民航订票系统、银行系统、供销存系统等都不能称为 ERP 系统。

当然，ERP 系统也不是产、供、销、人、财、物功能模块的简单叠加，应具备系统的集成性。在这样一个系统中，各功能模块的数据信息是共享和关联的，而不是各自独立。这一点其实可以通过模拟的实验数据得到证实。

(2)充分考虑适用性

ERP 系统软件不同于一般商品不满意可以更换，它不仅需要复杂的实施与配置，而且一旦应用很难更换，对业务会产生长期而深远的影响。因此，软件选择必须慎重，要将适用性放在首要位置，从企业战略目标出发，梳理、优化业务流程，确定关键功能需求及改善的目标和远景，然后再对软件进行评估和选择。

所谓适用性包含两层含义：首先，企业在不同的发展阶段，其业务战略、运作体系、管理架构、业务流程都有很大差别，因此系统需求差别巨大。ERP 软件一定要满足企业现有业务运作的需要，不能超越现有业务发展阶段太远；其次，要能符合企业未来一定时期内业务发展的需要，有一定的扩展性。

(3)产品技术与市场服务的成熟性

一套成熟的 ERP 系统，并不是随便找几个软件开发人员就可以完成的，所选择的 ERP 产品的企业一定要有开发相应行业应用和管理软件的技术和经验底蕴，否则开发出来的 ERP 最多只能算是一个软件功能的堆叠，毫无实用性可言。

具体而言，ERP 软件的成熟性体现在如下方面：第一，ERP 产品至少在某些行业要具有通用性，它的功能满足这类企业 80% 的需求；第二，有严格的版本管理，升级管理，在同一个时期不同企业的产品是一样的，用户化不能超过 20%；第三，该软件至少要在 10 个以上工厂成功实施并大量吸取用户反馈意见，修改完善，才能形成一个商品化软件。所以有人说一个 ERP 软件产品没有 8～10 年的工夫是出不来的，也不可能是成熟的。

(4)选择好的系统架构

ERP 系统是否成熟其实在很大程度上可以从它的系统架构中得到体现的。首先看它采用什么语言开发的(目前大家比较看好 Java 类的开发语言，因为这类语言所支持可扩展性比较强，且二次开发能力也比较强，便于用户根据自身企业特点组织人员进行二次开发，以最大限度地满足自身应用需求)。当然，其中还涉及数据库系统，低档的通常是选用 Access、Sybase 之类的，中档的一般选择 SQL、MySQL，高档的一般是选择 Informix 和 Oracle。至于操作系统方面，建议不要贪大求全，对于中小型企业，建议选择大家比较熟悉的 Windows 平台。一方面，这类企业的 ERP 系统使用人员和网络管理人员相对来说比较初级，通常只对 Windows 平台比较熟悉；另一方面，专门聘请全面熟悉各操作系统平台的使用和管理人员，对企业来说是一个不小的负担。而对于大中型企业，则当然必须选择全面支持 Windows、UNIX 和 Linux 平台，并且可以跨平台操作的 ERP 系统，这类企业中并不缺乏这类系统的使用和管理人员。当然无论是哪类企业，在选型之前，一定要先对自己企业中使用和管理这套系统的人员熟练和期望的操作系统平台进行调查，这就是本书前面介绍的用户需求调查的内容。

(5)选择适合的档次

ERP 软件粗略地可以分为高、中、低 3 个档次。高端 ERP 软件就像国外的 SAP 的 R3、Oracle Application 等。它们功能强大，软件适合多种制造环境和许多非制造业环境、多种语言，产品非常复杂，实施难度较大、周期长，软件和服务费用高。这类产品适合跨国集团和国内大型企业和企业集团。

中端产品包括国外的 Baan、QAD、MANMAN、JDE、MOVEX、Symix，以及国内的北京机械工业自动化研究所、金思维、用友、金蝶、博通等公司的 ERP 系统。这类产品不是太复杂，它具有 ERP、CRM(客户关系管理)、SRM(供应链管理)的基本功能，各自具有一定的专业面，实施较容易，软件和服务费用适中，比较适合中小企业。

低端产品功能不够完善，价格低，适用面窄，但对小企业也比较适用。企业一定要根据自己企业信息化的目标、管理需求、企业规模去选择适合自己的产品。这类产品主要是国内一些大品牌的第一代 ERP 系统，如用友的 U8、金蝶的 K3 等，以及国内一些二线软件开发商开发的 ERP 产品。

(6)产品性价比

一般来说，产品价格与质量是成正比的。目前，在国内市场上包括国内外有上千种 ERP 系统，这些产品的功能千差万别，适应的环境各不相同，软件的成熟度、灵活性、可扩展性、可操作性、适用性有很大差异。价格从几万元到上千万元不等。企业如何在这纷繁的产品中，在没有公认的技术标准和技术指标的前提下，要找到适合自身的产品，最好在决定上 ERP 项目前，先对自己企业的特点、功能需求和实际的应用环境进行一下评估，选择一款在功能和性能上最符合自己企业的 ERP 系统，不一定要追求大而全。当然，在选择 ERP 系统时也一定要充分考虑到企业的未来发展，不要到了第二年就满足不了需求。另外，最好在正式决定选择某一品牌产品时先对同样产品以前的用户进行走访，了解他们实施的效果，这步工作非常重要。

(7)充分考虑整体成本

ERP 软件作为一种特殊的软件产品，它的安装、实施、维护和开发都十分复杂，需要企业投入大量的人力、物力和财力。所以不同于一般的软件，ERP 软件的成本要素主要由以下 6 部分组成：基础软件费用(不包括数据库费用)、第三方软件费用、开发工具费用、安装费用、软件系统实施费用，以及第一年维护费用。此外，与系统实施密切相关的费用可能还包括企业购买 PC、服务器、打印机与网络设备等硬件产品，以及操作系统和数据库产品的费用、人员培训费用以及很多无形的隐含成本，如参与项目实施的人员费用、业务停顿的损失、系统实施以后的运营维护、升级费用等。所以，必须系统地考虑整体拥有成本(Total Cost of Ownership，TCO)，不能单看一两项报价。

2.2 SAP ERP 系统产品介绍

目前在 ERP 领域，SAP(Systems Applications and Products in data processing，系统应用与数据处理产品)公司是绝对的先行者和领导者，也是最为著名的 ERP 系统开发公司，该公司的 ERP 产品主要是大型企业、外资企业选用。

SAP ERP 是全球排名第一的 ERP 管理软件，世界 500 强企业中 70% 的企业采用 SAP ERP。不仅如此，在全球前 200 强零售商中，有 67 家使用着 SAP 的解决方案。该系统以管理集成度高、流程控制严密著称于世。SAP ERP 在中国推广 10 多年，目前有用户约

1 500家，其中零售业也是重点行业之一，代表用户包括百安居中国、家得宝中国、金海马、四川新华书店、易初莲花、麦德龙、家乐福等。

SAP在我国目前销售的主流ERP系统是R/3和"中国新干线"。

（1）SAP R/3

SAP R/3是SAP的一个先进、完整的企业管理信息系统，是基于C/S结构和开放系统的、集成的企业资源计划系统，包括IBM在内的许多世界500企业都选用了R/3 ERP系统。

SAP R/3功能覆盖企业的财务、物流和人力资源管理等方面。它包括产、供、销、人、财、物等企业管理所需的各项功能，而且具有模块化、集成性、强大的功能及可配置性、安全性、开放性、可靠性等一系列特点，这些特点能使它的用户面对竞争日益激烈的市场，及时获得有价值的经营管理信息，做出有效的管理决策，从而取得理想的经营效益并不断加强其市场竞争地位。

SAP R/3的经营和物流管理系统主要包括经营和销售计划、生产计划、制造数据管理及生产控制、采购及库存管理、仓库管理、售前支持、销售与订单管理、发运管理、配货管理、发票处理、售后服务管理、质量管理及设备维护等功能，R/3对汽车、化工/制药、高科技、银行/保险、零售业等行业还有专门的行业解决方案来更好地满足这些行业的特殊需求。

SAP R/3的资金流管理系统主要包括总账、应收/应付账、固定资产管理、合并、特殊用途分类账等财务会计功能，现金流动状况的监控及预测、现金预算管理、银行对账、利息计算、资本投资的预算控制及管理、证券/贷款/外汇管理及市场风险管理等现金/金融资产管理功能，以及成本中心、利润中心会计、ABC成本会计、生产成本会计、项目管理及获利分析等管理会计功能。

SAP R/3的人力资源管理系统主要包括人事规划、人才招聘管理、人事管理、工资/薪金核算、时间和费用管理、人力资源市场开发等功能。

SAP R/3的决策信息系统汇总企业物流、财务及人力资源等总括信息，及时、有效地辅助高层管理决策。

主要优势：SAP的ERP系统在功能和技术是毋庸置疑的，它全面提供产、供、销、人、财、物等企业管理所需的各项功能。而且具有模块化、集成性、强大的功能及可配置性、安全性、开放性、可靠性等一系列特点。同时它的服务水平也非常高、周到。

主要不足：R/3系统虽然功能非常强大，但它不是针对制造业而开发的，而是以零售、金融业为主，主要适用于国外用户。况且价格也比国内ERP系统贵很多。

选型建议：国内中小型企业建议不要选用，一方面是价格昂贵，另一方面它的一些操作习惯并不是很符合国内用户的要求。

（2）SAP"中国新干线"

"中国新干线"是一个SAP公司为中小规模的企业（典型的在10～50个用户）既快速又省钱地实施一个基于SAP的R/3业务平台的监管系统。该集成解决方案能够满足一个典型的中等规模的企业的全部运营要求，包括销售处理、采购、财务与管理会计控制、生产规划和控制。它配有一套完整的文件、培训与实施库，以及集成的终端用户帮助系统，全都是设计来辅助快速实施，轻松使用，以及将现有支持成本最小化。

集成在"中国新干线"中的财务与管理会计功能允许管理内部和外部会计进程。这包括总分类账、现金日记账、应收账款、应付账款、自动付款、催款以及资产会计组件。另外，特殊内部项目可以使用内部订单会计来进行控制收益率分析允许管理者容易地分析销售收入、成本与利润，改善作业利润管理并容易地识别特殊利益范围作为标准配置，配有一整套集成的报表可以经过剪裁适合特定的需求和格式。这允许访问那些对运营一个高效公司很重要的关键报表。

销售支持及销售与分销处理配有一个完全集成的预设置功能包。这些包含了在许多中等规模公司都有的典型的进程为中心的方案。物流及应付账款和应收账款完全集成在一起。

物料管理提供了完整的预设置进程，包括采购、库存补充（使用 MRP）和存货管理。功能包括：采购管理、库存管理、库存补充等方面；生产规划与控制与物流和财务会计完全集成。

主要优势："中国新干线"是一个 SAP 公司的"All-in-one"解决方案，专门为国内的中小企业而整合开发的，更有针对性，更符合国内用户的操作习惯。在功能上与 R/3 类似，因为它是基于 R/3 系统基础上开发的，而价格只有整套 R/3 的 1/4。

主要不足：尽管价格只有 R/3 的 1/4，但相比之下国内同档 ERP 系统来说仍算贵的，而且最多只有 50 个左右用户。

选型建议：对于公司经济实力比较雄厚，又有全面实施 ERP 系统的基础的中小型企业选择。选择这类国际顶级 ERP 系统成功率会更高些，也可从中学到许多先进的国际管理经验，加速企业的成长。

3. 电子商务应用系统设计实例——以网上书城为例

3.1 需求分析

(1)确定需求分析的目标

随着某书店近年来业务的不断拓展，为适应电子商务发展的要求，我们决定建设一个网上书店系统，实现在网上销售书籍。使用网上书店系统的用户主要有两种：一种是消费者，可以浏览网上书店中的书籍信息、进行网上购书；另一种是网站的管理者，可以对网上书店中的书籍信息进行管理、处理客户的订单。电子商务并不是一个新概念，可以说，在几十年前主机系统出现时就诞生了。但是，近年来，Internet 的出现给了电子商务以新的活力，基于 Internet 的电子商务已经引起了全世界的注意。电子商务蓬勃的发展，特别是近两年来其发展速度令世人震惊。虽然如此，电子商务的战略作用却是逐渐被全球各国所认识的，而且其今后的发展道路也是漫长的。很多企业都开始利用网络开展商务活动，我们可以看到，在企业进行网上商务活动时产生的效益是多方面的，譬如：可以低投入地进行世界范围的广告活动，可以提高公司的社会形象，可以提高企业的管理效率，增加新的管理手段等。因此，越来越多的企业需要利用网上购物系统平台扩张自己的市场。

(2)可行性分析

从操作可行性、技术可行性和经济可行性来确定是否建立一个系统，做出系统可行性分析报告，如下：

本系统充分考虑到了本模块对于客户的重要性，所以界面尽量做的简捷，采用开放式结构，一目了然，方便客户轻松掌控自己的一切信息，从而提高对书店的信任度，进一步增加书店的销售额。网上购物系统平台的运行可行性，很明显利用 VB，VBScript，JavaScript，Html，SQL 等开发语言，很容易设计成功。同时经济可行性方面，可利用网络资源，扩展销售渠道，节省了人力物力，且通入不高。

从优势上将，网上购书系统平台还具有：挤压盗版空间；浓缩图书的库存空间，数量、种类多，出版时间跨度大不受时间、地域限制，信息丰富，多途径综合检索价格，低廉个性服务，配送较及时等特征，所以说，建一个网上购物系统平台网站是可行的。

（3）网上书店系统平台原理图

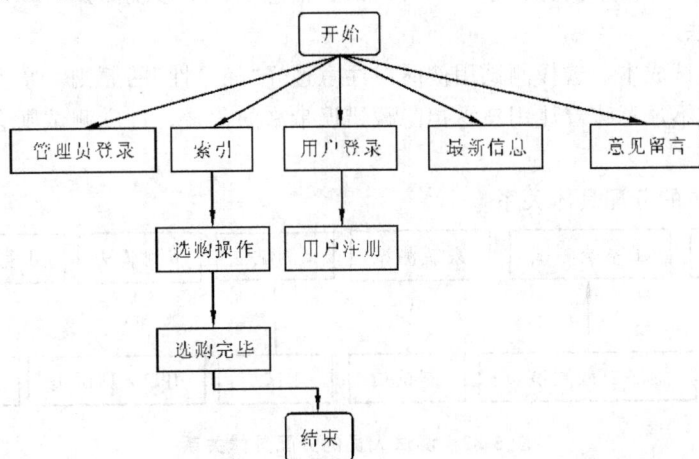

图 5-31　网上书店系统平台原理图

（4）需求扩展

出版物网上销售不仅是传统销售渠道的发展和补充，也是未来图书销售的发展方向。目前我国运作和销售较好的大型网上书店，如当当、卓越和旌旗席殊、中国书网网上书店等。书业界人士分析，未来英国的网上售书将成为图书销售渠道中的主要渠道。

（5）提交电子商务系统分析报告

内容要求包括：

①分析企业商务运作过程中的基本商务环节；

②分析电子商务对企业商务活动各个环节的影响；

③分析电子商务环境中本企业应具备的新的商务手段；

④描述企业各项业务活动的数据流程和相关处理过程：

◆结构化分析方法。包括：数据流图、数据字典、处理过程说明；

◆面向对象的分析方法。包括：对象的认定、结构认定、认定属性、定义方法；

◆基于 UML 的分析方法。在面向对象建模的基础上，利用 UML 的符号体系，对系统功能结构进行描述。

⑤提出电子商务系统需求。

3.2　电子商务系统应用软件的编码调试及系统测试

（1）测试目的

软件测试的目的决定了如何去组织测试。不同的机构会有不同的测试目的；相同的机构也可能有不同测试目的，可能是测试不同区域或是对同一区域的不同层次的测试。本次测试的目的主要是为了完善系统各功能子模块，使系统能够正确的反映客户的需求。

（2）系统简介

本系统的网上书店分为前后台两个管理系统，前台用户为种是消费者，他可以浏览网上书店中的书籍信息、进行网上购书；后台用户为网站的管理者，他可以对网上书店中的书籍信息进行管理、处理客户的订单。

（3）测试概要

本程序的主要测试包括对前台管理系统的测试，大致分为会员访问子系统测试、网上购物车子系统测试、图书浏览检索子系统测试和信息反馈子系统测试。

（4）测试方法

为了降低测试成本，选择测试用例时应注意遵守"经济性"的原则。掌握好测试量是至关重要的，测试不足意味着让用户承担隐藏错误带来的危险，过度测试则会浪费许多宝贵的资源。

（5）测试人员的分配具体关系

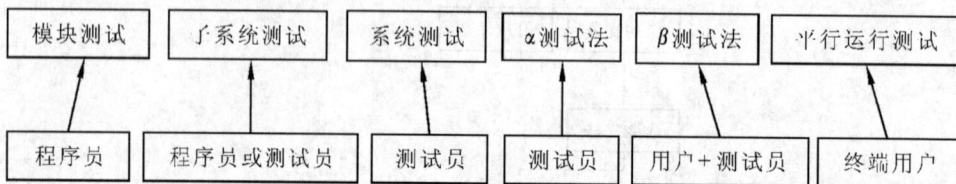

模块测试	子系统测试	系统测试	α测试法	β测试法	平行运行测试
程序员	程序员或测试员	测试员	测试员	用户+测试员	终端用户

图 5-32　测试人员的分配具体关系

（6）测试内容

① 白合测试

按照程序内部的结构测试程序，通过测试来检测产品内部动作是否按照设计规格说明书的规定正常进行，检验程序中的每条通路是否都能按预定要求正确工作。把测试对象看作一个打开的盒子，测试人员依据程序内部逻辑结构相关信息，设计或选择测试用例，对程序所有逻辑路径进行测试，通过在不同点检查程序的状态，确定实际的状态是否与预期的状态一致。从覆盖源程序语句的详尽程度分析，采取：语句覆盖、判定覆盖、条件覆盖、条件判定组合覆盖、多条件覆盖和修正判定条件覆盖等测试方法。

② 黑合测试

◆了解业务流程，了解功能模块。当接手一个测试任务时，首先要了解该模块主要完成的任务，理清最主要的流程，然后针对这些主要的内容展开测试，测试完后，保证了程序的可用性，接着就可以进行各种异常测试，提高程序的使用性、方便性和柔韧性。

◆设计测试用例：设计测试用例应力争做到考虑周全，数据种类齐全，这样有助于提高测试效率和准确性；写测试用例固然重要，但确实很费时间，对于不设计逻辑流程的，可以凭经验直接测试。

◆结合数据库：要求非常熟悉 sql 语句，特别是 select 语句的各种查询方法，包括单表查询，多表连接；数据库的数据尽量不要手动更改；随时观察数据库变化情况，可以发现隐藏的问题。

◆尽量减少自己的失误而出现的错误信息，却把之认为是程序的 bug。

◆测试先后：实际测试的过程是程序的反复更新过程，最容易出现错误的是新增加的功能，所以，应该重点测试新的功能，这个测试完毕后，程序的更新次数会大大减少，这时就可以测试老的功能是否出错。这样是提高效率的有效方法。

●●●● 阅读链接

数字客房应用平台系统解决方案

旅游业作为中国国民经济发展的重要环节，酒店的信息化已经摆上了议事日程。网络信息化程度的高低已经成为酒店、宾馆星级评定的一项重要指标。国家旅游局最新的星级酒店评分标准中强制性要求：四、五星级酒店必须提供客房宽带上网功能，内容涉及互联网接入、VOD 点播、远程预订等。目前绝大多数酒店都已经提供宽带，但大部分仅限于一些基本的上网功能。无法为客人提供更多个性化的服务，同时对宽带资源也造成了极大的浪费。"啤尔数字客房应用平台"也正是在此背景下应运而生。

上海啤尔科技事业有限公司（以下简称啤尔科技）是为城市旅游业信息化、数字化建设提供设备、技术和服务的专业性公司。其开发的"啤尔数字客房应用平台"已经得到国家旅游局及饭店行业协会的肯定，此举必将带动"数字化多媒体客房"概念在酒店行业最广泛的推广使用。

（1）客户需求

啤尔科技向酒店领域推广的"啤尔数字客房应用平台"针对酒店的行业特点，为酒店专业设计打造并在客房中安装的数字多媒体终端系统。该系统是专门针对入住酒店的客人开发的"数字化多媒体网络酒店应用系统"，可以提供全方位个性化服务，它通过在客房中安装专业设计的电脑终端，以简便的操作模式、丰富的服务品种最大限度地满足入住客人对商务旅游、影视、新闻娱乐、票务等方面的需求。一方面，该平台具备了自己的系统服务功能；另一方面引入其他专业网站的特色内容，将他们的单一优势汇聚成综合优势，大大提高了入住客人的居住品质，开拓了酒店的旅游服务的新领域，对酒店的发展也将产生深远的影响。

（2）解决方案及部署实施

为了打造一个真正稳定可靠的"数字化多媒体客房"，需要具备三个最基本的条件：

◆稳定安全的操作系统

◆健壮快速的网络系统

◆功能强大、简单易用的应用平台

为此，中科红旗和啤尔科技通力合作，采用 Linux 无盘技术，定制开发了适用于数字客房应用平台的红旗 Linux 桌面系统和服务器系统。

众所周知，无盘技术的性能指标最大的压力来自服务器，而服务器的硬件性能只是其中一个方面，最主要的原因还在于有一个稳定的服务器操作系统，中科红旗开发提供的Red Flag DC Server 5.0 已在很多关键项目中得到广泛应用，具备了良好的实践基础，建立了极好的市场口碑；配合"啤尔数字客房应用平台"而定制开发的红旗 Linux 桌面系统更是满足了无盘系统各方面的需求，统一为终端用户提供了完整的数字应用解决方案。并在系统速度、数据加载、带宽占用和镜像包启动等方面，均达到相当的水准。

网络系统方面，属于不同酒店的网络状况各有不同，甚至差异甚大，这必须需要对网络知识有比较全面的了解，尽可能先解决酒店本身网络的状况问题。这是成功安装部署数字客房系统的前提条件。

另外，网络速度第一取决于出口带宽的流量，第二取决于布线工程的质量，第三取决于网络设备的选择。

要使酒店的网络达到数字客房的要求，需要结合酒店网络管理人员，了解酒店网络结构，增添和减少必要设备，具体情况具体实施。

应用平台方面，系统性能、操作的易用性，是最先需要考虑的。中科红旗定制提供的操作系统，啤尔科技基于 J2EE 开发的"数字客房应用平台"提供完善的服务内容。同时需要实时更新应用内容，给酒店做好宣传支持的同时，不断为客人提供更新更好的服务。

为了使入住客人更充分有效地使用数字客房应用平台，在突出基础产品特点的同时，良好结合上述三方面的内容，给客户提供更多更好的内容。完善的软件系统加上丰富的内容平台，通过强健的网络系统，有机的整合在一起，才能确保数字客房应用系统产品具有持久强劲的生命力。

目前，中科红旗和啤尔科技联合推出的数字客房应用平台解决方案已经在北京、上海、海南等多个省市的多家酒店中得以成功部署实施，目前签约部署的酒店数量已经超过了几百家，客房数量超过万数。考虑到不同酒店的网络差异，在此仅以其中一种典型的网络情况来说明相关的系统实施。相关网络拓扑图示意如下：

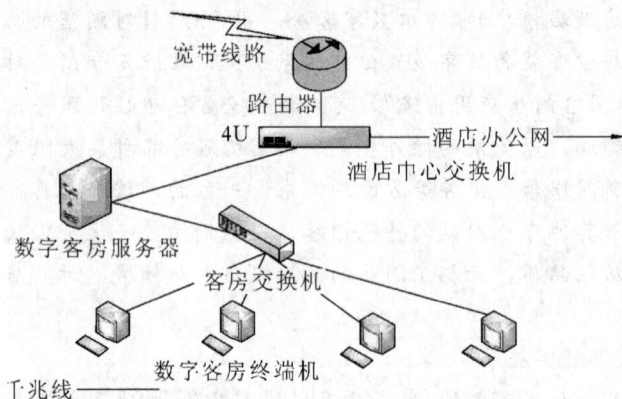

图 5-33　网络拓扑图

软硬件产品的版本/型号：

软件平台：Red Flag DC Server 5.0、红旗 Linux 桌面版(定制系统)。

硬件平台：针对酒店行业的特点进行专业设计的数字多媒体终端。硬件配置基于"电脑家电化"的创新思想，从外观、款式等各个方面进行专业化设计，多种色彩和小巧的一体机设计与酒店客房装饰浑然一体，并根据不同星级酒店配置各种型号的一体机(如惠普、神舟、海尔及斯太沃夫等)，完全适用于酒店用户多样化及个性化的需求。

(3)应用平台的效果评价

中科红旗和啤尔科技联合推出的稳定高效的"数字客房应用系统解决方案"，提高了酒店数字化管理，增加了酒店硬件设备的同时，更是提高了酒店服务档次，为酒店带来更高的客房入住率。这在已经成功实施的多家酒店，尤其是五星级饭店中得到了良好的口碑。

商务性：详细介绍酒店的服务及消费指南，真正使客人达到"宾至如归"之感；提供最新、最及时的新闻资讯；提供商务办公、网上冲浪功能，大大满足高级商务客人的需求。

娱乐性：清晰的 VOD 视频点播；精彩刺激的网络游戏；优美的流行及古典音乐。

方便性：客房内视频预订酒店内各种服务；在线购买机票、火车票；旅游客人数码照片的修改及打印；酒店周边娱乐、餐饮、购物信息查询；多国语言支持，方便各国客人使用。

实时性：交通路况及旅游景点优惠门票实时信息；飞机航班、火车车次时间实时信息发布。

任务扩展

假如你就是小伟，在完成上述任务之后，请你针对此项任务内容，对目前市面上销售的各类商务软件进行一次摸底调研。内容主要包括商务应用软件的种类、品牌、适用对象、主要功能和运行环境。并最终建立一份列表，将调研结果一一陈述在表内。

任务扩展

●●●●● 项目评价

表一　任务完成情况表

任务一	是否完成	是( )　　否( )
你认为通过本任务掌握的最有价值的内容是：		
你认为本任务中需要进一步了解或掌握的内容是：		
你在任务完成过程中遇到的问题是：		
你是如何解决问题的：		

续表

任务二	是否完成	是（　　　）	否（　　　）
你认为通过本任务掌握的最有价值的内容是：			
你认为本任务中需要进一步了解或掌握的内容是：			
你在任务完成过程中遇到的问题是：			
你是如何解决问题的：			

表二　能力自评表

核心能力	评价指标	评价等级 （A通过；B基本通过；C未通过）	备注
自我学习能力	1. 学会获取利用外部信息资源	A（　） B（　） C（　）	
	2. 灵活运用所学知识	A（　） B（　） C（　）	
	3. 能发现自己的问题和不足	A（　） B（　） C（　）	
沟通表达能力	1. 能够认真聆听并尊重他人的思想和观点	A（　） B（　） C（　）	
	2. 能清楚表达自己的思想和观点（口头/书面）	A（　） B（　） C（　）	
	3. 能对他人观点做出及时反馈	A（　） B（　） C（　）	
专业认知能力	1. 能准确表述不同类型服务器操作系统的特点及优劣势	A（　） B（　） C（　）	
	2. 能准确表述不同服务器管理控制软件特点	A（　） B（　） C（　）	
	3. 能准确表述不同类型数据库软件特点	A（　） B（　） C（　）	
	4. 能准确表述常用电子商务系统开发技术与工具类型	A（　） B（　） C（　）	
	5. 能够对开发定制电子商务应用平台进行需求分析及测试	A（　） B（　） C（　）	

续表

核心能力	评价指标	评价等级 （A 通过；B 基本通过；C 未通过）	备注
专业操作能力	1. 能够合理选购符合要求的服务器操作系统、数据库等基础平台软件产品	A（　）　B（　）　C（　）	
	2. 能够配置电子商务基础平台和开发平台的软件组合，创建适用的电子商务系统软环境	A（　）　B（　）　C（　）	
	3. 能够选购标准化应用系统软件	A（　）　B（　）　C（　）	

●●●● 项目巩固

术语学习

OS(Operating System)　　　　　　　　　　　　　　　　　　操作系统

TPC(Transaction Processing Performance Council)　　美国交易处理效能委员会

OLAP(Online Analytical Processing)　　　　　　　　　　联机分析处理

DM(Data Mining)　　　　　　　　　　　　　　　　　　　　数据挖掘

PDA(Personal Digital Assistant)　　　　　　　　　　　　个人数字助理

CLR(Common Language Runtime)　　　　　　　　　　　通用语言运行环境

IDE (Integrated Development Environment)　　　　　　集成开发环境

SOAP(Simple Object Access Protocol)　　　　　　　　简单对象访问协议

J2EE(Java 2 Platform Enterprise Edition)　　　　　　Java 2 平台企业版

JDBC(Java Database Connectivity)　　　　　　　　　　Java 数据库连接

JMS(Java Message Service)　　　　　　　　　　　　　　Java 消息服务

Middleware　　　　　　　　　　　　　　　　　　　　　　中间件

MOM(Message-Oriented Middleware)　　　　　　　　　消息中间件

RPC(Remote Procedure Call)　　　　　　　　　　　　　远程过程调用

ORB(Object Request Broker)　　　　　　　　　　　　　对象请求代理

TPM(Transaction Processing Monitors)　　　　　　　　事务处理监控

CORBA(Common Object Request Broker Architecture)　公共对象请求代理架构

SQL(Structured Query Language)　　　　　　　　　　　结构化查询语言

案例分析

Raymond James 公司 SOA 应用案例

一、客户信息

客户：Raymond James & Associates

总部：佛罗里达州圣彼德斯堡

行业：金融服务

解决方案：IONA Artix

二、客户概况

Raymond James & Associates 是 Raymond James Financial 的子公司，是一家规模最大的全方位服务投资公司和纽约证券交易所会员单位。公司总部设在美国东南部。该公司共拥有 5 000 余名金融代表和由约 700 名 IT 专业人员组成的 IT 支持团队。公司的固定收入部门（Fixed Income Division）为客户提供债券买/卖服务，服务对象包括零散客户和企业客户。Raymond James 希望可以更快地为交易人员提供债券信息，从而使他们能够更好地为客户提供服务，保持竞争优势。为了做到这一点，Raymond James 需要把现有的系统与外部基于行业标准的数据传入服务集成在一起，同时构建敏捷的 IT 基础架构。这一敏捷的架构能够随着业务和行业兼容性要求的变化对新的数据类型、传输方式和协议提供良好支持。

为了解决这些问题，Raymond James 与 IONA 合作对它的区域机构交易和报告（Municipal Institutional Trading & Reporting，MITeR）系统进行升级，该系统在几年前最初由 IONA 协助构建。Raymond James 能够充分利用升级后的平台，并结合 IONA 在 SOA 方面的经验和技术，创建出基于标准的分布式 IT 环境，从而使 MITeR 能够更高效地为 Raymond James 的交易人员和销售人员提供与债券价格和可用性相关的信息；Raymond James 能够借助部署到位的新平台，为交易人员提供实时价格和可用性数据，从而大幅提高他们的工作效率。此外，在 IONA 的帮助下，Raymond James 还能够基于 SOA 理念创建分布式、可扩展的轻量级 IT 环境，从而加快新系统的上线速度，并大幅度降低运营成本。不仅如此，与传统的以服务器为中心的 IT 环境相比，IONA 的解决方案提出了一种全新的方式，使得所需的管理人员、硬件和软件等方面的成本显著减少。

"金融服务业中的企业都面临多方压力，而 Raymond James & Associates 也不例外。不管这种压力是来自于新法规、市场状况还是日益加剧的竞争，我们都需要充分发挥技术的作用，尽可能以最经济高效的方式来有效应对这些挑战。正是因为使用了 IONA 的 Artix，我们得以圆满实现这些业务目标和技术目标。"

——Marty CullmanFix Income Technology 副总裁

三、挑战

Raymond James 的区域机构交易和报告（Municipal Institutional Trading & Reporting，MITeR）系统是公司 IT 基础架构的核心部分，用于不断满足公司的业务和技术要求。倘若 Raymond James 当初未曾遭遇预料之外的挑战，该系统现在可能仍在继续运行，根本不会有任何变化。MITeR 系统的传入数据源由证券交易行业的监督和管理机构——区域证券规则制定委员会（Municipal Securities. Rulemaking Board，MSRB）供应。按计划，MSRB 要使用 IBM WebSphereMQ 消息中间件对其实时报告交易系统（RTRS）进行升级。因此 Raymond James 需要找到一种经济高效的解决方案，使得基于 CORBA 的 MITeR 系统能够兼容由 RTRS 交付的固定格式的消息。Raymond James 尚未充分准备好彻底重建自己的 MITeR 系统去兼容计划升级的 RTRS。此外，除了新软件成本和开发时间这些简单的成本问题之外，该公司还面临着添加硬件和其他资源的困境，而这些资源恰恰是支持彻底重建和部署新 MITeR 所必需的。

Raymond James 需要无缝集成外部基于行业标准的数据传入（由区域证券规则制定委

员会提供)和内部的关键任务信息和报告系统。此外，他们还需要足够的灵活性，从而能够随着业务和行业兼容性要求的变化对新的数据类型、传输方式和协议提供良好支持。

四、解决方案

为了解决这些问题，Raymond James 充分利用 IONA 在面向服务架构（SOA）方面的丰富经验和领先技术，创建基于标准的、分布式 IT 环境，使 MITeR 能够为 Raymond James 的交易人员和销售人员提供与债券价格和可用性相关的信息。由此，构建出一个可满足行业法规和兼容性规范要求的开放的报告平台。Raymond James 充分利用 IONA 的企业服务总线（ESB）—Artix 的效能。Artix 为 Raymond James 提供基于标准的稳定技术，使异构的系统之间实现无缝的互操作性。该技术占用很少的资源，而且采用的是分布式部署的模式，这样就使 Raymond James 能够把 Artix 部署成为 MITeR 的延伸部分，不必再添加新的硬件或其他网络资源。

五、结果

借助新平台，Raymond James 能够为交易员提供实时的价格和可用性数据，从而大幅提高他们的工作效率。此外，在 IONA 的帮助下，Raymond James 还能够基于 SOA 架构概念，创建分布式、可扩展的轻量级 IT 环境，加快新系统的上线速度，有效降低运营成本。不仅如此，他们还降低了与 FTEs 有关的成本，减少了与管理以服务器为中心的 IT 环境相关的软/硬件需求。

六、为什么选择 IONA

(一)值得信赖的厂商，拥有在项目各阶段与客户合作的丰富经验，能够创造真正的价值。

(二)在企业级 SOA 部署方面拥有业已验证的成功经验。

(三)业已验证的成熟产品，竞争优势在于：首先是它的技术中立性。不论底层采用的是什么技术，Artix 都能够充分利用现有的系统，从而可提供新的功能并支持未来的要求。其次，支持采用循序渐进的方法实现 SOA——Raymond James 不需要一蹴而就实现 SOA。借助 Artix，他们不仅能够满足初期的需求，并且使系统逐步做好准备，在未来加大采用 SOA 的力度。第三，动态和适应强的特点——Artix 采用元数据驱动方式，使 Raymond James 能够根据需要轻松实施新的协议、新的数据格式和新的传输方式，而无须进行大量的业务流程的再设计工作。

结合上述案例，思考并回答下列问题：

(1)该解决方案都解决了用户的哪些问题？

(2)你认为该解决方案最大的特点是什么？

(3)如果用户换成中国企业，你认为该方案还能不能取得如此效果？为什么？

（资料来源：http://www.ccw.com.cn/cio/solution/htm2006/）

同步强化

假如你是一名刚刚进入 EM 网络软件科技公司的员工，总经理希望你能尽快进行系统平台方案建设。所以要求你完成下列工作任务：

1. 收集并阅读有关 Windows 等知名操作系统产品的介绍及案例材料。

2. 收集并阅读有关 SQL Server 2008 等数据库介绍及案例材料。

3. 收集并阅读有关 ASP. NET 等网站开发语言介绍及案例材料。

4. 在完成收集阅读任务之后，请你以我国中小企业电子商务系统平台技术方案解决策略为主要内容写一篇小论文，字数要求在 2 000 字左右。

项目六
电子商务推广解决方案

●●●● **项目目标**

知识目标

1. 站点推广策略的基本内容和实施步骤。

2. 工具推广策略的基本内容和实施步骤。

能力目标

1. 能合理运用策略开展站点推广和工具推广，解决推广过程中面临的问题。

2. 能编写规范的电子商务推广解决方案。

●●●● 项目描述

在顺利地帮助贸易公司解决了电子商务活动的问题之后，小伟负责的小项目部又接连为公司拿下了好几个类似的业务，为公司赢得了业绩的同时，也赚回了不错的口碑。公司认为小伟工作踏实，责任心强，肯学习钻研业务而且有很强的团队组织协调能力，决定将小伟列为重点培养对象。于是将他调往综合业务部升为部门主管。小伟又迎来了新的挑战。

小伟刚刚上任就接到了其他业务部门转过来的一项业务：有一家生产销售中档时尚女装的企业正面临着巨大的实体市场压力，该企业发现通过电子商务手段可以大大节省经营成本，而且还可以开拓新的市场渠道，扩大目标客户的范围，于是委托小伟所在的公司建立了一个电子交易网站。但网站运营一段时间之后发现效果并不理想，于是这家企业又找上了门，希望该公司能够进一步帮助其解决网络市场的推广问题。

下面是一些关于该服装企业的基本资料：

(1)该企业的目标客户主要是 25～35 岁之间的职业白领女性，有一定的收入基础，追求生活品质和时尚潮流。

(2)该企业原来的市场销售区域主要集中在东南沿海地区的二三线城市，并在这些地区有较为稳定的固定客户群。

(3)该企业的产品范围涉及广泛，走的是多元化经营路线，包括外套、毛衫、衬衣、T恤、女裤、帽子、头饰等。

(4)2007 年以后，该企业受外部宏观经济环境影响，销售势头大幅回落，并且随着2010 年原材料价格的一路上涨，生产成本压力逐渐增大。

小伟虽然对电子商务推广方面并不是很了解，但他还是决定承担这项业务，并希望带领自己的下属出色地完成该项任务。

●●●● 项目分解

通过分析，该项目可以分解为以下两个任务完成：

任务一　策划站点推广解决方案

任务二　策划工具推广解决方案

任务一　策划站点推广解决方案

任务分析

1. 站点推广策略包括哪些内容？

站点推广是电子商务推广的重要组成部分，基本策略大致上可以分为两大类：一类是自营站点推广策略；另一类则是非自营站点推广策略(或称为第三方站点推广策略)。顾名思义，自营站点推广是依托企业自己开发建设的网站，充分挖掘自营网站内部的空间和内容等网络资源，制定的营销推广策略；而非自营站点推广则是依托第三方商业门户网站提供的各种网络营销资源，制定的营销推广策略。由于我国目前电子商务的实际情况仍处在"门户时代"，因此大多数实体企业开展网络推广活动最主要的平台依然是网站。作为电子商务推广策划的提供商，应该首先掌握站点推广策略。

2.站点推广策划包括哪些步骤？

站点推广活动基本步骤如下。

(1)进行推广前期调研，分析网络市场基本情况。

(2)选择站点推广基本策略。

(3)根据基本策略方向，结合站点资源，细化站点推广策略。

(4)配合推广策略，制定具体实施方案。

提供商进行站点推广策划的过程中，一定要根据企业实际情况，充分合理地利用现有资源进行策划。如果企业目前没有自营站点，不要选择自营站点策略，这样不仅会加大营销推广费用，更重要的是会延误最佳推广时机。因此，所有提供商必须严格按照先调研分析后制定策略的基本步骤进行站点推广策划。

任务实施

阶段一　站点推广前期调研

步骤1　制订站点推广调研计划

同所有的营销工作一样，站点推广工作必须建立在对网络市场充分了解的基础之上。要充分了解网络市场，就必须有计划地开展调研活动。首先，提供商调研人员必须先明确此次调研的目的是为站点推广策略制定提供基础依据。其次，调研人员需要确定调研的内容。调研内容可以从以下方面选取。

(1)调研网上目标客户，并且区分其中哪些是稳定的客户，哪些可能成为稳定的客户。

(2)调研网络市场对主营产品的接纳程度。

(3)调研同类产品站点推广策略及其应用效果。

(4)如果企业有自营站点，调研自营站点目前的运行状况、空间利用状况，以及现有推广方式的应用效果。

(5)如果企业没有自营站点，调研第三方站点的名称、数目、类型、主流推广方式及收费标准。

(6)调研与站点推广相关的政策法规。

在制订计划的时候，除了调研内容需要事先确定之外，调研人员还应该明确调研方法与工具、调研范围、调研对象及规模，并且对活动进程和经费预算做出具体安排。

步骤2　获取相关资料

获取资料的工作可以从以下三方面开展。

(1)通过传统方法进行实地资料收集。

(2)对网络数据进行采集记录。

(3)通过查阅文献资料获取二手资料。

步骤3　分析处理数据资料

获取回来的资料往往都是散乱无序的，各部分资料之间看不出任何内在关联，需要通过处理分析才能找到对站点推广真正有用的数据资料。具体工作可以从以下四个方面进行：

(1)对收集回来的资料进行审核，筛选出无效的数据资料。

(2)对保留下来的数据资料进行分类整理。

(3)通过建立模型或其他方法分析数据资料。

(4)对分析结果的意义进行解释说明。

当数据资料分析结果得出之后，就要形成书面的调研报告，在此不再赘述。

阶段二 制定站点推广策略

该阶段工作是整个站点推广策划的核心，需要策划人员在调研结论客观事实的基础之上，充分发挥自己的主观能动性和创造力，提出别出心裁但又行之有效的策略构思。推广策略的制定包括以下几个方面内容：

(1)明确站点推广的目标和预期达到的效果，并将其指标化。

(2)确定站点推广的客户群体以及基本定位。

(3)提出站点推广的策略构思，描述策略内涵。

阶段三 制定站点推广实施方案

步骤 1 明确站点推广实施的内容

站点推广策略仅仅传达了一种营销创意思想，并不能直接参照执行。如果要将策略构思转化为可具体操作执行的行动方案，就必须制定站点推广实施方案。制定站点推广实施方案时，首先需要将策略内容转化为推广实施内容。具体内容包括以下四个方面。

(1)站点推广主题。

(2)站点推广内容(如域名、LOGO、产品信息、企业活动等各类信息)的表现形式。

(3)站点推广实施的工具手段。

(4)承接推广内容的站点载体。

步骤 2 明确站点推广组织实施的形式

作为一项可执行的行动方案，必须在方案中明确行动的组织机构、支持资源配置以及行动过程。具体内容包括以下四个方面。

(1)站点推广的负责单位以及人员。

(2)站点推广需要的支持技术与工具。

(3)站点推广的实施过程及日程安排。

(4)站点推广需要的经费预算。

步骤 3 明确站点推广的评估办法

这是所有实施方案必须包括的一项内容，却又往往是容易被忽视的一项内容。站点推广评估的内容往往要与前期策略提出的目标和预期效果对应。具体内容包括以下四个方面。

(1)站点推广评估内容(评估指标)。

(2)站点推广评估办法。

(3)站点推广评估周期。

(4)站点推广评估实施步骤。

知识要点

1. 站点推广的含义

（1）基本概念

站点推广是指通过利用互联网站点资源宣传企业产品服务，树立企业网上品牌形象，以争取实现企业网络营销目标的一系列营销推广活动。站点推广是一个系统性的工作，他与企业营销目标是相一致的。

（2）内涵

站点推广包括两个层面。一个是技术层面；另一个是内容层面。技术层面包括网站建设、页面设计、信息素材处理、美工等方面的内容。通过运用合理的技术手段，可以在一定程度上提升或提高站点推广的实际效果，如点击率的提升。但是，仅仅依靠技术性推广不足以全面实现站点推广的目标，还需要有能吸引人的信息内容支撑才行，而内容性推广活动才是真正意义上体现推广策略的核心组成部分。技术性推广作为站点推广的导入支撑，内容性推广则是一种根本性的"吸引支撑"和"黏度支撑"。只有把两者结合起来，形成一个完整的、长期的推广链，站点推广活动才会取得明显的经济效果。

2. 站点推广的分类

按照是否拥有自营网站来划分，站点推广可以分为两类：自营站点推广和非自营站点推广。自营站点推广是指在企业为提高企业知名度和影响力，打造企业产品和服务的在线品牌，突出企业网络营销特色，提升自营网站浏览率、关注度，来带动整个商务网站全部营销活动的开展，所进行的全部推广性宣传活动和网站建设活动。

非自营站点推广是指企业没有自己的网站，而是利用互联网上的第三方站点资源，开展的一系列网络营销推广活动。企业不建立网站可分为三种情形：第一种是企业暂时没有条件或者认为没有必要建立网站；第二种是不需要拥有网站即可达到网络营销的目的，如临时性、阶段性的网络营销活动；第三种是因为向用户传递的营销信息量比较小，无须通过网站平台即可实现。显然第三方站点推广主要适用于初级网络营销活动，推广内容、形式、费用等的选择要受到第三方站点很大程度的制约。

3. 站点推广原则

站点推广的目的是最大限度提高企业网络形象，从而传递企业及产品信息，让消费者产生消费欲望和购买行为。要达到这一目的，也必须遵循如下几点原则。

（1）效益/成本原则

效益/成本原则是所有营销推广活动最基本的原则。对于站点推广而言，这一原则有时并不太容易把握。其中很重要的原因就是站点推广的短期效益和成本大多是隐性的，不容易直接用货币来衡量。因此，在制定站点推广目标或者是提出预期效果的时候，除了需要制定直接可以用货币数字衡量的目标之外，还不能忽视其他的一些隐性效益指标；同时，在估算站点推广成本的时候，也不能仅仅估算货币费用，还应考虑其他的隐性成本。

（2）目标受众原则

虽然众多网民彼此身份不同，但事实上其中相当一部分网民是企业网络营销的潜在客户，尤其是体现在站点推广方面。网站是覆盖面最广、网民接触率最高的电子商务活动平台，因为网站可以容纳的信息资源最丰富，无论是内容还是形式，都是如此。所以，站点推广可以在短时间内成倍的扩大企业信息在网络中的传播规模。也正是如此，站点推广在扩大传播规模的同时还应该锁定目标客户，进行针对性的推广，以降低目标客户对企业信息的搜寻成本，更快捷地实现与客户的对接。例如，ERP 软件制造企业的目标客户大都是企业管理人员，这类人经常访问的网站是学术性和实践性较强的经济类网站。因此，该软件制造企业就可以在经济类门户网站、财经论坛等站点开展各种形式的站点推广活动，以锁定目标客户群。

（3）技术稳妥原则

站点推广在技术方面需要遵从稳妥性原则。技术稳妥主要体现在三个方面：①技术选用不求先进但要成熟，必须保证推广内容能够顺利地在网络上表达传输。②美工设计要利于传递企业营销内涵。③技术要方便目标客户提高信息利用率及互动。

（4）综合安排原则

由于站点推广的目标受众带有明显的不确定性，无论是需求还是网络消费习惯都不太能够轻易把握，加上竞争对手手段的多样化，市场复杂多变，这就要求企业在运用站点推广策略的时候，必须紧紧围绕着企业营销目标综合组织安排，对站点推广的过程进行全面策划、监控和评估。

4. 站点推广目标

（1）销售型目标

销售型目标是指企业为拓宽网络销售，借助网站所具备的优越性、交互性、直接性、实时性和全球性特征为顾客提供方便快捷的网上销售点。这种目标通常适用于传统零售商规避实体市场竞争，开拓网络市场的情况，如北京图书大厦的网络书店。

图 6-1　北京图书大厦网络书店

（2）服务型目标

服务型目标主要为顾客提供网上联机服务，顾客通过网上服务人员可以远距离进行咨询和售后服务。目前大部分以此作为推广目标的信息技术型公司都普遍采取了服务型站点推广。

（3）品牌型目标

品牌型目标主要是在网上建立自己的品牌形象，加强与顾客的直接联系和沟通，建立

图 6-2　DELL 技术论坛

顾客的品牌忠诚度，为企业的后续发展打下基础并配合企业现行营销目标的实现。目前大多数企业开展站点推广的主要目标均是此类目标。

（4）提升型目标

提升型目标主要通过站点推广替代传统推广手段，全面降低营销费用，改进营销效率，改善营销管理和提高企业竞争力。

5. 站点推广的阶段

（1）知道

站点推广最初级的阶段就是要让客户找到自己，知道自己是干什么的。无论是已经有了自营站点的企业还是没有自营站点的企业，均是如此。在"知道"阶段用到最多的站点推广手段就是域名推广和 LOGO 推广；除此之外，就是在自营站点或第三方站点发布网络广告。

（2）接受

要让客户接受自己，站点推广就必须充分调用各种技术手段和信息内容。一方面是从视觉上（信息的视觉感受又分为颜色、形状、大小、方位等因素）；另一方面就是从听觉（网站最好是不要添加背景音乐）上，还有就是从信息内容，也就是信息结构上，客户要能很容易找到他想要的信息。最后就是要从操作上让客户接受，也就是客户使用起来不会很吃力，不会迷失方向，不会不知所措，不会等待了很久也没有打开你的网页，这就是所谓的用户体验设计。

（3）欣赏

该阶段的站点推广就是除了要让客户在你推广的信息上"停留"，发现他想要的信息，还要带给他惊喜，让他"意外"地发现其他更多他想要的信息。他非常惊喜，感到非常满意，觉得你确实为他提供了有价值的信息，而且还有很多其他的他想要的信息，于是他就会点击你提供的链接，把你的网站加入到收藏夹中。要做到这一点必须是你的网站内容非常丰富，非常有价值，非常独特。如果你的网站上都是些其他网站上有的东西，客户都曾经看过的东西。那么客户就不会很欣赏你的网站，他会觉得你的网站很普通。

（4）眷恋

这是站点推广的最高级阶段。即站点推广不仅让客户很满意，还要令他难忘，让他自觉地、主动地在网上寻找本企业，关注本企业，进而完成与企业的交易。

6. 站点推广方法

6.1 自营站点推广

(1)友情链接

又称互惠链接、友情链接互换链接等,通过与其他网站建立链接关系,缩短网页之间的距离,提高本站点被访问的概率。它是具有一定互补优势的网站之间的简单合作形式,即分别在自己的网站上放置对方网站的 LOGO 或网站名称,并设置对方网站的超级链接,使得用户可以从合作网站中发现自己的网站,达到互相推广的目的。互换链接的作用主要表现在以下几个方面:获得访问量、增加用户浏览时的影响,在搜索引擎排名中增加优势、通过合作网站的推荐增加访问者的可信度等。

当然,在网站互换链接的时候,也应该注意如下几个方面的问题:

①注意相关站点的质量和观众的类型。因为这在很大程度上直接影响到由链接而产生的访问量。一些直接的竞争站点可能担心因为提供相互链接而引发冲突。因此,他们干脆不提供对其他站点的链接。其实,紧密相关的站点相互提供链接,将会互相弥补、相得益彰,根本不会竞争。

②高点击率网站链接。不是所有链接都是平等的,一些站点可能每星期只能获得一两位访问者,其他站点有可能每天获得 10 个甚至 20 个以上的访问者。因此,一定要更加重视这些获得高点击率的链接站点。每一行业都会有一个或几个访问量比较大的权威性网站。通常申请加入这类网站链接,能够比较准确的绑定访问者的类型,提高网站利用率。许多协会提供会员热门链接网站,可以考虑加入,看看这些热链站点是否能收录你的网址。

③免费链接与付费链接。目前,大多数链接都是免费的,而这种所谓的免费往往是以"友情交换"的形式进行的。寻找与自己网站信息有相互承接或相互补充的网站,与他们取得联系并设立相互的友情链接,最好是能在自己的网站上为其他网站的友情链接再做个网页,以免访问者还未真正了解到自己的信息就跑到其他网站上去了。另外,作为一种商业战略,许多大型站点对于其他站点链接都是要收取费用的。显然,能说服其他站点到自己站点做链接,可以获得可喜回报。目前趋势是根据点击数向其他站点支付报酬。

④查询站点链接情况。要掌握链接的情况,主要借助以下三种方式完成:一是回访友情链接伙伴的网站;二是删除无关链接;三是修改无效链接。

(2)建立 BBS 论坛/站内社区

企业通过在自己的站点建立 BBS 论坛进行站点推广是运用比较早的一种推广手段,通过论坛交流制造话题,聚集人气,是一种低成本推广的好方法。在进行论坛推广的过程中需要注意的几个问题:首先,要努力制造有吸引力的话题。通过大家都感兴趣、普遍关注的话题去吸引访客的点击,当了解了网民都喜欢看什么内容时,站点访问量自然就会上去。其次,充分利用论坛空间巧妙渗透广告信息。一是明确广告,直接在论坛指定的广告位发布广告内容。二是软文广告,发布与自己产品服务内容相关的新闻帖或主题帖,给访客灌输企业文化或某种思想,让客户自觉地联想到产品或服务。

随着 SNS 模式在电子商务活动中发挥越来越大的作用,许多企业网站都设立了站内社区。相比于过去的 BBS 论坛内单一的话题和兴趣推广,社区内可植入的推广方法更多,包括基于网络社交人脉的口碑推广,基于业务合作伙伴的互动推广等;推广形式也更为丰富，包括广告、游戏、投票、资源分享等。企业利用站内社区不仅聚拢了大量的人气，同时还建立了网络客户服务与管理的平台，大大提升了企业客户在网络上的黏性和忠诚度。

（3）软文推广

这是自营站点推广的优选办法之一。只要企业在自己的站点撰写或者转载一两篇引人关注的好文章，站点访问量可能会急速攀升。发表软文的时候要注意以下一些问题：软文定位要准确，与刊载板块（网站频道）要吻合；坚持原创或引用高质量的文稿。

（4）站点版面优化

站点版面优化是对网站进行程序、内容、板块、布局等的优化调整，以及建立清晰的网站导航、完善的在线帮助等，提高用户体验（UE）和转化率进而创造价值，充分满足用户的需求特征，使网站功能和信息发挥最好的效果。

（5）增加域名的多 IE 指向

每个独立的网站都有自己在互联网上唯一的 IP 地址。但是，通过域名解析技术，不同的域名可指向同、一个 IP 地址，于是就出现了输入不同域名却可以打开同一网站的现象。由于当前国际域名的注册费很低，最便宜的只有 50 元。因此，多重域名指向同一网站，不仅将极大地增加网站的访问量，在经济上也是十分合算的。东莞一陶瓷洁具厂的女老板，就根据这一原则，抢注了 20 多个主要竞争对手相近的域名，并把这些域名全部指向了自己的网站，结果仅半年，她就获得 100 多万元的网上订单。

6.2 非自营站点推广

（1）利用第三方站点发布供求信息

在互联网上，有许多网站为企业发布供求信息提供平台，一般可以免费发布信息，根据企业产品或服务的特性发布在相关类别，有时这种简单的方式也会取得意想不到的效果。例如，可以在阿里巴巴全球贸易网（http：//www.alibaba.com）免费发布信息。除了阿里巴巴全球贸易网之外，可以发布产品供求信息的中文网站还有很多，不过各网站的信息反馈效果可能大不一样。

图 6-3　国内知名第三方商务信息发布平台

（2）利用第三方站点进行 LOGO 推广

这同样是非自营站点推广最常用的一种方法，包括加入钻石展位、首页轮播、定向投放等。通常情况下，是利用网络广告联盟或者第三方站点提供的指定按钮广告位进行推广，推广的过程中一定要注意两点：一是 LOGO 像素一定要与第三方站点提供广告位要求的像素比例相匹配；二是避免在 LOGO 中加入过多的信息，分散客户的注意力。

（3）参与网上竞拍

网上竞拍、"秒杀"都是时下电子商务领域比较成功的推广模式。这种方式实施起来比较简单，只要在网站进行注册，然后按照提示，很容易就可以发布产品信息。无论如何，作为一种全新的电子商务模式，值得做一些尝试，即使成交量不高，至少也可以达到一定的宣传效果。

（4）加入专业经贸信息网

这种方式在某些方面类似于第一种方式的"免费发布供求信息"，不同之处在于一些专业网站可以提供更多的服务，例如，可以提供固定的网址（一般不提供独立域名）并制作简单的网页。经过专业分类的信息网为客户查询供应商信息提供了方便，加入这类信息网有助于网站访问者发现你的信息，不过这种服务有时是需要支付一定费用的。

（5）加入行业信息网

行业信息网是一个行业的门户网站，由于汇集了整个行业的资源，为供应商和客户了解行业信息提供了巨大方便，形成了一个网上虚拟的专业市场。如果你所在的行业已经建立了这样的专业信息网，加入行业信息网是网络营销必要手段，即使已经建立了自己的网站，仍有必要加入行业信息网。如运用得当，无站点网络营销同样可以取得满意的效果，因此在一定程度上可以说，没有最好的网络营销方法，只有最适合的网络营销方法。

（6）论坛推广

论坛上是不能单独发广告。但是可以发精彩帖子吸引大家的注意力，顺便带上广告。这样效果比直接发广告强多了，而且被删帖的概率也小了许多。目标论坛要明确，精选几个好点的论坛，分析你的潜在客户多少，有重点地去发帖。注意个性签名一定要写上你的推广网址。除了论坛之外，贴吧、互动社区（如开心网）等都是论坛推广手段的新兴演化形式。

（7）加入目录服务商或网盟

这也是目前十分流行的一种非自营站点推广方法。这种方法主要适用于域名（中文域名）和网站 LOGO 的推广。目前，目录服务商也产生了细分，既有综合类目录服务商又有行业（专业）类目录服务商，例如 www.hao123.com 就是国内知名度最高的综合类目录服务商。另一种类似的就是网盟，包括站点联盟和网络广告联盟，例如，阿里妈妈网络广告联盟。

（8）网络知识平台推广（网络百科推广）

为了提升在网络中的认知度，企业结合 SEO 推广，还可以借助网络知识平台采取知识性推广的方法。目前最为常用的网络知识平台包括百度百科、维基百科、360 百科、天涯问答、百度知道、百度文库、百度经验、360 问答等。网络知识平台的出现，不仅帮助企业拓展了品牌推广的网络渠道，增加了检索曝光率，更重要的是网络知识平台良好的互动

图 6-4 常用网络知识平台

性，可以帮助企业更快捷地缩小目标客户范围，提供满意度更高的咨询类服务。

(9)商城直通车

随着电商概念深入市场，越来越多的中小企业开始采取"自建系统＋商城销售"并行的方法开展电子商务活动。在借助第三方网络商城力量的过程中，有一种推广方式是十分有效的，即商城直通车。商城直通车是专为商城入驻商家提供的，按点击付费的效果营销工具，目的是实现商品与商家的精准推广。通过直通车推广，在给商品带来曝光量的同时，精准的搜索匹配也给商品带来了精准的潜在买家。以点带面的关联效应可以降低整体推广的成本和提高整店的关联营销效果。同时，商城直通车往往还给入驻商家提供热卖单品促销推广以及不定期的各类资源整合的直通车用户专享活动。

●●●● 阅读链接

网站的访问量如何突破瓶颈

首先，要注重内容。内容不仅要原创，而且要新，也就是紧跟潮流。因为热门的话题才是永恒的主题，就拿现在来说，新的下载网站还在不断地出现，因此只要您有特色始终都会有您固定的访问者的，但如您建得平平无味，同样的下载网站，别人凭什么要到您这里来呢？因此大家在做热门类网站时一定要多留心重大新闻，比如最近的"很黄很暴力"事件，注意身边的话题，多看看各大排行榜前五十位的网站，从而知道现在的网友想看些什么，以上这些都是不错的选材，吸取别人成功的经验，加上自己的独到见解与想法，把它们充分融合到你的"家"里，这样一来，您的网站才会与众不同，加上适当的宣传推广，您网站的计数器一定飞涨。

其次，要重视口碑宣传。口碑宣传很重要，个人能力有限，个人站长做站，技术，推广，运作都是你，忙了这里忙那里，所以口碑宣传很重要。我有一次跟朋友聊天，突然发现他们都在上51.com，我问：你们怎么知道这个网站？他们回答：是别人告诉他们的。通过朋友介绍给朋友，朋友告诉他身边的人，一个网站就推广出去了。我问：为什么你们上51呢？他们回答：因为里面好玩，自己可以写东西。我又问：可以写东西的很多啊，很多博客和百度空间都可以写啊，为什么喜欢到这里写呢？他们回答：因为这里可以贴照片，很多人访问，他们会留言。从这些回答里我知道，为什么别人愿意帮你口碑宣传？因为他们在这里得到了关注。所以如果你想要口碑宣传，请注意你是不是对你的客户给予了关注。

再次，要做网站的差异化。网站的差异化包括两个方面的内容，一个是网站自己的设计、内容有自己的特色，差别于同类型网站。另一个方面是指访问者要差别对待。经常访问的，可以拥有比普通访问者更多的权限，下面引用边缘人的话进行解释：我这两天在做这个事情，我把网页上的一些好东西给予隐藏，让只有特别的用户才可以看到，这个特别的用户我们很多人把他叫作VIP，我们可以给予有贡献的访问者一些只有他们看得到，而别人看不到的东西。那么你要别人对你看不到的东西有兴趣，非常想看，这样你就要考虑你的网站访问者的对象是什么人。

比如网页的访问者都是站长，都有网站，都有访问量，但是他们不一定都用网站赚钱，我写了一篇文章叫《创意：1 000 IP 的站，让你赚400 元一天》，这样一篇文章，你说网站有访问量的人他们想不想看？肯定想看。那么想看到文章的人要怎么样呢？我要他们帮我宣传网页吧，他们宣传后就有一个统计，如果宣传带来的流量超过一百次，我就给他们开 VIP，开了 VIP 不但可以看到文章，还可以看很多别人看不到的东西。

所以要别人愿意给你宣传，你有前提，一是你要有好东西；二是这些好东西只有有贡献的人才可以得到。这只是一个思路，不同的网站你可以采用不同的方法。

最后，留住您的访问者让您的网站长盛不衰，好不容易吸引过来的访问者，来看了一次就不来了，心里也不好受吧，其实只要你做到以下几个方面，他们不回头也难呢。

(1)注意普遍的上网情况与使用的浏览器，要考虑到现在普通朋友大多数还是用的拨号上网速度有限，页面不能做得又大又长，也不要用太多的 JAVA 等技术，这可不是所有的浏览器都支持，在一个不支持的浏览器里也许会得到一个极差的效果。

(2)页面美观，内容第一，及时更新。美观，就好像一个人打扮漂亮一样，给人眼前一亮。同时一个网站如果里面没有吸引人的内容，别人是不会有兴趣的，还有好的内容但也得高速更新，否则网友每次来看到同样的面孔还有什么兴趣？

(3)结构清晰，易于导航。网站结构像人的骨骼，构筑起网站的整体框架，虽然表现形式各异，但让人迷失终归不好，尤其是内容丰富的网站更应值得注意。

(4)申请好记的域名。使用好记的域名让人过目不忘。

(5)结交网友以诚待人。网上虽然可以掩饰自己的身份与背景，但若不付出一点真诚，别人也不会和你交心。每当朋友来信，我总是认认真真回复，尽我所能给予帮助。那些往来密切的都是一样的热心人，虽然不多，却常常给你最实实在在的帮助！珍惜这份有缘相聚的时光，她可能是你上网的最大收获。

(6)与网站联盟。联合两三个网站，结成小小的联盟，相同的栏目整合后交由一人设计，其他的站点可建立镜像或链接。每个成员保有其特色栏目，照常发挥。这样既照顾个人优势，又不会破坏自主的独立性，也不必要求个个"十项全能"，在时间、精力、空间上都能得到充分的利用。这样集合整体优势，留住访问者岂不是更容易？

(资料来源：www.tianya.cn)

任务扩展

假如你是小伟，在完成上述任务之后，请你到市场上开展一次小型调研，调研内容如下。

(1)第三方站点都提供哪些形式的广告位？这些广告位收费标准如何？

(2)哪些站点提供友情链接，提供的友情链接收费标准如何？

(3)有没有论坛可以提供商业性主题帖子发布？具体有哪些论坛？

调研结束后，整理调研结果，并邀请3～5名朋友进行交流。

任务二　策划工具推广解决方案

任务分析

1. 有哪些常用的网络推广工具？

企业在网上开展营销推广的目的在于让尽可能多的潜在用户了解企业及其产品服务，通过网络途径获得有关产品和服务等信息，为最终形成购买决策提供支持。网络营销推广除了需要借助网站这样一个综合平台之外，时常还要借助于一定的网络工具和资源，甚至目前网络营销的第一资源已经不再是网站，而是搜索引擎。除了搜索引擎之外，还有电子邮件、电子书、在线黄页、插件/软件、博客、微博、即时通信器等。随着互联网技术和应用的不断发展，适用于网络营销的基本工具也会随之发生变化，新的工具会不断出现，而现在适用的工具随着时间的推移可能不再有效了，因此网络营销工具具有一定的阶段性。

2. 网络工具推广策划包括哪些步骤？

网络工具推广策划一般包括如下步骤。

(1)界定需要通过网络工具解决的营销问题，明确网络工具推广目标，具体包括分析确定问题的类型、性质、原因，找出问题的关键点。

(2)收集信息，对所收集的信息资料进行分类、整理、比较、筛选，并分析、提炼出有价值的信息资料，从而为企业制定网络工具推广目标与策略提供依据。

(3)通过创造性的思维进行网络工具推广策划，合理编排网络工具的用途，充分发挥其营销推广作用。

(4)实施策划方案，并对效果进行评估。

3. 网络工具推广应遵循哪些原则？

网络工具推广与站点推广有较大不同。因此，网络工具推广应遵循如下原则。

(1)系统性原则。对各种网络推广工具进行整合优化，综合发挥各种工具的推广优势，形成一个完整的推广系统。

(2)创新性原则。通过不断创新将各种互联网工具巧妙地纳入到网络营销工具体系中来，创造和顾客的个性化需求相适应的产品特色和服务特色。

(3)操作性原则。网络工具推广必须使得每一位参与推广活动的人员便利的使用和操作这些工具。

(4)经济性原则。网络工具推广同样要以经济效益为核心，要用花费最小的工具实施成本，取得目标经济收益。

任务实施

阶段一　网络工具推广前期调研

步骤1　制订工具推广调研计划

网络工具推广的前期调研可以从以下三方面选取内容。

(1)调研网上目标客户及其互联网活动习惯，惯用的网络工具。

(2)调研网络工具的推广方式、收费标准及其应用效果。

（3）调研与网络工具推广相关的政策法规。

在制订计划的时候，除了调研内容需要事先确定之外，调研人员还应该明确调研方法与工具、调研范围、调研对象及规模，并且对活动进程和经费预算做出具体安排。

步骤2 获取相关资料

获取资料的工作可以从以下三个方面开展。

（1）通过传统方法进行实地资料收集。

（2）对网络数据进行采集记录。

（3）通过查阅文献资料获取二手资料。

步骤3 分析处理数据资料

获取回来的资料往往都是散乱无序的，各部分资料之间看不出任何内在关联，需要通过处理分析才能找到对网络工具推广真正有用的数据资料。具体工作可以从以下四个方面进行。

（1）对收集回来的资料进行审核，筛选出无效的数据资料。

（2）对保留下来的数据资料进行分类整理。

（3）通过建立模型或其他方法分析数据资料。

（4）对分析结果的意义进行解释说明。

当数据资料分析结果得出之后，就要形成书面的调研报告，在此不再赘述。

阶段二 制定网络工具推广策略

该阶段工作是整个网络工具推广策划的核心，需要策划人员在调研结论客观事实的基础之上，充分发挥自己的主观能动性和创造力，提出别出心裁但又行之有效的策略构思。推广策略的制定包括以下三个方面的内容。

（1）明确网络工具推广的目标和预期达到的效果，并将其指标化。

（2）确定网络工具推广的客户群体以及基本定位。

（3）提出网络该工具推广的策略构思，描述策略内涵。

阶段三 制定网络工具推广实施方案

步骤1 明确网络工具推广实施的内容

网络工具推广策略仅仅传达了一种营销创意思想，并不能直接参照执行。如果要将策略构思转化为可具体操作执行的行动方案，就必须制定网络工具推广实施方案。制定推广方案时，首先需要将策略内容转化为推广实施内容。具体内容包括以下三个方面。

（1）网络工具推广主题。

（2）推广工具手段。

（3）推广工具组合策略。

步骤2 明确网络工具推广组织实施的形式

作为一项可执行的行动方案，必须在方案中明确行动的组织机构、支持资源配置以及行动过程。具体内容包括以下四个方面。

（1）网络工具推广的负责单位以及人员。

（2）网络工具推广需要的支持技术。

（3）网络工具推广的实施过程及日程安排。

（4）网络工具推广需要的经费预算。

步骤3　明确网络工具推广的评估办法

这是所有实施方案必须包括的一项内容，却又往往是容易被忽视的一项内容。网络工具推广评估的内容往往要与前期策略提出的目标和预期效果对应。具体内容包括以下几个方面。

(1)网络工具推广评估内容(评估指标)。

(2)网络工具推广评估办法。

(3)网络工具推广评估周期。

(4)网络工具推广评估实施步骤。

知识要点

1. 搜索引擎推广

1.1　搜索引擎基本概念

搜索引擎是 htm 上进行信息资源搜索和定位的基本工具，是为了帮助用户从成千上百万个网站中快速有效地查询，找到想要得到的信息而出现的。而对于开展网络营销推广的企业而言，如何利用搜索引擎，让更多的浏览者找到自己，才是利用搜索引擎的核心工作。

1.2　搜索引擎推广的内容

搜索引擎推广目前网络工具推广里最为重要的一种方法，对于网站推广、网络品牌、产品推广、在线销售等具有明显的效果。它通过较高的搜索引擎排名来增加企业网站的点击率，提升企业知名度，挖掘更多的潜在客户，帮助企业实现更高的销售机会转化率。搜索引擎营销方法内容包括：搜索引擎优化(搜索引擎自然排名)、分类目录登录、搜索引擎登录、付费搜索引擎广告、关键词广告、竞价排名、地址栏搜索、网站链接策略等。

1.3　搜索引擎关键词广告与搜索引擎优化的策略选择

搜索引擎关键词广告是一种按照点击数量付费的搜索引擎营销方式，搜索引擎优化是指经过对网站基本要素的优化设计使得网站在搜索引擎自然检索结果中获得好的位置及索引信息，两者最大的区别在于关键词广告是搜索引擎的付费服务，而对于自然检索结果中的信息无论有多少用户浏览和点击，网站都无需向搜索引擎支付任何费用。因此从表面上看，关键词广告是要付费的，而搜索引擎优化是免费的，不过这里的"免费"仅仅是搜索引擎免收服务费，不等于说网站不需要为搜索引擎优化投入资源。

企业在关键词广告与搜索引擎优化的策略之间进行选择时，许多网站会倾向于仅采用搜索引擎优化推广方法，因为难免会形成这样的想法：既然可以通过免费方式进行搜索引擎优化推广(甚至获得比关键词广告更好的效果)，为什么还要花钱去投放关键词广告呢？其实，与搜索引擎优化相比，除了付费属于劣势之外，关键词广告其实还有许多优势，例如在某些方面，关键词广告比基于搜索引擎优化的自然检索结果更为突出。关键词广告与搜索引擎优化并不矛盾，最理想的方式是根据网站的实际状况和网络营销竞争环境综合处理两者的关系，这样才能获得最优的搜索引擎营销效果。

●●●● 阅读链接

Google 中文关键词广告

在"Google 中文关键词广告效果测试报告与问题分析中，曾经分析过 Google 关键词广告与搜索引擎优化的关系，该文章提出的观点是：关键词广告与网站优化排名并不矛盾，因为一般的网站不可能保证通过优化设计使得很多关键词都能在 Google 检索结果中获得好的排名，因此关键词广告是网站优化与免费登录的补充，即使用某个关键词检索时网站的信息在 Google 的搜索排名中处于第一位置，也可以采用付费的关键词广告，这是因为搜索结果排名信息与关键词广告的信息并不一定相同，用户的偏好也有差别，并且自然检索结果中出现的信息与关键词广告信息可能并不一致，因此对用户的吸引力也不同，从而获得不同用户的关注和进一步的点击行为。

以 Google 关键词广告为例，由于 Google 采用的是将自然检索结果与关键词广告在搜索结果中完全分开的方式，左边是自然检索结果，右边"赞助商链接"下面则为付费的关键词广告。如果同一网站的信息出现在同一个搜索结果页面，这样的关键词广告是不是就浪费了呢？其实也不完全是这样。在"Google 搜索引擎优化与关键词广告（AdWords）的关系我对此曾经进行过分析，主要从用户浏览信息的偏好以及搜索结果中的摘要信息对用户的吸引力两个方面来考虑，认为多一个信息传递渠道必然有其价值。另外，由于搜索结果页面的关键词广告位置有限，占据有利的推广位置对竞争者也可以形成一定的狙击作用。

（资料来源：http://baike.baidu.com）

总之，在制定搜索引擎营销推广策略时，应根据企业的市场营销资源综合考虑免费推广与付费推广的关系，系统地对待搜索引擎优化与关键词广告，而不仅是片面地强调一个方面而忽略另一个方面。

1.4　搜索引擎优化策略

（1）网站内容

网站的实际内容是网络优化策略的一个重要因素。如果企业希望网站能在搜索结果中排得靠前，网站中必须有实际的内容。搜索引擎的 spider 程序基本上是一个瞎子，他们只能根据网页内容判断网站质量；而不能从图片、flash 动画上判断。在所有页面中提供充足的内容给搜索引擎进行索引，是成功优化的基本前提。客户在查找信息的时候，总是希望找到一个包括很多重要信息的网站。因此，网页内容丰富的网站要比那些内容不丰富的网站排名好得多。另外，企业一定要提高网站内容的更新频率，这更有利于检索排名的提前。

（2）关键字密度

网页上通常会有数以百计的词语，那么搜索引擎怎样去分辨哪些是描述你的网站的重要词语呢？搜索引擎会通过统计一个页面的字数来实现。那些重复出现的词或短语被认为比较重要些。搜索引擎利用自身的算法来统计你页面中每个字的重要程度。关键字数与该页面字数的比例称为关键字密度，这是一个搜索引擎优化策略最重要的一个因素。为了得到更好的排名，关键字必须在页面中出现若干次，或者在搜索引擎允许的范围内。关键字密度最好的统计方法就是，在搜索引擎中输入设置的关键字，看看结果页排名前三位的页面中，该词语或短语出现了多少次。

（3）突出关键字

在有价值的地方放置关键字，这很重要。搜索引擎将会专注于网页中某一部分的内容，处于这一关注部分的词语显得比其他部分的词语要重要得多。这就是所谓的"突出关键字"。哪些位置更为突出呢？在这里给大家提供五个突出位置。

A：Title 和 meta 标签。Title 标签是网页中最重要的标签。所以在 Title 中放置关键字显得非常重要。有一些搜索引擎会额外的注意"描述"与"关键字"标签。

B：标题（headings）＜H1＞—＜H6＞。标题标签为访问者指明了哪些是网站中比较重要的内容。"标题"是处于＜h1＞—＜/h1＞中的文字。在"标题"标签中能出现关键字对于提高网站排名有很大好处。

C：超链接文本。用户往往会通过一个内容相关的网页链接，找到网站，这也是关键字在链接文本中为什么重要的原因。

D：URL 文本。在域名和网页中出现关键字对于搜索引擎排名会产生很大的影响。这样的关键字被称为"URL 文本"，在另一个网站与自己网站建立链接时，尽量使用关键字作为链接文字，这有利于提高网站的重要性，从而影响到 PR 值。

E：页面顶部。网页顶部的文本，每段开头的内容显得特别重要，所以，尽量在这些地方把关键字包含进来。

（4）点击流行度

在某些搜索引擎中，点击流行度也影响排名。在搜索结果中点击链接到网页的次数会被统计，经常被点击页面的点击流行度就较高。当访问者从搜索结果中点击企业网站时，搜索引擎将来给网站奖励一定的分数。如果网站得到较高的点击量，那么将来比那些点击量低的网站得到更多分数。不要尝试去重复点击自己的网站，对于同一 IP 的重复点击，搜索引擎会将其删除。当再次重登录到搜索引擎时会大大影响到排名。搜索引擎会认为这是一个无价值的页面。这并不是一个好的优化策略。

（5）链接流行度

链接流行度同样被认为是搜索引擎优化的一个重要因素。搜索引擎会认为外部链接较多的网站重要性也相对较高。不是所有链接都是公平的，从高质量网站的链接，会给自己网站更多分数。链接文字必须包含有优化的关键字，这样也会提高自身网站排名。链接流行度并不是在企业所控范围，但是可以按照以下做法来提高链接流行度：

A：做一个高质量的网站，如果人们发现有价值的内容，他们会主动地与你进行链接。

B：使交换链接变得更简易。在交换链接页面放置交换链接代码，把交换链接的联系方式放在显眼的地方，方便伙伴与你交换。

C：在搜索引擎中找出你竞争对手的链接伙伴，要求他们与你进行交换链接。互利的交换链接对双方都是有利的。

D：在重要的网站中做广告或者在收费目录中提交你的网站。

当然，你还可以向很多免费目录、黄页等提交。你还可以在你的作品中加上你的链接（如 E-book，发表的文章等）。

　　1.5　搜索引擎推广注意事项

　　在使用搜索引擎推广工具时应做到：

　　(1)制订搜索引擎推广计划

　　搜索引擎推广计划是网站推广计划中的组成部分，主要内容包括：搜索引擎优化设计目标、目标搜索引擎选择、搜索引擎营销方法制定、搜索引擎推广实施以及搜索引擎营销效果评价与控制。搜索引擎推广计划最好在网站策划阶段即明确制定，并提出详细的网站优化设计要求，以便在网站建设过程中进行搜索引擎优化设计。当网站建设完成并发布之后再回过头来做这些工作不仅浪费时间，也会影响网站推广的时机。

　　(2)选择网站推广所采用的搜索引擎

　　搜索引擎推广涉及的首要问题是搜索引擎的选择问题，最理想的情况是，在常见的搜索引擎中都能拥有一席之地，但营销预算的限制，只能重点选择部分重要的搜索引擎。如果目标市场在大陆，那么只需在简体中文搜索引擎中选择适合的搜索引擎进行推广；如果需要在港台地区以及国外进行推广，那么还有必要在繁体中文和英文搜索引擎中进行推广；如果有免费登录的搜索引擎，那么应尽量利用这些免费资源，有时免费搜索引擎同样可以带来可观的效果。

　　(3)针对每一个搜索引擎设计相应的推广方法

　　由于不同的搜索引擎在网站收录、付费方式和价格、网站推广效果等方面有所不同，因此应针对不同的搜索引擎制定相应的推广方法。对于重要的分类目录网站，如果已经纳入推广计划，应在网站发布后优先登录。这主要是出于两个方面的考虑：一方面，对于付费登录的分类目录，往往对网站审核标准不太苛刻，并且会在较短的时间内出现在分类目录中；另一方面，被重要的分类目录收录之后，相当于被一个具有较高知名度的网站进行了链接，对于在 Goggle 等技术型搜索引擎的排名有帮助。在网站发布之后，还可以根据预算和推广需要投放关键词广告。由于这种广告方式比较有效，通常很快就可出现在搜索结果中，因此可灵活采用。

　　(4)搜索引擎推广实施

　　搜索引擎推广也就是各种搜索引擎推广方法的具体应用，实施过程很简单，其实在网站建设的优化设计阶段就已经开始了搜索引擎推广的实施。在网站发布之后，主要是分类目录的登录、为增加网站排名采用的网站链接策略、关键词广告的投放与管理等具体工作。另外，搜索引擎优化不可能在网站建设过程中全部完成，在网站发布之后，根据网站在搜索引擎中的排名和搜索引擎收录页而所反映的信息等情况，还需要对搜索引擎优化做进一步的完善。

　　2.电子邮件推广

　　电子邮件是互联网上最常用的服务之一，应用于网络营销中的各个方面，主要功能在于信息收集、传递和交流。常用的方法包括电子刊物、会员通信、专业服务商的电子邮件广告等。电子邮件是最有效、最直接、成本最低的信息传递工具，拥有用户的 E-mail 地址对企业开展网络营销具有至关重要的意义。可以以电子邮件广告的形式向服务商的用户发送信息。电子邮件在网络营销中的作用主要表现在八个方面：企业品牌形象、在线顾客服务、会员通讯与电子刊物、电子邮件广告、网站推广、产品/服务推广、收集市场信息、在线市场调查。

要想使 E-mail 营销达到预期效果，必须注意两点：

其一，必须是许可营销。通过正规途径获得顾客的认可，比如，客户的会员注册信息、邮件列表以及客户通过网站广告或搜索引擎营销获知企业网站信息并来函询问。只有如此，才能最大限度减低网站推广的负面影响。

其二，要针对目标顾客。首先要考虑何种顾客会对企业的网站感兴趣，再考虑从何处获得顾客的邮件地址以及如何获取发送许可，之后再进行网站推广。

3. 电子书

电子书营销是指在网络上发布有价值的电子书，提供免费下载，并鼓励人们再次传播，利用书中加插的广告链接达到宣传企业及其产品和服务、获得新用户的营销手段。这种网络营销方式受到关注的重要原因就在于其是一种有效的病毒性营销载体。电子书在网络营销中发挥了积极的作用，主要用于网站推广、产品推广、顾客服务等。

E-Book 电子书广告可以拥有网络广告的所有优点。比如，可以准确地测量每本书下载的次数，并可记录下载者来自哪个 IP 地址，同时比一般的网络广告具有更多的优势，如下载后可以通过各种阅读设备离线浏览，而一本好书往往会得到读者的重复阅读，并可能在多人之间传播。这样，同样数量的点击（对于 E-Book 点击的表现形式为下载），明显会比普通的在线广告有更多的浏览数，读者对广告的印象自然也会加深。基于这种情况，可以考虑将电子书作为一种营销推广工具。例如，可以就某一方面的问题、解决方案、分析评论，或者一批资料、分析报告等制作成电子书，放在自己的网站或者合作伙伴的网站，供访问者下载，当然，书中将包含一些期望推广的产品或服务信息。

比较有效的方式，最好是和电子书专业网站合作，这样有几个好处，可以有选择性地在合适的书目中投放广告，也可以让自己提供内容的电子书得到更多的读者了解。因为，通常一个提供免费下载电子书的网站都会比一般的企业网站或专业网站有更多的访问者，而且，电子书的制作和发行都更加专业。至于如何利用合适的电子书作为网络广告的载体有针对性地设计宣传方式等问题，还有待于在实践中进一步探索。

4. 博客推广

博客就是网络日记，英文单词为 BLOG（WEB LOG 的缩写）。博客这种网络日记的内容通常是公开的，自己可以发表自己的网络日记，也可以阅读别人的网络日记，因此可以理解为一种个人思想、观点、知识等在互联网上的共享。博客推广就是利用博客这种网络应用形式开展网络营销。

（1）博客推广的特征

①博客是一个信息发布和传递的工具。在信息发布方面，博客与其他工具有一定相似的地方，即博客所发挥的同样是传递网络营销信息的作用，这实际上也是整个网络营销活动的基础。同时，博客具有知识性、自主性、共享性等特征，博客推广是一种基于个人知识资源（包括思想、体验等表现形式）的网络信息传递形式。因此，开展博客推广的基础是对某个领域知识的掌握、学习和有效利用，并通过对知识的传播达到营销信息传递的目的。

②与企业网站相比，博客文章的内容题材和发布方式更为灵活。博文内容题材和形式多样，因而更容易受到用户的欢迎。此外，专业的博客网站用户数量巨大，有价值的文章通常更容易迅速获得大量用户的关注，从而在推广效率方面要高过一般的企业网站。博客

具有方便性和灵活性的特点，可以作为企业网站内容的一种有效补充，也是对企业网站内容的一种转换，使之更适合用户阅读和接受。

③与门户网站发布广告和新闻相比，博客传播具有更大的自主性，并且无须直接费用。企业的网络推广人员在其他网站上，通过网络广告或者新闻的形式进行推广时，自己无法主动掌握网站资源，只能将文章或者广告交给网站或者其代理机构来操作，这就对信息传播内容和方式等有较大的限制，而且往往需要支付高昂的费用。而博客信息的设计与传递是由企业网络推广人员自主掌控，无须直接费用。

④与供求信息平台的信息发布方式相比，博客的信息量更大，表现形式灵活，而且完全可以用"中立"的观点来对自己的企业和产品进行推广。随着各种信息平台数量的激增，以及主要信息平台中信息数量的增长，企业大量信息被淹没，用户获取有价值的商业信息并不容易，这种推广效果大大降低。博文的信息发布与供求信息发布的表现形式完全不同。博文信息量可大可小，完全取决于对某个问题描写的需要，博文并不是简单的广告，而是一种公关方式，这种公关方式完全由企业自行操作，无须借助于公关公司和其他媒体。

⑤与论坛营销的信息发布方式相比，博文显得更正式，可信度更高。论坛发布信息现在已经很难发挥作用，因而逐渐被排除在主流推广方法之外。现在只有刚刚接触互联网的初级用户所采用，一些正规公司早已摒弃这种推广方法。而博文比一般的论坛信息发布所具有的最大优势在于，每一篇博文都是一个独立的网页，而且博文很容易被搜索引擎收录和检索，这样使得博客文章具有长期被用户发现和阅读的机会，一般论坛的文章读者数量通常比较少，而且很难持久，几天后可能已经被人忘记。

（2）博客推广的操作方式

①选择合适的博客托管网站、开设博客账号，获取博客信息发布资格。一般来说，应选择访问量比较大以及知名度较高的博客托管网站，这些资料可以根据 www.alexa.com 全球网站排名系统等信息进行分析判断。对于某一领域的专业博客网站，则应在考虑其访问量的同时还要考虑其在该领域的影响力。影响力较高的网站，其博客内容的可信度也相应较高。如果必要，也可能选择在多个博客托管网站进行注册。

②制订一个中长期博客推广计划。这一计划的主要内容包括从事博客写作的人员计划、每个人的写作领域选择、博客文章的发布周期等。由于博客写作内容有较大的灵活性和随意性，因此博客推广计划实际上并不是一个严格的"企业营销文章发布时刻表"，而是从一个较长时期来评价博客推广工作的一个参考。

③建立合适的博客环境，坚持博客写作。无论一个人还是一个博客团队，要保证发挥博客推广的长期价值，就需要坚持不懈的写作，一个企业的一两个博客偶尔发表几篇企业新闻或者博客文章是不足以达到博客推广的目的的，因此如果真正将博客推广纳入到企业营销战略体系中，企业创建合适的博客环境、采用合理的激励机制是很有必要的。

④综合利用博客资源与其他营销资源。博客推广并非独立的，只是企业营销活动的一个组成部分。同时，博客推广的资源也可以发挥更多的作用，将博客文章内容与企业网站的内容策略和其他媒体资源相结合，因此对于博客内容资源的合理利用也就成为博客推广不可缺少的工作内容。

⑤对博客推广的效果进行评估。我们认为，与其他营销策略一样，对博客推广的效果

也有必要进行跟踪评价，并根据发现的问题不断完善博客推广计划，让博客推广在企业营销战略体系中发挥应有的作用。至于对博客推广的效果评价方法，可参考网络营销其他方法的评价方式来进行。

5. 软件植入广告推广

IT 行业分硬件、软件、互联网三个部分，每个部分有着他自己的运营模式和盈利模式。传统的软件行业，靠的是出售软件程序，出售版权，随着网络广告的不断发展，越来越多的软件企业开始尝试广告植入模式，试图从这个巨大的市场中分得一杯羹。事实上他们也在每年的网络广告市场中占到了一点的份额，成为网络广告的重要组成部分。

迅雷、QQ、MSN 在其客户端内都加入了自己的广告位，利用庞大的用户群，不管是投放 cpm 还是 cpa 广告都成为他们每季度的重要业务，他们都有自己的广告部，有自己的销售人员，面对如此多的选择，作为站点或者其他产品推广一定要有自己的判断能力，自己的产品适合那种类型的软件推广成为一个问题，不要让自己的广告费打水漂。

软件推广需要注意的几点；

首先，选择软件：如果你的目标用户群是所有上网用户的话，可以选择 QQ、MSN 这样的即时通信软件，他们的用户群遍及所有用户，各行各业，各种嗜好的人都在用。如果你的目标用户群是普通大众你可以选择 QQ，如果你的目标用户群是高级白领上班你可以选择 MSN ，这就是软件的差别。

其次，选择广告位：如果你不相信自己判断能力，不知道那个广告位对你来说是最合适的，你可以找几个目标用户，让他们使用此软件，并告诉他随便点击一个广告，寻找 20 个测试者看他们的操作就知道自己该要那个位置的 banner 或文字了。

最后，选择第三方统计软件：现在行业环境还不完善，难免会有欺诈点击，你可以要求利用第三方软件对点击或注册进行监督，现在国内比较好的网络广告统计系统有很多，比较有名的有 allyes 等，大的广告主也相信其服务的可靠性。

6. IM 推广

Instant Messaging（即时通信，实时传信）的缩写是 IM，这是一种可以让使用者在网络上建立某种私人聊天室（chatroom）的实时通信服务。大部分的即时通信服务提供了状态信息的特性——显示联络人名单，联络人是否在线及能否与联络人交谈。目前在互联网上受欢迎的即时通信软件包括百度 hi、QQ、MSN Messenger、阿里旺旺、企业通等。

通常 IM 服务会在使用者通话清单（类似电话簿）上的某人连上 IM 时发出讯息通知使用者，使用者便可据此与此人透过互联网开始进行实时的通信。除了文字外，在频宽充足的前提下，大部分 IM 服务事实上也提供视讯通信的能力。实时传信与电子邮件最大的不同在于不用等候，不需要每隔两分钟就按一次"传送与接收"，只要两个人都同时在线，就能像多媒体电话一样，传送文字、档案、声音、影像给对方，只要有网络，无论对方在天涯海角，或是双方隔得多远都没有距离。

IM 是常用的网络营销工具之一，IM 在网络营销中的作用主要表现在下列五个方面：增进顾客关系、在线顾客服务、在线导购、网络广告媒体，以及作为病毒性营销传播工具等。

●●●●● **阅读链接**

2008 年 3 月 24 日，可口可乐公司在 QQ 上推出了"火炬在线传递"的活动：用户在争取到火炬在线传递的资格后，将获得"火炬大使"的称号，其头像处将出现一枚未点亮的图标。如果 10 分钟内成功邀请其他用户参加活动，图标将被点亮，同时获取"可口可乐火炬在线传递活动"QQ 皮肤的使用权。很快，QQ 用户中掀起了一股争当网络火炬手的热潮。据活动方统计，在短短 40 天，该活动"病毒式"的链式传播就吸引了 4 000 万人参与其中，平均每秒有 12 万人参与。

可口可乐通过一场轰轰烈烈的在线火炬传递活动，不论是从受众参与传播角度，还是品牌蔓延扩散角度去考量，都是一次成功的营销策划活动。它不仅实现了"互动参与、体验扩散"的目的，而且其营销活动无处不在的公众参与性，正好与奥林匹克运动的品牌精神，与其乐观向上的核心品牌价值相呼应，使奥运精神、品牌内涵和消费者连成了统一的整体。

7. 微博推广

7.1 微博推广的含义

微博推广是当下十分火的一个网络推广方式。微博，即微型博客，是一种允许用户及时更新简短文本(通常少于 200 字)并可以公开发布的博客形式。它允许任何人阅读或者只能由用户选择的群组阅读。微博最大的特点就是集成化和开放化，用户可以通过手机、IM 软件(Gtalk、QQ、Skype)和外部 API 接口等途径向微博平台发布消息。微博流行最大的原因，因为它适应了用户互动交流的需求，顺应了信息传播方式大变革的趋势。作为互联网的一种新应用模式，它的高度开放性，介于互联网与移动网之间，无论在何时何地，用户都能及时发布消息。

由于微博与博客、SNS 社区具有很高的用户重合比例，用户使用目的上具有一定的相似性，微博对用户的黏性更强，很多用户使用微博后减少了登录博客、SNS 社区的次数。使得微博在很短的时间内已经对博客、SNS 社区产生了相当大的冲击。

7.2 微博推广的特点

(1)立体化

微博推广可以借助先进多媒体技术手段，从文字、图片、视频等展现形式对产品进行描述，从而使潜在消费者更形象直接的接受信息。

(2)高速度

微博最显著特征之一就是其传播迅速。一条关注度较高的微博在互联网及与之关联的手机 WAP 平台上发出后短时间内互动性转发就可以抵达微博世界的每一个角落，达到短时间内最多的目击人数。

(3)便捷性

微博推广优于传统的广告行业，发布信息的主体无须经过繁复的行政审批，从而节约了大量的时间和成本。

(4)广泛性

通过粉丝关注的形式进行病毒式的传播，影响面非常广泛，同时，名人效应能够使事件的传播量呈几何级放大。

7.3　微博推广模式

微博推广模式至少有 4 种：活动营销；植入式广告；客户服务的新平台；品牌宣传。微博推广很可能需要第三方的介入，第三方就是微博的运营商。第三方首先是给出一种策划，然后需要对三类微博做组合，就是企业微博、代言人微博、用户微博，用一种受众能够认同的，并且是受欢迎的方式，对新产品、新品牌等进行主动的网络营销。

●●●● 阅读链接

手机 WAP 站点常用推广方法有哪些

1. WAP 站之间的友情链接，WAP 搜索站的关键字提交，WAP 站上的广告宣传投资等。

2. 在一些 WEB 论坛上做免费广告，这个没成本，但效果不好，因为用户操作需要在手机上输入地址，比较麻烦。

3. 中国移动现在有一些动感地带的卡有短信套餐，用不完的短信量也可以发短信给其他手机用户做广告，在一些智能手机上可以自动识别短信的 URL，也可以实现类似于 WAP PUSH 的功能。

4. 利用一些免费短信平台发送广告短信给手机用户，比如网易 POPO，著名的 PICA 也提供了免费的短信，这个方法的缺点就是需要拿到可以识别 URL 手机的号码。

5. 在 QQ 签名上挂广告，这个效果其实也不错的，因为 QQ 用户很多是手机玩家用户。

6. 在 MSN 上挂签名广告，这里还有个技巧，就是利用 MSN SHELL，这个工具可以在你的 MSN 签名上自动轮换广告，是个不错的东西。

7. 自己建立一个博客，在博客上宣传你的商品和柜台。

8. 在一些手机论坛或网赚论坛上跟帖，比如某个人发了一个求助某某软件游戏的贴，如果你刚好有，就可以上传上来，然后把连接发到论坛上，又不会被删除，又可以吸引很多用户下载。

（资料来源：www.002com.com）

8. 微信推广

微信是腾讯公司推出的一个为智能手机提供即时通信服务的免费应用程序。微信支持跨通信运营商、跨操作系统平台快速发送语音短信、视频、图片和文字，支持多人群聊的手机聊天软件。用户可以通过微信与好友进行形式上更加丰富的类似于短信、彩信等方式的联系。微信软件本身完全免费，使用任何功能都不会收取费用，微信时产生的上网流量费由网络运营商收取。

微信之所以能够成为一种值得关注的推广工具，最大的优势还在于腾讯所拥有庞大用户基础，这对于每一个企业而言，都是一个巨大的潜在客户列表。除此之外，微信推广的低成本也是企业看重的一个重要原因。

微信推广重要通过以下几种手段实现：

（1）查看附近的人——草根广告

签名栏是腾讯产品的一大特色，用户可以随时在签名栏更新自己的状态签名。许多企业利用签名强制性植入广告，但过于单调、生硬，且通常只有用户的联系人或者好友才能看到。而微信中"查看附近的人"的功能，可以实现让更多的陌生人看到广告信息。

用户点击该应用后，可以根据自己的地理位置查找到周围的微信用户。在这些附近的微信用户中，除了显示用户姓名等基本信息外，还会显示用户签名档的内容。企业可以利用这个免费的广告位为自己的产品打广告。如果企业通过后台24小时运行微信，然后在人流最旺盛的几个地方蹲点或者溜达几圈；如果"查看附近的人"使用者足够多，这个广告效果恐怕不会比部分地区的户外广告差。随着微信用户数量的上升，可能这个简单的签名栏会真的变成移动的"黄金广告位"。

（2）漂流瓶——品牌活动

微信的用户逐月增加，因此不少大品牌也在尝试利用微信推广。其中，漂流瓶便是商家看重的一个微信活动应用。漂流瓶实际上是移植自QQ邮箱中一款互动性很强的应用，移植到微信上后，漂流瓶的功能基本保留了原始简单易上手的风格。

企业可以漂流瓶中两个简单的功能开展推广活动，即利用"扔一个"和"捡一个"，企业可以选择发布语音或者文字然后投入大海中，让用户捡到，增加品牌曝光率化率；或者"捞"大海中无数个用户投放的漂流瓶，捕捉潜在客户展开对话，增加销售机会转化率。

（3）二维码扫描——O2O折扣

二维码发展至今其商业用途越来越多，所以微信也就顺应潮流结合O2O展开商业活动。将二维码图案置于取景框内，微信会帮你找到好友企业的二维码，然后你将可以获得成员折扣和商家优惠。

（4）社交营销式——开放平台&朋友圈

微信开放平台是微信4.0版本推出的新功能，应用开发者可通过微信开放接口接入第三方应用。还可以将应用的LOGO放入微信附件栏中，让微信用户方便地在会话中调用第三方应用进行内容选择与分享。

9. 网络视频推广

"网络视频推广"指的是企业将各种视频短片以各种形式放到互联网上，达到一定宣传目的的网络推广手段。"视频"与"互联网"的结合，让这种创新营销形式具备了两者的优点：它具有电视短片的种种特征，如感染力强、形式内容多样、肆意创作等，又具有互联网营销的优势，如互动性、主动传播性、传播速度快、成本低廉等。可以说，网络视频营销，是将电视广告与互联网营销两者"宠爱"集于一身。

10. 网络比价系统推广

网络比价系统是相对通用搜索门户的信息量大、查询不准确、深度不够等问题，并结合对网络交易的深度理解与技术趋势的精准把握而提出的全新的专业搜索引擎服务模式。网络比价系统一般是以全网范围内目标商品价格比对为基准参数，同时结合其他评价标准，向目标客户传递更为精准的商务信息。企业利用网络比价系统可以针对特定领域、特定人群、特定需求提供的更有价值的信息和综合性服务。

图 6-5 新一代网络推广工具

任务扩展

假如你是小伟，请你综合任务一和任务二的成果，撰写一篇书面的电子商务推广解决方案。要求内容全面，构思合理，独立创意，格式规范。

● ● ● ● ● **项目评价**

表一 任务完成情况表

任务一	是否完成	是( ) 否( )	
你认为通过本任务掌握的最有价值的内容是：			
你认为本任务中需要进一步了解或掌握的内容是：			
你在任务完成过程中遇到的问题是：			
你是如何解决问题的：			

续表

任务二		是否完成	是( ) 否( )
你认为通过本任务掌握的最有价值的内容是：			
你认为本任务中需要进一步了解或掌握的内容是：			
你在任务完成过程中遇到的问题是：			
你是如何解决问题的：			

表二　能力自评表

核心能力	评价指标	评价等级 （A通过；B基本通过；C未通过）	备　注
自我学习能力	1. 学会阅读理解专业文档和产品说明	A( ) B( ) C( )	
	2. 灵活运用所学知识	A( ) B( ) C( )	
	3. 能发现自己的问题和不足	A( ) B( ) C( )	
	4. 学会处理实际操作过程中出现的突发问题	A( ) B( ) C( )	
专业编辑写作能力	1. 能够合理组织专业语言专业书面文档	A( ) B( ) C( )	
	2. 能运用书面语言清楚表达自己的思想和观点	A( ) B( ) C( )	
	3. 能严格遵守编写要求，制作规范文案	A( ) B( ) C( )	
专业认知能力	1. 能准确表述站点推广的基本类型及其推广方式	A( ) B( ) C( )	
	2. 能准确表述常用网络推广工具类型及其推广方式	A( ) B( ) C( )	

续表

核心能力	评价指标	评价等级 (A 通过；B 基本通过；C 未通过)	备 注
专业分析设计能力	1. 能充分利用各种方法途径收集所需材料和原始数据	A( ) B( ) C( )	
	2. 能运用合理方法分析处理材料数据	A( ) B( ) C( )	
	3. 能根据分析结果，撰写电子商务推广解决方案	A( ) B( ) C( )	
专业实践操作能力	1. 能合理利用站点推广手段策划实施企业的网络营销活动	A( ) B( ) C( )	
	2. 能合理利用工具推广手段策划实施企业的网络营销活动	A( ) B( ) C( )	

●●●●● 项目巩固

术语学习

SEO(Search Engine Optimization)   搜索引擎优化

SEM(Search Engine Marketing)   搜索引擎推广

PEM(Permission E-mail Marketing)   许可电子邮件推广

VM(Viral Marketing)   病毒式推广

IMM(Instant Messaging Marketing)   即时通信推广

BM(Blog Marketing)   博客推广

MbM(Micro-blog Marketing)   微博推广

案例分析

徐静蕾网店 VS 韩寒网店

人称才女的徐静蕾无论当演员、做导演、开博客、办电子杂志都很成功，然而偏偏在淘宝网店上栽了跟头。

徐静蕾的淘宝店注册第一年，只有 60 笔成交。最近虽然老徐在电子杂志网站上重要位置给自己的淘宝网店做了宣传，最近一周交易也不多。相比风光无限的淘宝韩寒书店，老徐这次可谓是"兵败淘宝"。

老徐的淘宝网店名叫"开啦商城淘宝分店"，创店的时间是 2008 年 7 月。店里目前的商品全是《开啦》杂志的 2 周年 T 恤。网店公告里还写道：请在拍下 T 恤的同时，留言中标注开啦网站会员 ID，会员身份经核实后，您将享受相应优惠政策，等待修改价格后付款。同时，老徐在《开啦》杂志的官方网站上也有显著的位置链接到淘宝网店。

从交易来看，老徐的淘宝网店成交额不大，最近一周更是少得可怜。翻看以往的评价，许多买家抱怨衣服价格偏贵的同时，似乎并不知道这是老徐的淘宝店。少有的一个老徐的粉丝还留下了中评。"我是喜欢老徐才买的 T 恤，中评是这 T 恤的质量（打折后 174 元的价格所对应的质量)对不起老徐的名号，当然我只是选的其中一款，不知道其他的怎样。附赠的环保袋却是超级棒。我一样支持老徐！支持开啦！希望下次的这种活动得实惠才有意义啊。"

韩寒也在网上开店，据说，韩寒在淘宝开网店还是受了徐静蕾的启发。这家书店主要负责韩寒大部分出版的图书作品以及新书和杂志的预售。韩寒承诺，喜欢他的读者都可能通过该网店买到签名版的图书。事实证明韩寒的网店生意出奇的好。这家仅有7种宝贝的网店，从4月19日开业仅一周，达成的交易已近2 000笔，仅获得的好评就已高达600多个，按照淘宝评级规则，韩寒这家淘宝书店的信用度一周之内就猛蹿至两钻。现在变成皇冠店。相比之下，老徐的淘宝网店可谓是生意惨淡。其实徐静蕾已很懂得运用互联网，开博客点击2.4亿成为第一博；做网络电子杂志首期号称赚了100万。为什么淘宝网店生意却如此惨淡？

有资深淘宝卖家表示，老徐在推广上已输出韩寒一筹。韩寒是直接在博文里给网店打广告，老徐仅在开啦官网上有链接，在博客里只挂了个链接，显然博文里的软广告比直接挂链接效果来得好。其次，老徐商品定位出现问题，1 410元的纪念T恤显然不如韩寒几十元的亲笔签名书吸引人。

网络营销专家路金民指出，名气相似的明星同开网店却得到截然不同的效果，究其原因，主要是推广。虽然两人同在博客上进行了推广，而且两人的博客访问量也不相上下，但是博文推广相比只挂一个链接更加直观。在博客平台上，博文受到的关注程度远远高于友情链接，所以，韩寒淘宝网店的初期人气高于徐静蕾的网店无可厚非。另外，由于韩寒淘宝网店初期曝光率高，从而引起了媒体的关注，并引发了典论风潮，也从另外一个角度对韩寒淘宝网店的宣传起了推动作用。另外韩寒淘宝网店直接打的是韩寒的名义，所有消费者都能清晰地知道购买商品的受益者，而徐静蕾网店却是其名下公司开啦的名义，从这个角度看，徐静蕾网店明星标签不够明显，所以不受关注。

请根据上述案例分析徐静蕾网店、韩寒网店各自推广的方法和使用的推广工具。

（资料来源：http://www.dob2c.com/columns/columns-2007.html）

同步强化

假如你是一名电子商务应用服务提供商的商务推广人员。现在有一家生产羽毛球运动装备的厂家，还拥有一家自己的官方网站，可以实现在线订货，并且建立了自己的官方论坛。该企业希望你能帮其官方网站进行推广策划。请你撰写一份电子商务推广方案，帮助该企业实现有效推广。

项目七
电子商务安全解决方案

●●●●● 项目目标

知识目标

1. 电子商务安全体系的基本构成。

2. 电子商务安全技术类型及其适用情况。

3. 电子商务安全制度体系的基本构成。

能力目标

1. 能选择合理的安全技术防范控制电子商务活动遇到的风险。

2. 能编制电子商务安全制度解决方案。

●●●●● 项目描述

　　随着工作经验的逐步积累，小伟电子商务解决方案的认识越来越深刻。但是，有一种特殊类型的电子商务解决方案小伟从来没有接触过，就是电子商务安全解决方案。由于受到公司经营范围和个人工作性质的限制，小伟从来没有接手过有关安全方面的项目。

　　最近，小伟的一位朋友小李希望他能帮个忙。小李在当地名气较大的从事零售业的集团供职，主要负责电子商务项目运作方面的工作。公司旗下拥有多种形态的零售业务，包括面向中低端客户的大型综合类超市和服装卖场，以及面向中高端客户的百货公司。目前集团在本省各个市均设有业务分支机构，机构网点设置覆盖全省，并已建立起自己的多级业务网，形成较为完整的电子商务网络体系。该集团在此网络基础上进行的电子商务应用主要包括：通过互联网实现 B2C 在线交易，通过互联网实现集团总部与各业务机构之间的日常企业管理以及顾客在各业务机构之间的"一卡通"业务，通过 Extranet 实现与银行之间的资金处理业务。

　　面对这样一个复杂的网络体系和电子商务系统构成，各个部分之间不可能是完全信任的关系。因此，电子商务网络和整个系统都面临不小的安全威胁。随着应用的不断增加，网络安全风险也会不断暴露出来。原来由单个计算机安全事故引起的损害可能传播到其他系统和主机，引起大范围的瘫痪和损失。另外由于该集团的电子商务系统存有商业机密信息，如果这些涉密信息在网上传输过程中泄密，其造成的损失将是不可估量的。

　　面对种种可能风险，集团决定必须将风险防患于未然。因此，决定让小李负责拿出一套安全解决方案。小李这才求到小伟，希望小伟最起码给他一个建议，应该从哪些方面入手解决这些问题，然后他再按照小伟的建议去寻求专业安全解决方案提供商的帮助。同时，小李还将集团的基本安全要求告诉小伟，具体要求如下：

　　(1)由于总部与各业务机构等单位之间的网络链接没有有效访问控制措施，接入网络之间访问控制较为松散，在以总部网络为枢纽所链接的各网络范围内构成一个平坦的单一安全域，存在直接扫描、攻击的风险。

　　(2)管理员应当时刻掌握网络的使用情况，并且要及时、按时生成流量分布、内容监视、图文报表等各种资料、处理各种报警信息，希望能部署相关设备以实现该目的。

　　(3)业务系统中的很多数据须保密，如消费者个人信息、资金交易等。由于 IP 协议的开放性，不法人员完全有可能在传输线路或网络上安装窃听装置，窃取网上传输的重要数据，再通过一些技术读出数据信息，造成信息泄露或者做一些修改来破坏数据的完整性。

　　(4)对目前网络整体安全漏洞状况尚未有系统的认识和判知，因此需要专业化的评估设备来完成。

　　小李希望小伟一方面能帮他找找看还应该防范哪些安全威胁；另一方面希望他能够在安全解决方案如何提出方面给些建议，帮助他制定出一份总体方案出来。

●●●● 项目分解

通过分析，该项目可以分解为以下两个任务完成：

任务一 构建电子商务安全技术解决方案

任务二 编制电子商务安全制度解决方案

任务一 构建电子商务安全技术解决方案

任务分析

1. 为什么要单独构建电子商务安全解决方案？

随着经济信息化进程的加快，电子商务前景愈发诱人。但许多企业和消费者对其仍存疑虑。究其主要原因，还是由于安全问题正变得越来越严重。互联网的产生是为了能方便地共享资源，互联网的 TCP/IP 协议及源代码的开放与共享是合理的，同时也是电子商务快速发展的根源，但要在互联网上进行安全性要求很高的电子商务活动就显得勉为其难了。所以，安全问题已单独成为目前制约电子商务高速发展的一类难题。因此，提供商必须针对企业开展的电子商务活动及其所处环境，通过提供各种类型的安全技术和行之有效的安全管理制度，构建完整的电子商务安全解决方案，方能有效推动电子商务的顺利开展。

2. 电子商务安全解决方案包括哪些基本内容？

电子商务安全解决方案大致由两部分内容构成。一是电子商务安全技术解决方案，具体包括安全网络解决方案，安全系统解决方案以及安全应用解决方案，该类型方案往往是由专业的安全技术提供商提供的。二是电子商务安全制度解决方案，具体包括宏观层面的政策法规、条例意见，以及微观层面上的安全管理制度与操作规范等，该类方案的提供者涉及非常广泛，上至国家政策法规制定部门，下至电子商务安全专业咨询服务机构，甚至是企业内部管理人员，都要参与到安全制度解决方案的构建当中。因此，作为一名提供商，不仅要面向用户提供合理的安全技术方案，同样要给用户在安全制度建设方面提出合理化建议。

3. 如何构建电子商务安全技术解决方案？

电子商务安全技术解决方案的构建应主要从如下五方面进行：第一，充分了解和掌握企业开展电子商务活动可能面临的威胁；第二，提出构建电子商务安全体系的目标和基本原则，评估电子商务安全技术的级别；第三，提出电子商务安全网络方案；第四，提出电子商务安全系统方案；第五，提出电子商务安全应用方案。至此，电子商务安全技术解决方案构建完成。通常情况下，不同层次的安全技术解决方案分别由不同的电子商务安全提供商负责提供。而其他电子商务应用服务提供商面向用户提供的所谓"安全技术解决方案"，仅仅是负责帮助用户选择合理的技术产品和服务而已。因此，作为应用服务提供商的工作人员，同样不需要掌握复杂的研发技术，只需要掌握合理的技术应用技巧即可。

任务实施

阶段一　提出电子商务安全技术目标

步骤1　分析企业电子商务活动可能面临的安全威胁

分析企业电子商务活动可能面临的威胁，是制定电子商务安全解决方案的基础前提。只有认清了问题所在，才能有针对性地给出相应的技术解决安排。具体工作可以从以下三方面进行。

(1)获取企业目前电子商务活动开展的基本资料，了解电子商务应用的基本环境、组织构成、业务内容及特征、设备系统基本情况等资料。

(2)查找同类型企业电子商务活动出现安全问题的相关案例。

(3)综合上述情况分析企业电子商务可能面临的安全威胁。

步骤2　提出电子商务安全技术目标

电子商务安全技术目标是包括在电子商务总体安全目标当中的，电子商务安全技术目标指向的对象往往是设备环境以及系统活动。具体工作可以从以下三方面进行。

(1)提出电子商务安全体系的总体目标。

(2)评估并确认电子商务安全技术级别。

(3)提出电子商务安全技术解决方案实现的目标。

(4)确定电子商务安全技术解决方案的构建原则。

阶段二　构建电子商务安全网络

步骤1　设计电子商务安全网络框架

电子商务安全网络框架设计的具体工作可以从以下三个方面进行。

(1)确认电子商务安全网络级别。

(2)在企业现有网络结构基础上进行修改调整，设计电子商务安全网络框架。

(3)必要的情况下，重新考虑网络结构类型，选用安全系数更高的网络结构。

步骤2　选用技术构建电子商务安全网络

电子商务安全网络技术可以从两个方面入手，一方面是选择安全网络技术类型(如VPN)；另一方面就是设置防火墙。通常情况下，电子商务安全网络技术主要体现在防火墙技术的选用上。具体工作可以从以下四方面进行。

(1)选择合理防火墙技术，提出防火墙构建方案。

(2)根据防火墙构建方案，配置相关防火墙设备。

(3)通过配置 UPS 等安全设备和选用合理容灾技术，构建安全的物理网络环境。

(4)进行电子商务网络安全测试，查漏补缺。

阶段三　构建电子商务安全系统

步骤1　建立安全服务器系统

构建电子商务安全系统首先从建立安全的服务器系统开始。具体工作可以从以下五个方面进行。

(1)选择技术漏洞更少、安全系数更高、可靠性更强的服务器系统软件作为服务器操作系统。

(2)对已安装的操作系统进行必要的安全参数设置，调整网络安全级别。

（3）安装必要的杀毒软件和防火墙软件（切记选择企业级软件）。

（4）安装系统还原工具软件，对服务器操作系统实施必要的软件保护措施。

（5）开启自动服务器操作系统以及上述安全软件的更新升级功能，保证系统补丁和病毒库等程序的及时更新。

步骤2　建立安全服务器管理控制平台

在服务器操作系统安全得到保障之后，接下来就是建立安全的服务管理控制平台。具体工作可以从以下三个方面进行。

（1）选择可靠性更强，安全控制功能更加强大的管理控制平台软件。

（2）对管理控制平台进行必要的安全级别和参数设置。

（3）确定管理控制级别，对访问对象路径、操作权限等方面进行必要的权限设置。

步骤3　建立安全数据库

安全数据库的建立主要从以下三个方面进行。

（1）选用技术漏洞更少、安全性与可靠性更强的网络数据库软件。

（2）根据技术安全级别和目标要求对数据库软件功能进行设置和调整。

（3）选用合理的数据备份和恢复技术，建立必要的数据备份和恢复方案。

步骤4　建立安全交互界面（或用户端）

这是系统安全技术方案容易忽视的一个环节，而往往许多安全隐患恰恰是通过交互界面威胁系统的。因此，建立安全交互界面（或用户端）工作同样不容忽视。具体工作可以从以下三方面进行。

（1）选用技术漏洞更少，安全系数更高的浏览器作为 B/S 交互界面。

（2）对浏览器进行必要的安全参数设置。

（3）对 C/S 交互形式下的用户端提出必要的安全运行环境技术要求，并通过服务器管理控制平台对用户端交互界面进行必要的控制参数设置。

阶段四　提出电子商务安全应用方案

电子商务安全应用方案主要是针对具体的电子商务活动而言的，所运用到的技术类型主要包括数字加密、数字签名、安全传输协议、数字认证等。具体操作可以从以下三方面进行。

（1）选用电子商务应用安全加密技术。

（2）选取和设置电子商务应用安全传输协议。

（3）加入电子商务安全认证体系。

知识要点

1. 电子商务应用面临的安全威胁

从安全和信任的角度来看，传统的买卖双方是面对面的，因此很容易保证交易过程的安全性，容易建立起信任关系。但在电子商务过程中，买卖双方是通过网络来联系，由于距离的限制，因而建立交易双方的安全和信任关系相当困难。电子商务双方都面临安全威胁。

1.1　卖方面临的安全威胁

（1）系统中心安全性被破坏：入侵者假冒成合法用户来改变用户数据（如商品送达地

址)、解除用户订单或生成虚假订单。

(2)竞争者的威胁:恶意竞争者以他人的名义来订购商品,从而了解有关商品的递送状况和货物的库存情况。

(3)商业机密的安全:客户资料被竞争者获悉。

(4)假冒的威胁:不诚实的人建立与销售者服务器名字相同的另一个服务器来假冒销售者;虚假订单;获取他人的机密数据,比如,某人想要了解另一人在销售商处的信誉时,他以另一人的名字向销售商订购昂贵的商品,然后观察销售商的行动,假如销售商认可该订单,则说明被观察者的信誉高,否则,则说明被观察者的信誉低。

(5)信用的威胁:买方提交订单后不付款。

1.2 买方面临的安全威胁

(1)虚假订单:一个假冒者可能会以客户的名义来订购商品,而且有可能收到商品,而此时客户却被要求付款或返还商品。

(2)付款后不能收到商品:在要求客户付款后,销售商中的内部人员不将订单和钱转发给执行部门,因而使客户不能收到商品。

(3)机密性丧失:客户有可能将秘密的个人数据或自己的身份数据(如 PIN,口令等)发送给冒充销售商的机构,这些信息也可能会在传递过程中被窃听。

(4)拒绝服务:攻击者可能向销售商的服务器发送大量的虚假定单来挤占它的资源,从而使合法用户不能得到正常的服务。

1.3 黑客攻击电子商务系统的手段

从买卖双方的情况分析,黑客们攻击电子商务系统的手段可以大致归纳为以下四种。

(1)中断(攻击系统的可用性):破坏系统中的硬件、硬盘、线路、文件系统等,使系统不能正常工作。

(2)窃听(攻击系统的机密性):通过搭线与电磁泄漏等手段造成泄密,或对业务流量进行分析,获取有用情报。

(3)篡改(攻击系统的完整性):篡改系统中数据内容,修正消息次序、时间(延时和重放)。

(4)伪造(攻击系统的真实性):将伪造的假消息注入系统＼假冒合法人介入系统、重放截获的合法消息实现非法目的,否认消息的接入和发送等。

2.电子商务安全体系

2.1 电子商务安全体系构建缘由

(1)从互联网方面讲

由于 Internet 在物理上覆盖全球、在信息内容上无所不包,其用户群结构复杂,因此几乎不可能对其进行集中统一管理。控制通信路由选择、追踪和监控通信过程、控制和封闭信息流通、保证通信的可靠性和敏感信息的安全、提供源和目标的认证、实施法律意义上的公证和仲裁等,面对如此严峻现实,必须花大力气对安全问题进行认真研究,做出解决方案,除了加强制度、法规等管理措施外,还要强化信息系统的安全能力。

(2)从 Intranet 方面讲

Intranet 将互联网技术用于政府部门和企业专用网,Intranet 中存有大量的内部敏感信息,具有极高的商业、政治和军事价值。Intranet 是一种半封闭的集中式可控网。既要保证 Intranet 不被非法入侵和破坏，避免网中的敏感信息不被非法窃取和篡改，又要保证网内用户和网外用户之间正常连通，并提供应有的服务。

（3）从 Extranet 方面讲

企业和银行、业务伙伴的网络关系通常是通过 Extranet 连接起来的。银行方与企业进行通信，需要对其身份进行认证，认证其合法性，保证业务的安全进行。业务伙伴与企业进行通信过程中，需要对敏感信息进行加密、解密和数字签名，以密文形式进行，同时需要安全代理等，以保证自身机密信息安全。

2.2　电子商务安全体系的基本结构

一个完整的电子商务安全体系应由以下四个层面构成。

（1）网络层安全

分为物理安全、局域网及子网安全以及访问控制、网络安全检测。

（2）系统层安全

是指系统（主机、服务器）安全（操作系统安全、病毒预防，安全检测，审计与监控）和网络运行安全（备份与恢复）。主要基于网络级安全之上，是提供安全应用的基础。

（3）应用层安全

主要涉及应用系统信息传输的安全、信息存储的安全、对信息内容的审计以及鉴别与授权、用户访问控制等。本质上，网络的安全性就是指系统和信息的安全，一般的系统攻击能使系统无法正常工作，但不一定导致数据泄密，而信息的安全与否直接关系到数据的泄密。考虑到应用系统信息的密级程度，对这些信息资源的保护是应用层安全的重点。

（4）管理层安全

面对网络安全保密的脆弱性，除了在网络设计上增加安全服务功能，还应加强网络的安全管理，因为许多不安全因素恰恰反映在组织管理和人员录用等方面，这是网络安全必须考虑的基本问题，从统计数字来看，70％以上的网络攻击行为来自企业内部。电子商务安全管理应基于三个原则：多人负责原则；任期有限原则；职责分离原则。

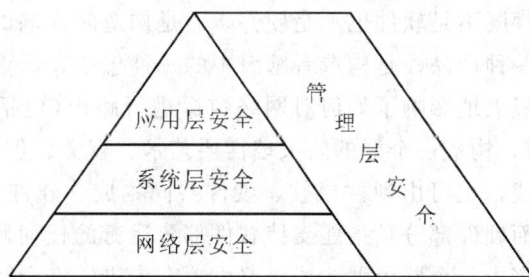

图 7-1　电子商务安全体系结构图

3. 电子商务安全技术

电子商务安全技术是保障电子商活动安全的基础。而不同层次的安全问题又由不同安全技术对策来解决。

表 7-1 电子商务安全技术对策

层级	威胁	解决途径	解决方法	技术
应用层安全	用户被冒名所欺骗	鉴别	对信息发送者和接收者进行身份验证	数字签名 SET
系统层安全	数据被非法截获、读取或者修改	加密	加密数据以防止篡改	对称加密 非对称加密
网络层安全	网络上未经授权的用户访问另一个网络	防火墙	对访问网络上或服务器上的某些流量进行过滤或者保护	防火墙 虚拟私有网

3.1 防火墙技术

防火墙是在内部网与外部网之间实施安全防范的系统，它用于保护可信网络免受非可信网络的威胁，同时，允许双方通信。目前，许多防火墙都用于 Internet 与内部网之间（如图 7-2 所示），但在任何网间和企业网内部均可使用防火墙。

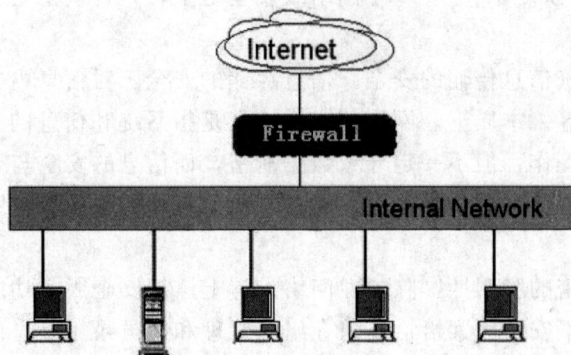

图 7-2 防火墙位置图

（1）防火墙的组成部分

防火墙最基本的构件既不是软件也不是硬件，而是构造防火墙的人的思想。最初防火墙是一种概念，而不是一种产品，是构造者脑海中的一种想法，即谁和什么能被允许访问本网络。"谁"和"什么"极大地影响了如何对网络数据进行路由（包括进入的数据和出去的数据）。从这个意义上讲，构造一个好的防火墙需要艺术、直觉、创造和逻辑的共同作用。

防火墙可用软件构成，也可由硬件或软、硬件共同构成。软件部分可以是专利软件、共享软件或免费软件，而硬件部分是指能支持软件部分运行的任何硬件。如果防火墙是硬件，那么此硬件可能最多由一个路由器构成。路由器有先进的安全特性，其中包括过滤 IP 数据包的能力。这种过滤功能允许你定义包含哪些 IP 地址的数据包可通过防火墙，哪些不行。另一种防火墙是由软、硬件共同构成，二者能很好地配合。尽管防火墙有各种不同的类型，但所有的防火墙都有一个共同的特征：基于源地址基础上的区分或拒绝某些访问的能力。

（2）防火墙配置方案

根据不同的需要，防火墙在网中的配置有很多种方式。根据防火墙和 Web 服务器所处的位置，总的可以分为三种配置：Web 服务器置于防火墙之内、Web 服务器置于防火墙之外和 Web 服务器置于防火墙之上。

① Web 服务器置于防火墙之内

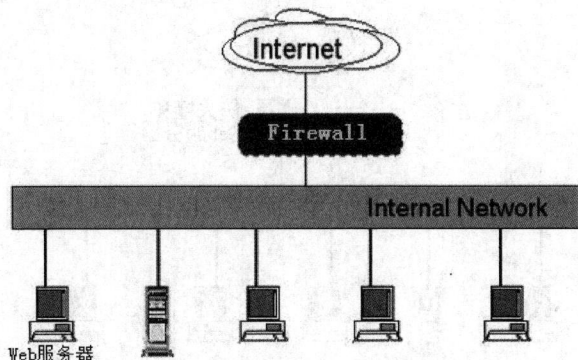

图 7-3　Web 服务器置于防火墙内的架构图

将 Web 服务器放在防火墙内的好处是它得到了安全保护，不容易被黑客闯入，但存在的问题是不易被外界所用。例如，Web 站点主要用于宣传企业形象，显然这个不是好的配置。应当将 Web 服务器放在防火墙之外。

② Web 服务器置于防火墙之外

事实上，为保证内部网络的安全，将 Web 服务器完全置于防火墙之外是比较合适的。在这种模式中，Web 服务器不受保护，但内部网处于保护之下，即使黑客闯进你的 Web 站点。内部网络仍是安全的。代理支持在此十分重要，特别是在这种配置中，防火墙对 Web 站点的保护几乎不起作用。

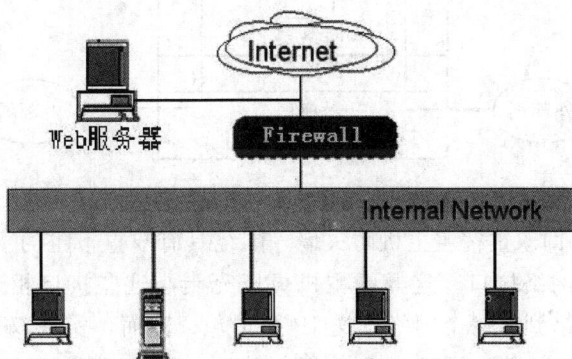

图 7-4　Web 服务器置于防火墙之外的架构图

③ Web 服务器置于防火墙之上

一些管理者试图在防火墙机器上运行 Web 服务器，以此增强 Web 站点的安全性。这种配置的缺点是：一旦服务器有一点毛病，整个组织和 Web 站点就全部处于危险之中。这种基本配置有多种变化，包括利用代理服务器、双重防火墙、利用成对的"入"、"出"服务器提供对公众信息的访问及内部网络对私人文档的访问。

一些防火墙的结构不允许将 Web 服务器设置其外。这种情况下，将不得不打通防火墙。此时可以这样做：①允许防火墙传递对端口 80 的请求，访问请求或被限制到 Web 站点或从 Web 站点返回；②可在防火墙上安装代理服务器，但需要一个"双宿主网关"类型的防火墙。来自 Web 服务器的所有访问请求在被代理服务器截获之后才传给服务器，对访问请求的回答直接返回给请求者。代理是在防火墙两边都能看到的小程序。

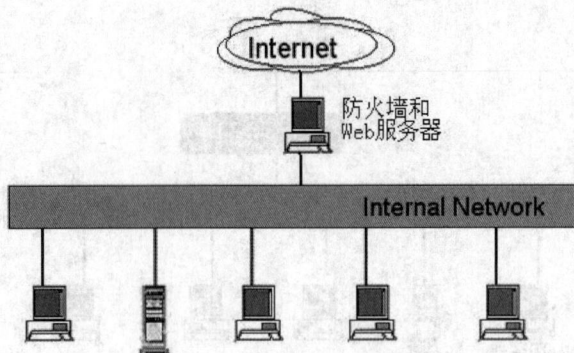

图 7-5　Web 服务器置于防火墙之上的架构图

（3）防火墙技术的基本类型及体系结构

企业中通常采用的防火墙有三种基本类型：包过滤型、双宿网关型和屏蔽子网型。

① 包过滤型。这种防火墙通过包过滤技术实现对进出数据的控制，其工作在 TCP/IP 体系结构的网络层。防火墙在网络层对所有进出的数据包进行拦截和检查，按照一定的信息过滤规则进行筛选，允许授权信息通过，对不符合规则的信息报警，并丢弃该包，一般由路由器实现，见图 7-6。它遵循的基本原则是"最小特权原则"，明确允许哪些管理员希望通过的数据包通过，禁止其他的数据包通过。

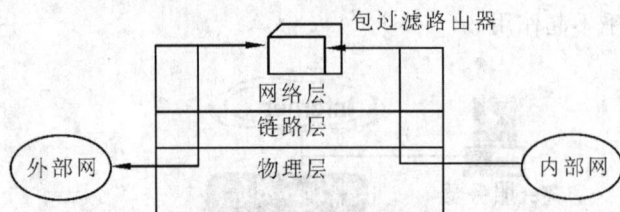

图 7-6　包过滤型防火墙示意图

② 双宿网关型。即双重宿主主机防火墙，围绕具有双重宿主的主机计算机而构筑的，该计算机至少有两个网络接口。这样的主机可以充当与这些接口相连的网络之间的路由器；它能够从一个网络到另一个网络发送 IP 数据包。然而，实现双重宿主主机的防火墙体系结构禁止这种发送功能。因而，IP 数据包从一个网络（如互联网）并不是直接发送到其他网络（如内部的、被保护的网络）。防火墙内部的系统能与双重宿主主机通信，同时防火墙外部的系统（在互联网上）能与双重宿主主机通信，但是这些系统不能直接互相通信。它们之间的 IP 通信被完全阻止。

该类防火墙属于应用级防火墙，通常是运行在防火墙之上的软件部分，这一类设备又称为应用网关，它是运行代理服务器软件的计算机。由于代理服务器在同一级上运行，故它对采集访问信息并加以控制是非常有用的，例如，记录了什么样的用户在什么时候连接什么地点，这对识别网络间谍是有价值的。因此，此类防火墙能提供关于出入站点访问的详细信息，从而较之网络级防火墙，其安全性更强。

双重宿主主机的防火墙体系结构是相当简单的：双重宿主主机位于两者之间，并且被连接到互联网和内部的网络，见图7-7。

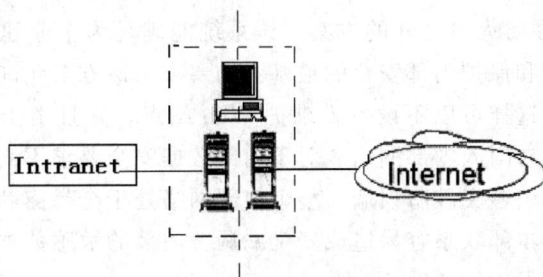

图 7-7　双宿网关型防火墙示意图

③ 屏蔽子网型。它在内部网络和外部网络之间建立了一个子网进行隔离，这个子网构造了一个屏蔽子网域，称之为边界网络或非军事区 DMZ。它采用了两个包过滤路由器和一个堡垒主机，对于发往外部的数据包，内部路由器管理内部网络到"非军事区"网络的访问，它只允许内部系统访问堡垒主机，外部路由器上的过滤规则要求使用代理服务器，即它只接受来自堡垒主机的来往外部网络的数据包，其构造见图7-8。这是一种最安全的防火墙系统。

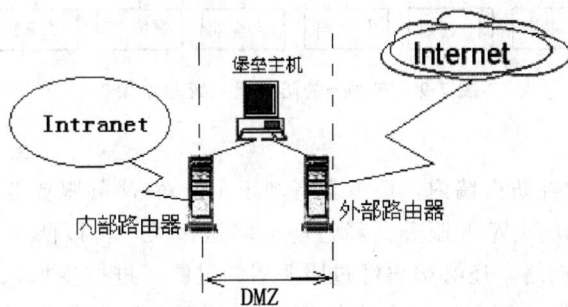

图 7-8　屏蔽子网型防火墙示意图

（4）防火墙系统方案应用分析

案例背景：一个虚构的虚拟企业总部下面设置有计划部、生产部、市场部、财务部、采购部、人事部。市场部的销售人员是分散在各地的，并在一些城市设有市场分部。公司的运营程序是：销售人员寻找客户并开订单，订单先传到本地分部，然后由分部传到市场部和财务部；财务部对订货方的信任度进行确认，将准许发货的通知发送给市场部，市场部组织发货，并通知财务部。财务部对在规定时间内不付货款的客户提出警告，或与银行交涉处理；计划部研究分析市场部、财务部的有关数据，结合其他信息，提出调整计划，报请总经理批准，然后向生产部、市场部和采购部下达计划。这样各部门都有各自的信息，有的仅供领导使用，有的仅供本部门内部使用，有的仅供公司内部人员共使用，有的希望向网上发布。公司对 Web 站点的需求：在 Web 站点上建立公司主页，扩大产品影响；建立 E-mail 服务，收集客户对产品的反映；各地销售人员通过 E-mail 向市场部传递销售订单；采购人员通过 E-mail 向采购部传递采购订单；计划部和生产部通过 Web 查阅网上的技术参考资料；企业各部门之间快速实现必要的信息交流。

防火墙系统方案分析

方案一：

这是 Web 服务器在防火墙之外的方案，该系统能满足为企业建立主页以宣传企业形象、企业内部信息交流和保护内部安全的最基本的要求。该方案允许通过租用就近的 Web 服务公司的站点实现，这样可以不设专人维护 Web 站点，并且由于外部网与内部网被防火墙隔离，外部黑客不易闯入内部网络。对于内部数据安全要求不高的小型企业，该方案是合适的。但是，一旦黑客突破防火墙，整个内部网络处于全暴露状态。而且，在外地的销售人员或市场分部与本部联系容易造成安全漏洞。内部的敏感数据的保护只有依靠系统口令、加密和授权管理保护。如图 7-9 所示。

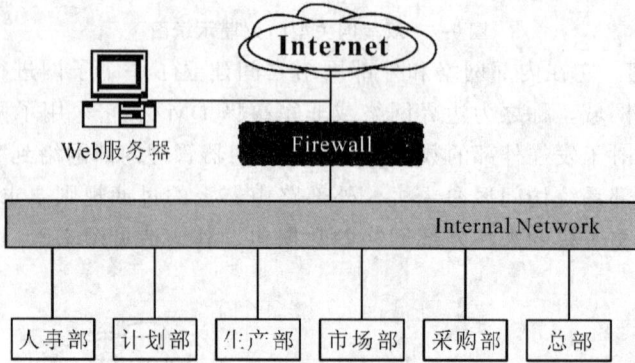

图 7-9 方案一的防火墙系统基本架构

方案二：

将 Web 服务器放在防火墙内，该方案有利于企业对 Web 服务器上企业主页的及时维护，并且，外部用户访问 Web 服务器经过防火墙这一关，可以防止大量的非法入侵。如果外部用户访问内部网络，还必须再经过服务器的过滤，进一步加强了安全性。而内部用户访问互联网受到限制，例如，只允许使用 E-mail 服务。如果希望使用 FTP 或 Telnet，可以使用服务器以外的终端机器。如图 7-10 所示。

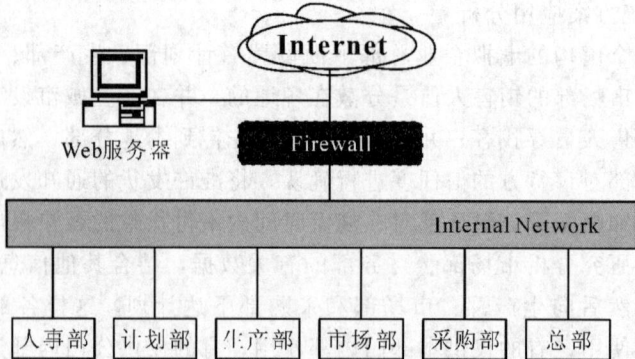

图 7-10 方案二的防火墙系统基本架构

方案三：

这是针对虚拟企业接受订单并及时在内部网上处理的需要而提出的方案模型的一部分。该结构可以作为前两种方案的补充，特别适合于租用一个专业 Web 服务提供商的站点情况，由于他们设计和建立主页，市场返回信息由市场部专门组织处理。这样可以切断内部网与互联网的物理联结，但影响了各地订单的及时传入。为此，方案选用了带邮件转发和包含双宿主网关的防火墙产品保护邮件服务器。该方案对于防止外部的入侵是较好的，但限制了许多重要的作用。内部安全没有考虑。如图7-11所示。

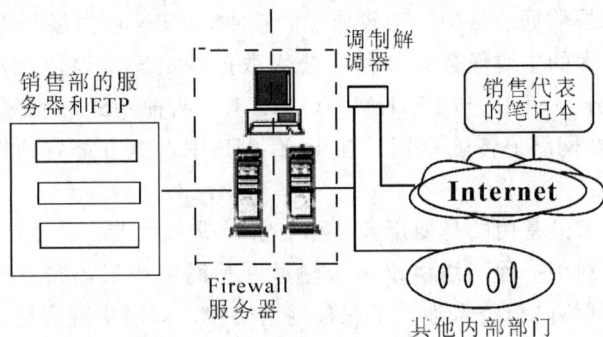

图 7-11 方案三的防火墙系统基本架构

方案四：

在前面三种方案中，都没有考虑企业内部的数据保护问题。实际上，各部门之间，有些数据是相互公开的，而有些数据只能供企业内部或部门内部的少数人使用，例如，财务部中的数据。这样。为了防止来自内部的攻击，需要对内部网用防火墙隔离。该结构可以作为前面三种方案对内部网安全的补充，这样可以构成完整的系统。如图7-12所示。

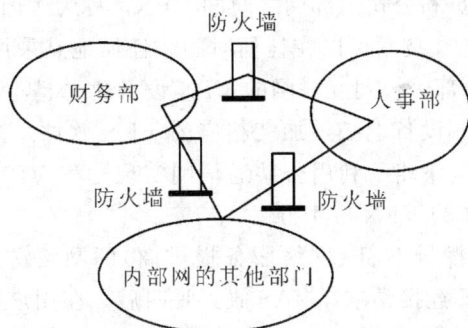

图 7-12 方案四的防火墙系统基本架构

3.2 VPN安全技术

虚拟专用网络，又称为虚拟私人网络或英文简称VPN，是一种常用于连接中、大型企业或团体与团体间的私人网络的通信方法。虚拟专用网依靠ISP和其他NSP，在公用网络中建立专用的数据通信网络，信息透过公用的网络架构来传送互联网的网络信息。在虚拟专用网中，任意两个节点之间的连接并没有传统专网所需的端到端的物理链接，而是利用某种公众网的资源动态组成的。

由于VPN是在互联网上临时建立的安全专用虚拟网络，用户就节省了租用专线的费用，在运行的资金支出上，除了购买VPN设备，企业所付出的仅仅是向企业所在地的ISP支付一定的上网费用，也节省了长途电话费。这就是VPN价格低廉的原因，也更广泛为企业所采用。借助虚拟专用网可以帮助远程用户、公司分支机构、商业伙伴及供应商同公司的内部网建立可信的安全连接，并保证数据的安全传输。

（1）VPN 主要采用的安全技术

目前 VPN 主要采用四项技术来保证安全，这四项技术分别是隧道技术（Tunneling）、加解密技术（Encryption & Decryption）、密钥管理技术（Key Management）、使用者与设备身份认证技术（Authentication）。

① 加解密技术是数据通信中一项较成熟的技术，VPN 可直接利用现有技术。

② 密钥管理技术的主要任务是如何在公用数据网上安全地传递密钥而不被窃取。现行密钥管理技术又分为 SKIP 与 ISAKMP/OAKLEY 两种。SKIP 主要是利用 Diffie-Hellman 的演算法则，在网络上传输密钥；在 ISAKMP 中，双方都有两把密钥，分别用于公用、私用。

③ 身份认证技术最常用的是使用者名称与密码或卡片式认证等方式。

④ 隧道指的是利用一种网络协议来传输另一种网络协议，它主要利用网络隧道协议来实现这种功能。网络隧道技术涉及了三种网络协议，即网络隧道协议、隧道协议下面的承载协议和隧道协议所承载的被承载协议。网络隧道技术是个关键技术，这项 VPN 的基本技术也是本文要详细和阐述的。

（2）VPN 的应用方案

根据 VPN 所起的作用，可以将 VPN 分为三类：VPDN、Intranet VPN 和 Extranet VPN，也是 VPN 技术在不同应用领域环境下的应用方案。

① VPDN（Virtual Private Dial Network）远程访问

在远程用户或移动雇员和公司内部网之间的 VPN，称为 VPDN。

远程移动用户通过 VPN 技术可以在任何时间、任何地点采用拨号、ISDN、DSL、移动 IP 和电缆技术与公司总部、公司互联网的 VPN 设备建立起隧道或秘密信道，实现访问连接。此时的远程用户终端设备上必须加装相应的 VPN 软件。推而广之，远程用户可与任何一台主机或网络在相同策略下利用公共通信网实现远程 VPN 访问。这种应用类型也叫 Access VPN，这是基本的 VPN 应用方案。

实现过程如下：用户拨号 NSP（网络服务提供商）的网络访问服务器 NAS（Network Access Server），发出 PPP 连接请求，NAS 收到呼叫后，在用户和 NAS 之间建立 PPP 链路，然后，NAS 对用户进行身份验证，确定是合法用户，就启动 VPDN 功能，与公司总部内部连接，访问其内部资源。

② Intranet VPN 组建 Intranet

在公司远程分支机构的 LAN 和公司总部 LAN 之间的 VPN。

一个组织机构的总部或中心网络与跨地域的分支机构网络在公共通信基础设施上采用隧道技术和密码技术等 VPN 技术构成组织机构"内部"的虚拟专用网络，当其将公司所有权的 VPN 设备配置在各个公司网络与公共网络之间时，这样的 Intranet 还具有管理上的自主可控、策略集中配置和分布式安全控制的安全特性。VPN 利用组建的 Intranet 也叫 Intranet VPN。Intranet VPN 是解决 Intranet 结构安全和连接安全、传输安全的主要方法。

通过 Intranet 这一公共网络将公司在各地分支机构的 LAN 连到公司总部的 LAN，以便公司内部的资源共享、文件传递等，可节省 DDN 等专线所带来的高额费用。

③ Extranet VPN 构建外联网

使用 VPN 技术在公共通信基础设施上将合作伙伴或共同利益的主机或网络与 Intranet 连接起来，根据安全策略、资源共享约定规则实施 Intranet 的主机和网络资源与外部特定的主机和网络资源的相互共享，这在业务机构和具有相互协作关系的 Intranet 之间具有广泛的应用价值。这样组建的外联网叫 Extranet VPN。Extranet VPN 是解决外联网结构安全和连接安全、传输安全的主要方法。当外联网 VPN 的连接和传输中使用了密码技术，必须解决其中的密码分发、管理的一致性问题。

如在供应商、商业合作伙伴的 LAN 和公司的 LAN 之间的 VPN，由于不同公司网络环境的差异性，该产品必须能兼容不同的操作平台和协议。由于用户的多样性，公司的网络管理员还应该设置特定的访问控制表 ACL(Access Control List)，根据访问者的身份、网络地址等参数来确定他所相应的访问权限，开放部分资源而非全部资源给外联网的用户。

4. 系统安全技术

4.1 计算机系统安全技术

计算机系统安全性是指特定端系统及其局域环境的保护问题，与计算机系统的硬件平台、操作系统、所运行的各种软件等都有密切关系，但其中操作系统的安全性对整个计算机系统的安全性影响最大。一个计算机系统的系统安全可包含下述措施。

(1)网络安全检测

网络系统的安全性取决于系统中最薄弱的环节，安全检测可以及时发现网络存在的漏洞或恶意的攻击，而且能提供对网络和系统攻击的敏感性，从而实现动态和实时的安全控制。网络安全检测工具通常是一个网络安全性评估分析软件，其功能是用实践性的方法扫描分析网络系统，检查报告系统存在的弱点和漏洞，建议补救措施和安全策略，达到增强网络安全性的目的。

(2)病毒预防

在网络环境下，病毒有很强的威胁性和破坏力，因此，对病毒的防范是网络安全性建设中的重要环节。网络反病毒包括预防、检测、清除三种技术，具体实现方法是对网络服务器中的文件进行频繁地扫描和监测，在工作站上使用防病毒卡和对网络目录及文件设置访问权限等。

(3)审计与监控

审计是记录用户使用计算机网络进行所有活动的过程，它是提高安全性的重要工具。它不仅能够识别谁访问了系统，还能指出系统正被怎样地使用。同时，系统事件的记录能够更迅速和系统地识别问题，并且它是后面阶段事故处理的重要依据。另外，通过对安全事件的不断收集与积累分析，有选择性地对其中的某地站点或用户进行审计跟踪，以便对发现或可能产生的破坏性行为提供有力的证据。因此，除使用一般的网管软件和系统监控之外，还应使用目前较为成熟的网络监控设备或实时入侵检测设备，以便对进出各级局域网的常见操作进行实时检查、监控、报警和阻断，从而防止针对网络的攻击与犯罪行为。

(4)备份与恢复

备份的目的是尽可能快地全盘恢复运行计算机系统所需的数据和系统信息。根据系统安全需求，可选择的备份机制有：场地内高速度、大容量自动数据存储、备份与恢复；场地外的数据存储、备份与恢复；对系统设备的备份。备份不仅在网络系统硬件故障或人为失误时起到保护作用，也在入侵者非授权访问时或对网络攻击及破坏数据完整性时起到保护作用，同时亦是系统灾难恢复的前提之一。最有效的备份方法是增量备份，即只备份那些上次备份之后更改过的文件。在备份过程中，常使用备份软件，它一般具有以下功能：保证备份数据的完整性，并具有对备份介质的管理能力；支持多种备份方式，可以定时自动备份。

4.2　数据库安全技术

（1）口令保护

口令设置是系统安全的第一道屏障，口令保护尤其重要。对信息管理的不同功能模块应设置不同的口令，对存取它的用户应设置不同的口令级别。各种模块如读模块、写模块、修改模块等之间的口令应彼此独立，并且应将口令表进行加密，以保护信息数据安全。口令管理中的零式方式可在最大程度上确保使用者是合法用户。其关键是必须有一个绝对可靠的数据库系统安全管理员，当一个用户将进入系统时，安全员需对其身份进行验证。验证的具体步骤如下：首先，用户获取一个随机数，并将其与自己所持的密钥一并处理，将结果传送给安全管理员；其次，安全管理员获取一个随机数，并将此数字传送给用户；再次，用户将此随机数同自己所持的密钥一并处理，并将结果在一次传送给安全管理员；最后，安全管理员检查这个回答是否正确。若正确。则减少对用户真实身份一半的怀疑，如不正确，则停止用户的进一步活动。四个步骤可连续重复数次，如均回答正确，则安全管理员对用户的怀疑可减少到零。这时。该用户便认为合法用户。

（2）数据加密

考虑到用户可能试图其他途经获取数据信息，如物理的取走数据，在通信线路上窃听。对这样的安全威胁最有效的解决方法就是数据加密，即以加密式存储和传输敏感数据。通常可采用技术对称密码加密技术、公钥密码加密技术和数字信封。

（3）数据库加密

数据库的加密方式很多，即可以软件加密，也可以硬件加密。软件加密可以采用库外加密，也可以采用库加密。库外加密方式即采用文件加密的方法，它把数据库作为一个文件，把每一个数据块当作文件的一个记录进行加密。文件系统与数据库管理系统交换的就是模块号。库内加密按加密的程度，可以进行记录加密，也可以进行字段加密，还可以对数据元素进行加密。数据元素加密时，可把每个元素当作一个文件进行加密。硬件加密是在物理存储器与数据库文件之间加一硬件装置，使之与实际的数据库脱离，加密时只对专一磁盘上的数据加密。

（4）数据访问控制

数据库系统可以允许数据库管理员和有特定访问权限的用户有选择地、动态地把访问权限授予其他用户，给该用户分配一个口令，并授予其访问相应系统资源的权力。然后，由该用户输入注册口令。若口令正确，就可以使用该数据库资源。或对来访用户的来源进行接口限制，给予不同的权限。未经授权，任何用户都不能使用该数据库资源。

5. 电子商务应用安全技术

5.1　安全电子交易协议（SET，Secure Electronic Transaction）

SET 安全协议的工作原理主要包括以下九个步骤：

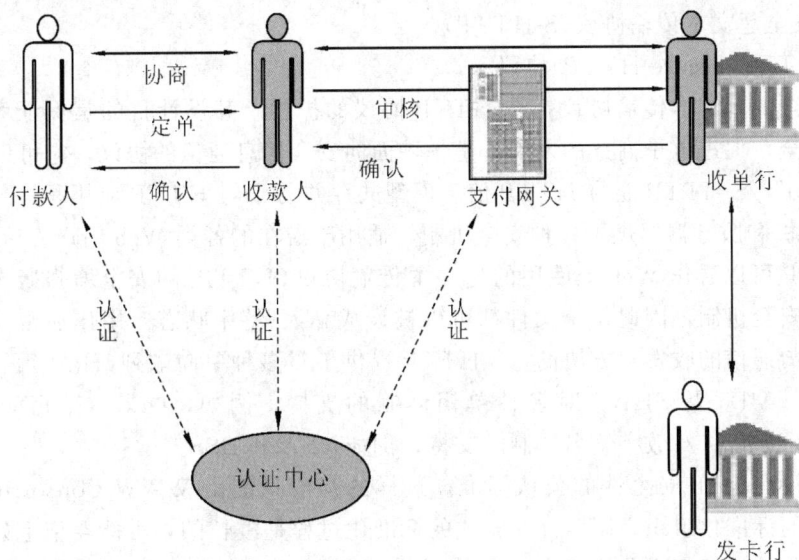

图 7-13　信用卡在线支付 SET 模式工作流程

(1)付款人在发卡行柜台办理应用 SET 在线支付的信用卡；收款人(商家)与收单行签订相关结算合同，得到商家服务器端的 SET 支持软件，并安装。

(2)付款人从银行网站下载客户端软件，安装后设置应用此软件的用户、密码等，以防止被人非法运行。

(3)付款人访问认证中心网站，把信用卡相关信息，如卡类别、卡号、密码、有效期等资料填入客户端软件，并且申请一张数字证书。

(4)付款人在商家网站上选购商品，结账时选择 SET 信用卡结算方式。这时客户端软件被激活，付款人输入软件用户名和密码，取出里面的相应信用卡进行支付(此时 SET 介入)。

(5)客户端软件自动与商家服务器对应软件进行身份验证，双方验证成功后，将订单信息及信用卡信息一同发送到商家。

(6)商家服务器接收到付款人发来的相关信息，验证通过后，一边回复付款人一边产生支付结算请求，连同从客户端发来的转发信息一并发给支付网关。

(7)支付网关收到相应支付信息后转入后台银行网络处理，通过各项验证审核后，支付网关收到银行端发来的支付确认信息。否则向商家回复支付不成功。

(8)支付网关向商家转发支付确认信息，商家收到后认可付款人的这次购物订货单，并且给付款人发回相关购物确认与支付确认信息。

(9)付款人收到商家发来的购物确认与支付确认信息后，表示这次购物与网络支付成功，客户端软件关闭。电子支付完毕。

SET 协议程序严格，使用较烦琐，成本高，并且只适用于客户具有电子钱包(Wallet)的场合。SET 的证书格式比较特殊，虽然也遵循 X.509 标准，但它主要是由 Visa 和 MasterCard开发并按信用卡支付方式定义的。SET 协议保密性好，具有不可否认性，SET CA 是一套严密的认证体系，可保证 B to C 式的电子商务安全顺利地进行。

5.2　安全超文本传输协议(S-HTTP)

(1)S-HTTP(Secure HTTP)协议

又称安全的超文本传输协议,是 HTTP 协议的扩展。其设计目的是保证商业贸易信息的传输安全,促进电子商务的发展,是一种面向安全信息通信的协议,它可以和 HTTP 结合起来使用。S-HTTP 能与 HTTP 信息模型共存并易于与 HTTP 应用程序相整合,为 HTTP 客户机和服务器提供了各种安全机制,适用于潜在的各类 Web 用户。

S-HTTP 可以看作 Web 上使用的超文本传输协议(HTTP)的安全增强版本,他提供了文件级的安全机制,因此每个文件都可以被设成私人/签字状态。用作加密及签名的算法可以由参与通信的收发双方协商。S-HTTP 提供了对多种单向散列(Hash)函数的支持,例如,MD2,MD5 及 SHA;对多种单钥体制的支持,例如,DES,三元 DES,RC2,RC4,以及 CDMF;对数字签名体制的支持,例如,SA 和 DSS。

目前还没有 Web 安全性的公认标准。这样的标准只能由 WWW Consortium,IETF 或其他有关的标准化组织来制定。而正式的标准化过程是漫长的,可能要拖上好几年,直到所有的标准化组织都充分认识到 Web 安全的重要性。S-HTTP 和 SSL 是从不同角度提供 Web 的安全性的。S-HTTP 对单个文件做“私人/签字”区分,而 SSL 则把参与通信的相应进程之间的数据通道按“私用”和“已认证”进行监管。Terisa 公司的 SecureWeb 工具软件包可以用来为任何 Web 应用提供安全功能。该工具软件包提供有 RSA 数据安全公司的加密算法库,并提供对 SSL 和 S-HTTP 的全面支持。

(2)S-HTTP 协议特点

①S-HTTP 协议为 HTTP 客户机和服务器提供了多种安全机制,提供安全服务选项是为了适用于万维网上各类潜在用户。S-HTTP 为客户机和服务器提供了相同的性能(同等对待请求和应答,也同等对待客户机和服务器),同时维持 HTTP 的事务模型和实施特征。

②S-HTTP 客户机和服务器能与某些加密信息格式标准相结合。S-HTTP 支持多种兼容方案并且与 HTTP 相兼容。使用 S-HTTP 的客户机能够与没有使用 S-HTTP 的服务器连接,反之亦然,但是这样的通信明显地不会利用 S-HTTP 安全特征。

③S-HTTP 不需要客户端公用密钥认证(或公用密钥),但它支持对称密钥的操作模式。这点很重要因为这意味着即使没有要求用户拥有公用密钥,私人交易也会发生。虽然 S-HTTP 可以利用大多现有的认证系统,但 S-HTTP 的应用并不必依赖这些系统。

④S-HTTP 支持端对端安全事务通信。客户机可能“首先”启动安全传输(使用报头的信息),例如,它可以用来支持已填表单的加密。使用 S-HTTP,敏感的数据信息不会以明文形式在网络上发送。

⑤S-HTTP 提供了完整且灵活的加密算法、模态及相关参数。选项谈判用来决定客户机和服务器在事务模式、加密算法(用于签名的 RSA 和 DSA、用于加密的 DES 和 RC2 等)及证书选择方面取得一致意见。

5.3　安全套接层协议(SSL,Secure Sockets Layer)

SSL 协议是由 Netscape 公司提出的安全交易协议,提供加密、认证服务和报文完整性。SSL 被用于 Netscape Communicator 和 Microsoft IE 浏览器,用以完成需要的安全交易操作。

SSL 协议采用对称密钥加密法、公开密钥加密法、数字签名和数字证书等安全保障手段。并且，目前几乎所有操作平台上的 Web 浏览器（IE、Netscape）以及流行的 Web 服务器（IIS、Netscape Enterprise Server 等）都支持 SSL 协议。因此使得使用该协议既便宜，开发成本也很小，应用简单（无须客户端专门软件）极广。目前信用卡网络支付、网络银行服务等也常常构建在 SSL 之上。

SSL 协议在逻辑上体现在 SSL 握手协议上，SSL 握手协议本身是一个很复杂的过程，逻辑上情况也比较多，但目前并不能保证 SSL 握手协议在所有的逻辑上都是正确的。但总的来说，SSL 协议的安全性能是好的，而且随着 SSL 协议的不断改进，更多的安全性能、好的加密算法被采用，逻辑上的缺陷被弥补，SSL 协议的安全性能将会不断地被加强。

目前，几乎所有操作平台上的 Web 浏览器（IE、Netscape）以及流行的 Web 服务器（IIS、Netscape Enterprise Server 等）都支持 SSL 协议。应用 SSL 协议存在着不容忽视的缺点：

（1）系统不符合国务院最新颁布的《商用密码管理条例》中对应商用密码产品不得使用国外密码算法的规定，要通过国家密码管理委员会的批准相当困难。

（2）系统安全性相对较差。SSL 协议的数据安全性其实就是建立在 RSA 等算法的安全性上，因此从本质上来讲，攻破 RSA 算法就等同于攻破此协议。由于美国政府的出口限制，使得进入我国的 SSL 的产品（Web 浏览器和服务器）均只能提供 512 比特 RSA 公钥、40 比特对称密钥的加密。目前已有攻破此协议的例子，1995 年 8 月，一个法国学生用上百台工作站和二台小型机攻破了 Netscape 对外出口版本；另外美国加州两个大学生找到了一个"陷门"，只用了一台工作站几分钟就攻破了 Netscape 对外出口版本。

总的来讲，SSL 协议是一个较为实用的安全协议，随着 SSL 协议的不断改进，更多的安全性能、好的加密算法被采用，逻辑上的缺陷被弥补，SSL 协议的安全性能会不断加强。

5.4 其他应用安全技术

为了保证互联网上电子商务环境的安全性（保密性、真实完整性和不可否认性），防范信息传递以及交易过程中的欺诈行为，除了在信息传输过程中采用更强的加密算法等措施之外，还必须在网上建立一种信任及信任验证机制，使交易及支付各方能够确认其他各方的身份，这就要求参加电子商务的各方必须有一个可以被验证的身份标识，使各类实体（个人/持卡人、企业/商户、银行/网关等）在网上进行信息交流及商务活动的身份确认，在电子交易的各个环节，交易的各方都需验证对方身份的有效性，从而解决相互间的信任问题。各环节所涉及的相关技术主要有数字摘要技术、数字签名技术、数字证书等，可统称为数字认证技术。

数字摘要技术采用的方法是用某种算法对被传送的数据生成一个完整性值，将此完整性值与原始数据一起传送给接收者，接收者用此完整性值来检验消息在传送过程中有没有发生改变，从而能够知道数据在传输过程中没有被别人改变，也就是要保证数据的完整性。

数字签名技术是指利用数字加密技术实现在网络传送信息文件时，附加个人标记，完成传统上手书签名或印章的作用，以表示确认、负责、经手、真实等；而数字签名就是在要发送的消息上附加一小段只有消息发送者才能产生而别人无法伪造的特殊数据（个人标记)，并且这段数据是原消息数据加密转换生成的，是用来证明消息是由发送者发来的。在网络支付 SET 机制中是用发送方的私人密钥对用 hash 算法处理原始消息后生成的数字摘要加密，附加在原始消息上，生成数字签名。数字签名等于信件发送者私人密钥加密［hash(信件)］。

数字证书是由权威公正的第三方机构即 CA 中心签发的，以数字证书为核心的加密技术可以对网络上传输的信息进行加密和解密、数字签名和签名验证，以确保网上传递信息的机密性、完整性，以及交易实体身份的真实性，签名信息的不可否认性，从而保障网络应用的安全性。

任务扩展

假如你就是小伟，在完成上述任务之后，请你到市场上进行一次小型调研活动，考察调研内容主要围绕以下方面展开：

(1)目前面向企业用户都有哪些提供安全技术解决方案的提供商。

(2)各提供商分别都提供什么样的安全技术产品及服务。

(3)他们的安全技术解决方案都面向什么样的用户解决什么问题。

调研活动完成之后，形成一篇小型调研报告，提出自己的选择建议，并说明理由。

任务二　编制电子商务安全制度解决方案

任务分析

1. 为什么要编写电子商务安全制度解决方案？

电子商务系统运行和电子商务活动开展离不开各级组织机构具体实施操作的人，人不仅是电子商务活动的主体，同时也是电子商务安全管理的对象。很多情况下，人对于电子商务的安全威胁比单纯的技术威胁更大更难防范。因此，对参与电子商务活动人员的安全管理是至关重要的。要确保电子商务活动的安全进行，必须制定一整套安全制度规范，有效地加以监控和约束，及早发现问题，及时应对处理。作为提供商，有必要在制定安全制度方面向企业提供合理的建议。

2. 电子商务安全制度解决方案应该编写哪些内容？

电子商务安全制度解决方案主要包括以下内容：企业电子商务活动存在的人为安全隐患分析，安全组织构建解决方案，人员安全管理制度解决方案，以及安全行为管理制度解决方案。这些内容主要要对安全制度的建立起到引导作用，在具体描述中可以不涉及企业具体制度安排，只需要列出制度建设的基本构架和基本原则即可。作为应用服务提供商而言，这一点实现并不困难，可以作为日常工作之外的服务项目提供给企业。

3. 编写电子商务安全制度解决方案有哪些要求？

编写电子商务安全制度解决方案应该遵循以下要求进行：方案内容应以企业开展电子商务活动的实际状况为依据，坚决杜绝主观杜撰；编写电子商务网络维护方案必须要有明确的针对性，要针对具体的人为安全隐患提出制度上的解决办法；电子商务安全制度解决方案应具备较强的可操作性，能够指导企业建立电子商务活动的安全制度；电子商务安全制度解决方案应便于企业负责电子商务活动的管理人员阅读理解。因此，提供商负责编写该方案的人员都应严格遵守上述编写要求完成文案编写工作，并积极协助企业制定完善的电子商务安全制度。

任务实施

阶段一　编写电子商务安全制度解决方案初稿

步骤 1　获取编写安全制度解决方案的基础资料

电子商务安全制度规范的制定依据是提供商提供的电子商务安全制度解决方案。在正式开始编写初稿之前，首先应获取必要的文案支撑材料，具体内容应从以下四个方面完成。

(1)有关企业参与电子商务活动人员全面的信息资料。

(2)有关企业开展电子商务活动操作环境的信息资料。

(3)有关企业已建立的相关安全制度规范。

(4)有关同类型企业电子商务活动人为因素导致安全事故的案例资料。

步骤 2　编写方案初稿

资料获取完成之后，编写人员通过讨论和分析整理，保留有用的资料之后，便可以进行方案初稿的编写了。编写工作可以按照如下方面进行。

(1)分析企业开展电子商务活动过程中存在的人为安全隐患。

(2)提出电子商务安全制度建设的基本目标。

(3)制定电子商务安全组织构建方案。

(4)制定电子商务人员安全制度解决方案。

(5)制定电子商务安全行为管理制度解决方案。

值得注意的一点是，编写执笔工作最好选择一名专门的文档编写人员完成，以保证方案文路的连贯性。

阶段二　修改完成终稿

初稿完成之后，编写人员应将其提交给负责电子商务安全解决方案的项目负责人，由项目负责人组织修改，然后形成终稿。并将终稿和前期其他文案一起制作成电子商务安全解决方案的整体文案移交给企业留存。如果安全方案中出现难以实现或不便执行的内容，则必须同企业进行详细沟通，修改完善直至符合企业用户的实际需要为止。具体工作可以从以下五个方面进行。

(1)项目负责人组织内部评估，对报告内容、格式等方面进行初步修改。

(2)制成一份规范文案，并与其他文案一起反馈给企业，让企业相关人员进行评阅。

(3)提供商组织双方沟通，回收企业方面提出的修改意见。

(4)修改直至完成终稿。

(5)将终稿分别制成两份规范文本，一份作为反馈材料移交给企业客户，一份作为提供商案例文档备份留存。

知识要点

1. 安全组织管理

管理的实现必须依赖于组织行为，做好电子商务安全工作也要建立与系统规模、重要程度相适应的安全组织。现在电子商务犯罪者的犯罪手段各种各样，技术水平不断提高，防御者处于被动状态，发现被攻击即使马上进行补救，这种情况也是十分可怕的，它所造成的危害是无法估量的。单靠某一个人或几个人的高技术是无法保障电子商务系统的长治久安，并且大多数的攻击或破坏来自内部人员，因此，必须建立组织机构，完善规章制度，建立有效的工作机制，做到事有人管，职责分工明确。尤为重要的是，要对内部人员进行有组织的业务培训、安全教育、规范行为、制定章程等。

建立安全组合的基本要求：安全组织应当由企业组织安全负责人领导，绝对不能隶属于计算机运行或计算机应用部门；安全组织是本企业的常设工作职能机构，其具体工作应当由专门的安全负责人负责；安全组织的成员类型主要有：硬件、软件、系统分析、审计、人事、保卫、通信、本企业应用业务，以及其他所需要的业务技术专家等人员；该组织一般有着双重的组织联系：接受当地公安机关计算机安全监察部门的管理、指导，同时与本企业业务系统上下关联部门安全管理工作联系。

安全组织安全管理基本评价标准至少要有九个主要环节：领导重视，组织落实，采取等级保护体制，责任分解明确并落实到人，具体措施到位，各类安全管理制度健全，建立安全技术保障，周密细致的安全工作，严格周详的审计应急计划。

2. 人员安全管理

安全管理的核心是管理好有关业务人员的思想素质、职业道德和业务素质。

人是各个安全环节最重要的因素，全面提高人员的技术水平、道德品质、安全意识是电子商务安全最重要的保证。许多安全事件都是由内部人员引起的，堡垒往往容易内部攻破。因此，人员的素质是十分重要的。一方面无论建设和维护这样一个高技术现代化的系统，离开掌握有关技术的人员是不可想象的；另一方面由于人的因素（有意、无意、攻击和破坏）造成安全事故的教训实在太多。所以，加强人员审查，把好第一关。

人员管理必然是安全管理的关键因素。人员的安全等级与接触的商业信息密级相关，根据电子商务系统所定的密级，确定人事审查的标准。有关人员大体上有如下几类：电子商务系统的分析、管理人员、业务流程中的固定岗位人员、临时人员或参观学习人员。

（1）人员安全审查的基本标准

因岗挑选人，制定选人的方案。在实际操作中应遵循先测评，后上岗，先试用，后聘用。所有人员应明确其在安全系统中的职责和权限。所有人员的工作，活动范围应当被限制在完成其任务的最小范围内。对于涉及重大商业机密的人员，应当明确规定他需要承担的保密义务和相关责任，并应要求他们做出方式规范、严肃承诺。

（2）岗位安全考核

人员安全部门要定期组织对涉及商业机密信息的所有工作人员业务及品质两方面进行考核。对思想觉悟、业务水平、工作表现、遵守安全规程等方面进行考核。对于考核中发现有违反安全法规行为的人员或发现不适于接触商业机密信息的人员要及时调离岗位。不应让其再接触系统。

（3）人员的安全培训

在网络中，人通过接收各种信息、在规定的条件下做出决策、指导和控制，使各个环节协调一致，保证网络的正常运行。然而，人不同于机器，人受到自身生理和心理因素的影响，此外还受到技术熟练程度、责任心和品德等素质方面的影响。因此，人员的教育、培养、训练以及合理的人机界面都与电子商务的安全相关。

人员培训一般可分三个层次：决策层的电子商务应用管理培训；软件、硬件技术人员和应用系统管理人员的技术培训；电子商务业务操作人员的上岗培训。

对于电子商务系统的所有工作人员，都要进行不断的教育培训和系统地培训。从基层终端的操作员到系统管理员、从程序设计员到系统分析员、软件维护的所有技术和管理人员，都要进行全面的安全保密教育、职业道德教育和法制教育，职业技术教育与培训。

对于新员工的培训，强调数据的重要性，任何危及专用数据的非法行为，将受到纪律处分、开除或受到法律制裁。

(4)离岗人员安全管理

建立人员离岗的安全管理制度，例如，人员离岗的同时马上收回钥匙、移交工作、更换口令、取消账号，并向被调离的工作人员申明其保密义务。对于离开工作岗位的人员，确定该员工是否从事过非常重要的材料方面工作，任命或提升员工时，只要其涉及接触信息处理设备，特别是处理敏感信息的设备，如处理财务信息或其他高度机密的信息设备，单位需要对该员工进行信用调查。对握有大权的员工，此类信用调查更要定期开展。对于调离人员，特别是在不情愿的情况下被调走的人员，必须认真办理调离手续。除人事手续外，还必须进行调离谈话，申明其调离后的保密义务，收回所有钥匙及证书，退还全部技术手册及有关材料。系统必须更换口令和机要锁，取消其用过的所有账号。在调离决定通知本人的同时，必须立即或预先进行上述工作，不能拖延。对调离人员，特别是因为不适合安全管理要求被调离的人员，必须严格办理调离手续。对于因有问题而被解雇的人员，审查他的问题，按照保密契约的规章执行，如有触犯法律法规的行为，应提出控告。

3. 安全行为管理

3.1　操作权限管理

操作权限管理是电子商务系统及网络安全的重要环节，合理规划和设定企业的网络管理、操作权限在很大程度上能够决定整个网络的安全系数。

网络的管理既要方便灵活，又要权限区别。为此，一般用户大都采用树状模型对网络进行权限分配设置，根节点拥有网络的最高权限，且配备一个总账号，网络管理员或机构负责人用该账号对网站各节点分配操作权限，为参与网站的每一位职能人员设定进入管理维护的口令，在该权限所辖的范围内，职能人员有自主体现创造能力的空间。

(1)权限管理的基本要素

通过计算机系统软件强大的开发功能可以实现安全权限的自动管理，不仅促进了产品开发的协调，同时也实现了预期的数据保密的目的。

所谓"权限管理"是指在系统中，根据人员(组织、角色)的不同，对处于不同状态和位置的对象，分配不同的操作权利。在系统中，权限通常分为流程权限和对象权限两种。所谓"流程权限"是指当数据在流程中时，根据流程步骤的不同需要为该步骤的执行者动态的授予一些相应操作的权限，当该流程步骤结束时，权限被自动收回。例如，在图纸或文档的签审过程中，在不同的签审步骤中为相应的签审人员分配浏览/批注的权限。所谓"对象权限"是指单纯根据数据对象和操作者的不同而给出的权限。

根据以上给出的定义和分析，可将"权限管理"分为五个组成要素：人员、位置、数据、状态和操作。以下分别对每个要素及其在权限管理中的作用进行详细的分析。

①人员。目前企业中人员组织的形式主要有以下三种，即静态组织机构型、动态项目型和混合型。静态组织机构型：在这种组织形式中人员是以相对固定的部门或专业组划分的，每个部门或专业组的人员通常完成一项类似的工作。动态项目型：在这种组织形式中人员是根据某一项目开发任务临时组织起来的，在一个项目组中通常包括设计、工艺、标准化等多种工作性质不同的成员，各成员之间存在相互的关联。混合型：这种组织形式是将前两者结合起来，即一方面每个人都属于特定的部门或专业组，由部门或专业组的负责人对其进行管理；另一方面同一部门或专业组的不同个人又会参与不同的项目，在项目的进行过程中，对该项目的负责人负责，目前大多数的企业都采用这种组织形式。

对于静态组织机构型的企业，权限管理是依据组织机构的划分和行政级别来确定操作权限的；对于动态项目型的企业，权限管理中是依据用户在项目中的不同角色来确定操作权限的。而对于混合型的企业而言，权限管理常常是以项目角色作为主线，以行政级别和组织机构作为补充。

②数据。在系统中存在多种不同类型的数据，如图纸、文档、产品结构等。在权限管理的设计中，对于不同类型的产品数据通常有不同的访问权限。以图纸为例，一般的零件图、装配图与总装配图通常具有不同的访问权限；而对于某些特定类型的文档，如与项目相关的文档、合同等，一般不允许普通的设计或工艺人员浏览。

③位置。在传统的纸制文档管理模式下，图纸和文档在打印为纸制版本后，由专门的档案人员进行归档和管理，只有拥有相应权限的人员才能从档案部门获得图纸。在电子化文档管理模式下，我们采用个人工作区、共享数据区(共享数据仓库)、归档数据区(归档数据仓库)三层的数据存储模式，对数据进行管理。个人工作区中的数据为用户个人所有，通常是正在设计或编制中的对象，用户对自己个人工作区中的对象具有全部的权限；共享数据区(共享数据仓库)中的数据通常是在流程中的数据，或尚未经过批准正式发布的数据；归档数据区(归档数据仓库)中则是经过签审正式发布的数据。采用三层数据存储模式，一方面，保证已经签审过的数据可以进行归档保管，同时又限制了其访问权限；另一方面，充分发挥了系统中方便信息共享的优势，对共享数据区(共享数据仓库)中的对象，允许流程中的相应人员可以对数据进行浏览/圈阅、检入/检出(check in/out)等操作。

④状态。对数据的访问权限是与该数据所处的状态密切相关的，数据的状态决定了该数据在其生命周期中所处的不同阶段。当数据刚刚被创建时，通常其创建者可以对其进行所有的操作，但当该对象进入流程后，删除、修改等权限都将受到相应的限制。同时，在数据的签审过程中，对应每一个不同的签审阶段，相应的签审人员可以对数据进行操作。

权限管理中的各要素不是孤立的，而是相互紧密联系、互相影响的。通常系统中的一个人员可以对一种或多种数据完成一种或多种操作；而系统中的一个数据通常对应着一个或多个存储位置，在不同的存储位置又对应了一种或多种状态。所以权限管理的过程就是充分考虑各种要素，合理协调其相互关系的过程。

(2)权限管理的原则

权限管理是用来控制用户对数据的操作能力，对用户访问数据的控制要考虑到信息的安全性和用户使用的方便性。合理的规定用户对数据可执行的操作，可以支持业务流程的顺利进行和保证数据的完整性，同时通过权限管理还可以过滤用户不感兴趣及不需要的信息和操作，可以简化操作界面，方便用户的使用。结合以上对权限管理基本要素的分析，提出如下的权限管理原则。

①方便用户共享和使用。企业实施内部信息系统的一个很重要的目的是要提高数据的共享程度，方便数据的查找和访问，从而提高业务的效率和质量。因而在设计权限管理的原则时，要在保证数据安全性的前提下，尽量方便用户的使用和数据的共享。

②支持使用动态授权。在权限管理中要兼顾权限原则的权威性和使用的方便性，允许用户在满足一定的条件下或经过特定审批流程后，为其他用户授予临时的权限，使设计能够顺利地进行。

③支持多种人员组织结构。目前大多数企业都是采用混合型的人员组织形式，因此就要求权限的设计能够同时满足不同组织形式下的对数据的访问要求。

（3）安全权限管理

安全权限的管理是一个需要全面考虑的管理内容，其内容主要有如下几点。

①某组织或者人员对某数据能否操作的安全权限管理。

②某组织或者人员对某数据能够进行何种方法的操作的安全权限管理。

③数据伴随着开发流程的进行发生的状态的变化所导致的安全权限的管理。

④考虑到人员组织中不同人员和工作组之间多对应关系所带来的人员流动的安全权限的管理。

从上述内容可以看出，安全权限管理是同人员团队的组织、流程的进行以及数据的管理等内容紧密相关的，彼此之间是相互嵌套组织的。

（4）人员团队组织的安全权限管理

人员团队组织的安全权限管理主要是指角色及其具有的权限的管理。本文所采取的安全与权限管理策略主要是通过对人员团队的管理来实现的，因为直接对各种数据对象进行操作的是人员团队组织。人员的组织就是根据开发任务组织各种开发团队，形成各个协同工作的小组。

开发团队的安全权限管理就是赋予其对某种安全级别（具有嵌套的关系）和安全类别的数据对象的某些操作方法进行授权。同一人员可以分属不同的开发团队，而各个开发团队所具有的安全权限就是该人员相应具有的权限。在各个开发团队的内部还应该根据任务的负责状况，确定不同的级别。

3.2 操作规范管理

整个网络的运行过程中应当有相应的规则和条例。在互联网的使用和管理方面，信息产业部和国家有关部门制定了《中华人民共和国计算机信息系统安全保护条例》、《计算机信息网络国际互联网安全保护管理办法》、《计算机信息系统国际联网保密管理规定》、《中华人民共和国电子签名法》等一系列法律、法规。

为了保障网络系统的顺利运行，除具备一定的技术条件和手段外，管理规定和技术规范也是必不可少的。对于企业来说起码应建立以下计算机及网络的管理规定：互联网使用管理规定、内部网络使用管理规定、计算机及网络病毒防范管理规定、计算机房管理规定、操作人员使用计算机及网络守则、计算机网络安全保密规定、内部电子信息使用规定等。

作为一项规章制度，必须使之发挥应有的作用。要使之发挥作用，就必须做到以下几点：网络管理者带头执行制度，管理者应当把网络系统的顺利运行摆到一个极其重要的位置，不能只注重应用而对置网络系统的安全不顾。对一个企业网络，企业领导应该放下领导的架子，身体力行，率先垂范，模范遵守网络的安全运行规定；强化企业员工的制度意识，加大宣传力度，将制度落实到员工的一言一行；建立健全制度的监管检查机制，这样才能不使规范管理制度成为一纸空文。

3.3 操作责任管理

操作责任管理是指在一个电子商务系统的应用过程中，管理该系统的内部员工在规定的权限范围内所做工作的结果和该系统运行情况对外界产生的影响的综合。

网络的安全大体上可以包括网络环境的运行安全和网络内部的数据信息安全两大部分。它们都是网络高效地投入使用的基础。现在网络的应用越来越广泛，也越来越复杂，尤其电子商务的广泛开展，使现在的网络朝着真正的交互式逐渐迈进，那么一旦网络运行出现问题，或者出现数据丢失、泄密的情况，不一定全部都是网络管理者的问题。

网络用户的责任：保护自己的信息安全是用户自己的责任。在正常的网络平台下，用户与网络服务提供方之间应有严格的协议，协议包括双方的义务、权利和责任，在服务方尽职尽责的情况下，如发生网络安全问题，用户应当责任自负。

网络管理者的责任：网络管理者应当确保网络底层环境的畅通无阻，应当确保网络应用性能优越，应当确保所有信息资源的安全，应当为用户提供快捷、全面、优质的技术服务，还应当健全完善网络内部的运行机制和制度。

3.4 操作监控管理

操作监控管理的目的是使网络中的各种资源得到更加高效的利用，当网络出现故障时，能及时做出报告和处理，并协调、保持网络的高效运行等。

一个操作监控系统应当具备以下基本的特征：

①高效、高速、准确的监控。可以对网络内部的信息资源进行信息内容、读写权限、特定资源突增等多方位同时监控报警；并采取特殊处理保证备份数据信息的可靠性；可同机监控，也可异机监控；可根据网络安全实时性要求的高低来灵活设定扫描时间间隔。

②占用系统资源小、方便实用。由于报警速度快，可人为地控制该监控系统对资源的占用量，使之达到最低限度，不影响网络系统的正常工作。

③方便的日志分析。监控程序启动后，可以通过日志管理来查找对被保护对象的任何操作，包括非法的篡改、添加、删除以及正常的文件上传及删除。

④便利的远程监控。可以在远程控制和管理监控端察看监控端的报警信息和日志。

⑤多用户上传数据的管理。实现一台主机、多用户上传，并合理安排权限控制。

常用的网络监控管理系统：HP 公司开发的 OpenView 系统、IBM 公司的 NetView 系统、Cisco 公司的 CiscoWork 系统、3COM 公司的 Network Supervisor Version 3 系统、神州数码的 LinkManager 系统等。

3.5 误操作恢复管理

在整个计算机网络的管理监控过程中，防范内部失误和防范外部入侵具有同等重要的地位，其中企业内部工作人员的失误操作就是常见的失误之一。

企业计算机网络在运行过程中，由于有了健全的规章制度，管理人员往往就会忽视对一些突发的、偶然性的事件的应付和防范，所以制定一套实用的可行的应付误操作的流程是一个完整的网络安全系统中不可缺少的一部分。

　　建立完备的经验日志有助于网络系统失误操作的恢复，提高网络的安全性。所谓日志就是在网络系统运行环境中，能够有效地将网络系统的运行、资源使用和用户登录等一系列重要的信息记录在某种介质上，并能实时的监测系统状态，监测和追踪侵入者的系统。它的主要功能是审计和监测。日志记录了网络系统每天发生的各种各样的事情，网管可以通过它们来检查错误发生的原因，或者收到攻击者留下的痕迹。

　　网络系统管理员应当经常检查网络及系统日志，在日志文件中记录想要得到的信息，排除所有不想要的信息。以便能够随时了解网络的运行状况，知道什么地方出了问题。发现问题后，根据日志提供的具体细节进行相应的恢复或其他动作。

任务扩展

　　假如你是小伟，在完成上述任务之后，请你邀请几位朋友围绕以下问题进行一次自由讨论活动：

　　(1)技术因素与人为因素相比，哪方面因素对于电子商务的安全构成威胁更加难以防范？

　　(2)我国现有的关于电子商务的法规政策对于电子商务安全具有哪些积极意义，目前政策法规在哪些方面还应进行补充？

　　(3)目前企业对电子商务活动过程中存在的人为安全隐患有没有足够的认识，如何加强企业这方面的认识？

●●●●● 项目评价

表一　任务完成情况表

任务一	是否完成	是(　　　) 否(　　　)	
你认为通过本任务掌握的最有价值的内容是：			
你认为本任务中需要进一步了解或掌握的内容是：			
你在任务完成过程中遇到的问题是：			
你是如何解决问题的：			

续表

任务二		是否完成	是（　　）	否（　　）
你认为通过本任务掌握的最有价值的内容是：				
你认为本任务中需要进一步了解或掌握的内容是：				
你在任务完成过程中遇到的问题是：				
你是如何解决问题的：				

表二　能力自评表

核心能力	评价指标	评价等级 （A通过；B基本通过；C未通过）	备　注
自我学习能力	1. 学会阅读理解专业文档材料	A（　） B（　） C（　）	
	2. 灵活运用所学知识	A（　） B（　） C（　）	
	3. 能发现自己的问题和不足	A（　） B（　） C（　）	
专业编辑写作能力	1. 能够合理组织专业语言专业书面文档	A（　） B（　） C（　）	
	2. 能运用书面语言清楚表达自己的思想和观点	A（　） B（　） C（　）	
	3. 能严格遵守编写要求，制作规范文案	A（　） B（　） C（　）	
专业认知能力	1. 能准确表述电子商务安全技术基本内容	A（　） B（　） C（　）	
	2. 能准确表述电子商务安全制度基本内容	A（　） B（　） C（　）	
专业分析能力	1. 能充分利用各种方法途径收集所需材料和原始数据	A（　） B（　） C（　）	
	2. 能运用合理方法分析处理材料数据	A（　） B（　） C（　）	
	3. 能根据分析结果，建立完善的电子商务安全解决方案	A（　） B（　） C（　）	

●●●● 项目巩固

术语学习

VPN(Virtual Private Network)	虚拟专用网络
Fire Wall	防火墙
Packet Filtering	包过滤
Application Level Gateways	应用级网关
Tunneling	隧道技术
Encryption & Decryption	加解密技术
Key Management	密钥管理技术
Authentication	使用者与设备身份认证技术
VPDN(Virtual Private Dial Network)	虚拟私有拨号网络
NAS(Network Access Server)	网络访问服务器
S-HTTP(Secure HTTP)	安全超文本传输协议

案例分析

中国建设银行××省分行业务网络安全防护

项目背景：

中国建设银行是一家以中长期信贷业务为特色的国有商业银行，总部设在北京，在中国境内及各主要国际金融中心开展业务。2000年7月，建设银行在《银行家》杂志全球1 000家大银行排名中位居第32位。

随着网络的快速发展，各金融企业之间的竞争也日益激烈，主要是通过提高金融机构的运作效率，为客户提供方便快捷和丰富多彩的服务，增强金融企业的发展能力和影响力来实现的。为了适应这种发展趋势，银行在改进服务手段、增加服务功能、完善业务品种、提高服务效率等方面做了大量的工作，以提高银行的竞争力，争取更大的经济效益。而实现这一目标必须通过实现金融电子化，利用高科技手段推动金融业的发展和进步。网络的建设为银行业的发展提供了有力的保障，并且势必为银行业的发展带来巨大的经济效益。

目前，中国建设银行××省分行拥有多种业务分支机构，如省分行、省分行直属支行、省分行营业部、省分行国际业务部、地市分行、地区直管支行、行政县市支行、城区支行、分理处、储蓄所等，机构网点设置覆盖全省，已建立起自己的多级业务网，形成自己的Intranet和庞大的Extranet合作伙伴网络体系。

目前建设银行主要应用有：储蓄、对公、信用卡、储蓄卡、IC卡、代收费、国际业务、电子汇兑、电子邮件、电子公文、网上银行、网上交易系统、新的综合对公业务、国际业务信贷系统等。银行系统为了竞争，已不仅仅是局限在本系统纵向网上做文章，而是逐步向横向发展，主要表现在银行不断增加中间业务，增加服务功能。比如代收电话费、水电费、代收保险费、证券转账等业务。因此，就与电信运营商、自来水企业、电力行业、保险公司、证券交易所等单位网络互联。

需求分析：

由于这些单位之间不可能是完全信任关系，因此，它们之间的互联，也使得银行网络系统面临来自外单位的安全威胁。但是我们应该意识到，随着应用的不断增加，网络安全风险也会不断暴露出来。原来由单个计算机安全事故引起的损害可能传播到其他系统和主机，引起大范围的瘫痪和损失。另外由于银行属于商业系统，都有一些各自的商业机密信息，如果这些涉密信息在网上传输过程中泄密，其造成的损失将是不可估量的。

安全威胁可能引发的结果有非法使用资源、恶意破坏数据、数据窃取、数据篡改、假冒、伪造、欺骗、敲诈勒索等。种种结果对银行这样特殊性的行业来说，其损失都是不可估量的。必须将风险防患于未然。

◇已有的 Extranet 接入链路和其他广域链路把建行网络系统各部分和其他业务单位连接起来，但却没有相应地提供访问控制设备，因此它不得不直接暴露在外部 Extranet 这个不可知、难以控制的领域面前。

◇由于省建行与建行总行、各地市支行等单位之间的网络连接没有有效访问控制措施，接入网络之间访问控制较为松散，在以省建行网络为枢纽所连接的各网络范围内构成一个平坦的单一安全域，存在直接扫描、攻击的风险。

◇PSTN 远程拨号为企业网络提供了灵活的接入方式，但是需要解决 PPP 和 SLIP 弱认证问题。

◇管理员应当时刻掌握网络的使用情况，并且要及时、按时生成流量分布、内容监视、图文报表等各种资料、处理各种报警信息，因此应部署相关设备以实现该目的。

◇建行业务系统中的很多数据需保密，如账号信息、资金交易等。由于 IP 协议栈的开放性，不法人员完全有可能在传输线路或网络上安装窃听装置，窃取网上传输的重要数据，再通过一些技术读出数据信息，造成信息泄露或者做一些修改来破坏数据的完整性，如 PSTN 线路的简单录音还原窃听、DDN 传输设备时隙通道复制窃听、交换机的端口镜像/流量复制等。以上的不安全因素都对业务安全构成严重的威胁。

◇对目前网络整体安全漏洞状况尚未有系统的认识和判知，因此需要专业化的评估设备来完成。

解决方案：

根据客户网络系统结构和安全需求分析，东软公司提供了从访问控制、网络监控、加密传输、风险评估及漏洞扫描等各层次进行建设的综合安全解决方案。

在本项目第一期建设中，主要进行以下工作内容：

1. 在××省建行全省范围内的整个大型网络中，按照地域、业务、隶属关系等多个条件划分出多层次的树状安全域。

2. 制定每个安全域之间的访问控制策略，如允许通过的信息类别与负载情况。

3. 为关键服务器资源（如业务系统）提供不间断的网络监控和内容分析保护，实现对服务器所承受的每个访问请求进行入侵检测、命令监控和内容审计。

4. 确定数据机密性较为薄弱的链路，如各营业厅至支行的 PSTN、ADSL 链路，提供足够强度的商用密码系统。

5. 保持网络评估的周期性和网络系统变化后评估的及时性。

具体实施步骤：

(1)构筑访问控制点。

①省建行业务网与中间业务合作伙伴网络之间；

②省建行与建行总行网络之间；

③省建行业务网络与人行支付系统之间；

④城域网/广域网中业务网部分与省建行业务网络之间；

⑤城域网/广域网中OA网部分与省建行OA网之间；

⑥拨号网络与省建行业务网络之间。

(2)在各访问控制点上，部署合理设备，配置控制规则，保护省行、各支行、各中间业务伙伴、省行数据服务器网段等多个安全域之间的访问行为有序性和合法性。

(3)以省建行为核心，构建连通全省建行系统的全局预警管理系统。整个系统呈现出一个倒置的树状结构，省建行为树的根，地市支行为树的枝干。

(4)亟须进行VPN建设的薄弱链路定义为：重要大客户PSTN接入链路、和省会城市各营业厅与省建行之间的链路，并对此进行IPSec VPN建设。

(5)从降低成本、保持使用简便性和免维护等角度考虑，NetEye VPN灵巧网关特别适合在营业厅等缺少专门IT维护人员的场所进行大批量部署，并可提供高强度的数据加密和灵活的网络接入服务。

(6)按照最贴近扫描资源的原则，将漏洞扫描系统主机部署在省建行业务系统交换机之上，同时为避免防火墙、路由ACL机制所带来的安全控制不对称性对扫描结果的影响，采用了移动扫描设备与机架式扫描设备相协同的扫描评估方式。

解决方案整体示意图。如图7-14所示。

配合专业的安全服务：

安全是一个动态过程，使用任何一种"静态"或者号称"动态"防范的产品都不能解决一直在发展的系统安全问题，因为在现实环境中还有很多其他因素影响着系统的整体防护效果：

(1)系统各组成部分的安全性在随时而变。

(2)安全设备的局限性。

(3)人员的操作水平和系统的复杂性之间的差距。

东软作为专业安全服务提供商，不仅局限于安全产品集成，更专注了提供专业的安全咨询服务，我们在国内率先推出了系统安全服务，解决了日常运营维护中的系统安全问题对客户的困扰：

①安全评估审计服务

②紧急响应服务

③安全信息发布服务

④系统加固服务

(资料来源：张之峰.电子商务解决方案[M].上海：上海财经大学出版社，2007)

阅读完上述案例之后，请思考并回答下列问题：

1.结合上述案例，总结金融行业电子商务安全的基本要求？

2.结合上述案例，谈一谈该系统在安全制度建设方面还有哪些需要做的工作？

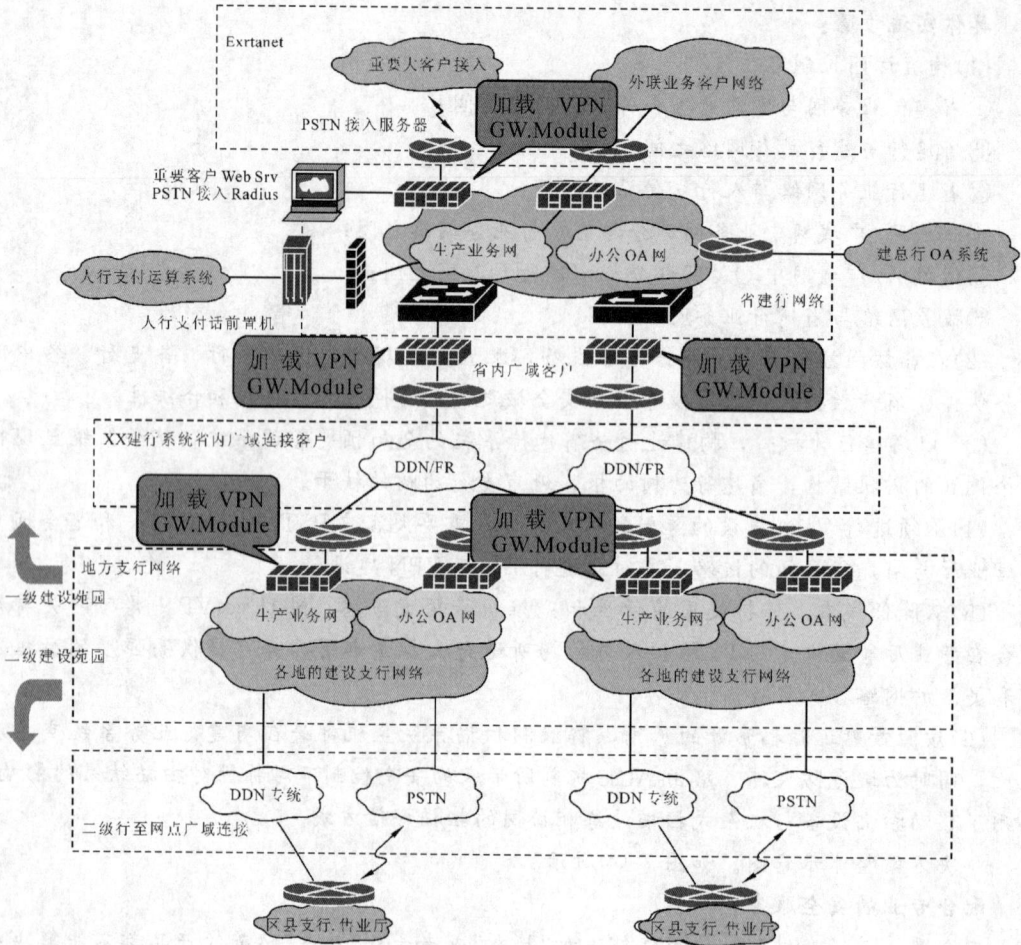

图 7-14　解决方案整体示意图

同步强化

假如你是一名大学校园网络的管理人员,学校希望你能尽快完成下列工作任务。

(1)为本校选择一款合适的防火墙软件。

(2)协助本部门制定校园网安全管理制度。

项目八
电子商务项目管理解决方案

●●●●● **项目目标**

知识目标

1. 电子商务项目开发的主要路径、方法和计划书的编制内容。

2. 电子商务系统用户手册的主要内容以及编写系统用户手册的方法。

能力目标

1. 能够掌握电子商务项目开发的主要路径、方法和计划书的编制。

2. 能编制规范的电子商务项目开发计划书。

3. 能编写规范的电子商务系统用户手册。

●●●●● 项目描述

经过一段时间的工作和学习，小伟渐渐对工作性质和方法都已经熟悉，现在经理给小伟的任务是参与一个电子商务项目的开发。有一家生产工艺类别产品的 A 企业希望该公司提供一套适合本企业需要的网站项目开发计划方案，A 企业网站面向国外工艺产品市场。A 企业通过进行网站建设和推广，希望能够带来以下两方面的变化：一方面，提升公司的国际和国内的知名度。通过网络进行宣传公司形象及产品，它是最经济、最直接、最快的、最持久的宣传手段，它具有传统媒体无法比拟的优势：宣传内容详尽，宣传时间长、宣传访问广泛、采用这种宣传方式本身已说明了企业的品位，再加一系列的推广工作，会极大地提高 A 企业国际、国内的知名度。另一方面，提供了获取世界范围内行业的最新的动态信息。国内外同行早已经在网络上进行企业宣传和业务经营，通过网络可以非常方便快捷地获取国内外同行的业务开展情况，以保证在最短的时间内调整经营决策。

公司决定让小伟独立负责整个项目规划方案的设计和制作。小伟当前的任务是对该项目开发的前期准备情况做一个总结，收集相关数据，把项目开发过程中将要用到的方法、项目开发的主要路径、系统开发希望达到的最终目的汇总成项目开发计划书。同时还有一个任务被分配给小伟，那就是给该电子商务系统做一个系统用户手册。小伟现在要做的就是不断操作软件的各种功能，熟悉系统的安装调试以及维护等，最后把自己使用过程中的所有经验作一个言简意赅的说明性报告，并运用通俗的语言以及用户能够熟悉的语言表达出来。

●●●●● 项目分解

通过分析，该项目可以分解为以下两个任务完成：

任务一　编制电子商务项目开发计划书

任务二　编写电子商务系统用户手册

任务一　编制电子商务项目开发计划书

任务分析

1. 什么是项目开发计划书？

项目开发计划书就是用文件的形式，把开发过程中各项工作的负责人员、开发进度、所需经费预算、所需软硬件条件等问题做出的安排记录下来，以便根据本计划开展和检查本项目的开发。

2. 为什么编制项目开发计划书？

编制项目开发计划书的目的在于保证项目团队按时保质地完成项目目标，便于项目团队成员更好地了解项目情况，使项目工作开展的各个过程合理有序。因此以文件化的形式，把对于在项目生命周期内的工作任务范围、各项工作的任务分解、项目团队组织结构、各团队成员的工作责任、团队内外沟通协作方式、开发进度、经费预算、项目内外环境条件、风险对策等内容做出的安排以书面的方式，作为项目团队成员以及参与项目的相关人员之间的共识与约定，项目生命周期内的所有项目活动的行动基础，项目团队开展和检查项目工作的依据。

3. 项目开发计划书包括哪些内容？

项目开发计划书通常包括项目目标、产品目标与范围、假设与约束、项目工作范围、应交付成果、项目开发环境、项目验收方式与依据等。掌握正确的项目开发以及项目计划书的编制方法是每一名电子商务工作者必须具备的素质。

任务实施

阶段一　认识编写项目开发计划书的目的和项目概述
步骤 1　熟悉项目开发计划书的定义、参考资料、条约等背景

熟悉了解"项目开发计划书"编制目的、背景是认识项目开发宏观过程的基础；深入理解"项目开发计划书"的定义更是正确编制计划书的前提；广泛查找"项目开发计划书"的相关参考资料，熟悉相关标准、条约以及约定等都是编制项目开发计划书的重要内容。所以本阶段从以下几个方面进行。

(1)解释"项目开发计划书"的编制目的。

(2)了解"项目开发计划书"的编制背景。

(3)理解"项目开发计划书"的定义。

(4)查找"项目开发计划书"的相关参考资料、标准、条约以及约定等。

步骤 2　理解项目开发计划书的各组成要素及其详细内容

电子商务系统有其行业的独特性，但是把它作为一个普通项目来开发，其组成部分是相对固定的。通过这些项目，可以清晰地反映出该项目开发过程中开发背景，开发目标，开发假设目标，开发时间表，项目开发环境等情况，对项目按计划按时保质的完成起到了指导和约束作用，项目开发计划书并不是单纯地把各个要素罗列起来那么简单，每个要素之间都有严密的联系和使动关系，整个项目开发计划书表现出来的是一条完整的流程。所以要对每一个环节都进行深入理解，做到每一步都精益求精。

(1)理解"项目目标"的详细内容。

(2)理解"产品目标与范围"的详细内容。

(3)理解"假设与约束"的详细内容。

(4)理解"项目工作范围"的详细内容。

(5)理解"应交付成果"的详细内容。

(6)理解"项目开发环境"的详细内容。

(7)理解"项目验收方式与依据"的详细内容。

阶段二　了解项目团队组织结构的基本内容和项目实施流程计划
步骤 1　了解项目团队组织结构的基本内容

项目开发团队是一个由具有各种职能的人员构成的复杂组织，团队人员之间是相对独立而又相互协作的关系，团队开发人员之间的关系和项目开发的各要素的关系一样，并不是简单的平行性关系，所以深入认识团队开发人员的相互关系和分工情况，对制作项目开发计划书至关重要。因此，对项目团队组织结构的基本内容的了解具体应从如下几方面

进行。

(1)了解项目团队的组织结构原则。

(2)了解项目团队的人员分工情况。

(3)详细解释项目团队内各方面写作和沟通方法。

步骤2　熟悉项目团队计划书所阐述的详细实施计划

一个成熟的项目团队计划书是对开发计划完整的阐述，不仅包括开发计划和具体工作流程，还应该包括开发过程中可能遇到的潜在问题和对应解决办法。

(1)了解如何对项目实施过程中的风险进行评估以及对策。

(2)了解项目实施的具体工作流程。

(3)了解项目实施的总体进度计划。

(4)了解项目实施的控制计划。

知识要点

1. 引言

1.1　编写目的

说明编写这份项目计划的目的，并指出预期的读者。

使项目成员和项目关系人了解项目开发计划书的作用和希望达到的效果。开发计划书的作用一般都是项目成员以及项目关系人之间的共识与约定，项目生命周期所有活动的行动基础，以便项目团队根据本计划书开展和检查项目工作。

计划的目的可以这样写：为了保证项目团队按时保质地完成项目目标，便于项目团队成员更好地了解项目情况，使项目工作开展的各个过程合理有序，因此，以文件化的形式把对于在项目生命周期内的工作任务范围、各项工作的任务分解、项目团队组织结构、各团队成员的工作责任、团队内外沟通协作方式、开发进度、经费预算、项目内外环境条件、风险对策等内容做出的安排以书面的方式，作为项目团队成员以及项目关系人之间的共识与约定、项目生命周期内的所有项目活动的行动基础和项目团队开展和检查项目工作的依据。

常见的问题：把项目本身的"项目目标"误作编制项目开发计划的目的。

1.2　背景

主要说明项目的来历，一些需要项目团队成员知道的相关情况。主要有以下内容。

(1)项目的名称

经过与客户商定或经过立项手续统一确定的项目名称，一般与所待开发的软件系统名称有较大的关系，如针对"××系统"开发的项目名称是"××系统开发"。

(2)项目的委托单位

如果是根据合同进行的软件开发项目，项目的委托单位就是合同中的甲方；如果是自行研发的软件产品，项目的委托单位就是本企业。

(3)项目的用户(单位)

软件或网络的使用单位，可以泛指某个用户群。注意项目的用户或单位有时与项目的委托单位是同一个，有时是不一样的。例如，海关的报关软件、税务的报税软件，委托单位是海关或税务机关，但使用的用户或单位不仅有海关或税务机关，还包括需要报关、报税的企业单位。

（4）项目的任务提出者

本企业内部提出需要完成此项目的人员，一般是领导或商务人员；注意项目的任务提出者一般不同于项目的委托单位，前者一般是企业内部的人员。如果是内部开发项目，则两者的区别在于前者指人，后者指单位。

（5）项目的主要承担部门

有些企业根据行业方向或工作性质的不同把软件开发分成不同的部门（也有的分为不同事业部）。项目的特点就是其矩阵式组织，一般一个项目的项目成员可能由不同的部门组成，甚至可能由研发部门、开发部门、测试部门、集成部门、服务部门等其中几个部门组成。根据项目所涉及的范围确定本项目的主要承担部门。

（6）项目建设背景

从政治环境上、业务环境上说明项目建设背景，说明项目的大环境、来龙去脉。这有利于项目成员更好地理解项目目标和各项任务。

例如，根据《某部关于某建设工作的实施意见》精神，为了保障某建设工作的正常实施，必须加强监督考核，建立督查通报制度，某市某建设工作小组办公室把此项建设工作实施列入督查的重要内容，及时掌握进度，相关部门建立市某建设工作简报制度，及时反映全市某建设工作动态。

目前对于建设工作主要采用计划部门手工编制年度计划、建设工作主管部门和建设工作实施单位联合手动编制进度计划，建设工作单位手工上报建设工作进度情况的方式，而全市的建设工作有数百个，加上前期建设工作的数量和今后某市建设发展的趋势，建设工作的数量将越来越多，原来的工作模式已经越来越无法适应市委、市政府的要求。因此，充分利用现代信息化、互联网的优势，建立"某市某建设工作信息报送反馈系统"，提高建设工作信息报送反馈工作效率，提高信息的及时性、减轻各级相关工作人员的劳动强度是非常有必要和紧迫的任务。

（7）软件系统与其他系统的关系

说明与本系统有关的其他系统，说明它们之间的相互依赖关系。这些系统可以是这个系统的基础性系统（一些数据、环境等必须依靠这个系统才能运行），也可以是以这个系统为基础的系统，或者是两者兼而有之的关系、互相依赖的系统。例如，本系统中对外部办公部分如需要各个建设单位报送材料的子系统应当挂在市政府网站。

（8）软件系统与机构的关系

说明软件系统除了委托单位和使用单位，还与哪些机构组织有关系。例如，一些系统需要遵守哪些组织的标准、需要通过哪些组织机构的测试才能使用等、是否需要外包或与哪些组织机构合作。

1.3　定义

列出为正确理解本计划书所用到的专门术语的定义、外文缩写词的原词及中文解释。注意尽量不要对一些业界使用的通用术语进行另外的定义，使它的含义和通用术语的惯用含义不一致。

1.4　参考资料

列出本计划书中所引用的及相关的文件资料和标准的作者、标题、编号、发表日期和出版单位，必要时说明得到这些文件资料和标准的途径。本节与下一节的"标准、条约和约定"互为补充，注意"参考资料"未必作为"标准、条约和约定"，因为"参考"的不一定是"必须遵守"的。常用资料如：

(1)本项目的合同、标书、上级机关有关通知、经过审批的项目任务书。

(2)属于本项目的其他已经发表的文件。

(3)本文档中各处引用的文件、资料，包括所要用到的软件开发标准。

1.5　标准、条约和约定

列出在本项目开发过程中必须遵守的标准、条约和约定。例如，相应的《立项建议书》、《项目任务书》、合同、国家标准、行业标准、上级机关有关通知和实施方案、相应的技术规范等。

"参考资料"一般具有"物质"特性，一般要说明参照了什么，要说明在哪里可以获得；"标准、条约和约定"一般具有"精神"特性，一般是必须遵守的，不说明在哪里可以获得。参考资料的内容应该涵盖"标准、条约和约定"。

2.　项目概述

2.1　项目目标

项目目标就是把项目要完成的工作用清晰的语言描述出来，让项目团队每一个成员都有明确的概念。不要简单地说在什么时间完成开发什么软件系统或完成什么软件安装集成任务。注意"要完成一个系统"只是一个模糊的目标，它还不够具体和明确。明确的项目目标应该指出服务对象，所开发软件系统最主要的功能和系统本身的比较深层次的社会目的或系统使用后所起到的社会效果。

项目目标应当符合 SMART 原则：

- S＝Specific 明确的陈述
- M＝Measurable 可以衡量的结果
- A＝Attainable 可以达成的目标
- R＝Realistic 合理的、现实的或者说是能和实际工作相结合
- T＝Trackable 可以跟踪的

项目目标可以进行横向的分解也可以进行纵向的分解。横向分解一般按照系统的功能或按照建设单位的不同业务要求，如分解为第一目标、第二目标等；纵向的分解一般是指按照阶段，如分解为第一阶段目标、第二阶段目标等，或近期目标、中期目标、远期目标等。阶段目标一般应当说明目标实现的较为明确的时间。一般要在说明了总目标的基础上再说明分解目标，可加上"为实现项目的总目标，必须实现以下三个阶段目标……"

2.2　产品目标与范围

根据项目输入(如合同、立项建议书、项目技术方案、标书等)说明此项目要实现的软件系统产品的目的与目标及简要的软件功能需求。对项目成果(软件系统)范围进行准确清晰的界定与说明是软件开发项目活动开展的基础和依据。软件系统产品目标应当从用户的角度说明开发这一软件系统是为了解决用户的哪些问题。产品目标如"提高工作信息报送反馈工作效率，更好地进行工作信息报送的检查监督，提高信息的及时性、汇总统计信息的准确性，减轻各级相关工作人员的劳动强度"。

2.3　假设与约束

对于项目必须遵守的各种约束(时间、人员、预算、设备等)进行说明。这些内容将限

制你实现什么、怎样实现、什么时候实现、成本范围等种种制约条件。

(1)假设，是指通过努力可以直接解决的问题，而这些问题是一定要解决才能保证项目按计划完成。例如，"系统分析员必须在 3 天内到位"或"用户必须在 8 月 8 日前确定对需求文档进行确认。"

(2)约束，通常是指难以解决的问题，但可以通过其他途径回避或弥补、取舍，例如，人力资源的约束限制，就必须牺牲进度或质量等。

假设与约束是针对比较明确会出现的情况，如果问题的出现具有不确定性，则应该在风险分析中列出，分析其出现的可能性(概率)、造成的影响、应当采取的相应措施。

2.4　项目工作范围

说明为实现项目的目标需要进行哪些工作。在必要时，可描述与合作单位和用户的工作分工。

注意产品范围与项目工作范围的不同含义。

(1)产品范围界定

软件系统产品本身范围的特征和功能范围。

(2)工作范围界定

为了能够按时保质交付一个有特殊的特征和功能的软件系统产品所要完成的工作任务。

产品范围的完成情况是参照客户的需求来衡量的，而项目范围的完成情况则是参照计划来检验的。这两个范围管理模型间必须要有较好的统一性，以确保项目的具体工作成果，能按特定的产品要求准时交付。

2.5　应交付成果

(1)须完成的软件

列出需要完成的程序的名称、所用的编程语言及存储程序的媒体形式。其中软件对象可能包括：源程序、数据库对象创建语句、可执行程序、支撑系统的数据库数据、配置文件、第三方模块、界面文件、界面原稿文件、声音文件、安装软件、安装软件源程序文件等。

(2)须提交用户的文档

列出需要移交给用户的每种文档的名称、内容要点及存储形式，如需求规格说明书、帮助手册等。此处需要移交用户的文档可参考合同中的规定。

(3)须提交内部的文档

可根据《GB8567-88 计算机软件产品开发文件编制指南》附录："文件编制实施规定的实例(参考件)"结合各企业实际情况调整制定《软件开发文档编制裁减衡量因素表》。根据《因素表》确定项目对应的项目衡量因素取值，以确定本项目应完成的阶段成果。将不适用于本项目的内容裁减，以减少不必要的项目任务和资源。根据因素取值列出本项目应完成的阶段成果，说明本项目取值所在的区间，将其他因素值区间删除。

(4)应当提供的服务

根据合同或某重点建设工作需要，列出将向用户或委托单位提供的各种服务，例如，培训、安装、维护和运行支持等。具体的工作计划如需要编制现场安装作业指导书、培训计划等，应当在本计划"4.3 总体进度计划"中条列出。

2.6　项目开发环境

说明开发本软件项目所需要的软硬件环境和版本、如操作系统、开发工具、数据库系统、配置管理工具、网络环境。环境可能不止一种，如开发工具可能需要针对 Java 的，也需要针对 C++的。有些环境可能无法确定，需要在需求分析完成或设计完成后才能确定所需要的环境。

2.7　项目验收方式与依据

说明项目内部验收和用户验收的方式，如验收包括交付前验收、交付后验收、试运行（初步）验收、最终验收、第三方验收、专家参与验收等。项目验收依据主要有标书、合同、相关标准、项目文档（最主要是需求规格说明书）。

3. 项目团队组织

3.1　组织结构

说明项目团队的组织结构。项目的组织结构可以从所需角色和项目成员两个方面描述。所需角色主要说明为了完成本项目任务，项目团队需要哪些角色构成，如项目经理、计划经理、系统分析员（或小组）、构架设计师、设计组、程序组、测试组等。组织结构可以用图形来表示，可以采用树形图，也可以采用矩阵式图形，同时说明团队成员来自于哪个部门。除了图形外，可以用文字简要说明各个角色应有的技术水平。

注意虽然有一些通用的结构可以套用，但各种不同规模、不同形式的项目组织结构是不一样的。例如产品研发项目可能就不需要实施人员（小组），但需要知识转移方面的人员（小组）。而软件编码外包的项目则不需要程序员，测试人员也可以适当地减少。

3.2　人员分工

确定项目团队的每个成员属于组织结构中的什么角色，他们的技术水平、项目中的分工与配置，可以用列表方式说明，具体编制时按照项目实际组织结构编写。

3.3　协作与沟通

项目的沟通与协作首先应当确定协作与沟通的对象，就是与谁协作、沟通。沟通对象应该包括所有项目关系人，而项目关系人包括了所有项目团队成员、项目接口人员、项目团队外部相关人员等。

其次应当确定协作模式与沟通方式。沟通方式如会议、使用电话、QQ、内部邮件、外部邮件、MSN、聊天室等。其中邮件沟通应当说明主送人、抄送人，聊天室沟通方式应当约定时间周期。而协作模式主要说明在出现什么状况的时候各个角色应当（主动）采取什么措施，包括沟通，如何互相配合来共同完成某项任务。定期的沟通一般要包括项目阶段报告、项目阶段计划、阶段会议等。

（1）项目团队内部协作

说明在项目开发过程中项目团队内部的协作模式和沟通方式、频次、沟通成果记录办法等内容。

（2）项目接口人员

应当说明接口工作的人员即他们的职责、联系方式、沟通方式、协作模式，包括：

①负责本项目同用户的接口人员；

②负责本项目同本企业各管理机构（包括如计划管理部门、合同管理部门、采购部门、质量管理部门、财务部门等的接口人员）；

③负责本项目同分包方的接口人员；

(3)项目团队外部沟通与协作模式

项目团队外部包括企业内部管理协助部门、项目委托单位、客户等。本节说明在项目开发过程中项目团队内部与接口人员、客户沟通的方式、频次、沟通成果记录办法等内容。明确最终用户、直接用户及其所在本企业/部门名称和联系电话。明确协作开发的有关部门的名称、经理姓名、承担的工作内容以及工作实施责任人的姓名、联系电话。确定有关的合作单位的名称、负责人姓名、承担的工作内容以及实施人的姓名、联系电话。

4. 实施计划

4.1 风险评估及对策

识别或预估项目进行过程中可能出现的风险。应该分析风险出现的可能性(概率)、造成的影响、根据影响应该采取的对策，采取的措施。风险识别包括识别内在风险及外在风险。内在风险是指项目工作组能加以控制和影响的风险，如人事任免和成本估计等。外在风险指超出项目工作组等控制力和影响力之外的风险，如市场转向或政府行为等。

风险的对策包括，避免：排除特定威胁往往靠排除危险起源；减缓：减少风险事件的预期资金投入来减低风险发生的概率，以及减少风险事件的风险系数；吸纳：接受一切后果，可以是积极的(如制订预防性计划来防备风险事件的发生)，也可以是消极的(如某些费用超支则接受低于预期的利润)。

对于软件开发项目而言，在分析、识别和管理风险上投入足够的时间和人力可以使项目进展过程更加平稳、提高项目跟踪和控制的能力，由于在问题发生之前已经作了周密计划，因而对项目的成功产生更加充分的信心。

软件开发项目常见预估的风险：

①工程/规模/进度上的风险：规模大，规模估算不精确甚至误差很大；就规模而言，用户要求交付期、费用很紧；预料外的工作(测试未完时的现场对应等)；

②技术上的风险：使用新的开发技术、新设备等，或是新的应用组合，没有经验；是新的行业或业务，没有经验；性能上的要求很严；

③用户体制上的问题：用户管理不严，恐怕功能决定、验收不能顺利地完成(或者出现了延迟)；或者恐怕功能会多次变更；与用户分担开发，恐怕工程会拖延(或者出现了延迟)；用户或其他相关单位承担的工作有可能延误；

④其他：应该包含此处没有、但据推测有风险的项目。

4.2 工作流程

说明项目采用什么样的工作流程进行。例如瀑布法工作流程，原型法工作流程、螺旋型工作流程、迭代法工作流程，也可以是自己创建的工作流程。不同的流程将影响后面的工作计划的制订。必要时画出本项目采用的工作流程图及适当的文字说明。

4.3 总体进度计划

这里所说的总体进度计划为高层计划。作为补充，应当分阶段制订项目的阶段计划，这些阶段计划不在这份文档中，当要以这份总体计划为依据。

总体进度计划要依据确定的项目规模，列表项目阶段划分、阶段进度安排及每阶段应提交的阶段成果，在阶段时间安排中要考虑项目阶段成果完成、提交评审、修改的时间。

对于项目计划、项目准备、需求调研、需求分析、构架设计或概要设计、编码实现、测试、移交、内部培训、用户培训、安装部署、试运行、验收等工作，给出每项工作任务的预定开始日期、完成日期及所需的资源，规定各项工作任务完成的先后顺序以及表征每项工作任务完成的标志性事件(里程碑)。

制订软件项目进度计划可以使用一些专门的工具，最常用的是 Microsoft 的 Project 作为辅助工具，功能比较强大，比较适合于规模较大的项目，但无法完全代替项目计划书，特别是一些主要由文字来说明的部分。小规模的项目可简便地使用 excel 作为辅助工具。关于如何使用这些工具不在此作详细说明。

制订软件项目进度计划应当考虑以下一些因素。

①对于系统需求和项目目标的掌握程度：如开始时对于系统需求和项目目标只要有所了解，就只能制订出比较粗的进度计划，等到需求阶段或设计阶段结束，就应该进一步细化进度计划。

②软件系统规模和项目规模：这两个不是一个概念。软件系统规模往往是从功能点的估算或其他估算方式得来的，而项目规模还要考虑对文档数量与质量的要求，使用的开发工具、新技术、多少复用、沟通的方便程度、客户方的情况、需要遵守的标准规范等。例如，完成一个大型的系统，在一定的时间内一个人或几个人的智力和体力是承受不了的。由于软件是逻辑、智力产品，盲目增加软件开发人员并不能成比例地提高软件开发能力。相反，随着人员数量的增加，人员的组织、协调、通信、培训和管理方面的问题将更为严重。

③软件系统复杂程度和项目复杂程度：与软件系统规模和项目规模一样，软件系统的复杂程度主要是考虑软件系统本身的功能、架构的复杂程度，而项目的复杂程度主要是指项目团队成员的构成、项目任务的复杂程度、项目关系人的复杂程度、需求调研的难易程度，多项目情况下资源保障的情况等。软件系统的规模与软件系统的复杂程度未必是成比例的关系；同样项目的规模与项目的复杂程度也未必是成比例的关系。

④项目的工期要求：就是项目的紧急程度。有些项目规模大，却因为与顾客签订了合同，或者为了抢先占领市场，工期压缩得很紧，这时就要考虑如何更好地合理安排进度，多增加人选、多采用加班的方式是一种万不得已的选择。增加人选除了增加人的成本外必定会增加沟通的成本(熟悉项目任务所需要的时间)；加班如果处理不好会造成情绪上的问题，也可能会因为过于忙碌而无法顾及质量，造成质量的下滑。

⑤项目成员的能力：这些能力包括项目经理的管理能力，系统分析员的分析能力、系统设计人员的设计能力、程序员的编码能力、测试人员的测试能力，以及企业或项目团队激发出这些能力的能力。从另外一个角度看还有总体上对客户行业业务的熟悉程度；对于建模工具、开发工具、测试工具等技术的掌握程度；企业内部对行业业务知识和主要技术的知识积累。

4.4　项目控制计划

(1)质量保证计划

执行质量评审活动，对过程质量进行控制。规模较大的项目应当单独编写《软件开发项目质量计划》。

根据 GB/T 12504 计算机软件质量保证计划规范，内容包括：

①引言：本章节包括质量计划的目的、定义、参考资料；

②管理：描述负责软件质量管理的机构、任务及其相关的职责。

③文档：列出在该软件的开发、验证与确认以及使用与维护等阶段中需要编制的文档，并描述对文档进行评审与检查的准则；

④标准、条例和约定：列出软件开发过程中要用到的标准、条例和约定，并列出监督和保证执行的措施；

⑤评审和检查：规定所要进行的技术和管理两个方面的评审和检查工作，并编制或引用有关的评审和检查规程，以及通过与否的技术准则。至少要进行软件需求评审、概要设计评审、软件验证与确认评审、软件系统功能检查、程序和文档物理检查；

⑥软件配置管理：编制有关配置管理条款，或在"4.4.4 配置管理计划"中说明，或引用按照《GB/T 12505 计算机软件配置管理计划规范》单独制定的文档；

⑦工具、技术和方法：指明用于支持特定软件项目质量管理工作的工具、技术和方法，指出它们的目的和用途；

⑧媒体控制：说明保护计算机程序物理媒体的方法和设施，以免非法存取、意外损坏或自然老化；

⑨对供货单位的控制：供货单位包括项目承办单位、软件销售单位、软件开发单位。规定对这些供货单位进行控制的规程，从而保证项目承办单位从软件销售单位购买的、其他开发单位开发的或从开发单位现存软件库中选用的软件能满足规定的需求；

⑩记录的收集、维护和保存：指明需要保存的软件质量保证活动的记录，并指出用于汇总、保护和维护这些记录的方法和设施，并指明要保存的期限。

（2）进度控制计划

本项目的进度监控执行本企业《项目管理规范》，由本企业过程控制部门如质量管理部统一进行监控，并保留在监控过程中产生的日常检查记录。

（3）预算监控计划

说明如何检查项目预算的使用情况。根据项目情况需要制定。

（4）配置管理计划

编制有关软件配置管理的条款，或引用按照 GB/T 12505 单独制订《配置管理计划》文档。在这些条款或文档中，必须规定用于标识软件产品、控制和实现软件的修改、记录和报告修改实现的状态以及评审和检查配置管理工作四方面的活动。还必须规定用以维护和存储软件受控版本的方法和设施；必须规定对所发现的软件问题进行报告、追踪和解决的步骤，并指出实现报告、追踪和解决软件问题的机构及其职责。

根据《GB/T 12505 计算机软件配置管理计划规范》，软件配置管理计划内容如下：

①引言：本章节包括质量计划的目的、定义、参考资料。

②管理：描述负责软件配置管理的机构、任务、职责及其有关的接口控制。

③软件配置管理活动：描述配置标识、配置控制、配置状态记录与报告以及配置检查与评审四方面的软件配置管理活动的需求。

④工具、技术和方法：指明为支持特定项目的软件配置管理所使用的软件工具、技术和方法，指明它们的目的，并在开发者所有权的范围内描述其用法。

⑤对供货单位的控制：供货单位是指软件销售单位、软件开发单位或软件子开发单位。必须规定对这些供货单位进行控制的管理规程，从而使从软件销售单位购买的、其他

开发单位开发的或从开发单位现存软件库中选用的软件能满足规定的软件配置管理需求。

⑥记录的收集、维护和保存：指明要保存的软件配置管理文档，指明用于汇总、保护和维护这些文档的方法和设施，并指明要保存的期限。

5. 支持条件

说明为了支持本项目的完成所需要的各种条件和设施。

5.1 内部支持

逐项列出项目每阶段的支持需求(含人员、设备、软件、培训等)及其时间要求和用途。例如，设备、软件支持包括客户机、服务器、网络环境、外设、通信设备、开发工具、操作系统、数据库管理系统、测试环境，逐项列出有关到货日期、使用时间的要求。

5.2 客户支持

列出对项目而言须由客户承担的工作、完成期限和验收标准，包括需由客户提供的条件及提供时间。

5.3 外包(可选)

列出须由外单位分合同承包者承担的工作、完成时间，包括需要由外单位提供的条件和提供的时间。

6. 预算

6.1 人员成本

列出产品/项目团队每一个人的预计工作月数

列出完成本项目所需要的劳务(包括人员的数量和时间)

劳务费一般包括工资、奖金、补贴、住房基金、退休养老金、医疗保险金

6.2 设备成本

设备成本包括：原材料费，设备购置及使用费

列出拟购置的设备及其配置和所需的经费

列出拟购置的软件及其版本和所需的经费

使用的现有设备及其使用时间

6.3 其他经费预算

列出完成本项目所需要的各项经费，包括：

①差旅费(旅费、出租)(含补贴)

②资料费(图书费、资料费、复印费、出版费)

③通信费(市话长话费、移动通信费、上网费、邮资)

④会议费(鉴定费、评审会、研讨费、外事费等)

⑤办公费(购买办公用品)

⑥协作费(业务协作招待费、项目团队加班伙食费)

⑦培训费(培训资料编写费、资料印刷费、产地费、设备费)

⑧其他(检测、外加工费、维修费、消耗品、低易品、茶话会等)

6.4 项目合计经费预算

列出完成本项目需要的所有经费预算(上述各项费用之和)。

7. 关键问题

逐项列出能够影响整个项目成败的关键问题、技术难点和风险，指出这些问题对项目

成败的影响。

8. 专题计划要点

专题计划也就是因为项目的需要在本文档之外独立建立的计划，本节说明本项目开发中需要制定的各个专题计划的要点。专题计划可能包括分合同计划、分项目计划、项目团队成员培训计划、测试计划、安全保密计划、质量保证计划、配置管理计划、用户培训计划和系统安装部署计划。

任务扩展

假如你是小伟，在认真阅读完本项目提供的材料之后，根据材料内容结合任务实施和知识要点撰写一份关于 A 企业的项目开发计划书。内容主要包括项目管理培训和项目预算两个方面，注意格式的规范性。

任务二　编写电子商务系统用户手册

任务分析

1. 电子商务系统用户手册的主要内容是什么？

系统用户手册是电子商务系统一个重要的组成部分，好的手册能使用户更快更准确地了解整个系统的结构框架、设计背景以及运行机理，从而达到高速高效使用该系统的目的。本节重点介绍电子商务系统用户手册所主要包含的内容，以及要想写好用户手册所必须注意的问题，以期能起到一定的指导作用。

2. 如何编写规范的系统用户手册？

电子商务系统的结构和内容并不相同，本节通过介绍一个具体实例以求得到系统用户手册常规样式和共同模板，以便于刚开始从事编写电子商务系统用户手册的员工能较快地理解和应用。

任务实施

阶段一　学习电子商务系统用户手册的主要内容

步骤 1　了解电子商务系统用户手册的主要内容

系统用户手册是一个完整系统中不可分割的重要组成部分，要想写好用户手册就必须了解他的重要意义，弄清楚手册要包含的几点主要内容，深入理解每个要素的具体作用。因此本节要从以下三点开展学习。

(1)理解系统用户手册的重要意义。

(2)列举系统用户手册的主要构成内容。

(3)区分各个构成要素之间的联系以及在手册中的作用。

步骤 2　如何编写规范的系统用户手册

如何编写规范的系统用户手册是许多系统开发工作者都有的疑问。许多人写出的用户手册过于专业，有的则过于简略，还有的甚至逻辑不够严谨。这都是用户手册的大忌，不仅对系统的运作机理和各种信息表达不清，也影响用户熟悉数据系统的操作。因此可以从以下三方面入手，逐步的清晰书写思路。

(1)获取并阅读有关提供商参与电子商务活动形式的资料。

(2)对应电子商务活动的各个参与者，明确提供商的位置。

(3)明确不同类型提供商在电子商务活动中的作用。

阶段二　通过实例介绍如何编写系统用户手册

通过实例进一步深入理解用户手册的重要性和具体写法：

(1)认真阅读实例的整体结构。

(2)深入理解实例的具体思路。

(3)认真学习实例的措辞和文字以及图片的用法。

知识要点

1. 系统用户手册的主要内容

通常系统用户手册主要由引言、系统概括、运行环境、使用说明、运行说明等几个部分组成，下面就分别对这些组成项进行详细地介绍。

1.1　引言

1.1.1　编写目的

编写手册的目的是为了指出预期的读者范围，使用户了解网上图书系统的基本信息，如系统功能——能为用户提供哪些服务，系能性能，预期效果，具体地使用方法，指出预期的读者范围。

1.1.2　系统背景

系统背景包括系统研发的来源，包括委托单位、开发者、用户(或首批用户)以及安装该软件的单位等信息，同时要包括这份系统用户手册所描述的系统名称。

1.1.3　定义

列出手册中所用到的专门术语的定义和缩写词的原文。

1.1.4　参考资料

列出本系统开发的经核准的计划任务书或合同、上级机关的批文；属于本项目的其他已发表的文件；本文件中各处引用的文件、资料，包括所要用到的软件开发标准等。同时要列出有关资料的作者、标题、编号、发表日期、出版单位或资料来源，该部分包括：

①项目的计划任务书、合同或批文

②项目开发计划

③需求规格说明书

④概要设计说明书

⑤详细设计说明书

⑥测试计划

⑦手册中引用的其他资料、采用的软件工程标准或软件工程规范

1.2　系统概述

(1)功能

结合本系统的开发目的逐项地说明本系统所具有各项功能以及它们的极限范围。

(2)性能

本节主要逐项说明对各项输入数据的精度要求和本软件输出数据达到的精度，包括传

输中的精度要求。定量地说明本软件的时间特性，如响应时间，更新处理时间，数据传输、转换时间，计算时间等。说明本软件所具有的灵活性，即当用户需求（如对操作方式、运行环境、结果精度、时间特性等的要求）有某些变化时，本软件的适应能力。

1.3　运行环境

主要列出运行该系统所需要的硬件最小配置和该系统所支持的软件。

硬件配置如计算机型号、主存容量；外存储器、媒体、记录格式、设备型号及数量；输入、输出设备；数据传输设备及数据转换设备的型号及数量等。

支持软件如操作系统名称及版本号；语言编译系统或汇编系统的名称及版本号；数据库管理系统的名称及版本号；其他必要的支持软件等。

1.4　使用说明

在本节说明系统的功能同系统的输入源机构、输出接收机构之间的关系。

1.4.1　安装和初始化

一步一步地说明为使用本软件而需进行的安装与初始化过程，包括程序的存储形式、安装与初始化过程中的全部操作命令、系统对这些命令的反应与答复、表征安装工作完成的测试实例等。如果有的话，还应说明安装过程中所需用到的专用软件。

1.4.2　输入

规定输入数据和参量的准备要求。其中应包括以下方面。

（1）输入数据的现实背景

说明输入数据的现实背景，主要包括：

①情况（例如，人员变动、库存缺货）、情况出现的频度（例如，是周期性的、随机的、一项操作状态的函数）

②情况来源（例如，人事部门、仓库管理部门）

③输入媒体（例如，键盘、穿孔卡片、磁带）

④限制（出于安全、保密考虑而对访问这些输入数据所加的限制）

⑤质量管理（例如，对输入数据合理性的检验以及当输入数据有错误时应采取的措施，如建立出错情况的记录等）

⑥支配（例如，如何确定输入数据是保留还是废弃，是否要分配给其他的接受者等）

（2）输入格式

说明对初始输入数据和参量的格式要求，包括语法规则和有关约定：

①长度（例如，字符数＼行，字符数＼项）

②格式基准（例如以左面的边沿为基准）

③标号（例如标记或标识符）

④顺序（例如各个数据项的次序及位置）

⑤标点（例如用来表示行、数据组等的开始或结束而使用的空格、斜线、星号、字符组等）

⑥词汇表（给出允许使用的字符组合的列表，禁止使用的字符组合的列表等）

⑦省略和重复（给出用来表示输入元素可省略或重复的表示方式）

⑧控制（给出用来表示输入开始或结束的控制信息）

（3）输入举例

为每个完整的输入形式提供样本，包括：

①控制或首部(例如用来表示输入的种类和类型的信息，标识符输入日期，正文起点和对所用编码的规定)

②主体(输入数据的主体，包括数据文卷的输入表述部分)

③尾部(用来表示输入结束的控制信息，累计字符总数等)

④省略(指出哪些输入数据是可省略的)

⑤重复(指出哪些输入数据是重复的)

1.4.3　输出

对每项输出做出说明，主要包括以下几个方面。

(1)数据背景

主要包括:

①使用(这些输出数据是给谁的，用来干什么)

②使用频度(如定时定期的或准备查阅的)

③媒体(如果打印、显示、磁带、卡片、磁盘等)

④质量管理(如果关于合理性检验、出错纠正的规定)

⑤支配(如确定输出数据是保留还是废弃，是否要分配给其他接受者等)

(2)数据格式

给出对每一类输出信息的解释，其中包括:

①首部(如输出数据的标识符，输出日期和输出编号)

②主体(输出信息的主体，包括分栏标题)

③尾部(包括累计总数，结束标记)

(3)输入举例

为每种输出类型提供例子。对例子中的每一项，分别从三方面说明:

①定义(每项输出信息的意义和用途)

②来源(是从特定的输入中抽出、从数据库文卷取出、或从软件的计算过程中得到)

③特性(输出的值域、计量单位、在什么情况下可默认等)

1.4.4　出错处理和恢复

列出由软件产生的出错编码或条件以及应由用户承担的修改纠正工作。指出为了确保再启动和恢复的能力，用户必须遵循的处理措施，如修改、恢复、再启动等。提供应急或非常规操作的必要信息及操作步骤，如出错处理操作、向后备系统切换操作以及维护人员须知的操作和注意事项。

1.4.5　查询

这一条的编写针对具有查询能力的软件，包括:同数据库查询有关的初始化、准备及处理所需要的详细规定，说明查询的能力、方式、所使用的命令和所要求的控制规定。

1.5　运行说明

(1)运行表

列出每种可能的运行情况，说明其运行目的。

(2)运行步骤

按顺序说明每种运行的步骤，应包括:

①运行控制

②操作信息（运行目的、操作要求、启动方法、预计运行时间、操作命令格式及说明、其他事项等）

③输入/输出文件（给出建立或更新文件的如文件的名称及编号、记录媒体、存留的目录等有关信息）

④文件的支配（说明确定保留文件或废弃文件的准则，分发文件的对象，占用硬件的优先级及保密控制等）

⑤启动或恢复过程

1.6　操作命令一览表

按字母顺序逐个列出全部操作命令的格式、功能及参数说明。

1.7　程序文件（或命令文件）和数据文件一览表

按文件名字母顺序或按功能与模块分类顺序逐个列出文件名称、标识符及说明。

2. 如何写好电子商务系统用户手册

对于一个系统来说，其用户手册的重要性不言而喻，那么怎样才能写好系统用户手册呢？其核心问题有两个：首先是手册的服务对象是谁，其次是手册要为对象解决什么问题。因此，我们就从这两个方面谈谈如何才能写好系统用户手册。

2.1　作为用户手册的编写者要注意哪些问题

（1）作为用户手册的编写者要对该系统或者产品本身以及其作用和运作机理非常的熟悉。

（2）如果编写者本人作为一个用户，可从用户的角度来看你最想从哪些角度尽快地熟悉这个产品。

（3）可以适当找一些相类似的系统或者产品的比较成熟的使用手册作为参考，借鉴其总体结构框架、措辞以及切入点。

（4）可以听取试用用户的使用感受和意见，这样更容易把用户手册编写的容易理解。

2.2　用户手册的内容方面要注意哪些问题

（1）条理分明

内容力求做到文字流畅和逻辑严谨，要把用户手册编写者使用系统的全过程，一步步的有条理、有详略地写下来，系统操作的核心部分的演示要附上图片。

（2）重点突出

对于系统的精华部分或者是比较有特色比较复杂的部分，要着重阐述。但是要避免反复和过于复杂的过程的描述，大部分操作尽量用图片代替文字说明。

（3）抓住细节

系统的每个功能都应该表述透彻，每一小部分的功能都要正确。手册要力求简单但是细致。要抓住细节，在需要用户注意的地方多做标记和图示，让用户看到一份详细但却容易理解的教程性质的手册。

（4）措辞不要太专业

手册措辞要避免使用过于专业的文字，容易影响非本专业用户对手册的理解，延长了用户对系统操作的熟悉时间。

3. 电子商务系统用户手册示例

示例如下：

网上银行企业用户操作手册

一、网上银行简介

网上银行企业客户服务系统是××银行于2000年推出的网上金融新项目。此项服务推出后，受到了广大企业用户的普遍欢迎。随着银行业务的不断拓展与电子商务的迅速发展，我行于2002年9月推出了网上银行2.0期项目，优化后的网上银行不仅对原有的服务功能进行了优化与升级，还新增加了E票通、代发代扣、网上支付等特色服务，同时还针对不同的企业财务管理体制提出了流程管理的概念。优化后网上银行企业客户服务系统将是一个功能强大的网络金融服务系统。

本手册为企业用户使用手册，是对企业用户网上使用的简要介绍，具体操作流程请参阅每个页面的联机帮助，或是登录我行网站(www.××online.com)进行查询。

本手册分为三个部分：网上银行企业客户的开户/销户、登录网银系统、网银功能介绍。

二、网上银行企业客户的开、销户

1. 我能成为网上银行的客户吗？

如果您：

①拥有在××银行任一会计网点开立的会计账户，包括基本账户、结算账户、专用账户、临时账户。

②同意并与××银行签订《网上银行企业客户服务协议》。

③拥有必要的上网条件。

您就可以顺利成为××银行网上银行尊敬的客户，并理所当然地享受我们为你提供的服务。

2. ××银行网上银行究竟能为我提供哪些服务呢？

可以高兴地告诉您，我们提供网上银行服务的目的就是将传统业务柜台直接搬到您的单位，让您在节省大量的时间、人力、物力的同时，又享受到我们细致周到的服务。

同时，我们还针对不同客户的要求提供了更为个性化的服务。

普通客户：我们提供网上查询与解付E票的服务，即不办理网上资金转出业务。

高级客户：则可享受到我们提供的所有网上企业服务，不仅包括了传统的查询、转账业务，还增加了企业网上支付、代发代扣业务、E票及流程管理功能，基本能满足企业客户的各项业务需求。在下文中，我们将对各项业务功能进行详细介绍。

3. 既然如此优异，要享受网上银行系统的服务，如何申请呢？

普通客户：

①您可持单位介绍信、营业执照副本及其复印件向当地××银行申请，签订《网上银行企业客户服务协议》，并填写书面的《网上银行企业客户申请表》，银行将分配一个唯一的客户识别号给您(此客户识别号为您登录网银系统时所必须使用的)。

②取得客户识别号后，您即可到账户的开户会计柜台办理账户的签约登记手续，并填写《网上银行企业客户账户登记表》，该手续在取得客户识别号即可办理。

③客户申请成功后次日，您可登录我行网站(www.××.com.cn)点击"网上银行"——"证书下载"，输入您的客户识别号与初始登录密码(默认为营业执照号码的后六

位），自行下载客户端证书。

④账户签约并成功下载证书后，您即可登录网上银行办理交易了。

高级客户：

高级客户的申请手续除证书的取得方式不同外，其余申请步骤与普通客户相同。

企业客户必须向当地××银行网上银行主办点提交《网上银行 IC 卡申请表》，由银行人员根据您的要求替您上网申请并制作在 IC 卡中，免去您登录网站并下载证书的过程。

请注意，在办理申请签约的过程中，请务必在各种申请表单上加盖贵单位公章及财务印鉴章。

尽管我们的申请过程显得稍有烦琐，但是从保证您网上交易安全性出发，而且我们的客户经理也将全程协助您办理各项手续，相信您能理解。

三、登录网上银行

普通客户登录步骤如下：

1. 拨号上网

2. 登录××银行网站（www. ××. com. cn），并单击网上银行——企业客户登录

3. 选择证书，单击“确定”

4. 输入“客户识别号”（非营业执照号），操作员代码：999999，登录密码（初始密码默认为 999999），单击“确定”进入网银系统

高级客户登录步骤如下：

1. 拨号上网，打开 ENSTRUST 软件

2. 输入 IC 卡密码，系统将自动弹出一个浏览器窗口

3. 在地址栏中输入 http：//b2b. ××. com. cn

4. 输入客户识别号（非营业执照号），操作员代码与登录密码，点击“确定”进入网银系统。

对主管而言，操作员代码与初始登录密码与交易密码默认为 999999，其他操作员的代码与密码均由企业主管登录后为其设定。

四、网上银行功能介绍

业务办理类

（一）查询

查询功能包括：余额查询、历史明细查询、网银交易流水查询与不确定交易查询。

1. 余额查询

您可以随时查询您在网上登记的账户的余额信息。

2. 历史明细查询

输入起止的时间段，您即可查询该账户在该时间段里发生的所有交易情况，包括网上发生的交易与在营业网点发生的交易。如果有需要，您还可以下载、打印账户交易明细，便于您对自身账户的管理。

3. 网银交易流水查询

在这里您可以查询到贵企业操作员在网上银行办理的所有交易流水，包括转账流水查询、E 票查询、网上支付查询与代发代扣查询。您可以选择查询还在处理流程中的在途单据，也可以查询已发往银行受理的完成单据。

①转账单据流水查询：指查询企业通过网上银行办理转账业务而生成的交易流水。

②E票流水查询：包括出票查询、来票查询与第三方确认查询。出票查询是指查询企业对外签发的、付款人是自己的E票；来票查询是指查询企业签收的、收款人是自己的E票；第三方确认查询是指查询本企业已确认过E票。

③网上支付流水查询：包括E票支付查询、账户支付查询与支付流水查询。其中支付流水查询是专门为网银商户提供的，用于查询其他企业向其支付的购物款项的情况。E票支付查询是指查询企业使用E票方式对外付款的支付流水；账户支付是查询企业使用直接转账方式对外付款的支付流水。

④代发代扣流水查询：包括单笔代发代扣查询与批量代发代扣查询(查询城综网的对该笔代发代扣流水的处理结果)

4. 不确定交易查询

指查询由于通信或网络故障原因，造成交易结果不确定的流水，操作员可通过此操作来确定该笔交易的确切状态。

(二)制单

付款单据的制单有多种形式，包括快速制单、自由填单、主动收款与倒进账制单。

快速制单是指您可直接在下拉表单中选择历史成功转账的账户或是签约、授权账户作为转入账户，免去了大量的填单工作；自由填单则是指您可自由填写您要对外转账的单据，转入方账户可以是任何会计账户，包括××银行账户与其他银行账户。主动收款是指您主动将授权账户中的款项调划入自己企业名下的签约账户；"倒进账"是一类特殊的网上单据，指由贵企业制作单据，由发出授权的企业复核该笔单据。

制单员可以使用"制单删除"功能将下级复核员尚未复核的单据主动删除。

(三)代发代扣

代发代扣业务分为"单笔业务"与"批量业务"。

"单笔业务"是专指企业账户对个人账户的资金划转，包括单笔代发与单笔代扣。您可使用该功能完成代发工资，代扣保险、代理报销等传统业务。开办单笔代发代扣业务的前提：贵企业必须先与当地××银行签订《网上代发代扣协议》，并提供用于办理网上单笔代发代扣业务的账号，该账户必须是网上银行签约账户。并在协议中指定在网上办理的单笔代发代扣的类型，不同的账号可以用于办理不同的网上代发代扣业务。

操作步骤如下：

(1)选择单笔代发代扣项目(此项目已在协议中具体指定)。

(2)输入收款/付款人的姓名、账号及代发代扣金额。

(3)选择下级复核员，并输入交易密码。

(4)交易成功。

"批量业务"既包括了企业账户对个人账户的资金对转，也包括对公会计账户之间的互转。批量代发代扣业务的功能更为丰富，不仅可实现代发工资、代发养老保险等传统公对私的业务，还可实现企业的批量对外转账。开办批量业务的前提同样必须是先与当地××银行签约《网上代发代扣协议》，并提供用于办理网上批量代发代扣业务的账号。用于办理网上批量公对私业务的账号可以企业名下任一会计账户，可以是××银行账户也可以是他行账户，用于办理网上批量公对公业务的账号则必须是我行网上银行的签约账户。由于批量代发代扣业务并没有实时返回交易结果，您可以于次日在"查询"下的"交易流水查询"中的"代发代扣流水查询"中查询代发代扣的结果，并对交易失败的记录进行重新处理。

操作步骤如下：

(1)选择批量代发代扣项目(此项目已在协议中具体指定)，并选择"代发代扣文件"；

(2)系统解析上传的文件，并在页面予以显示。选择"下级复核员"并输入交易密码；

(3)交易成功，等待复核员审核。

同样，制单员也可以使用"代发代扣单据删除"功能将下级复核员尚未复核的代发代扣单据主动删除。

(四)E票通

E票通是我行网上银行客户进行资金往来的一种电子结算方式，它是我行网上银行根据客户实际的经济需要为客户提供的一种新型结算方法。简而言之，就是由付款企业制作好转账单据并通知收款企业，而由收款企业主动触发交易(解付)从而实现转账的目的。E票通的出票方与收票方都必须是××银行网上银行的签约客户。

1. 付款人出票

E票通按照出票人的身份可分为付款人出票与收款人出票(本期尚未开通)。付款人出票是指由付款人向收款人开出E票，但不实时转账，直到收到收款人解付指令后才正式办理转账手续。其中根据付款方式的稳妥性，又可分为普通E票与保付E票。普通E票是指出票人向收款人做出出票承诺，但出票时不对账户资金的充足性进行判断，待收票人解付时才判断能否成功转账；保付E票则是在出票时即判断付款账户资金是否充足，并冻结相应的金额，从而在更大程度上保证了收票人解付的成功性。

操作步骤如下：

(1)选择E票通种类、付款账号、收款账号、金额、用途、解付有效日期、是否允许第三方确认等E票通详细信息。

(2)根据主管设定的流程，选择下级复核员并输入交易密码。

(3)交易成功，等待复核员审核。

2. 解付

"解付"是专门针对收票人而言，即对其他企业开给本企业的E票通进行处理，触发转账交易，一旦解付成功，就由银行系统自动发起付款账户向收款账户的转账交易。哪些操作员拥有解付E票的权限由主管增加操作员予以规定。如果待解付的E票被出票人设定了解付日期，则解付人只能出票人规定的日期范围内进行解付。

操作步骤如下：

(1)选择想要进行解付的E票通。

(2)确认该E票通的各项要素是否表示无误，选择"接收"或"拒收"。

(3)若接收该E票通，则向银行城综网发送转账指令，若拒收该E票，则等待出票人自行收回该款项。

3. 款项收回

款项收回的含义有两层：第一层是E票出票人在收票人解付之前，主动止付该E票，即撤回付款承诺；第二层是收票人拒收或第三方客户拒绝确认的情况下，主动回收该E票，撤回付款承诺。处于该E票出票流程中任一操作员均可对该E票进行款项收回。对于保付 E 票，出票人款项收回后，会计柜台将会把冻结的 E 票资金冲回原付款账户。

操作步骤如下：

(1)选择想要进行款项收回的 E 票。

(2)确认收回该 E 票，输入交易密码。

(3)交易成功，成功收回款项。

4.第三方确认

"第三方客户"是由出票人指定一企业客户(非收票人)作为该 E 票通的确认人，该 E 票通只有经第三方客户确认通过后，才允许收票人进行解付。第三方客户也必须是××银行网上银行的签约客户。

操作步骤如下：

(1)选择需要由本企业确认的 E 票通。

(2)对该 E 票通的各项要素进行审核，选择"确认通过"或"确认不通过"。

(3)若选择"确认通过"，则该 E 票通就允许收票人进行解付，若选择"确认不通过"，则该 E 票通就无法解付，等待出票人办理款项收回。

(五)网上支付

随着电子商务的快速发展，网上招标、购物行为已成为企业采购的重要内容，既然要购物就必须有结算，为此本期网上银行还为企业客户提供了强大的网上支付结算功能。

客户网上支付流程如下：

(1)由业务采购员在商户网站中购物下单，并在确认购物后，填写本企业客户的客户识别号。

(2)由财务人员(制单员)启动 entrust 软件，并登录××银行网上银行系统。

(3)点击"网上支付"，即可看到该笔订单。

(4)确定该订单各项内容是否正确：若不正确，点击"删除订单"按钮，删除该笔订单；若正确，可选择"账户支付"或是"E 票支付"方式办理支付转账业务。

"账户支付"是指企业客户是普通转账的形式向商户支付款项，即一旦该笔支付单据在企业内部完成其所有的流程后，即发起转账交易。"E 票支付"是指企业是向商户开具 E 票，由商户主动解付该笔 E 票从而实现购物款项的划转。

(六)国际结算

为了向有对外贸易业务的企业客户提供的便利的申请通道，网上银行还推出网上国际结算业务。网上银行的签约客户必须向当地××银行的国际业务受理点提出申请，并签订协议后方能使用此项业务功能。首期网上国际结算提供的功能有"进口信用证开证、改证申请"、"汇出汇款申请"及其他个性化服务功能。客户可在申请审批通过后，再持相关资料前往国际业务受理网点正式办理手续，大大减少了企业客户往返银行的时间与精力。

(1)收件箱。是银行受理网点与企业客户之间信息沟通的重要渠道，主要功能包括：向受理网点撰写新邮件与查看由受理网点发来的邮件两项功能。

(2)进口信用证。企业客户可使用该功能办理进口信用证的开证与改证申请，同时还可在"待修改业务"中对由复核员或是银行退回的开证或是改证申请进行修改，并将修改后的申请再次提交。

(3)汇出汇款。企业客户可使用该功能办理汇出汇款的申请，同样您也在"待修改业务"中对被退回的申请进行再修改，并将修改后的申请再次提交。

（4）信息维护。此项功能是为客户定制的个性化服务。企业客户可在此编辑往来客户信息与账户信息，并浏览银行定义的附加条款。

（七）复核

对于复核员来说，"复核"的工作指审核由制单员根据流程指定给他处理的所有单据，包括：付款复核、E票复核、代发代扣复核、网上支付复核、国际结算复核。

付款复核：指对制单员制作的普通付款单据进行审核；E票复核是指对制单员制作的E票（包括普通E票与保付E票）进行审核；代发代扣复核是指对代发代扣单据（包括单笔代发代扣与批量代发代扣单据）；国际结算复核则是指对制单员填写的信用证开证/改证申请或是汇出汇款申请进行审查。

对于审核无误的单据，根据事先设置的流程选择下一级别的复核员或是主管，输入交易密码，并选择"复核通过"。如果审核该单据发现错误，则选择"复核不通过"如果复核员不通过某笔单据，除国际结算的单据退回制单员进行修改外，其余单据则做删除处理。

当然，复核员也可使用"复核删除"功能将下级复核员（主管）尚未审核的单据主动删除。

（八）审批

对于主管来说，"审批"的工作包括审批由复核员（或副主管）提交必须由主管审批的所有单据。包括：付款审批、E票审批、代发代扣审批、网上支付审批、国际结算审批。

审批的操作与"复核"相同。

管理设置类（主管）

（一）授权管理

授权管理包括对外授权与接收授权两部分，发出授权与接收授权的双方均必须是网上银行的高级客户。一旦企业对外发出某笔授权且该授权被对方企业客户接受，则接受授权的一方就可以在发出方授权权限内主动进行查询或是转账。

1. 发出对外授权

选择对外授权的账户，并输入接受授权方的客户识别号与对外授权的权限，其中若您选择对方有转账的权限，就不能赋予倒进账的权限，反之亦然。倒进账是指由接受授权方的企业客户制作单据，由发出授权企业进行复核、审批的网上转账行为。对于发出的授权，不论对方接受与否，发出方均可随时收回。

2. 接受对方授权

输入发出授权一方的客户识别号与相应的授权权限，发出授权的一方必须是××银行网上银行的签约客户且已向贵企业发出了授权。您输入的所有内容必须与发出授权的企业设定的各要素完全相同，否则就无法成功接受授权。对于已接受的授权，在对方收回之前可以随时删除。

（二）操作员管理

操作员管理是指由主管或是副主管对其所辖的操作员进行各项业务管理，包括增加操作员、删除操作员、修改操作员、空卡调配（只针对副主管）、注销空卡等。

副主管是本期网上银行新增一个角色，其权限介于复核员与主管之间，他可以在主管赋予的权限内审批单据，也可以自行增加操作员并为其分配角色。一个企业可以根据自身的业务需要设定多个副主管。为了进一步解释副主管的作用，下面将区分"设副主管的企业"与"不设副主管的企业"来介绍该部分内容。

1. 不设副主管岗位的企业

(1)新增操作员：由主管将空卡分配给某一操作员，为操作员指定角色(制单或是复核)并分配操作权限。

(2)删除操作员：由主管删除已分配角色的操作员，若该操作员处于某一业务流程的关键级别，则请先删除业务流程。关键级别是指在某一级别制单或是复核中，只有该操作员一人，没有可替代的其他人选，一旦删除该操作员则该流程就无法继续进行下去。操作员被删除后，其原先使用的IC卡状态变成空卡。

(3)修改基本资料：由主管对操作员及自身的基本资料进行修改，操作员代码与操作员角色不允许修改。

(4)修改操作权限：由主管对操作员的可操作权限进行修改，如新分配其可操作账户、收回原有对某账户的权限等。

(5)修改状态：由主管将操作员的状态由"正常"改为"冻结"或由"冻结"改为"正常"，若操作员的状态被置为冻结，则不能再进行任何的业务操作。

(6)修改密码：若操作员遗忘了自己在网上银行的登录或是交易密码，则可以由主管进行强制重置密码。若主管自身遗忘了其在网银系统的登录或是交易密码，可以向当地建设银行的网银业务主办部门提出申请，进行恢复重置。

(7)注销空卡：主管可以对尚未分配角色的空IC卡进行注销，IC卡一旦注销，就无法恢复。

2. 增设副主管岗位的企业

(1)新增操作员：主管将空卡分配给操作员，角色包括：制单、复核、副主管。若主管想直接管理某些操作员，则可直接为该操作员分配"制单"与"复核"的角色，今后对其所有管理操作(如修改操作权限、删除、改密)等均由主管进行。若主管想将部分操作员交由副主管管理，由副主管分配其角色，将必须在分配"副主管"的角色后，再对副主管进行"空卡调配"后，然后由副主管分配这些操作员"制单"或是"复核"的角色，今后对这些操作员所有的管理操作也只能由该副主管进行。

(2)空卡调配：该功能只针对副主管，且必须由主管进行操作。"空卡"是指企业已向银行申请的，但尚未分配角色的IC卡。空卡调配是指将隶属于主管的空卡分配给副主管使用，并由副主管为这些空卡分配角色，或是将隶属于副主管的空卡收回到主管名下。只有副主管名下拥有空卡，才能为操作员分配角色。

(3)"修改基本资料"、"修改操作权限"、"修改密码"、"修改状态"、"删除"等管理操作步骤上文已述，但要遵循一个原则：副主管只能修改隶属于其名下的操作员，主管也只能修改直接隶属于他的操作员(包括副主管)，不可越级管理。删除副主管后该副主管所属的操作员全部上收，由主管直接管理。

(三)转账流程管理

转账流程管理是指由企业主管对本企业网上银行交易流程的设置，通过流程的设置，由不同的操作员来实现不同的网上交易，从而达到企业安全控管的目的。对同一个企业客户而言，同一个账户不同的金额可以设定不同的流程，最低的复核流程级别为一级，同一级别允许有多名复核员。当网上单据的金额超过流程限额则须提交主管审批，主管为最终的复核级别。在增加转账流程的过程中请您务必在点击"完成定制"后再退出该业务操作，而不要直接退出或是关闭浏览器，否则系统将自动记录您在退出该功能前所定制的流程级别。若主管未对某账户设置转账流程，则该账户不能办理网上转账业务。删除转账流程：若主管要修改某一账号某金额的转账流程就必须先删除该笔流程。

(四)代发代扣流程管理

代发代扣流程管理是指主管对本企业代发代扣业务进行的流程管理，一个企业客户只有一个代发代扣流程，且不涉及账户与金额。一旦设置了流程，所有代发代扣业务均按流程设定的人员进行。同一流程级别可选择多个人员，其中任何一人复核通过即发往下一级进行复核，同一操作员在代发代扣流程中只能出现一次。在增加代发代扣流程的过程中请您务必在点击"完成定制"后再退出该业务操作，而不要直接退出或是关闭浏览器，否则系统将自动记录您在退出该功能前所定制的流程级别。若主管未对代发代扣业务设置流程，则不能办理网上代发代扣业务。若企业要修改已经定制了的代发代扣流程，就必须先删除该流程后重新增加。

(五)申请类业务流程管理

"申请类业务"是指由企业向银行提交申请表单，但不发生实际交易的业务，本期我行已开通了"网上国际结算业务"。申请类业务流程管理是指企业对各类申请业务进行的流程管理，不同的申请类业务可以定制不同的流程，不涉及账户与金额。

流程第一级别必须是制单员，其后按照排列顺序决定复核员复核级别的先后，若在某一级别中选择了主管，则意味着流程定制结束。

若您要修改已经设置了某类申请业务的流程，就必须先删除原先的流程再重新增加。

增值服务类

(一)服务管理

(1)日志查询：普通操作员可以查询本人在网上银行系统办理过的流水记录，主管则可以查询所有操作员的网银日志。查询起止日期，若起止日期相同且为当天，则查询当日日志，若二者不同，则查询历史日志。

(2)修改密码：修改密码包括修改网上银行登录密码与交易密码，在此只有本人才能修改自己的密码。

(3)账户管理：该功能仅向制单与主管开放。制单员的账户管理的内容是删除本人制作过的历史成功转入账户记录。主管的账户管理的内容是为其名下的签约账户设置排列顺序与别名。

(4)VIP服务：VIP服务是指对网上银行的优质客户提供的额外的服务项目，包括：网银分析报告与信息浏览两部分。

(5)首页定制：通过首页定制，您可以将自己最常用的功能定制为登录网上银行后看到的第一个页面，让您能更方便快捷地使用网上银行的服务。

(6)账户范围设置：您可以使用该功能对您的网银签约账户进行定位、筛选。各种设置条件均支持模糊查询，如按账号查询时，您只需输入账号的某几位数字如"350"，即可查询到所有账号中含有"350"的账户，按账号序号查询时，您既可以输入1，3，4等序号，也可以使用1～15来选择符合条件的签约账户。如果您输入多个筛选条件，则系统将进行组合查询。

(二)事务通知

事务通知是指企业操作员可在企业内部互相发送事务性的信息，达到信息通知、共享的作用。

(1)事务信息设置：只有主管才拥有该功能。主管可以通过事务信息设置中的新增设置，为其该企业的操作员设置是否拥有该功能，以及相应的接收信息的人员。

(2)事务信息发送：拥有事务通知功能的操作员可自由发送事务信息。

(3)事务信息管理：在此，操作员可以查询、删除自己历史的来件或是收件事务信息。

(三)信息中心

信息中心目前向客户提供两项服务：自由发送短消息与订阅信息。享受信息中心服务，必须首先申请开通此项服务，明确信息接收方式，目前我行支持两种接收方式：手机短信和电子邮件。当您申请开通时，输入交易密码，系统就会将开通服务的确认密码发送到您指定的手机或邮箱中，你使用该确认密码就可以开通我们的信息服务。

若您想更改已在信息中心登记的手机号码或邮箱地址，您可在此处直接重新申请，系统将自动修改您用于接收信息的手机号或邮箱地址。

自由发送：您可以利用××银行信息中心自由地对外发送信息，每一条信息按照手机短信的收费标准收取，开办此业务的前提是您已申请开通信息中心，并已登记你的手机号码。

信息订阅：为了加强对网上银行登录账户的管理，您可以开通信息订阅服务，我们将及时地向您发送账户在网上的使用及变动信息。同样，您可随时修改您要订阅的信息内容。

取消服务：您可以随时取消您申请的信息中心服务。

(四)留言建议

不论您对我们的网上银行服务有任何的建议或是意见，都可以使用该功能向我们反馈，我们将不胜感激。

(资料来源：http://www.ruian.com/ccb/qiye.doc)

任务扩展

假如你是小伟，在完成电子商务系统用户手册的编写任务之后，请你将你的报告文本制作成幻灯片，并邀请一些专业人士和一般用户组成小型内部评估团。向他们演示你的系统用户手册，然后请大家试用一段时间，并对你的系统用户手册作出评价，提出建议。

●●●● 项目评价

表一　任务完成情况表

任务一		是否完成	是(　　) 否(　　)
你认为通过本任务掌握的最有价值的内容是：			

续表

你认为本任务中需要进一步了解或掌握的内容是：	
你在任务完成过程中遇到的问题是：	
你是如何解决问题的：	

任务二	是否完成	是（　　） 否（　　）
你认为通过本任务掌握的最有价值的内容是：		
你认为本任务中需要进一步了解或掌握的内容是：		
你在任务完成过程中遇到的问题是：		
你是如何解决问题的：		

表二　能力自评表

核心能力	评价指标	评价等级 （A 通过；B 基本通过；C 未通过）	备　注
自我学习能力	1. 学会阅读理解专业文档材料	A（　） B（　） C（　）	
	2. 灵活运用所学知识	A（　） B（　） C（　）	
	3. 能发现自己的问题和不足	A（　） B（　） C（　）	

续表

核心能力	评价指标	评价等级 （A 通过；B 基本通过；C 未通过）	备 注
专业编辑写作 能力	1. 能够合理组织专业语言专业书面 文档	A（ ） B（ ） C（ ）	
	2. 能运用书面语言清楚表达自己的思 想和观点	A（ ） B（ ） C（ ）	
	3. 能严格遵守编写要求，制作规范 文案	A（ ） B（ ） C（ ）	
专业认知能力	1. 能准确表述电子商务项目计划书的 基本格式和内容	A（ ） B（ ） C（ ）	
	2. 能准确表述电子商务用户手册的基 本格式和内容	A（ ） B（ ） C（ ）	

●●●● 项目巩固

术语学习

Project Planning	项目计划
Project Organization	项目组织
Project Evaluating & Controlling	项目评价与控制
System Switch	系统切换
ASAP(as soon as possible)	尽快实施法
Early Watch	早期预警
Project Preparation	项目筹备阶段
Business Blueprint	企业蓝图阶段
Realization	项目具体实施阶段
Final Preparation	最后筹备阶段
Go Live and Support	系统上线与支持阶段
Requirement Risk	需求风险
BPR(Business Process Reengineering)	企业业务流程重组

同步强化

假如你是一名某电子商务系统开发人员，该系统开发初期需要制作系统开发计划书一份；系统开发完毕时，调试结束以后需要制作一份用户手册供用户了解产品情况。要求完成以下任务：

1. 尝试制作一份某电子商务系统的开发计划书。

2. 搜集并熟悉一种有关电子商务的系统软件，仔细调试各种功能。

3. 在熟悉系统的基础上，以开发人员的身份编写一份系统用户手册。要求内容翔实，完备。

4. 思考如果系统更新，则升级后应如何调整用户使用手册，与新的系统相适应。

项目九

移动电子商务解决方案

——电子商务解决方案的新领域

●●●●● **项目目标**

知识目标

1. 移动电子商务模式的类型、内容以及应用范围。
2. 移动电子商务网络环境的构成与内容。
3. 移动电子商务系统的构成、开发层次与内容。
4. 移动电子商务的安全问题及解决策略。

能力目标

1. 能够掌握选择合适模式开发移动电商活动。
2. 能够通过合理技术选型初步布置移动电商网络环境。
3. 能初步提出移动电商系统建设规划方案。
4. 能初步提出移动电商安全解决方案。

●●●●● **项目描述**

　　2013年，中国的移动电子商务发展迅猛，很多不同规模的企业感受到了这种新的冲击，准备建立无线通信平台上的电子商务。小伟所在的公司为了适应市场的变化，也在移动电商领域不断开拓新的业务。

　　最近，不少新老客户近期向小伟公司提出了新的合作要求和希望：

　　1. A公司希望拥有自己的手机网站，能够让消费者随时、随地、随身访问到公司的商品。

　　2. B公司是做了百度推广的企业，客户不管在电脑还是手机端上点击我们的企业网站，均会扣费，所以，如果自己拥有了手机网站，客户便会直接进入，百度就不会扣企业的费用，所以希望建立自己的手机网站。

　　3. 在微信营销时代，C公司希望通过微商城中开展自己新的营销攻略。利用微信的天然社交群，最大化的使商品在不同的人际网络中流传，加速企业的品牌专区并最大化拓展企业的品牌和销售。

　　4. D公司希望通过本公司解决移动安全问题，以解决掉在享受当前快速便捷的移动电商业务的后顾之忧等。

　　小伟是一个善于学习、敢于创新的人，为了适应市场需求的新变化，小伟主动向公司高层提出，由自己的团队负责上述业务问题的解决。

●●●●● **项目分解**

　　通过分析，该项目可以分解为以下几个任务完成：

　　任务一　选择移动电子商务模式

　　任务二　布置移动电商网络环境

　　任务三　建设移动电子商务系统平台

　　任务四　制定移动电商安全解决方案

任务一　选择移动电子商务模式

任务分析

1. 移动电子商务模式包括哪些类型

　　站在解决方案提供商的角度，帮助企业选择合适的移动电商业务模式，不仅要理解移动电商的概念、特点和作用，还要了解移动电商解决方案的体系构成，这样才能清楚地明白其相关的角色、不同的分工和其专业性之间的体系关系。而后，掌握移动电子商务的应用模式的多种分类形式，按照服务类型分类，分为推式服务模式、拉式服务模式和交互式服务模式；按照应用方式分类，分为远程电商和近场电商；按照应用领域分类，分为个人应用领域和企业应用领域。因此，解决方案提供商应真正把握和理解客户的意图，选择合适的、满足客户移动商务需求的业务模式。

2．如何选择移动电子商务模式

选择移动电商业务模式的基本依据是前期的需求分析报告。在选择过程中，规划设计人员重点要从三个方面进行分析：首先，选择该业务模式能在哪些方面为企业带来新的价值点（盈利点），或者能够帮助企业提升哪些方面的能力，这些价值点和能力点是否与企业开展移动电子商务的需求吻合；选择该业务模式会涉及哪些参与对象，他们分别起什么作用，该模式能否有效地将各个对象联系在一起；选择该业务模式有没有合适的应用程序或系统对应，是否需要创建新的系统模式。最终，规划设计人员根据报告得出的需求结果，结合企业目标和业务特点，选择确定满足移动电商需求的业务模式。

任务实施

阶段一　解读需求分析报告
具体工作可以从以下几个方面进行：

（1）从需求分析报告中提取有关企业移动电商目标和需求内容方面的资料。

（2）解读提取出来的资料，分析得到企业开展移动电商活动主要的应用范围。

（3）解读提取出来的资料，分析得到企业开展移动电商活动主要面向的操作对象。

阶段二　确定移动电商业务模式
当规划设计人员从需求分析报告中得出移动电商模式的应用范围和操作对象之后，就要对照各类业务模式的特征做出选择判断，给出最适合的移动电商业务模式。

阶段三　确定移动电商系统建设的应用级模式
步骤 1　分析业务活动的信息交互方，分析双方的交互关系、交互环境，确定相关业务活动的系统应用模式；

步骤 2　整理各业务单元的系统应用模式，构建业务集成应用模式；

步骤 3　整合所有集成应用模式，确定移动电商系统类型，设计系统功能主体架构和主业务流程。

步骤 4　根据设计好的应用级模式，进行业务模拟演进，在此基础上进行修改完善。

知识要点

1．移动电子商务概述

1.1　移动电子商务的基本概念

随着移动通信、数据通信和互联网的融合越来越紧密，整个世界正在快速地向移动信息社会演变。在商务领域，移动电子商务的出现，大大扩展了原有电子商务的应用范围和领域。

简单地讲，移动电子商务（M-commerce）就是利用手机、PDA 及便携式计算机等无线终端开展各种形式的电子商务活动。通过 Internet、移动通信技术、短距离通信技术及其他信息处理技术完美地结合，使用户可以在任何时间、任何地点进行各种商贸活动，实现随时随地、线上线下的购物与交易、在线电子支付及各种交易活动、商务活动、金融活动和相关的综合服务活动等。

●●●●● **阅读链接**

移动电子商务的发展历程

随着移动通信技术和计算机的发展，移动电子商务的发展已经经历了3代。

第一代移动电商系统是以短讯为基础的访问技术，这种技术存在着许多严重的缺陷，其中最严重的问题是实时性较差，查询请求不会立即得到回答。此外，由于短讯信息长度的限制也使得一些查询无法得到一个完整的答案。这些令用户无法忍受的严重问题也导致了一些早期使用基于短讯的移动电商系统的部门纷纷要求升级和改造现有的系统。

第二代移动电商系统采用基于WAP技术的方式，手机主要通过浏览器的方式来访问WAP网页，以实现信息的查询，部分地解决了第一代移动访问技术的问题。第二代的移动访问技术的缺陷主要表现在WAP网页访问的交互能力极差，因此极大地限制了移动电子商务系统的灵活性和方便性。此外，WAP网页访问的安全问题对于安全性要求极为严格的政务系统来说也是一个严重的问题。这些问题也使得第二代技术难以满足用户的要求。

新一代的移动电商系统采用了基于SOA架构的webservice、智能移动终端和移动VPN技术相结合的第三代移动访问和处理技术，使得系统的安全性和交互能力有了极大的提高。第三代移动电商系统同时融合了3G移动技术、智能移动终端、VPN、数据库同步、身份认证及Web service等多种移动通信、信息处理和计算机网络的最新前沿技术，以专网和无线通信技术为依托，为电子商务人员提供了一种安全、快速的现代化移动电商办公机制。

1.2 移动电子商务的特点

与传统电子商务相比，移动电子商务具有明显优势，主要表现在以下几个方面。

(1)不受时空限制

同传统的电子商务相比，移动电商的一个最大优势就是企业可更加机动灵活地提供商务服务，大大提高商业活动的时间效率。另外，PC时代的电子商务，地理位置对活动的接入和运行限制很大，而移动电商的接入方式更加便利，无须专门的布置有线网络环境和笨重的工作终端设备，企业同样可以开展商务活动。

(2)更好的个性化服务

移动电商是企业可以更好地发挥主动性，为顾客提供定制化的服务。利用无线服务提供商提供的人口统计信息和基于移动用户当前位置的信息，企业可以开展个性化的信息服务和互动活动，针对性地开展主动沟通，了解客户需求，提供个性化服务。

(3)可识别性

与PC的匿名接入不同，企业利用移动终端内置的ID支持安全交易。手机所用的SIM卡对于移动电商就像身份证对于社会生活一样，因为SIM卡上储存着用户的全部信息，可以唯一地确定一个用户的身份。对于企业而言，这就有了安全认证的基础。并且，通过GPS技术，企业可以十分准确地识别用户。随时间和地理位置的变更而进行语言、视频的变换，为不同的细分市场提供了发送个性化信息的机会。

（4）信息获取更加及时

在固定网络的电子商务中，用户只有在向系统发出请求时，系统才会根据要求反馈数据信息。这无形中为用户获取信息附加了一些潜在的前提条件，如网络环境，要有时间、有意愿主动索取信息等。这将导致信息不能完全及时地获取。

而在移动电商中，不仅用户可随时随地访问信息，而且用户终端更具专用性。从运营商的角度看，用户终端本身就可以作为用户身份的代表。因此，商务信息可以直接发送给用户终端，这进一步增强了移动用户获取信息的及时性。

（5）基于位置的服务

移动通信网能获取和提供移动终端的位置信息，与位置相关的商务应用成为移动电商领域中的一个重要组成部分。不管移动终端在何处，GPS都可以识别其所在地，从而为用户提供相应的个性化服务，这给移动电商带来了之前无可比拟的优势。利用这项技术，移动电商提供商将能够更好地与某一特定地理位置上的用户进行信息的交互。

（6）支付更加方便、快捷

在移动电商中，用户可以通过移动终端访问网站、从事商务活动，服务付费可通过多种方式进行，可直接转入银行、用户电话账单或实时在专用预付账户上借记，以满足不同需求。

1.3　移动电子商务解决方案的体系构成

移动电商的产业价值链，从移动运营商和服务提供商等开始发端，直到逐步形成一个完善的移动增值服务运营模式和体系，从根本上影响和改变了消费者原有的消费模式。基于移动电商产业价值链的体系结构，与传统的"有线电子商务"相比，移动电商解决方案从提出到完成，参与的角色更多、分工更细、专业性更加突出。

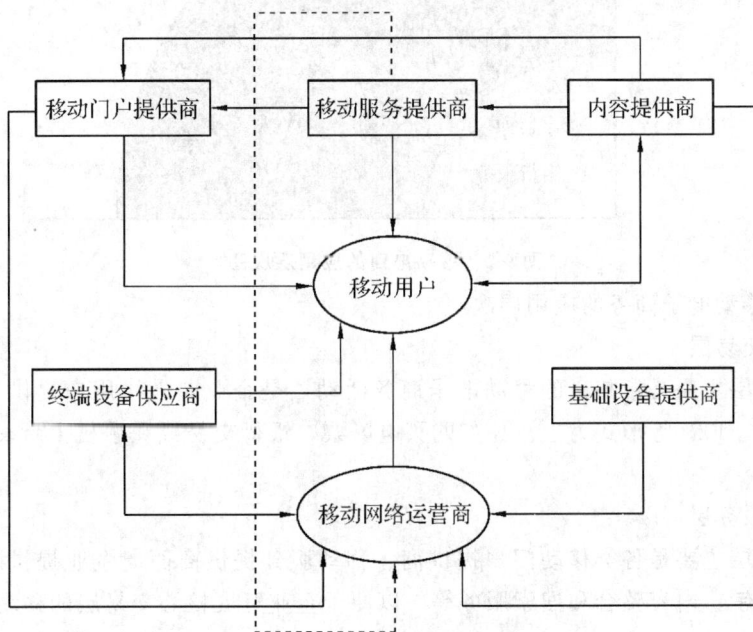

图 9-1　移动电商解决方案各角色关系图

移动电商解决方案的各参与方以移动用户的需求为中心，在开展电子商务的过程中担当不同的商业角色。

基础设备提供商：提供核心网基础设施(包括无线接口、基站、路由器和交换机等)、网络运营维护设施(包括网络管理系统、计费系统、应用和业务平台等)，也提供网络演进、规划、优化和集成等服务，如爱立信、诺基亚和西门子等。

内容提供商：拥有内容的版权，是信息创造的源头。提供相关数据和信息产品(如新闻、音乐、位置信息等)并通过移动网络进行实现分发，如新浪、网易等。

移动门户提供商：整个价值链的关键一环，向移动用户提供个性化和本地化的服务，最大限度地减少用户的导航操作，使信息、商品和服务最终到达消费者手中，实现价值转移的最终过程。

移动网络运营商：为移动用户提供各种通信业务，实现对运营商网络(包括其他运营商网络、Internet)的接入，也提供各种网络相关的业务，如位置信息和用户身份认证等。

移动服务提供商：针对不同用户需求提供个性而多样的服务，如移动短信息、移动IM平台、移动博客平台、定制终端内置的业务菜单等。

终端设备供应商：提供移动终端设备，如苹果、三星、联想等。

1.4 移动电子商务的应用模式

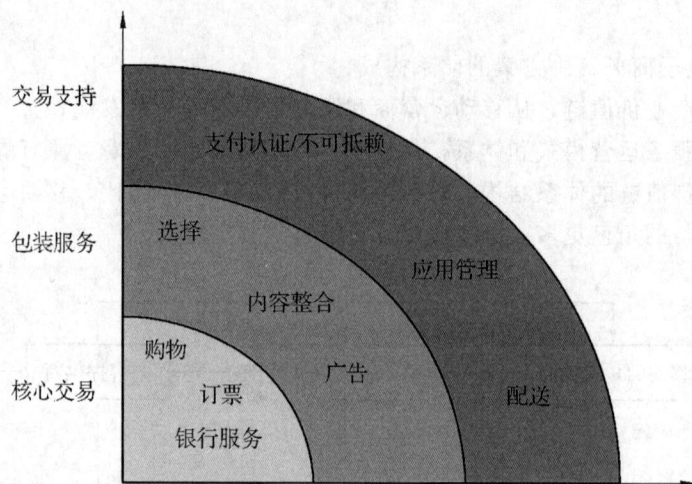

图 9-2 移动电商的应用层次图

1.4.1 移动电子商务的应用层次

(1)核心交易层

核心交易层主要是指狭义的移动电子商务活动，是企业向最终用户提供的核心服务，主要是以 B2C、P2P 等形式为主。比如购买电影票，银行交易或在手机上玩交互性的收费游戏等。

(2)包装服务层

包装服务层主要是各类移动门户提供商、移动服务提供商面向企业提供的商业服务，包括广告、营销、内容整合和搜索服务等，以便于企业开展核心交易层的移动电商活动。

(3)交易支持层

交易支持层是各类设备提供商或内容提供商提供的移动电商活动所必需的环境构建与

业务流程支持服务，比如操作平台、移动安全认证、手机支付和配送系统等。

1.4.2　移动电子商务的应用模式

（1）按服务类型分类

①推式服务模式

传统 Internet 的浏览是一种自助餐形式，容易造成浪费，虽然各取所需，但最后剩下许多。移动电商的推式服务（Push）就是客房式服务，根据用户爱好，把所需各种服务，如将各种客户需要的信息，通过定制服务的方式定向推送的用户的移动终端，从而避免了浪费。

②拉式服务模式

拉式服务（Pull）是指企业利用语音、信息、应用等系统通道，在移动终端设置查询检索入口，面向客户提供各种快捷地查询检索服务。例如地理位置、产品信息、促销活动信息等。

③交互式服务模式

交互式服务是移动电商能提供的最常用的服务方式，包括即兴购物；使用"无线电子钱包"等具有安全支付功能的移动设备在商店或自动售货机上进行预订机票、车票或入场券并能在票价优惠或航班取消时立即得到通知，也可支付票费或在旅行途中临时更改航班或车次；随时随地在网上进行安全的个人财务管理，通过移动终端核查账户、支付账单、转账及接收付款通知等；游戏或娱乐；信息查询等。

（2）按照应用方式分类

①远程电商

移动电商中的"远程电商"是指传统电商通过 PC 端的购物方式自然转化为通过移动终端的购物方式。远程电商的购物方式是对传统电商的延伸，二者购物的品类可完全重合，差异之处在于购物终端的不同与购物应用软件的不同。传统电商是基于 PC 浏览器购物，移动电商是通过 APP 购物，很多电商网站都推出了各自的移动 APP 来吸引消费者。

②近场电商

移动电商中的"近场电商"是在"移动支付中的近场支付"与"O2O 中的本地化服务"共同发展下衍生出来的一个便于理解的概念。近场电商就是指通过移动终端选择本地化服务的消费场所，最后可以通过近场支付进行消费。

（3）按照应用领域分类

①个人应用领域

移动商圈：即利用无线通信网络和 GPS 技术，以真实地理商圈为原型，在移动互联网上重构虚拟商业环境，将传统商圈提供的产品和服务转移至移动互联网，开展精准互动营销；而普通用户则可以高效、便捷地选择本地化产品与服务。移动商圈的常见应用包括：商铺定位、商品比价、电子折扣券、一键预订等。同时，移动支付的接入，使商圈中的交易变得更加快捷、方便和安全。移动商圈还可充分利用其平台应用特点，开展创新的项目合作、汇聚商家、提高人气。这种可大规模普及的企业级移动应用服务，在体现服务精准互动性、本地化、个性化方面优势明显。而在这种运营模式上，移动商圈的 4 个参与者：移动运营商、商街运营者（服务商）、商家与企业、消费者之间构成了相对完整的价值链。

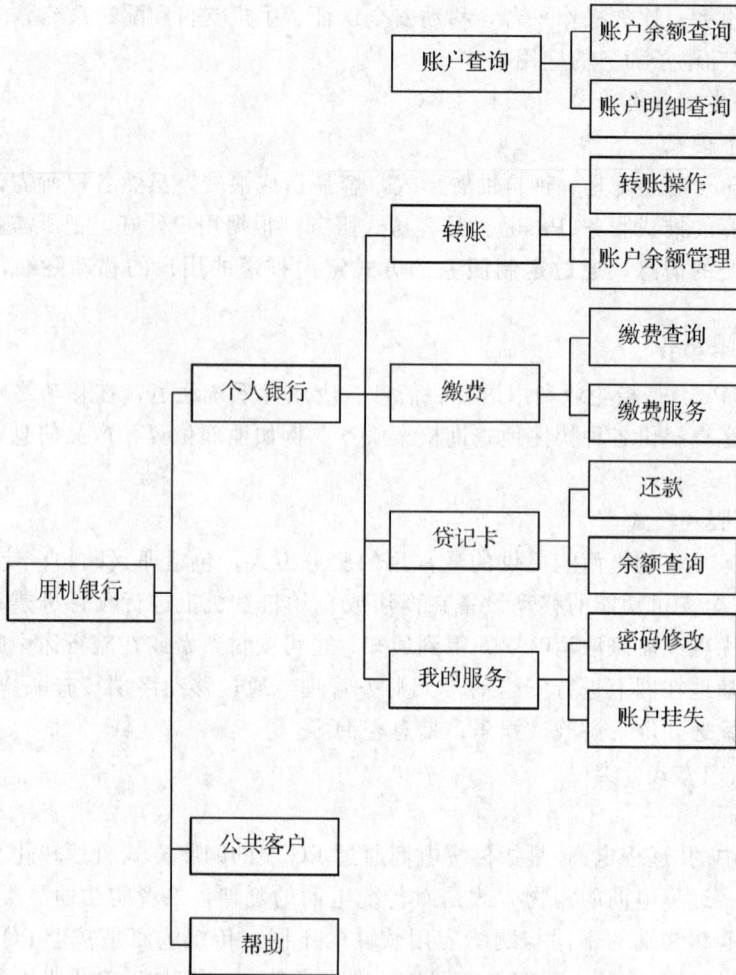

图 9-3 手机银行的部分功能架构图

移动搜索：即利用手机等移动终端设备，通过 SMS、WAP、IVR 等多种接入方式进行搜索，实现移动通信网络与 Internet 的对接，以获取站点信息、移动增值服务内容及本地服务等数据信息的一种方式。它能根据移动用户的需求特点提供个性化、地域化、智能化的信息搜索。移动搜索可以根据用户终端位置显示，通过与移动定位服务的紧密结合，为用户提供更有针对性的产品。在搜索方式上主要采用 WAP 搜索、SMS 搜索、语音搜索等几种方式。

移动支付：即通过移动终端实现电子货币与移动通信业务的结合，是一项跨行业的服务。按业务模式可以分为电话账单交费、手机银行、手机钱包、手机信用平台四类。

移动二维码：利用手机等移动终端作为二维码识读设备，在安装二维码识别软件后，通过手机摄像头扫描二维码或输入二维码下的号码、关键字实现快速手机上网，进行下载图文、视频、获取优惠券、参与抽奖、了解企业产品信息等活动。

移动即时通信：用户通过手机终端方便的与他人以短信、移动 Internet 来进行即时的信息交流（移动 QQ、移动 MSN）。

移动电邮：用户通过手持终端在任何时间、任何地点收发电子邮件。

移动股市：通过移动股市提供中文菜单界面进行股票交易。

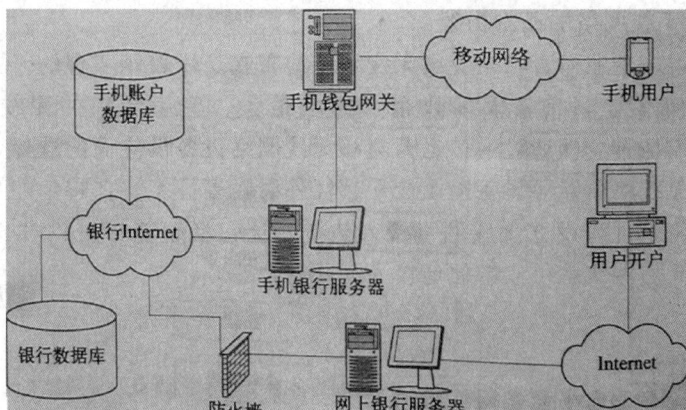

图 9-4　手机钱包系统

②企业应用领域

移动电商在 B2B 领域的应用其实更为广泛。目前，移动电商在企业领域的应用功能主要包括移动支付、移动 OA、移动 CRM、移动 ERP、移动 SCM、移动营销、移动物流调配等。归结起来，企业领域的应用模式可以表现为以下两种模式：

辅助企业移动电子商务活动：通过无线网络随时随地访问企业的网站或企业其他的无线应用。如汇总销量、价格信息，处理订单、查询当前库存；回复电子邮件、安排会议。

建立企业移动信息化平台：通过建立在移动信息化平台上的移动电子商务应用，可以在货场、运输过程中、商场随时获取到产品信息（产品数量、品质、库存、销售情况等）。这些信息通过移动设备传送到管理中心，进行数据存储和分析，并与企业的其他系统（如 ERP、CRM、MIS、SCM 等系统）进行数据交换。

任务扩展

假如你就是小伟，请你选择一款手机地图软件，以移动商圈模式为设计主题，规划出来该软件的移动电子商务功能架构，重点放在功能内容描述和主业务流程设计方面。注意手机地图现有主要功能的合理移植与移动商圈平台性的合理体现。

任务二　布置移动电商网络环境

任务分析

1. 移动电商的网络环境与传统电商有何不同

传统电子商务又称之为"有线电子商务"。顾名思义，传统电商活动开展的网络环境是需要通过固定的网线布局将各种核心设备、网络连接设备和工作站设备进行互联构建起来的。而移动电子商务的网络环境属于无线网络环境。工作站接入网络是无须通过网线的。除此之外，移动电子商务的网络环境相比于传统电商也更为复杂。因为移动电商还涉及无线通信网络和移动通信技术的介入，以及 RFID、Bluetooth 技术的运用。最后，移动电商网络环境的面对的安全问题也更为复杂，需要制定更高级别和更加严密的网络安全防护措施。

2. 如何布置无线网络的基本构架

对于目前的很多企业而言，企业级无线网络的布置是比较难实现的。更多地体现为小型无线局域网的布置。目前，大多数企业需求最大、应用最广的无线网络类型就是WPAN 和 WLAN 两种。即通过通信运营商和无线网络设备供应商的选择，主要借助小型无线通信基站、无线路由器等设备以及蓝牙、红外射频等技术，在特定的小范围区域内布置合理的无线网络组件，设立无线网络接入热点，让包括智能手机、PDA、PAD 等各种形式的移动终端无需网线就可以方便地接入互联网。

任务实施

阶段一　设计移动电子商务网络结构

步骤 1　提出移动电商网络设计思路

要设计一个思路清晰的电子商务网络结构，可以从以下方面开展工作：

(1)明确用户对移动电商网络在配置等级、数量、性能、扩展等方面的基本要求；

(2)明确移动电商网络需要哪些设备的支持，以及各类设备都需要多少数量，以及核心设备位置、主要设备连接形式和连接端口类型。

步骤 2　提出移动电商网络构建步骤

设计思路明确之后，需要提出网络构建步骤，编排相关设备的连接。

步骤 3　绘制移动商务网路拓扑图

即通过平时工作积累和截取专业绘图工具图元库获取图元素材，选择如 Microsoft Visio 等的网络拓扑图绘制工具，并按照指定步骤绘制电子商务网络拓扑图。

阶段二　选配移动电商网络设备

步骤 1　提出移动电商网络设备配置方案

移动电商网络设备配置方案具体应从以下方面提出：

(1)移动电商网络要求与设计思路概述；

(2)网络设备基本配置规格说明；

(3)网络设备配置数量说明；

(4)网络设备购置方式与提供商说明；

(5)网络设备配置总体预算。

步骤 2　制作移动网络设备选购表或租用申请

移动电商所需网络设备与传统电商活动有较大不同，涉及面更广，购置方式更加多样化。因此，企业需要根据设备配置方案中有关购置方式的说明制作选购表或租用申请，向相应的设备提供商或网络运营商提交。尤其是在无线基站租用和通信信道、码号资源租用方面，更要遵守严格的规定进行。

步骤 3　与提供商洽谈，选购或租用相应的移动电商网络设备

在具体选购或租用的操作过程中，一定要注意如下问题：

(1)设备如何提供安装、测试，周期多长；

(2)有无售后服务条款，如何规定；

(3)对于基于网络设备的二次开发或扩展如何说明，维修保养如何规定；

(4)租用期限到期后如何续约。

阶段三　布置移动电商应用网络

步骤1　准备工作

具体工作可以从以下两方面进行：

(1)考察网络分布地理范围以及核心设备的放置位置；

(2)放置移动电商网络的核心设备。

步骤2　布置移动电商网络

我们以企业构建移动信息化商务平台为应用模式，在办公楼内布置无线网络为例，具体应开展如下方面的工作：

(1)部署无线交换机。即按照拓扑结构选择合理的部署层级与方式；

(2)将无线交换机接入企业网络，设置统一的WLAN；

(3)测试单个无线交换机和跨无线交换机的各层级切换漫游；

(4)根据无线频道分布图，选择无线天线，部署无线AP；

(5)在移动终端安装并设置无线网络应用程序；

(6)对无线网络进行安全设置；

(7)全面进行无线网络的性能测试；

(8)正式开通无线网络应用。

如果级别更小的办公室无线网络设置，则可通过无线路由器进行WiFi热点来实现。

阶段四　制定移动电商网络维护方案

移动电商网络构建完成后，管理维护工作还需要依靠一系列制度规范的指导。具体方案的制定可以参照传统电商网络维护方案进行。

知识要点

1. 移动通信技术

1.1　第一代移动通信技术

第一代移动通信技术（1G）。1982年，美国推出了Advanced Mobile Phone System（AMPS）。这个标准的推出受到了用户们的普遍欢迎，用户量大增。现在所指的1G就是AMPS。第一代移动通信系统最重要的特点体现在移动性上，这是其他任何通信方式和系统不可替代的，从而结束了过去无线通信发展过程中时常被其他通信手段替代而处于辅助地位的历史。

1.2　第二代移动通信技术

第二代移动通信技术（2G）。为了满足人们对传输质量、系统容量和覆盖面的需求，第二代移动通信也随之产生。第二代移动通信系统主要有欧洲的GSM、数字高级移动电话系统DAMPS或TDMA、码分多址CDMA技术等，我国广泛应用的是GSM系统。2G使用了数字技术，其主要特性是为移动用户提供数字化的语音业务以及高质低价服务。第二代移动通信具有保密性强、频谱利用率高、能提供丰富的业务、标准化程度高等特点，使移动通信得到了空前的发展。

1.2.1　GSM移动通信系统

GSM数字移动通信系统是由欧洲主要电信运营者和制造厂家组成的标准化委员会设

计出来的，在蜂窝系统的基础上发展而成。GSM 系统主要由移动台(MS)、基站分系统(BSS)、网络子系统(MSS)和操作与维护分系统(OSS)组成。GSM 结构图如图 9-5 所示。

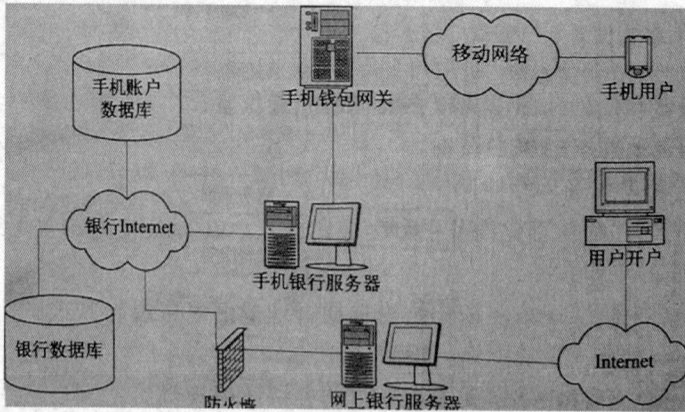

图 9-5　GSM 的系统结构图

(1)移动台(MS)

移动台是公用移动通信网中用户使用的设备，也是整个移动通信系统中用户能够直接接触的唯一设备。它是 GSM 系统的移动客户设备部分，由移动终端和用户识别卡(Subscriber Identity Module，SIM)组成。SIM 卡中存有用户身分认证所需的信息，并能执行一些与安全保密有关的信息。移动设备只有插入 SIM 卡后才能进网使用。

(2)基站分系统(BSS)

BSS 包含 GSM 数字移动通信系统中无线通信部分的所有地面基础设施，它一端通过无线接口直接与移动台实现无线连接，另一端又连接到网络端的交换机，为移动台和交换子系统提供传输通路。BSS 由基站控制器(BSC，Base Station Controller)和基站收发信台(BTS，Base Transceiver Station)两部分组成。

(3)网络子系统(NSS)

包括移动交换中心(MSC)、归属位置寄存器(HLR)、拜访位置寄存器(VLR)、认证中心(AUC)、设备标志寄存器(EIR)。移动交换中心是 GSM 网络系统的核心，是 GSM 移动通信系统与其他通信网之间互联的接口。HLR 既是一个静态数据库，用来存储本地用户的数据信息，又是一个定位数据库，用来存储用户访问位置寄存器的数据信息。VLR 是存储本地区动态用户数据的 数据库，通常为一个 MSC 控制区服务。AUC 为每个用户设置了一个密钥，认证移动用户身份及产生相应认证参数的功能实体。EIR 实现对移动设备的识别、监视、闭锁等功能，确保移动设备的唯一性和安全性。

(4)操作与维护分系统(OSS)

操作与维护分系统是操作人员与设备之间的中介，其中的主要网元是操作维护中心(OMC)，它实现了对移动通信系统的 BSS 和 NSS 的集中操作与维护，它一侧与网络设备相连，另一侧则是作为人机接口的工作站。

1.2.2　IS—95 CDMA 蜂窝通信系统

1993 年 7 月，美国电信工业协会(TIA)将 CDMA 定为美国数字蜂窝的临时标准 IS—95。由于 CDMA 系统具有抗干扰性强、保密性好、容量高等优点，许多国家都觉得 CDMA 有很大的应用前景，纷纷引进了这项技术。

CDMA 由移动交换中心（MSC）、基站系统（BBS）、移动台（MS）、管理维护中心（OMC）以及公共市话网（PSTN）和综合业务数字网（ISDN）等组成。CDMA 结构如图 9-6 所示。这些部分的功能与 GSM 系统的一样。

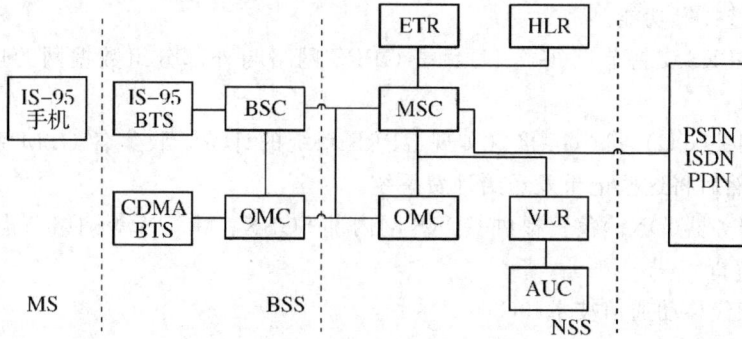

图 9-6　CDMA 的系统结构图

1.3　第 2.5 代动通信技术

第 2.5 代动通信技术即 GPRS 技术。GPRS 是通用分组无线业务（General Packet Radio Service）的英文简称，是在现有的 GSM 网络基础上增加 GPRS 业务支持节点以及 GPRS 网点支持节点形成的一个新的网络实体，提供端到端的、广域的无线 IP 连接，目的是为 GSM 用户提供分组形式的数据业务。

GPRS 是一种新的移动数据通信业务，在移动用户和数据网络之间提供一种连接，为移动用户提供高速无线 IP 服务。GPRS 网络分为两个部分：无线接入和核心网。GPRS 提供了一种高效、低成本的无线分组数据业务，特别适用于间断的、突发性的和频繁的、少量的数据传输，可以应用于数据传输、远程监控等方面，也适用于偶尔的大数据量传输。GPRS 网络结构如图 9-7 所示。

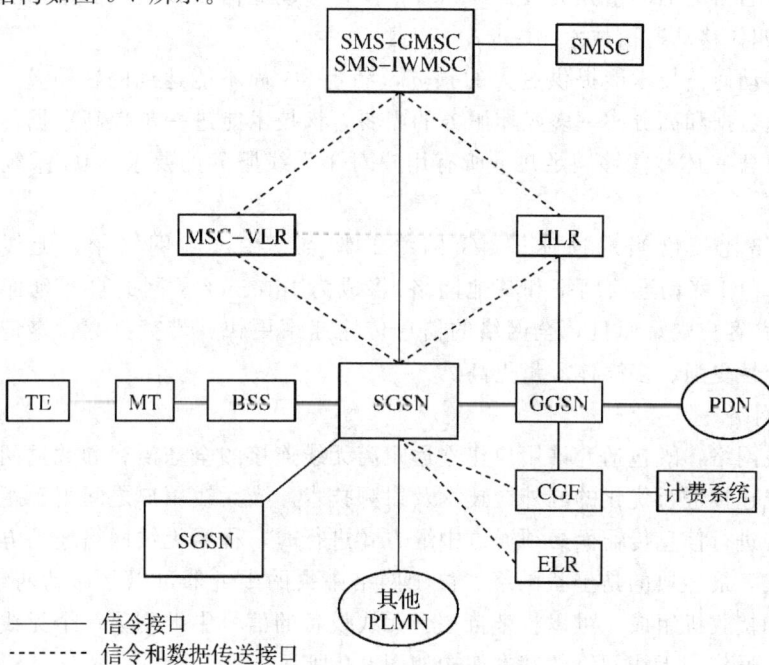

图 9-7　GPRS 系统结构图

GPRS 系统的基本网络结构：

(1)移动台(MS)是用户使用的设备，由移动终端(MT)和终端单元(T E)构成。

(2)服务 GPRS 支持节点(SGSN)主要负责记录移动台的当前位置的信息，有执行移动性管理和路由选择等功能。

(3)网关 GPRS 支持节点(GGSN)负责 GPRS 网络与外部分组数据网的连接，并提供必要的传输通路。

(4)计费网关(OG)通过 Ga 接口实现 GPRS 系统的计费，收集各 GSM 系统发送的计费数据记录，然后将这些记录发送给计费系统。

(5)域名服务器(DNS)负责提供 GPRS 网内部 SGSN、GGSN 等网络节点的域名解 析以及 APN 的解析。

1.4　第三代移动通信技术(3G)

第三代移动通信，即国际电信联盟(ITU)定义的 IMT——2000(International Mobile Telecommunication——2000)，简称 3G。3G—般地讲是指将无线通信与国际因特网等多媒体通信结合的新一代移动通信系统。2000 年 5 月，国际电信联盟确定了 WCDMA、CDMA2000 与 TD-SCDMA 作为第三代移动通信的三大主流无线接口标准。

WCDMA 是通用移动通信系统(UMTS)的空中接口技术，接入方式为 IMT-DS，核心网络基于 GSM/GPRS，所以许多 WCDMA 的高层协议和 GSM/GPRS 基本相同或相似。

CDMA2000 是在 IS-95 基础上的进一步发展，它对 IS-95 系统有向后兼容性，为了支持分组数据业务，核心网络在 ANSI-41 网络的基础上，增加了支持分组交换的部分，并逐步向全 IP 的核心网过渡。

TD-SCDMA(Time Division-Synchronous Code Division Multiple Access，时分同步的码分多址技术)作为中国提出的 3G 标准，是我国第一个具有完全自主知识产权的国际通信标准，是我国通信史上的重大突破，标志着中国在移动通信领域进入了世界领先之列。

1.5　第四代移动通信技术(4G)

第四代移动通信技术能提供更大的频宽，满足 3G 尚不能达到的在覆盖、质量、造价上支持的高速数据和高分辨率多媒体服务的需要。该技术能进一步提高数据传输速度，集 3G 与 WLAN 于一体并能够满足几乎所有用户对于无线服务的要求。4G 系统的网络结构如图 9-8 所示。

全 IP 网络比较恰当地描述了 4G 网络的特点。在这个网络中，无线网络(包括 WLAN，2G，3G 移动通信网络和其他网络)将成为 Internet 子网的自然延伸，移动终端是可激活的 IP 客户端。而且，全网络的信息传输速率更快、带宽更宽、容量更大、智能性更高、兼容性更强、多媒体质量更高。

2. 无线网络

所谓无线网络，既包括允许用户建立远距离无线连接的全球语音和数据网络，也包括为近距离无线连接进行优化的红外线技术及射频技术。当无线用户之间由于距离或其他原因，不能直接进行信息传输而必须通过中继方式进行时，称为无线网络通信方式。网络可以有多种形式，最经典的是星状网络。位于网络中央的中继器可以是移动网络中的基站，它由发射机和接收机组成，可以将来自一个无线设备的信号中继到另一个无线设备，保证网络内的用户通信。无线网络的基本架构如图 9-9 所示。

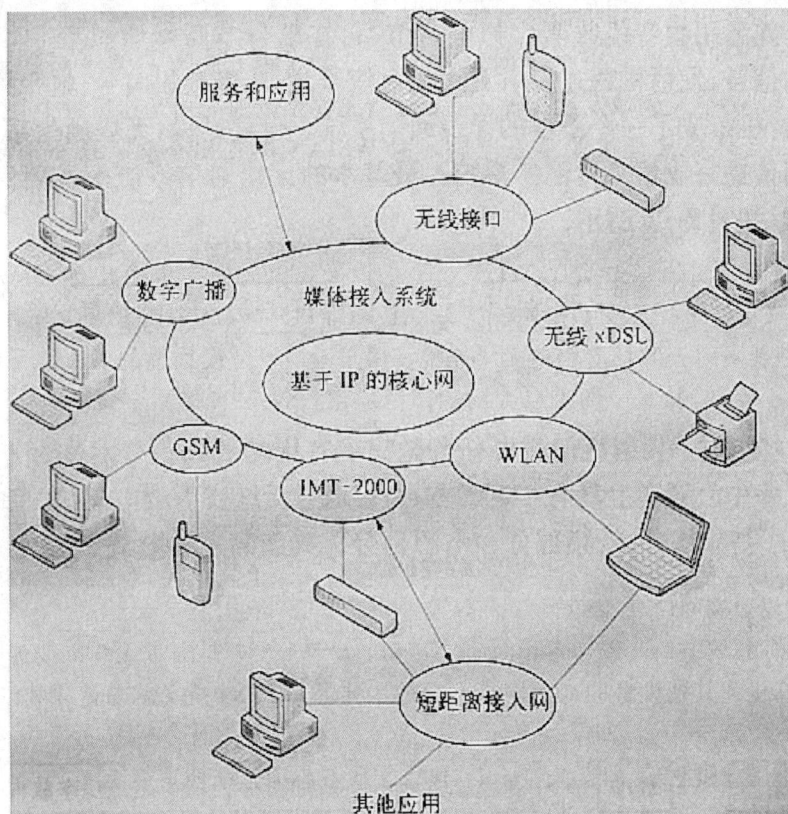

图 9-8 4G 系统的网络结构

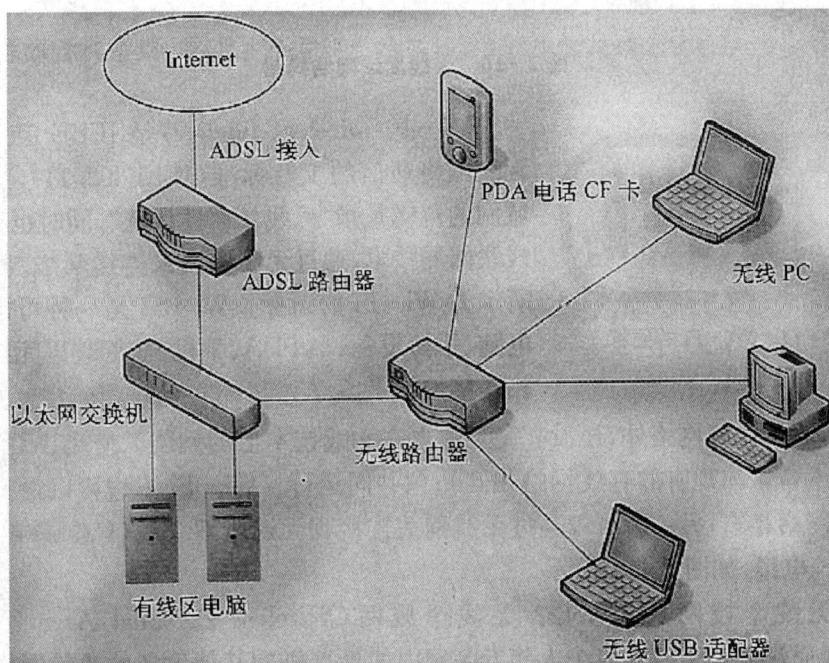

图 9-9 无线网络的架构

整个无线网络可以划分为四个范畴：无线广域网（WLAN）、无线城域网（WMAN）、无线局域网（WLAN）和无线个域网（WPAN）。从范畴上来看，无线网络目前只是在 WLAN 领域和 WPAN 领域发展比较成熟，后者是在小范围内相互连接数个装置所形成的无线网络，如蓝牙连接耳机及掌上电脑。而 WMAN 刚提出不久，还有很多问题尚未解决。

2.1 无线局域网（WLAN）

无线局域网（Wireless LAN，WLAN）是指以无线电波作为传输媒介的局域网。无线局域网包括三个组件：无线工作站、无线 AP 和端口。WLAN 技术可以使用户在公司、校园、大楼或机场等公共场所创造无线连接，用于不便于铺设线缆的场所。目前，无线局域网主要使用 Wi-Fi 技术。随着以太网的广泛应用，WLAN 能在一定程度上满足人们对移动设备接入网络的需求。WiFi（wireless fidelity）是 IEEE 定义的一个无线网络通信的工业标准（IEEE802.11），在无线局域网的范畴是指"无线相容性认证"，同时也是一种无线联网的技术，通过无线电波来连接网络。WiFi 是一种可以将个人电脑、手持设备（如 PAD、手机）等终端以无线方式互相连接的技术。

2.2 无线个域网（WPAN）

无线个域网（Wireless Personal Area Network，WPAN）是通过无线电波连接个人邻近区域内的计算机和其他设备的通信网络。目前主要的 WPAN 技术就是蓝牙和红外通信。

（1）蓝牙

蓝牙技术是由爱立信、IBM、Intel、Nokia 和东芝等五家公司于 1998 年 5 月共同提出开发的一种全球通用的无线技术标准。蓝牙是一种替代线缆的短距离无线传输技术，使特定的移动电话、笔记本电脑以及各种便携式通信设备能够相互在 10 米左右的距离内共享资源。

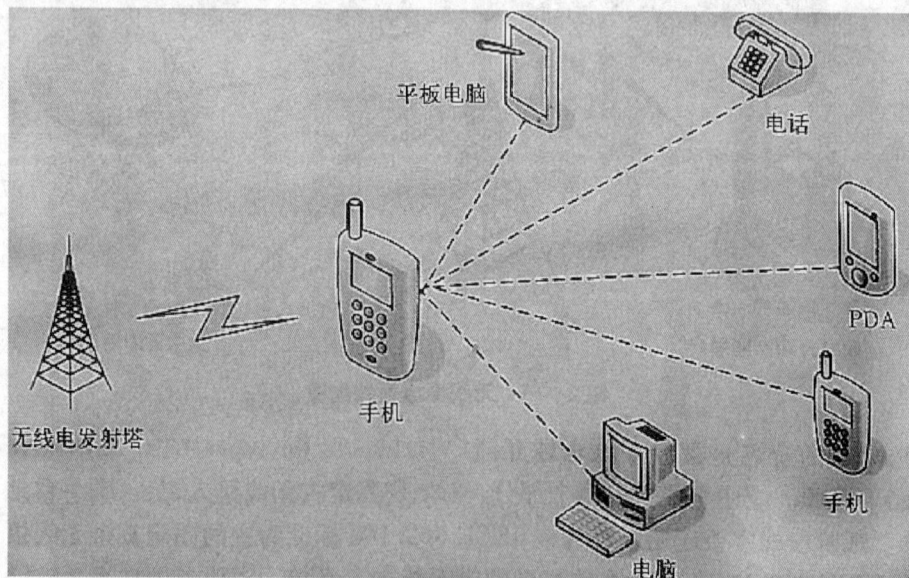

图 9-10　蓝牙传输图

蓝牙有很多优点，成本低，通信安全性高，可以在办公室内短距离任意传输；蓝牙具备自动发现能力，使用户能够通过很简便的操作界面访问设备；跳频技术使蓝牙系统具有足够高的抗干扰能力。

（2）红外通信

红外通信顾名思义就是通过红外线进行数据传输的无线技术，利用红外线技术在电脑或其他相关设备间可以进行无线数据交换。目前，无线电波和微波已被广泛地应用在长距离的无线通信中，但由于红外线的波长较短，对障碍物的衍射能力差，所以更适合应用在需要短距离无线通信的场合，进行点对点的直线数据传输。随着移动计算和移动通信设备的日益普及，红外数据通信已经进入了一个发展的黄金时期。目前，红外通信在小型的移动设备中获得了广泛的应用，包括笔记本电脑、掌上电脑、游戏机、移动电话、仪器仪表、MP3、数码相机以及打印机之类的计算机外围设备等。

2.3　无线城域网（WMAN）

无线城域网（Wireless Metropolitan Area Network，WMAN）采用无线电波使用户在主要城市区域的多个场所之间创建无线连接，而不必花费高昂的费用铺设光缆、电缆和租赁线路。IEEE为无线城域网推出了802.16标准，同时业界也成立了类似WiFi联盟的WiMax论坛。

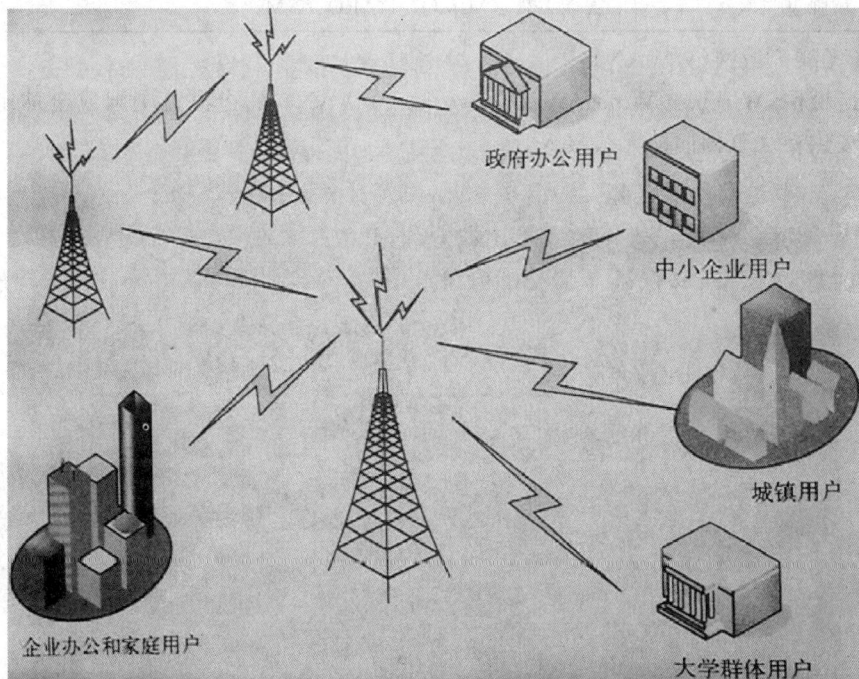

图 9-11　无线城域网结构图

WiMax的全名是微波存取全球互通（Worldwide Interoperabiiby for Microwave Access），WiMax应用主要分成两个部分：一个是固定式无线接入，另一个是移动式无线接入。现阶段的主要应用系统为以IEEE802.16d标准为主的固定宽带无线接入系统和以为IEEE802.16e为主的移动宽带无线接入系统。主要参数如表9-1所示。WiMax也有自身的许多优势：实现更远的传输距离；提供更高速的宽带接入，提供优良的"最后一公里"网络接入服务；提供多媒体通信服务；应用范围广。

表 9-1　WiMax 系统主要参数

参数	移动式无线接入	固定宽带无线接入
技术标准	802.16e	802.16d
带宽(MHz)	1.25~20	1.75~20
频段(GHz)	2~6	2~11
移动性	中低车速(120 km/h)	固定或漫游
传输技术	多载波、OFDMA	多载波、OFDM
峰值速率(Mb/s)	15(5 MHz)，30(10 MHz)	75(20 MHZ)
小区间切换	支持	不支持
调制方式	上行：BPSK，QPSK，16QAM；下行：BPSK、QPSK，16QAM，64QAM	
多地方式	OFDMA	
双工方式	TDD，FDD	
增强型技术	智能天线、MIMO、HARQ、AMC	

2.4　无线广域网(WWAN)

无线广域网(Wireless Wide Area Network，WWAN)是指覆盖全国或全球范围的无线网络，提供更大范围内的无线接入。

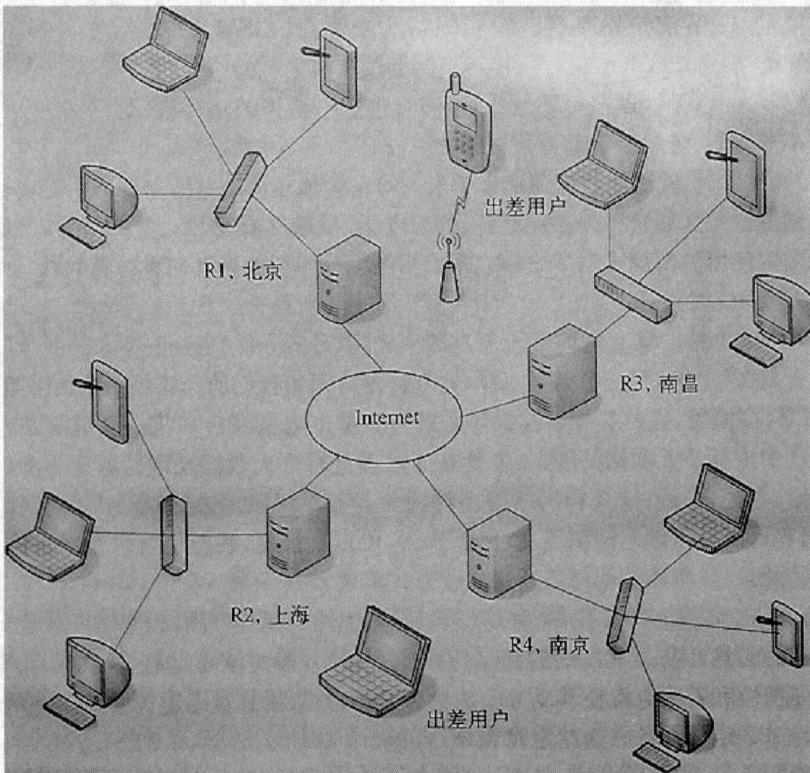

图 9-12　基于 Internet 的无线广域网

IEEE 802.20 是 WWAN 的重要标准，是由 IEEE 802.16 工作组于 2002 年 3 月提出的，并为此成立了专门的工作小组，这个小组 2002 年 9 月独立为 IEEE 802.20 工作组。IEEE 802.20 是为了实现高速移动环境下的高速率数据传输率，以弥补 IEEE802.1x 协议族在移动性上的劣势。IEEE 802.20 技术可以有效解决移动性与传输速率相互矛盾的问题，是一种适用于高速移动环境下宽带无线接入系统空中接口规范。

任务扩展

假如你就是小伟，请你以企业用户身份到当地的联通、电信和移动公司进行实地调研活动。内容围绕企业申请移动互联网应用和无线网络布置进行。尽可能收集到更多有用的资料，并将调研结果形成书面报告。

任务三　建设移动电子商务系统平台

任务分析

1. 移动电商系统平台的建设需要考虑哪些因素

移动电商系统平台的建设主要需要考虑如下几个方面的因素：首先，是移动电商系统运行基于哪种操作系统环境。目前，应用于移动电商终端的操作系统有 iOS、Android、Windows Mobile、Symbian 四种。其次，移动电商系统开发需要搭建哪些中间件平台。移动中间件介于操作系统与移动应用的中间位置，其最大的作用就是屏蔽了底层网络的复杂性，为移动应用程序的开发和运行提供了一个完全支撑。最后，移动电商系统开发需要运用哪些程序语言。适用于移动电商系统的程序语言其实并不多，包括传统的 C、C++、JAVA，也包括专门适用于移动终端的 HTML5、WML 等。

2. 移动电商系统平台如何与传统电商系统平台建设结合

应该说，移动电商活动是对传统电商活动的有益补充。而且它更加适应电子商务对于便捷性、互动性、扩展性等方面的要求。移动电商系统平台除了要兼顾传统电商以站点为门户、各种商务应用系统为主体的建设模式之外，还需要考虑如何将移动通信系统的优势借鉴融合过来，例如，将语音、短信、流媒体、邮件、即时通信等多位一体的"统一通信模式"系统平台与移动互联网应用系统平台结合起来进行建设。

任务实施

阶段一　配置应用系统开发基本环境

步骤 1　认识移动电商应用程序开发的操作系统环境

由于不同移动终端操作系统提供的开发和运行环境不同，因此，这是开发移动电商应用程序的基础前提。具体工作可以从如下几个方面进行：

(1)了解用户移动终端的操作系统类型，明确系统未来运行的主要环境需求；

(2)获取相关资料，认真学习操作系统环境配置的内容与步骤。

步骤 2　搭建基于操作系统的开发环境

以 Android 操作系统为例，搭建应用程序开发环境需要完成如下工作：

（1）安装 JDK，注意安装版本应在 1.5＋以上，安装完成后打开命令符模式，输入 javac，如果出现下图所示界面，即表明安装成功。

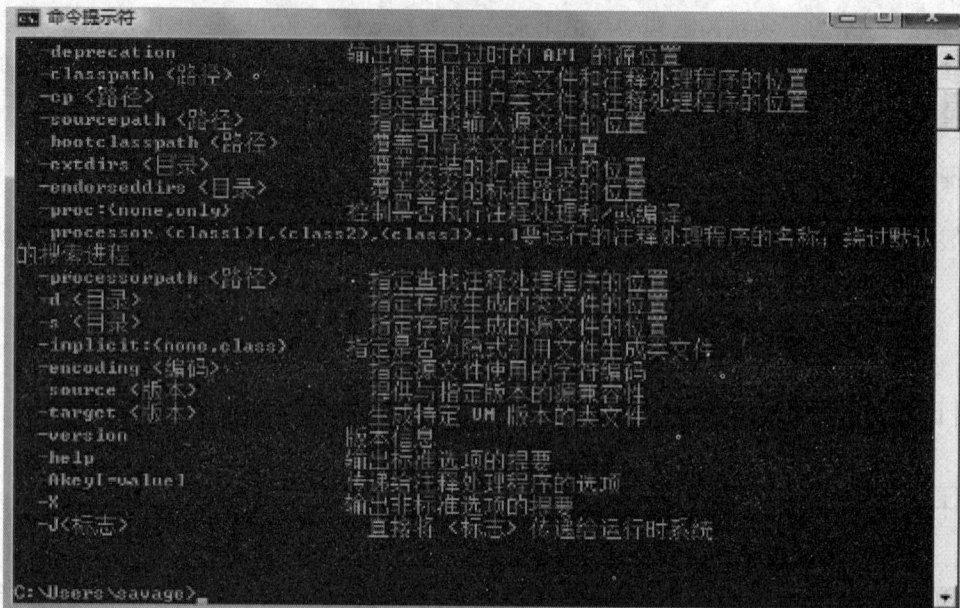

图 9-13　JDK 安装成功示意图

（2）安装 Eclipse。

（3）安装 Android SDK。

（4）安装 ADT。

阶段二　开发应用程序

由于程序开发过程表述复杂，具体过程在此不再赘述。

知识要点

1. 移动电商操作系统

目前，应用于移动电商终端的操作系统有 iOS、Android、Windows Mobile、Symbian 四种。

1.1　iOS

iPhone OS 或 OS X iPhone 是由苹果公司为 iPhone 开发的操作系统。它主要是给苹果公司旗下的各款产品专门配套使用的。原本这个系统名为 iPhone OS，直到 2010 年 6 月 7 日 WWDC 大会上宣布改名为 iOS。

iOS 的系统架构分为四个层次：核心操作系统层（the Core OS layer），核心服务层（the Core Services layer），媒体层（the Media layer），可轻触层（the Cocoa Touch layer）如图 9-13 所示。

Core OS：提供了整个 iPhone OS 的一些基础功能。

Core Services：为所有应用提供基础系统服务，提供言日历和时间管理等功能。

Media：提供了图像、音频、视频等多媒体功能。

Cocoa Touch：开发 iPhone 应用的关键框架，呈现应用程序界面上的从最初的 iPhone OS，演变至最新的 iOS 系统，横跨 iPod touch、iPad、iPhone，成为苹果最强大的操作系

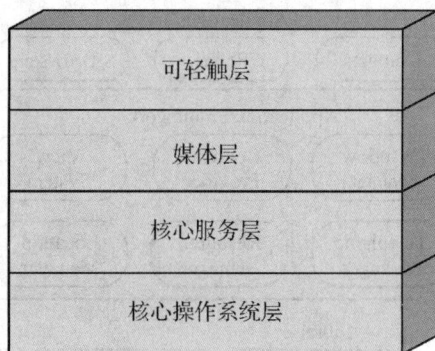

图 9-14 iOS 的系统架构

统，能给用户带来极佳的使用体验。

1.2 Android 操作系统

Android 是 Google 于 2007 年 11 月 5 日宣布的基于 Linux 平台的开源手机操作系统，该平台由操作系统、中间件、用户界面和应用软件组成，图 9-15 显示的是 Android 操作系统的主要组件。

Android 系统架构由五部分组成，分别是：Linux Kernel、Android Runtime、Libraries、Application Framework、Applications。

（1）Linux Kernel(Linux 内核)

Android 的核心系统服务依赖于 Linux2.6 内核，如安全性、内存管理、进程管理和驱动模型。Linux 内核也同时作为硬件和软件栈之间的抽象层。除了标准的 Linux 内核外，Android 还增加了内核的驱动程序：Binder(IPC))驱动、显示驱动、输入设备驱动、音频系统驱动、摄像头驱动、WiFi 驱动、蓝牙驱动、电源管理。

（2）Android Runtime(Android 运行库)

Android 的核心类库提供 Java 编程语言核心库的大部分功能。每个 Android 应用都运行在自己的进卷上，享有 Dalvik 虚拟机 为它分配的专有实例。Dalvik 虚拟机依赖于 Linux 内核的一些功能。

（3）Libraries 程序库

Android 包含一套 C/C++ 针库，Android 系统的各式组件都在使用这些库。这些功能通过 Android 应用框架为开发人员提供服务。

（4）Application Framework(应用框架)

在 Android 系统中，开发人员也可以完全访问核心应用程序所使用的 API 框架。其中包括：视图(Views)、内容提供器(Content Provider)、资源管理器(Resource Manager)、通知管理器(Notification Manager)和活动管理器(Activity Manager)等。

（5）Applications(应用程序)

Android 会和一系列核心应用程序包一起发布，该应用程序包括 E-mail 客户端、SMS 短消息程序、日历、地图、浏览器、联系人管理程序等。所有的应用程序都是使用 JAVA 语言编写的。

由于 Android 手机系统是开放的，服务是免费的，使用 Android 手机的人也就越来越多，Android 在中国的前景十分广阔。

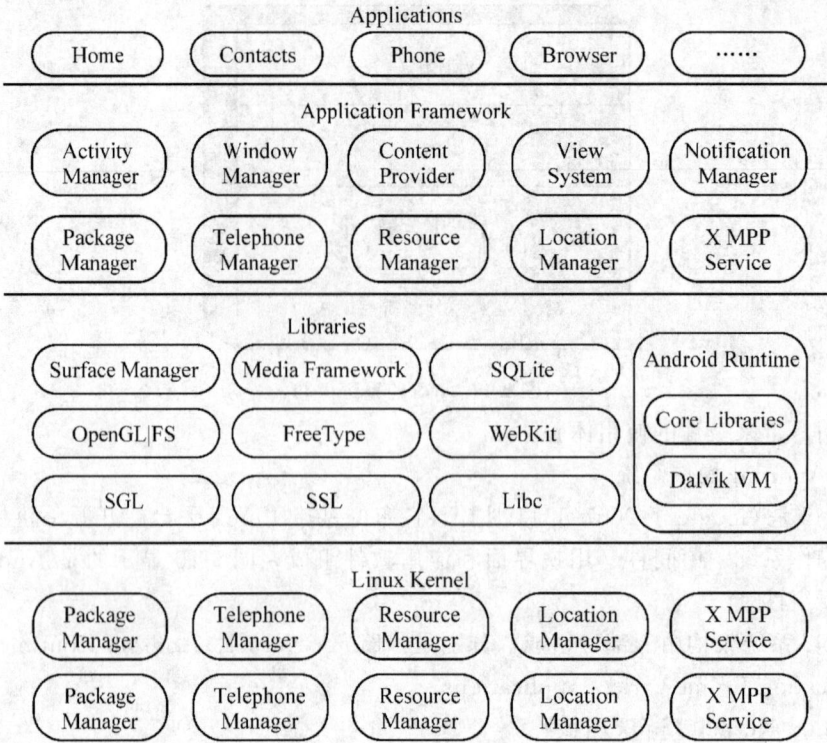

图 9-15 Android 系统架构

1.3 Windows Mobile 系统

Windows Mobile 是微软为手持 PC 开发的通用操作系统，是开放的、可裁剪的、32 位的实时嵌入式窗口操作系统。Windows Mobile 系列操作系统主要包括 Pocket PC、SmartPhone。Windows Mobile 软件架构如图 9-16 所示。

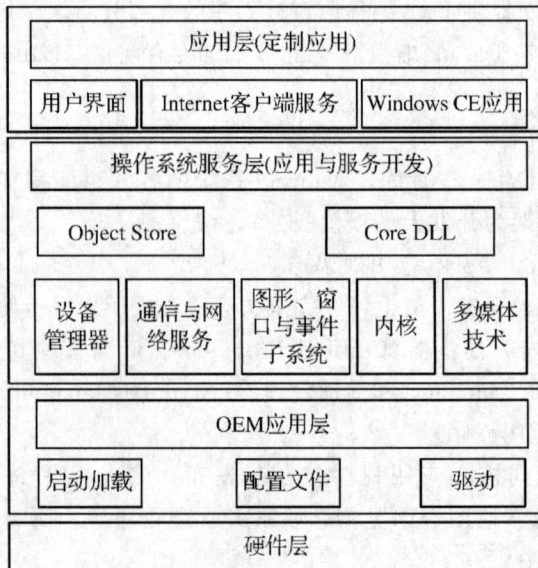

图 9-16 Windows Mobile 软件架构

　　Windows Mobile 软件分为四层：硬件层(存储和运行操作系统的存储单元)、OAL 层(建立操作系统与外部设备的通信)、操作系统服务层(提供操作系统的服务)和应用 层(实现网络客户端、应用个性化等)。

　　相比其他智能手机操作系统，Windows Mobile 的缺点在于其操控显得更复杂，系统运行速度比较慢。比起 iPhone、Android 等产品，同样采用触摸屏操作的 Windows Mobile 手机在操控体验方面差距明显。

1.4　Symbian 操作系统

　　Symbian 操作系统是 Symbian 拥有的、专用于手机应用软件开发平台。Symbian 是一个实时性、多任务的纯 32 位操作系统，具有功耗低、内存占用少等特点，非常适合手机等移动设备使用。Symbian 软件架构模型如图 9-17 所示。

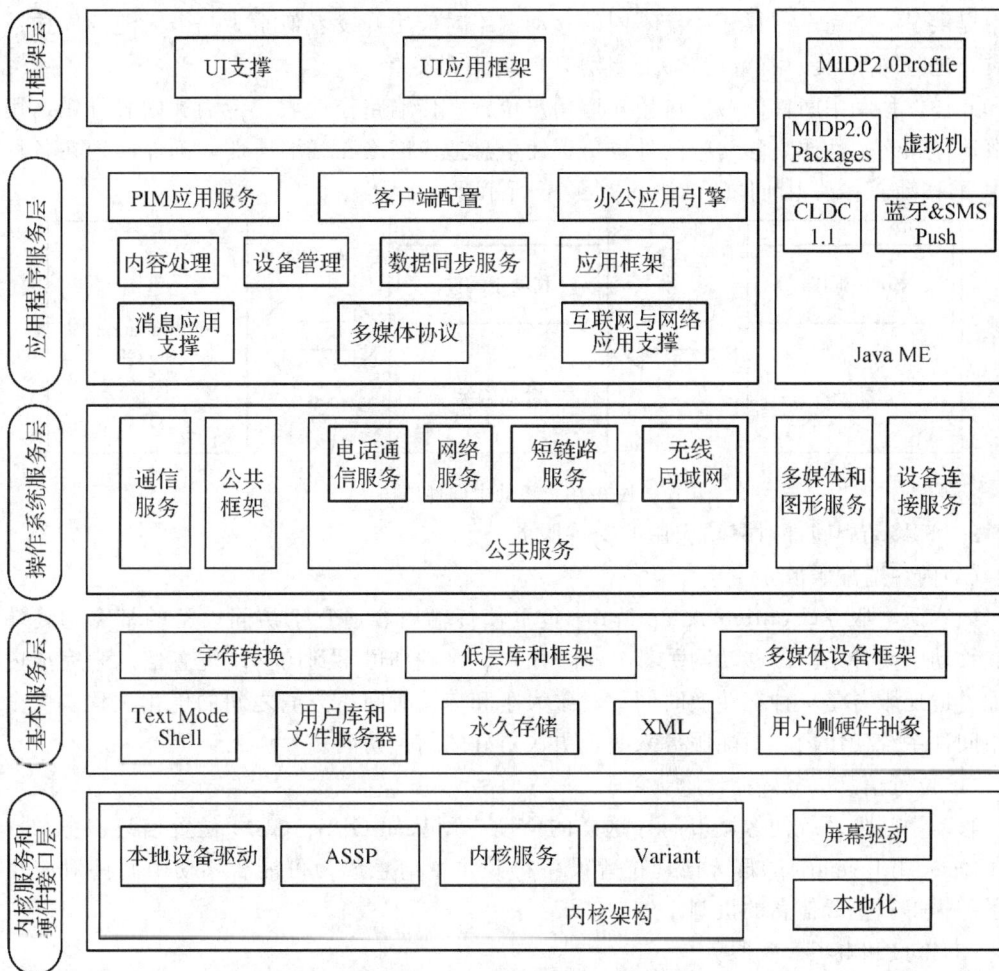

图 9-17　Symbian 软件架构模型

　　Symbian 操作系统由 UI 框架层(为构建用户提供了框架和库)、应用程序服务层 (为 Symbian 操作系统的应用程序提供独立于用户界面的支持)、操作系统服务层(提供服务器、框架和库)、基本服务层(提供用户端的最底层的服务)、内核服务和硬件接口层(包含操作系统内核本身，抽象了底层的硬件接口组件)组成。

由于诺基亚一直将 Symbian 作为其智能手机产品的唯一操作系统，但随着 iPhone、Android 这两种操作系统的兴起，Symbian 在用户体验方面已经落后。

2. 移动中间件

移动中间件是伴随着网络技术、通信技术、嵌入式操作系统和中间件技术的发展和融合而出现的新兴技术，是当前移动数据业务、3G、4G 业务及广大智能终端增值业务的关键共性技术。移动中间件为使包括计算机、笔记本电脑、手机、PAD、电话、家电、汽车等在内的终端具有增值应用能力带来了革命性的推动力量。它使广大终端具有了越来越强的智能处理能力，在彻底改变传统以计算机为主的计算体系的基础上，全面提升终端价值，创造更多的终端增值应用。

移动中间件介于操作系统与移动应用的中间位置，屏蔽了底层网络的复杂性，为移动应用提供了一个完全支撑环境。不同的移动网络对应用开发者似乎为一个无缝的同构通信媒质，这些网络对应用（或用户）的差别只是 QoS 的变化。

此外，移动中间件能够使应用知道用户位置，传输路径性质，传输和内容开销，用户参数选择和终端性质。移动中间件也负责使信息适应网络和终端属性并确保应用在各种网络中 的移动。移动中间件的结构如图 9-18 所示。

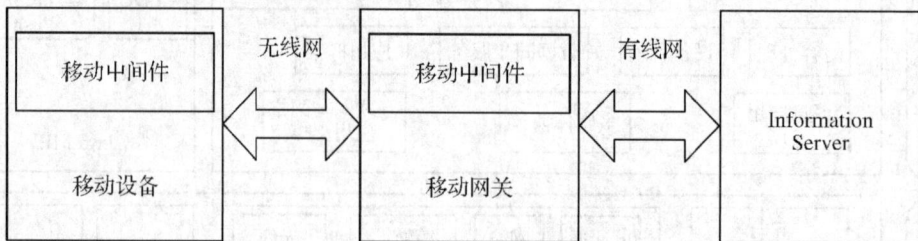

图 9-18　移动中间件结构

2.1　移动中间件对移动应用的支持服务

（1）内容适配服务

内容适配服务（Content Adaptation）负责使传输内容适宜于访问设备的带宽和终端特性。移动中间件结构的移动网关部分基于用户、终端和可得到的网络配置信息来完成内容适配。适配服务是一种在转换时间、对象大小和传输时间三方面之间的优化过程。一个移动中间件系统使用内容适配服务来实现更快更好的信息访问。

（2）位置信息服务

移动中间件系统使像城市向导这样的移动应用从如 GPS、GSM 位置信息服务（Location Based Information）群等地理位置设备得到位置信息成为可能。移动中间件对应用隐藏了怎样得到位置信息的机制。

（3）警报和电子商务服务

移动中间件追踪移动用户并决定可用来警报用户的机制。在移动中间件提供的统一的警报方案中，用户不必担心出现在一定网络中特定终端上的警报。今后，用户将能使用各种访问设备和网络，移动中间件将追踪用户向适当设备发送警报。

（4）分布式事务处理

电子商务是当今 Internet 世界最重要的事物之一。随着移动电子银行和电子贸易的普及，移动电子商务将很快变成一个主要的市场驱动力。移动中间件通过支持分布式事务处理（Transaction Processing）使电子商务和应用变得便利。移动网关代表移动用户以一个安全的方式完成交易。移动用户有权发起和确认一项交易。

（5）会话管理

移动中间件处理网络断开并用其他可得到的网络访问机制自动恢复网络连接。移动中间件提供网络适配层以实现在各种数据访问网（如 WLAN、GSM、GPS 和 UMTS 等）上建立连接。会话管理（Session Management）为应用屏蔽底层连接断开。应用的逻辑会话在网络连接丢失和传输断开中被保护。会话管理也提供在单个或多个数据访问网上数据流的复用。

2.2　移动中间件技术的分类

根据研究的侧重点和针对移动中间件需求的不同，大致可以把移动中间件分为了如下几个类型：基于传统中间件的扩展；基于数据共享的移动中间件；基于元组空间（Tuple Spaces）的协调中间件；上下文可感知的移动中间件系统和动态自适应的中间件。

（1）基于传统中间件的扩展

移动中间件是适应于移动计算的中间件。但是，究其本质，它依然与传统意义上的中间件系统并无太大的区别。具有代表性的移动扩展中间件包括如下几类：

① ALICE

ALICE(The Architecture for Location Independent CORBA Environments)是一个位置独立的 CORBA 环境架构。它允许在移动设备上运行的 CORBA 对象，并且可以透明地与固定主机上的 CORBA 对象进行良好的交互通信。ALICE 架构由在固定主机上运行的移动网关构成，而移动网关则实现了完整的 CORBA ORB 所需要的所有功能。同时它也扮演了代理的角色，它可以通过移动网关实现移动主机与固定主机之间的对象调用。其实，移动主机上并不需要实现完整的 ORB，只需实现 ORB 的一个子集 IIOP 即可。AL-ICE 能够保证当移动主机在不同网关之间迁移时，通信连接从一个网关切换到另一个网关并对应用是透明的。这样大大降低了开发者的难度和开发周期。对于地址迁移、连接中断及移动终端的内存受限等问题，ALICE 系统在一定程度上解决了这些针对移动环境的问题，但是 ALICE 架构依赖于固定主机上运行的移动网关，所以对于大多数无线移动计算环境来说，它的适应性相对较弱。

② OpenORB

OpenORB 是一种以基于反射作为基础的开放式的代理中间件系统，很好地实现了在运行过程中根据策略的变化而变化，也就是所谓的动态自适应，实现了一个可配置的中间件系统。但该系统没有提供特别的机制来支持移动计算应用。OpenORB 组件使用组件图来表示复杂的组件绑定间的关系。它是一个通用而灵活的模型，模型要求仔细地处理和管理组件架构。OpenORB 设计为一个通用的中间件支持系统，它通过允许应用检查（通过反射）和适应（通过具体化）下面系统组件的行为来支持系统重新配置。因为如果不进行有效的约束，它极可能导致一些异常情况的发生，如绑定的不一致、潜在的操作死锁。虽然增加了自适应的能力，实验表明采用 OpenORB 的系统其效率还不及 CORBA。并且由于增加了元类和基类层次的分离，OpenORB 比 CORBA 更加复杂，因而 OpenORB 作为移动中间件的解决方案并未取得成功。但其反射思想的应用对于移动中间件的研究具有借鉴作用。

（2）基于数据共享的移动中间件

数据共享的移动中间件非常适用于协作的和信息共享的应用场景。比较有代表性的基于数据共享的移动中间件系统以下几个。

① AdHocFS

AdHocFS 是一种专门为在不异构网络中移动终端间进行协作而设计的中间件系统。它 采用了数据共享模式。在不同的网络环境下，移动终端首先通过 SLP 协议发现其他终端，然后通过第三方发行的数字证书认证彼此的身份信息，验证通过后，即可形成协同工作组。而工作组中的终端共享是通过加密协议来对共享数据空间进行有效加密的。为了很好地维护数据的一致性，AdHocFS 采用一种令牌机制。在这种机制中，只有当终端获得令牌时，它才可以更新数据。而更新后的数据只有在终端发出访问请求时才能进行同步的处理。这样做的好处在于，它可以减轻通信的负担，当然也就节约了电池电量。此外 AdHocFS 还采用了一种自适应的复制策略，每个终端通过配置文件（Profile）声明自己的资源状况等信息，中间件则根据配置文件来决定哪些数据复制到哪些终端上。

② XMIDDLE

XMIDDLE 中间件系统采用了基于 XML 的方式来描述数据，是一种极好的针对异构环境下数据共享的中间件协调方案。在此中间件系统中，每个移动设备都可以将数据存储在 本地的 XML 树形结构中，从而有利于支持复杂的数据结构。

移动设备可以通过树的访问接入点（Access Point）访问其他移动设备上数据，并下载自己所需要的数据信息。多个移动设备之间的数据一致性就是通过树的差异性算法来进行协调和实现的。

XMIDDLE 提供的共享机制不仅可以共享数据，也可以共享上下文等系统信息。但是由于其采用 XML 树的形式存储和管理数据，因此对存储空间和通信带宽的要求相对比较高，所以自然不太适用于资源受限的移动开发环境。

③ Coda

在较早的无线网络环境，人们首先提出了 Coda 中间件系统。值得关注的是，Coda 中间件能在网络断开的情况下处理文件访问的问题。在无线网络断开的情况下，Coda 能利用数据缓存（Cache）来为应用提供数据，然后对其进行相应的操作；以缓存中的内容为文件请求提供服务。当网络链接重新进行建立时，中间件负责进行数据同步并将相关的修改传递到服务器。Coda 是一个大规模分布式计算环境下的文件系统。它通过服务器复制和非连接 操作这两个机制为服务器和网络的故障提供可恢复能力。它们虽然彼此不同，但是却能彼此提供很好的互补性。

（3）基于元组空间的移动中间件

基于元组空间的移动中间件大多采用了经典的 Linda 协调模型。在协调模型中，元组空间中的资源可以被所有主机所共享，每个主机都可以把自己的元组发布或者写入到这个共有的全局空间中，除非显示的被移走，元组会一直存在于这个全局空间之中。典型的基于元组空间的移动中间件如下。

① TuCSoN

TuCSoN 是一种基于 Linda 模型进行扩展的中间件系统，在对元组空间的访问方面，采用与 Linda 相同的原语。在 TuCSoN 中，它引入了多个元组空间的概念，在 TuCSoN

中，我们把它称为元组中心。当代理要访问某个元组空间时，它必须通过所要访问的元组空间的基于策略的验证。因此，元组中心也就变成了代理进行本地交互时所需要的可编程介质。TuCSoN 中也引入了反应（Reaction）概念，表示为 Reaction（Operation，Body），TuCSoN 中的反应作为第一顺序的逻辑元组可以用来编程。反应中的逻辑编程的开发使得 TuCSoN 能够很好地适用于大规模信息系统的开发和分布式管理。

②　JavaSpaces

SUN 公司开发了一款名为 JavaSpaces 的分布网络服务框架，可以提供信息的分布存取。在 JavaSpaces 中，它存储空间的方式与 Linda 的元组空间有着极大的相似。但是，对于不同类型的信息服务，JavaSpaces 却可以向用户提供了统一服务端接口。这一点较此前的系统有了较大的改进，同时这也极大地简化了分布式系统的设计和开发。JavaSpaces 包含了传统分布式应用中的元组空间。但是，在 JavaSpaces 中，只有遵循 Entry 接口才能够访问元组空间。与传统中间件技术所不同的是，JavaSpaces 提供了通知服务。在通知服务中，当把某个元组写入到元组空向时，JavaSpaces 可以通知对这个元组有兴趣的外部对象。当然前提条件是，此外部对象必须提前注册。这个外部对象其实就是一个监听器，可以事先给出感兴趣的元组模板。当特定的元组写入到 JavaSpaces 的元组空间时，外部监听器就可以捕获这个事件然后根据这个事件触发相应的操作。

③　TSpaces

TSpaces 是 IBM 公司开发的一款中间件产品。此中间件是一个基于协调的全局通信中间件组件，将事务、查询、持久数据（Persistent Data）及 XML 等数据库特性有机地结合在一起。在 TSpaces 中，元组与模板的匹配必须满足 3 个条件：首先，匹配元组可以是模板的子类，但是必须具有相同数目的字段；其次，每个字段是相应模板字段类型的实例；最后，对非形式参数的模板字段，取值必须得到匹配。

同时，TSpaces 也是一个构造分布式系统的优秀的工具。因为它在多个客户和服务之间提供了一个异步和匿名的链。有了这种链的存在，TSpaces 就可被应用于一个较大范围的软件结构中，小到嵌入式软件，大到大规模的分布式系统。

TSpaces 的终极目标在于，能够为访问像数据库这样大信息量的操作提供一个强大的和标准的接口实现。TSpaces 还可用于游牧式的开发环境。元组库存储在服务器上，而服务器是固定的而且功能强大，移动设备环绕在服务器周围。另外，TSpaces 采用了基于 Java 的元组空间集中服务器，它要求应用 Agent 要么能在一个给定的元组空间内感知到可用的操作，要么能从某种程度上获取这些知识。这使得 TSpaces 难以应用于移动环境的开发。

④　TOTA

TOTA（Tuples on the Air）是一个基于元组空间的中间件，可以用来支持不同网络的自适应的上下文感知应用。TOTA 中元组用来表示上下文的信息，而且支持分布或应用组件之 间的去耦合交互。TOTA 能比较好的处理系统的动态重新配置和应用的自适应，但这种基于数据结构变化的重新配置却让这个系统付出很高的性能代价，另外元组在 TOTA 中是唯一标记的，TOTA 中元组的查询可能涉及大量的传播搜寻，因而它不适用于大规模的查询。

⑤　MARS

MARS（Mobile Agent Reaction Spaces）是一个基于 Java 实现的可移植、可编程的移动

Agent 系统协调结构。它的开发基于 Linda 的通信机制。MARS 为 Agent 之间的协作提供了很好的协调机制。MARS 假定每个移动 Agent 系统在本地环境中都存储有一个元组空间(XML 格式的元组空间),移动 Agent 与本地执行环境和其他 Agent 可以在元组空间上进行交互和协调。当一个 Agent 迁移到某个节点时,由本地服务器给这个 Agent 提供一个指向本地 MARS 元组空间的引用,移动 Agent 根据这个引用就可以去访问元组空间。在 MARS 中,元组空间是可以反应编程的,Agent 访问元组空间的方式与 Linda 极为类似,这些操作行为可以通过指定一些反应规则来进行动态改变。

另外,MARS 系统架构必须运行在固定的主机上,当然这里所说的固定指的是物理位置上的固定。MARS 只能够支持移动 Agent 在网络中的逻辑移动,但不支持主机之间的物理移动。

⑥ LIME

LIME 是一个标准的移动中间件系统。LIME 的设计思想与众不同,首先提出了一个基于逻辑移动和物理移动并且将两者有机整合在一起的一个统一的协调模型。LIME 支持基于主机的物理移动或者移动 Agent 的逻辑移动的应用开发。

⑦ KLAIM

KLAIM 的全称是 A Kernel Language for Agent Interaction and Mobiliby。它是代理交互和移动的核心语言,它支持进程和数据在不同的计算环境中进行移动和交互。KLAIM 使用了显式的位置概念,即 KLAIM 元组空间和进程分布在不同的位置空间中。在 KLAIM 中,移动应用的开发者们与协调者(Coordinator)一起共享数据。协调单元描述了管理进程的策略分配情况、物理名称、进程移动等必要的分布式体系结构信息。除此之外,KLAIM 还为控制进程之间能够交互提供了协调机制。

(4)基于上下文可感知的移动中间件

移动开发环境中充满着动态性和不确定性,如主机型号的不同、网络的异构和动态可变性。而所有的这些都需要移动中间件系统能够为移动应用提供感知它们所处环境上下文的能力。同时,系统还需要通过上下文感知来使移动应用自动适应环境的动态变化,以此才能达到资源的有效利用和系统的动态平衡。通常情况下,所谓的上下文主要指的是位置信息、设备参数、物理环境、用户的行为等方面的信息。Context 策略所面对的是游牧式的移动计算环境。它为移动计算环境提供了一个支持上下文感知的计算模型。该策略的好处在于,它可以保证服务质量。除了 Context 策略之外,Solar 也为在游牧式移动无线网络环境下获取上下文提供机制及相关的操作。而另外两种策略,Context ToolKit 和 Context Fabric 都支持在移动计算环境下上下文感知的移动应用开发。其中 Context ToolKit 提出了一个上下文窗口的概念。通过上下文窗口可以收集底层的传感器信息并将这些信息聚合成为一个高层的信息,从而便于应用开发者的使用。而面对此问题,Context Fabric 使用一个架构来支持。但所不足的是,以上两个系统都没有强调动态的上下文改变操作和动态的发现问题。

(5)基于动态自适应的移动中间件

传统的中间件基于固定网络的平台,而移动环境下的中间件系统必须要考虑到上下文变化的情况。而变化的上下文也就要求系统为移动计算提供系统和应用的重新配置。移动计算所面对动态变化的网络环境,其上下文的环境时刻都可能发生改变。另外,所运行平台的系统资源也同样会发生变化。而为了适应这些变化并且保持应用与系统之间的自适应，研究者们给出了一些相关的解决方案，首先提出了一些相关技术用来实现动态自适应。其中包括，反射机制（提供对系统检查和重新配置的开放式的访问）和策略机制（用于动态改变 控制的支撑机制）。比较有影响的自适应移动中间件有以下几类。

① Dynamic TAO

Dynamic TAO 是一个基于反射机制的 CORBA ORB，它在 TAO 的基础上进行了较大的扩展。TAO 原是一个可扩展和可配置的 ORB，它很好的封装了 ORB 的内部引擎。而基于对 TAO 修改和扩展，Dynamic TAO 通过组件配置器实现了内部结构的具体化，支持在非运行状态下和运行状态下系统的重新配置。通过使用 ORB 的反射机制，Dynamic TAO 能处理内部组件的动态配置和自适应。

在不需要重新启动应用程序的前提下，Dynamic TAO 中 ORB 能够改变指定的策略。并由此通过系统提供的元界面访问平台下的服务。它能够评估、检测和更改现行的组件配置。但该系统没有特别的机制用以支持移动应用的自适应调整；系统的反射机制仅仅局限于策略、打包、拆包及并发等内容。

② Bayou

Bayou 采用了一种不同于其他系统的策略和反射的自适应机制，适用于网络带宽下降的情况。在网络不沟通常的情况下，Bayou 架构可以通过暴露有效的旧数据给应用来为系统提供动态自适应的解决方案。

③ Odyssey

Odyssey 的自适应主要体现在应用感知自适应上。Open ORB 基于反射机制技术，通过让应用检查并适应系统组件的行为来支持系统重新配置，但美中不足的是，该系统没有特别的机制来支持移动应用的自适应。

●●●● 阅读链接

J2ME 平台

Java ME 以往称作 J2ME（Java Platform，Micro Edition），是为机顶盒、移动电话和 PDA 之类嵌入式消费电子设备提供的 Java 语言平台，包括虚拟机和一系列标准化的 Java API。

J2ME 技术提供了移动空间融入网络中的联网功能，因此使得手机等移动设备的卫星导航系统跟手机网络游戏的应用成为现实。在 MIDP 中处理移动信息设备网络连接功能的最主要技术是 javax. microedition. io 中各个类和接口，以及 java. io 包中的（I/O）接口为数据流提供了系统输入和输出功能。

J2ME 网络连接基本通讯类型包括如下四种：

（1）通讯数据报类型：数据报通信在 javax. microedition. io. DatagramConnection 类中进行了定义，用于处理 UDP 通信协议。

（2）TCP 通信协议类型：TCP 通信由 javax. microedition. io. Stream Connection Notifier 类进行了通信处理。

（3）基本串行输入输出类型：串行输入输出接口分别在 javax. microedition. io 包中的 InputConnection 和 OutputConnection 中进行定义。

（4）超文本传输协议 HTTP 类型：在 javax. microedition. io. HttpConnection 中定义。

网络通信连接的 IO 数据流过程基本步骤分别是建立连接、网络通信、连接关闭。

J2ME 的架构分为 Configuration、Profile 和 Optional Packages（可选包）。它们的组合取舍形成了具体的运行环境。

Configuration 主要是对设备纵向的分类，分类依据包括存储和处理能力，其中定义了虚拟机特性和基本的类库。已经标准化的 Configuration 有 Connected Limited Device Configuration（CLDC）和 Connected Device Configuration（CDC）。

Profile 建立在 Configuration 基础之上，一起构成了完整的运行环境。它对设备横向分类，针对特定领域细分市场，内容主要包括特定用途的类库和 API。CLDC 上已经标准化的 Profile 有 Mobile Information Device Profile（MIDP）和 Information Module Profile（IMP），而 CDC 上标准化的 Profile 有 Foundation Profile（FP）、Personal Basis Profile（PBP）和 Personal Profile（PP）。

可选包独立于前面两者提供附加的、模块化的和更为多样化的功能。目前标准化的可选包包括数据库访问、多媒体应用、蓝牙等。

开发 J2ME 程序一般不需要特别的开发工具，开发者只需要装上 Java SDK 及下载免费的 Sun Java Wireless Toolkit 2. xx 系列开发包，就可以开始编写 J2ME 程序，编译及测试，此外目前主要的 IDE（Eclipse 及 NetBeans）都支持 J2ME 的开发，个别的手机开发商如 Nokia、Sony Ericsson、摩托罗拉、Android 系统都有自己的 SDK，供开发者再开发出兼容于他们的平台的程序。

3. 移动电商应用程序的开发语言

其实，移动电商应用程序的开发语言与传统电商没有太大区别，例如 C、C++、JAVA 等都适用于移动电商应用程序的开发。我们在此仅向大家介绍一些常见的专门用于移动电商界面程序开发的语言。

3.1　HTML5 语言

HTML5 是用于取代 1999 年所制定的 HTML 4.01 和 XHTML 1.0 标准的 HTML 标准版本；目前大部分浏览器已经支持某些 HTML5 技术。HTML 5 有两大特点：首先，强化了 Web 网页的表现性能。其次，追加了本地数据库等 Web 应用的功能。

HTML5 对于移动电商应用程序开发而言，有以下几个方面的优势和特点：

（1）HTML5 带来一个无缝的网络

HTML5 带来了一个统一的网络，无论是笔记本，台式机，还是智能手机都应该很方便地浏览基于 HTML5 的网站。因此在设计网站的时候，开发者需要重新考虑用户体验，网站浏览，网站结构等因素使得这个网站对任何硬件设备都通用。

（2）HTML5 变成企业的 SaaS 平台

一些重量级的企业，如微软，Salesforce，SAP Sybase 正在开发 HTML5 的开发工具。如果你正在构建企业应用，很可能不久的将来你就要用到 HTML5。所以当构建公司的 SaaS 战略迁移的时候也不要忘记 HTML5。

（3）HTML5 将会变得很移动

几乎所有人都热衷于开发独立的移动应用，但是 HTML5 很可能会是独立移动应用的终结者。由于 HTML5 将应用的功能直接加入其内核，这很可能引导移动技术潮流重新回到浏览器时代。HTML5 允许开发者在（移动）浏览器内开发应用，所以如果你正在制定一项桌面或者移动应用的长期发展策略，你可能需要考虑这一点。

3.2　WML 语言

无线标记语言（Wireless Markup Language，WML），WML 是一种标记语言，与 HTML 类似。它基于可扩展标记语言。WML 是专门为手持式移动通信终端（手机）设计的。

与 HTML 编写的内容相比，浏览器消耗的内存和 CPU 时间更少，因此，WML 更适合移动电话等手持移动设备。HTML 语言写出的内容，在电脑上用浏览器进行阅读，而 WML 语言写出的文件则是专门用在手机上的、需要使用手机中的 WAP 浏览器来阅读。WML 也向使用者提供人机交互界面，接受使用者输入的查询等信息，然后向使用者返回他所想要获得的最终信息。WML 从 HTML 继承而来，但在语法上它较 HTML 更严格。

用 WML 编写的页面称为 DECK。DECK 是由一套 CARD 构造的。WML 的语法跟 XML 一样，WML 是 XML 的子集。WML 支持的元素有：Deck / Card 元素；文本元素；文本格式化标签；锚元素；图像元素；事件元素；任务元素；输入元素；变量元素等元素。

WML 的页面通常叫作桌面（DECK），由一组互相链接的卡片（CARD）组成。当移动电话访问一个 WML 页面的时候，页面的所有 CARD 都会从 WAP 服务器下载到设备里。CARD 之间的切换由电话内置的计算机处理，不需要再到服务器上取信息了。CARD 里可以包含文本、标记、链接、输入控制、任务（TASK）、图像等。CARD 之间可以互相链接。

●●●● 阅读链接

移动电子支付系统平台

移动电子支付的系统架构根据适用场合的差异，分为远程支付和现场支付两种模式，手机支付也将同时具备这两种功能。现场支付通过 RFID 芯片/卡、POS 机等设施配合，也就是一般所说的"刷手机"的方式；远程支付通过短信、WAP 等手段接入互联网上的商城和银行来实现，涉及消费者、金融机构、业务提供方和商家等实体，类似于计算机电子支付在信息传输环节的无线化。这些实体在由基础网络、接入平台、安全体系、管理平台、业务平台、营销体系、目标客户等组成的移动支付体系上进行信息流动。

从移动通信体系结构来看，支撑移动支付的技术分为平台层、支撑层、交互层、传输层四个层面，如图 9-19 所示。

● STK（SIM Tool Kit）

STK 卡不是一般的通常使用的 SIM 卡，而是基于 JAVA 语言平台的 Simera32K 尺卡片。STK 是一种小型编程语言的软件，可以固化在 SIM 卡中。它能够接收和发送 GSM 的

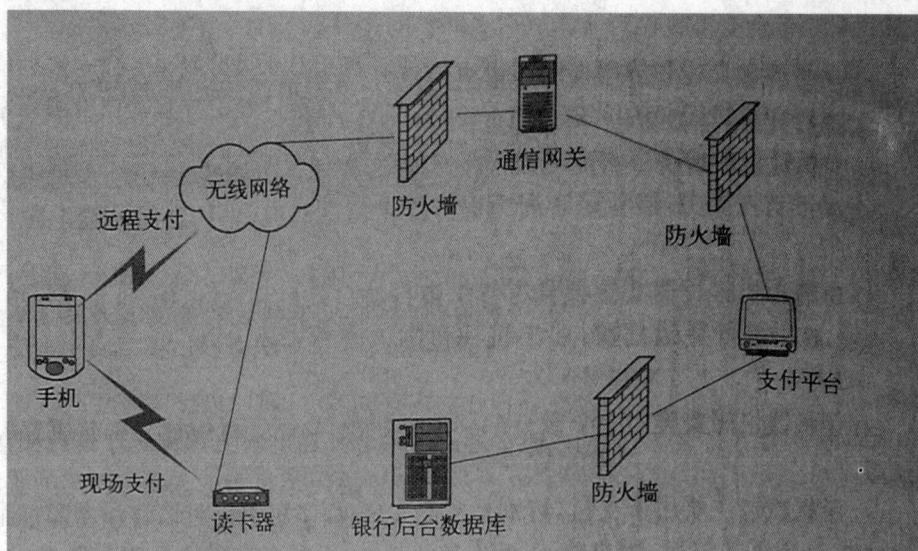

图 9-18　移动支付系统框架图

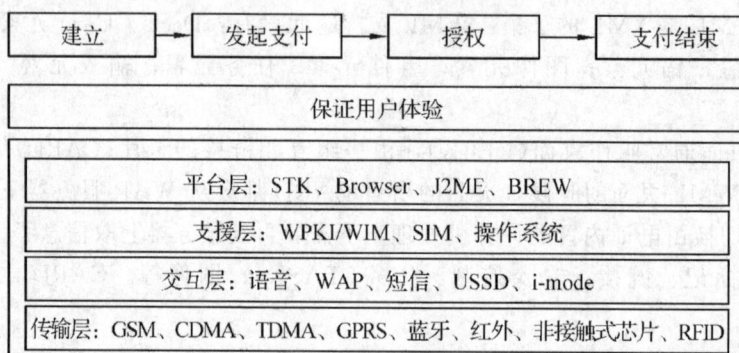

图 9-19　移动支付系统技术支持图

短消息数据，起到 SIM 卡与短消息之间的接口的作用，同时它还允许 SIM 卡运行自己的应用软件。

● J2ME

随着 Java 的移动版本 J2ME 在移动领域越来越广泛地被采用，移动支付平台也可以引入 JAVA 作为支付平台。

● BREW(Binary Runtime Environment for Wireless)

BREW 是由高通公司(QUALCOMM)提供的一个专门为无线设备设计的瘦薄而高效的应用程序执行环境。BREW 为无线应用开发、设备配置、应用软件分发、计费和付款提供了一个完整、开放的解决方案。

● 自动语音服务(IVR)

利用自动语音服务技术，用户可以通过拨打某个特服号码进行移动支付。在用户支付确认和购买商品确认流程中也使用到 IVR 技术，如在用户支付前，用户收到一个由移动支付平台外拨的自动语音电话，用户根据电话提示进行支付；支付成功后，商户也收到一个由支付平台外拨的语音电话，通知商户支付成功，可以提供商品或服务。

● USSD

非结构化补充数据业务，是实时互动的全新移动增值业务平台，为最终用户提供交互式对话菜单服务，是在 GSM 的短消息系统技术基础上的新业务，支持现有 GSM 系统网络及普及手机，提供接近 GRPS 的互动数据服务功能。

任务扩展

假如你就是小伟，请你利用 HTML5 为企业设计一个支持移动终端浏览器界面的网站主页。内容与企业 PC 版的官方门户网站保持一致即可。

任务四　制定移动电商安全解决方案

任务分析

1. 开展移动电商活动，会遇到哪些安全问题

移动电子商务的安全问题主要来自三个方面：移动电子商务应用平台安全、无线通信网络安全和移动终端安全。而移动电子商务应用平台安全主要包括：非法登录系统；病毒；系统漏洞造成的黑客攻击；内部管理中的安全问题；WiFi 使用中的安全问题。无线通信网络安全风险主要包括以下两个方面：传输的信息被窃听和传输的信息被篡改，也称完整性攻击。移动终端以智能手机为主，安全问题主要包括以下五个方面：移动终端设备的物理安全；病毒；蠕虫；木马；拒绝服务攻击(DOS)等。

在分析了这些领域的安全问题后，要有针对性地提出安全解决策略，以此保持移动电商网络体系的健康有序发展。

2. 移动电商安全解决方案包括哪些基本内容

和传统电子商务安全一样，移动电商安全解决方案大致有两部分内容构成。一是安全技术解决方案，具体包括安全网络解决方案，安全系统解决方案以及安全应用解决方案，该类型方案往往是由专业的安全技术提供商提供的。二是安全制度解决方案，具体包括宏观层面的政策法规、条例意见，以及微观层面上的安全管理制度与操作规范等，该类方案的提供者涉及非常广泛，上至国家政策法规制定部门，下至各类专业咨询服务机构，甚至是企业内部管理人员，都要参与到安全制度解决方案的构建当中。

任务实施

阶段一　提出移动电商安全建设目标

步骤1　分析企业移动电商活动可能面临的安全威胁

这是制定移动电商安全解决方案的基础前提。具体工作可以从以下方面进行：

(1)获取企业目前电子商务活动开展的基本资料，了解电子商务应用的基本环境、组织构成、业务内容及特征、设备系统基本情况等资料；

(2)查找同类型企业电子商务活动出现安全问题的相关案例；

(3)综合上述情况分析企业电子商务可能面临的安全威胁。

步骤 2　提出电子商务安全建设目标

建设目标要兼顾终极需求的实现和分阶段实现的可行性进行考虑。并且要从技术和管理两个方面统筹制定。

阶段二　设计移动电商技术安全解决方案

步骤 1　设计移动电商安全网络

具体工作可以从如下方面进行：

(1)设计安全网络框架；

(2)进行安全网络配置。

步骤 2　构建移动电商安全系统

具体工作包括：

(1)选择技术漏洞更少、安全系数更高、可靠性更强的操作系统软件；

(2)对已安装的操作系统进行必要的安全参数设置，确定管理控制级别，对访问对象路径、操作权限等方面进行必要的权限设置；

(3)建立安全数据库。

步骤 3　移动电商安全应用设置

具体工作包括选用适合于移动电商的安全加密技术、安全传输协议；并加入移动电商安全认证体系。

阶段三　编制移动电商安全制度解决方案

步骤 1　获取编写安全制度解决方案的基础资料

具体内容应从以下几个方面完成：

(1)有关企业参与移动电商活动人员全面的信息资料；

(2)有关企业开展移动电商活动操作环境的信息资料；

(3)有关企业已建立的相关安全制度规范；

(4)有关同类型企业移动电商活动人为因素导致安全事故的案例资料。

步骤 2　编写方案初稿

步骤 3　修改完成终稿

(步骤 2 和步骤 3 的具体实施可以参照传统电商安全制度建设的步骤执行)

知识要点

1. 移动电子商务安全问题

移动通信技术的快速发展带动了移动电子商务在各行业的深入应用，企业的核心信息通过移动网络传输，对移动电子商务的安全性提出了新的要求。具体可以从 3 个方面来分析，即移动电子商务应用平台的安全问题、无线通信网络的安全问题和移动终端的安全问题。移动电子商务应用平台的安全问题主要是传统电子商务安全问题的延伸，后两者则是因为通信方式的变化带来的新问题。从商务交易的有效性看，安全问题还包括身份识别和对信息的完整性鉴别，这是所有借助网络平台从事商务活动都要考虑的安全问题。

1.1　移动电子商务应用平台的安全问题

移动电子商务应用平台的安全问题主要包括以下 5 个方面。

(1)非法登录系统

非法人员破译了或合法使用者泄露了登录账号和密码，导致系统被非法使用者进入，系统遭到攻击或导致经济损失。

(2)病毒

这是一个普遍的问题，世界上总有一些人在设计计算机病毒，做这种损人不利己的事。

(3)系统漏洞造成的黑客攻击

操作系统或应用系统漏洞，让攻击者找到攻击点。

(4)内部管理中的安全问题

这是一个非技术问题，需要有详细的管理规章来规范。

(5)WiFi使用中的安全问题

如WiFi没有设置接入点密码，在WiFi上传输的信息被窃取等。

上述(1)~(4)是在一般企业应用系统中均存在的安全问题，在无线应用环境下，这些问题变得更加复杂。而(5)是无线应用环境下特有的问题，也是容易被忽视的问题。

1.2 无线通信网络的安全问题

无线通信网络最初主要传输语音信号，即用来打电话，后来可以传输短信。无线传输带宽的提高，特别是3G网络的使用，使得无线网络传输的数据信息急速增加，已成为Internet通信网络的一部分。因此，无线通信网络的安全风险也随之大大提高。主要包括以下两个方面。

(1)传输的信息被窃听

无线通信媒体是非导向的，信息的传送是开放的，只要拥有合适频率的接收设备，便可以获取无线信道上传输的内容。一旦被窃听，则无线信道上传输的所有信息，包括语音信息、数据信息、身份信息、位置信息等都将泄露，甚至导致移动用户被追踪，这对于无线用户的信息安全、商务交易安全和个人隐私都构成了潜在威胁。

(2)传输的信息被篡改

也称完整性攻击。攻击者在劫持了正常的通信连接后，在网络中窃听用户数据，进行非授权访问，并可以私自修改、插入、重传或删除合法用户的数据或信令，还可以假冒通信的某一方对通信的数据进行修改，甚至可以修改存储在网络单元中的数据。

攻击者还可以干扰用户在无线链路上的正确传输，造成网络拒绝服务，使合法用户无法使用正常的网络服务。

1.3 移动终端的安全问题

移动终端以智能手机为主，安全问题主要包括以下两个方面。

(1)移动终端设备的物理安全

移动终端体积小，便于携带，也容易被偷窃和丢失。一旦丢失，意味着用户的个人信息、重要信息有可能被泄密或被他人恶意盗用，这将会对个人或企业造成很大影响和损失。

(2)病毒

虽然移动终端，特别是手机病毒还没有像电脑网络病毒那样泛滥，但随着智能手机的日益普及，手机病毒的危害性也将逐步显现，这个问题不能忽视。病毒可寄生于主机文件中，并通过它完成复制的恶意代码。主要通过移动终端系统的漏洞、程序的下载、蓝牙、MMS等进行传播，可能导致终端运行失常、信息破坏，甚至硬件损毁。

（3）蠕虫

蠕虫可以通过红外线、蓝牙或彩信等自动传播，并消耗移动终端的带宽、存储等资源。

（4）木马

木马可以潜伏在目标移动终端上窃取用户的有效信息。

（5）拒绝服务攻击（DOS）

随着移动技术的发展，移动终端与服务器等一样，也存在拒绝服务攻击。一旦被攻击，终端资源将被大量占用，无法正常工作。

1.4　商务交易有效性的安全问题

商务交易有效性的安全问题主要包括以下 3 个方面。

（1）身份确认

交易双方在网络上询价、谈判、支付等一系列商务活动的前提是双方都能确认对方的身份，所以身份确认是商务活动的前提。

（2）防抵赖、防伪造

交易双方在发送电子报文后不能抵赖，任何一方不能伪造对方的电子报文。需要设计一种技术措施来防止这两个行为。

（3）完整性控制问题

保证信息传输的完整性，防止被非法篡改。

2. 企业移动电子商务安全策略

根据上述归纳的企业移动电子商务安全问题，在设计企业移动电子商务安全策略时也应从 4 个方面考虑，即企业移动电商应用平台安全策略、通信安全策略、移动终端安全策略和商务交易安全策略。企业移动电商应用平台安全策略主要在以有线网络为主的内部网安全策略上增加无线网络安全策略，通信安全策略是针对无线通信网络设计的，移动终端安全策略则针对终端用户设计，商务交易的安全策略通过交易两端的技术措施来实现。

2.1　平台安全策略

现阶段企业内部网络以路由器、交换机为主要联网设备，各种应用系统存放在服务器中。服务器可以是一台物理设备，也可以有多台，用户在客户端即终端设备上使用各种服务，结合企业内部网络安全需要，可以画出企业内部网络安全结构图，如图 9-20 所示。

企业内部网络分两个层次：企业网络控制中心和部门应用。控制中心负责有线和无线网络的接入，负责整个网络的安全体系构建，安全系统服务器主要用来完成整个企业网络系统的安全功能。企业各种应用服务器，包括企业端无线应用平台，视企业规模大小，可以放在控制中心，也可以分别放在各部门，图 9-19 放在了控制中心。无论放在哪里，安全策略不会有很大不同；部门应用系统主要由局域网交换机和无线路由连接客户端设备而组成的局域网（Local Area Network，LAN），因为有了无线路由，所以支持笔记本式计算机等移动终端上网，实际上部门网络是有线局域网和无线局域网（WiFi）的综合。

企业内部网安全策略包括以下 6 个方面。

（1）物理安全策略、数据安全策略

这部分内容主要是物理环境、硬件设备安全、数据备份等。

（2）系统登录控制策略

对于企业各种应用系统，授权合法使用者密码和使用权限，保证系统不被非法使用。

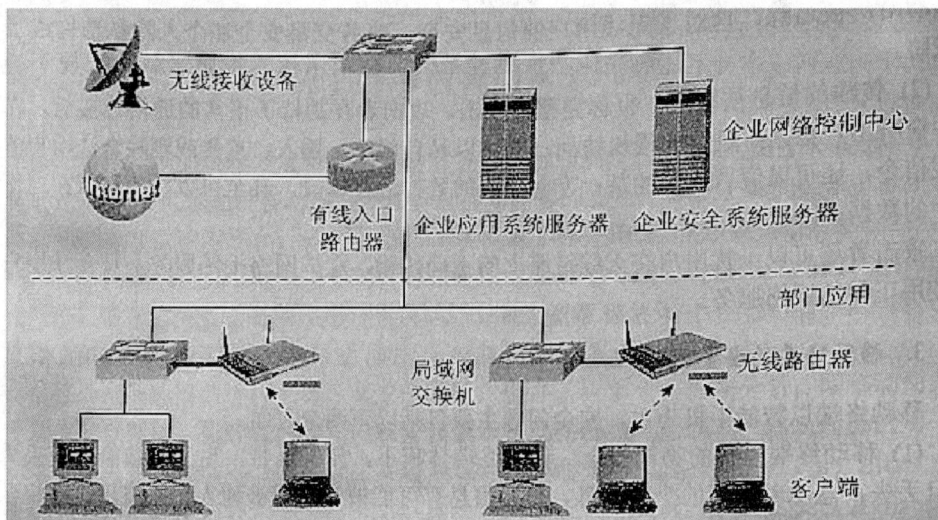

图 9-20 企业内部网络安全结构

可以通过设置较长的登录密码以增加破解难度，提高保密强度。

（3）防火墙策略

防火墙系统一般安装在企业网络控制中心的企业安全服务器上，对企业的进出信息，无论是通过有线信道还是无线信道，进行过滤。为此，企业安全系统服务器同时必须设置成为上网代理，即企业内部所有设备接入互联网都必须通过企业安全系统服务器，且防火墙系统软件要定期升级。

（4）防病毒策略

防病毒软件应安装在企业所有服务器和客户端设备上，在企业安全系统服务器上安装防病毒软件的服务器端系统，由它定期获取病毒软件开发商升级包，并负责企业内部各设备防病毒软件的升级。

（5）入侵检测策略

入侵检测系统只需要安装在安全系统服务器上，由它根据设定的标准检测入侵，对于小型企业可以不考虑入侵检测问题。

（6）无线路由安全策略

无线路由器容易被附近的非法移动终端侦测，从而被非法接入网络，导致网络遭受攻击。无线路由的安全策略可以从下列方面考虑：①设置无线路由器管理员密码和用户名，不使用默认设置；②设置接入无线路由器密码；③修改无线路由器默认系统 ID；④设置 MAC 地址过滤，将企业内部移动终端的物理地址与 IP 地址捆绑，这样外来的移动终端就无法接入无线路由了；⑤关闭无线路由的网络广播功能，使企业外部的移动终端不能被动检测无线路由；⑥设置无线路由内置防火墙；⑦员工离开时关闭无线路由器。

2.2 通信安全策略

鉴于现阶段 2G 移动网络和 3G 移动网络并存，而 2G 移动网络的安全性要明显低于 3G 移动网络，根据木桶原理，企业移动电子商务在通信安全策略方面需要兼顾现在与 3G 并行运营的 2G 网络，仍然要考虑以下两个问题。

（1）信息在通信时被窃取的可能性。

(2)有被窃取的可能性，就有被篡改的可能性。

这两个问题网络本身不能解决，必须通过通信两端采用技术措施来解决，属于交易安全性保障技术。

2.3 移动终端安全策略

移动终端安全策略包括以下几个方面。

(1)防丢失、防被窃、防通信内容被偷看。

(2)终端软件安全策略。移动终端受计算能力的限制，不能使用太复杂的安全软件，需要在计算强度和保证安全性方面寻找平衡。

(3)防病毒策略。安装杀毒软件，定期升级，定期查杀病毒。不接收未知的信息，不随便开启蓝牙等通信功能。

(4)定时更新操作系统，安装升级补丁，备份系统。

(5)设置程序行为监控机制，记录分析程序的操作是否安全合法等。

(6)根据移动终端操作系统的组成部分：文件系统、指令系统、系统管理及安全服务等，可以将移动终端操作系统的安全技术进行划分。目前，针对移动终端操作系统的各个主要部分，已经存在相应的基本安全要求及相关测试方法，应当在实际使用时保证各项安全措施的实施。

2.4 保证商务交易有效性的安全策略

(1)加密策略

通信双方无法保证甚至无法知道通过网络传输的信息是否被窃取，通信双方能够做的是，对信息进行加密，保证窃取者看不懂窃取的信息。加密就是对信息进行交换，将看得懂的信息变换成看不懂的信息。

(2)身份确认、防抵赖、防伪造策略

身份确认通过数字签字来实现。数字签名要完成三项功能，即对发送方进行身份识别；发送方事后不能抵赖；接收方或任意第三方不能伪造。

除此之外，为保证交易的有效性，还可以采取基于 Hash 函数及相关技术的完全性控制策略。

任务扩展

假如你是小伟，请你利用各种渠道收集并查阅相关资料，围绕"移动电商用户信息保护措施"的主题撰写一篇分析报告。内容主要围绕基于智能手机在网络购物过程中如何保护自己的信息进行。要求字数不少于 2 000 字。

●●●●● 项目评价

表一 任务完成情况表

任务一	是否完成	是（ ）	否（ ）
你认为通过本任务掌握的最有价值的内容是：			

表一（续一）

你认为本任务中需要进一步了解或掌握的内容是：
你在任务完成过程中遇到的问题是：
你是如何解决问题的：

任务二	是否完成	是（　　） 否（　　）
你认为通过本任务掌握的最有价值的内容是：		
你认为本任务中需要进一步了解或掌握的内容是：		
你在任务完成过程中遇到的问题是：		
你是如何解决问题的：		

表二　能力自评表

核心能力	评价指标	评价等级 （A 通过；B 基本通过；C 未通过）	备注
自我学习能力	1. 学会阅读理解专业文档材料	A（　） B（　） C（　）	
	2. 灵活运用所学知识	A（　） B（　） C（　）	
	3. 能发现自己的问题和不足	A（　） B（　） C（　）	
	4. 学会处理实际操作过程中出现的突发问题	A（　） B（　） C（　）	

续表

核心能力	评价指标	评价等级 （A通过；B基本通过；C未通过）	备注
专业编辑写作能力	1. 能够合理组织专业语言专业书面文档	A( ) B( ) C( )	
	2. 能运用书面语言清楚表达自己的思想和观点	A( ) B( ) C( )	
	3. 能严格遵守编写要求，制作规范文案	A( ) B( ) C( )	
专业认知能力	1. 能准确表述移动电商业务模式的类型与内容	A( ) B( ) C( )	
	2. 能准确表述无线网络类型及适用范围	A( ) B( ) C( )	
	3. 能准确表述移动电商安全问题类型及内容	A( ) B( ) C( )	
专业分析设计能力	1. 能充分利用各种方法途径收集所需材料和原始数据	A( ) B( ) C( )	
	2. 能运用合理方法分析处理材料数据	A( ) B( ) C( )	
	3. 能根据分析结果，设计中小企业移动电商网络布置方案	A( ) B( ) C( )	
	4. 能根据分析结果，说明中小企业面临的移动电商风险	A( ) B( ) C( )	
专业实践操作能力	1. 能按照要求布置小型无线局域网络	A( ) B( ) C( )	
	2. 能购置和租用移动电商网络设备	A( ) B( ) C( )	
	3. 能设计简单的手机站点页面	A( ) B( ) C( )	
	4. 能初步制定移动电商安全解决方案	A( ) B( ) C( )	

●●●● 项目巩固

术语学习

SIM（Subscriber Identity Module）		用户识别卡
BSC（Base Station Controller）		基站控制器
BTS（Base Transceiver Station）		基站收发信台
GPRS（General Packet Radio Service）		通用分组无线业务
WLAN		无线广域网
WMAN		无线城域网
WLAN		无线局域网

WPAN　　　　　　　　　　　　　　　　　　　　无线个域网
WiFi　　　　　　　　　　　　　　　　　　　　无线相容性认证
WiMax(Worldwide Interoperability for Microwave Access)　　微波存取全球互通

同步强化

假如你是一名某移动电商服务提供商的工作人员，客户希望借助你们公司的实力开展移动营销活动。要求完成以下任务：

1. 尝试为客户制定一份移动营销规划书。
2. 为客户设计一个简单的手机微站。
3. 在熟悉二维码技术的基础上，尝试运用二维码生成器为客户开展二维码推广。
4. 思考如何让客户的员工在异地工作时，不用到网吧也能及时获取公司资料。

参考文献

[1]欧阳峰．电子商务解决方案：企业应用决策[M]．北京：清华大学出版社，北京交通大学出版社，2008

[2]埃弗雷姆·特班，戴维·金，朱迪·麦凯．电子商务：管理视角(第5版)[M]．北京：机械工业出版社，2010

[3]王曰芬，丁晟春．电子商务网站设计与管理[M]．北京：北京大学出版社，2006

[4]刘军，季常煦，曾洁琼．电子商务系统的规划与设计[M]．北京：人民邮电出版社，2004

[5]宫小全．电子商务系统分析与设计[M]．北京：清华大学出版社，2010

[6]朱稼兴．电子商务大全[M]．北京：北京航空航天大学出版社，2003

[7]陈学平．电子商务网站建设与全程实例[M]．北京：科学出版社，2005

[8]杨坚争．电子商务案例(第2版)[M]．北京：清华大学出版社，2006

[9]杨坚争．电子商务网站典型案例评析(第二版)[M]．西安：西安电子科技大学出版社，2005

[10]冯英健．网络营销基础与实践(第三版)[M]．北京：清华大学出版社，2007

[11]黄晓涛．电子商务导论[M]．北京：清华大学出版社，2005

[12]宋文官．电子商务概论[M]．北京：清华大学出版社，2006

[13]络正华．电子商务系统规划与设计[M]．北京：清华大学出版社，2006

[14]石志国，薛为民．计算机网络安全教程[M]．北京：清华大学出版社，2004

[15]郑伟，张永良．商务网页设计与制作[M]．北京：高等教育出版社，2009

[16]宋文官．电子商务概论(第二版)[M]．北京：高等教育出版社，2007

[17]张书珩．项目管理/MBA十日通[M]．北京：金城出版社，2005

[18]朱国麟，崔展望．电子商务项目策划与设计[M]．北京：化学工业出版社，2009

[19]石道元．管理信息系统[M]．北京：电子工业出版社，2006

[20]黄梯云．管理信息系统[M]．北京：高等教育出版社，2009

[21]王谢宁．电子商务技术与应用[M]．北京：机械大学出版社，2010

[22]徐天宇．电子商务系统规划与设计[M]．北京：清华大学出版社，2005

[23]田杰，刘东亮．电子商务模式系统及运营[M]．北京：中国传媒大学出版社，2009

[24]文燕平．电子商务项目管理[M]．北京：中国人民大学出版社，2006

[25]熊平，朱平，陆安生．电子商务安全技术[M]．北京：清华大学出版社，2006

教学支持说明

　　建设立体化精品教材,向高校师生提供系列化教学解决方案和教学资源,是北京师范大学出版集团"服务教育"的重要方式。为支持相应课程的教学,我们向采用本书作为教材的教师免费提供教学资源。

　　为保证该资源仅为教师获得,烦请授课教师填写如下开课情况证明,扫描后寄至下面地址或发送电子邮件到邮箱 songshuyu@bnup.com。

我们的联系方式:

地址:北京市海淀区新街口外大街 19 号北京师范大学出版社职教分社

邮编:100875　　　　电话:010 - 58808458

E - mail:songshuyu@bnup.com

- -

　　兹证明_____大学(学院/学校)_____系/院第_____学年开设的_____课程,采用北京师范大学出版社出版的_____(书名和作者)作为本课程教材,授课教师为_____,学生_____个班共_____人。

授课教师需要与本书配套的教学课件为:

地址:_____

邮编:_____

电话:_____

E - mail:_____

　　　　　　　　　　　　　　　系/院主任_____(签字)

　　　　　　　　　　　　　　　　(系/院办公室盖章)

　　　　　　　　　　　　　　　20____年____月____日